古代郡司制度の研究

森　公　章　著

吉川弘文館

序にかえて

『古代郡司制度の研究』と題する本書は、卒業論文以来著者が取り組んできた地方支配の問題に関わる研究のうち、評制や郡司制度に関連する論考八編に、新稿一編を加えて一書になしたもので、七世紀中葉の評制成立から十二世紀くらいまでを視野に入れて、古代の郡司制度に関する自分なりの見通しを示したつもりである。内容の未熟さと問題関心の狭さを恥じるばかりであるが、ここにそれらを便宜上三部に構成して、諸賢のご照覧に委ねる次第である。各論考の旧稿との関係などを整理して、序にかえることにしたい。

第一部　律令制地方支配の成立過程

第一部は一九八二年一二月に東京大学大学院人文科学研究科に提出した修士論文「律令制地方支配の特質とその成立過程」での研究をもとに、その後の補訂を加えて発表した論文を集めたもので、評制に関わる諸問題を検討している。

第一章　評の成立と評造

——評制下の地方支配に関する一考察——

『日本史研究』二九九号（一九八七年）に発表した同名の論考を収載した。評制成立過程に関する個別事例を検討し、評制孝徳朝全面的施行説を支持すべきことを述べ、評の官名のうち、問題の残る評造について考察を加えたものである。また朝鮮三国の制度を模した評制から律令制地方支配への段階差を指摘し、乙巳の変や七世紀後半の国家段階の評価にも触れた。なお、補注で記したように、近年、評制に関するいくつかの史料の信憑性の見直しが行われており、それらの成果を吟味して、再検討を行う必要があるが、現段階ではまだ旧稿のままの見解を掲載している。

第二章　評制下の国造に関する一考察

――律令制成立以前の国造の存続と律令制地方支配への移行――

『日本歴史』四六〇号（一九八六年）掲載の論考を収載したもの。評制と国造制との関係如何という視点から、評制下にも国造は存続し、地方支配の上で依然として大きな役割を果したことを述べている。この観点は次の律令制下の国造の評価とも密接に関連する構想である。

第三章　律令制下の国造に関する初歩的考察

――律令国家の国造対策を中心として――

『ヒストリア』一一四号（一九八七年）掲載の論考を収載した。律令制下の国造は一応それ以前の国造（「旧国造」）とは画され、一国一員に設定され、役割も祭祀面に限定されて存立していた（「新国造」）とする通説、あるいは全くの名誉職化していたという理解に対して、法令類と実例の両面から史料を再検討し、律令国家成立以前からの国造が存続していること、国造は八世紀代においても、郡司、あるいは国司だけでは不充分な地方支配上の役割を果していたこと、しかし、九世紀初の律令国家の定着の中で、その役割を失っていくことなどを指摘した。律令国家成立以前の国造の存続という考え方については支持されているところもあるが、国造の役割に関しては、出雲・紀伊を評価し過ぎるという批判が、篠川賢『日本古代国造制の研究』（吉川弘文館、一九九六年）、平野岳美「律令制下の国造」（『歴史の理論と教育』七四、一九八九年）などによって示されている。ただ、なぜ律令制下にそれらの国造が存続し得たかを解明するには、拙稿のような視点も必要かと思われ、また国造の法制を全面的に検討した研究はその後も呈されていないので、私見を固持し、本書に掲載した。

第二部　郡司任用制度の研究

第二・三部は一九九六・九七年度科学研究費補助金・基盤研究（C）「古代日本における郡司制度とその実態的変遷に関する研究」（課題番号〇八六一〇三三六）による研究に伴い、従前から関心のあった郡司制度に関する諸問題を検討したものである。科研の成果については、拙稿『古代日本における郡司制度とその実態的変遷に関する研究（平成八年度〜平成九年度科学研究費補助金（基盤研究（C））研究成果報告書）』（一九九八年）を参照されたい。

第一章　律令国家における郡司任用方法とその変遷

『弘前大学国史研究』一〇一号（一九九六年）掲載の論考を収載したもの。律令制下の地方支配を考える際に基本となる郡司の制度について、長らく論争されてきた任用方法の変遷の諸問題を論究したものである。律令規定の検討、諸法令の内容とその解釈などを通じて、大宝令施行当初から譜第を基準とする任用が行われており、譜第の内容規定を厳しくすることによって、国家が期待する人材を地方豪族の中から登用しようとする流れが存したことを明らかにし、郡司任用制度の完成過程を述べている。いわゆる新興層の台頭をあまり評価していない点、第四章の郡司任用の儀式・手続きの諸要素が八世紀にまで遡ることを示しながら、諸法令の解釈を試みたのが特色である。この本流に付帯する諸問題を第二・三章で扱った。なお、律令条文の「才用」の語の理解については、井内誠司「郡領任用における「才用」」（『民衆史研究』五三、一九九七年）が呈されているので、参照されたい。

第二章　郡司補任請願文書とトネリ等の郡領就任

『続日本紀研究』三〇三号（一九九六年）掲載の論考を収載した。正倉院文書、木簡などに残された郡司補任請願文書の内容、それらが郡司任用の諸段階のどの場面で必要になるものかという機能を詳細に検討し、第一章で見た八世紀における郡司任用の手続きの存在を具体的に示した。これらは特にトネリが郡司になる際の手続きを明らかにする材料であり、トネリの郡司任用過程、また長期間在京し、在地の事情に通じていないトネリが郡司になった場合の地方行政執行上の諸問題を、法令類と実例の上から考究し、地方支配における問題として取り上げた。

第三章　評司の任用方法について

『ヒストリア』一五四号（一九九七年）掲載の論考を収載したもので、郡司の前身である評の官人の任用方法を考究した。各地域に伝統的支配を築いていた在地豪族を譜第によって任用する律令制下の郡司任用方法の淵源として、既に評制下においてもそのような任用方法が見られること、さらに時代を遡って、国造とヤマト王権の関係にもその原型が窺われることなどを明らかにしている。

第四章　試郡司・読奏・任郡司ノート

――儀式書等に見える郡司の任用方法――

高知大学人文学部人文学科『人文科学研究』五号（一九九七年）掲載の論考を収載したもので、試郡司、読奏、任郡司という儀式書等に記された郡司任命の方法について、その内容、儀式としての由来、関連する問題点などを整理している。宮城栄昌氏の論究以外には全体的な研究が殆どない郡司任用の儀式の分析について、郡司任用をめぐる様々な用語、作成・使用される文書の内容、実例と儀式書の記載との比較などをまとめ、自分なりの基本的理解を示したものである。

第三部　郡司制度の行方

従来の古代史側からの郡司制度の研究は、ともすれば九世紀初の郡司任用方法の完成の時期までで関心が途切れてしまいがちであり、以降の郡司制の変遷は中世史側の課題となっていたが、古代史の側から、第一・二部の見解をふまえて、郡司制度の行方を描こうとしたものである。

第一章　雑色人郡司と十世紀以降の郡司制度

『弘前大学国史研究』一〇五・一〇六号（一九九八・九九年）に発表した論考を掲載。従来の研究史上の用語であった「国衙官人郡司」の再検討を通して、十世紀以降の郡司制度の展開を考究したもので、この用語は不適切であり、雑色人郡司の語を用いるのが至当であること、雑色人郡司段階の郡司のあり方として、他職兼任と国使による郡務支援とがあり、九世紀後半以降の郡司制度の崩壊をくいとめようとしたものであったことなどを指摘し、合せて十一・十二世紀の郡司制度の行方を展望した。

第二章　九世紀の郡司とその動向

新稿である。第一章の十世紀以降の郡司制度の行方に関連して、その前提となる九世紀の郡司の動向を描いたもの。擬任郡司制展開の意味、徴税請負の様子と王臣家の在地進出などの社会情勢の変化等によって郡司の職務遂行が成り立たなくなる様相を明らかにし、郡司忌避や国司襲撃事件に見る在地情勢の悪化など、郡司制度の危機的な状況の出現に触れている。また富豪層に対する国家の政策を検討し、決して富豪層が新興郡司層として郡司に登用されているのではないことにも言及し、郡司制度の変質には郡司をめぐる国家の制度や地方行政のあり方の変化が大きいことを述べたつもりである。

以上が本書の概要である。郡司制度の背景となる国郡機構のあり方に関しては、拙稿「外散位に関する諸問題」（黛弘道編『古代国家の歴史と伝承』吉川弘文館、一九九二年）、「国書生に関する基礎的考察」（笹山晴生先生還暦記念会編『日本律令制論集』下巻、吉川弘文館、一九九三年）で国衙機構に触れており、郡司制度の変化を国務運営の面から検討するという視点を示しているので、参照していただきたい。本書では第二部第一章や第三部第二章で述べたように、新興層の台頭をあまり評価していないので、今後は郡務運営の機構、郡司以下の豪族の動向を考究するのが一つの課題であると考えている。また第一部に関連して、近年、前掲篠川氏の国造制に関する大著も呈されているが、実のところ国造制・屯倉制・部民制といった律令制地方支配成立以前の制度については、自分の中ではまだ具体的なイメージが出来上がっていないというのが、正直なところである。別に検討している長屋王家木簡の知見などを手がかりに、今後この面での私なりの構想を立てるのも、残された課題であると感じている。この分野は古代史の中でも最近は研究が少ないところであり、近年増加する七世紀後半の初期地方官衙遺跡の検討と合せて、学界全体の活性化にも期待したい。

なお、本書では『日本書紀』を『書紀』、『類聚三代格』を『三代格』などと略称した。また、「天平宝字」などの年号も「宝字」と略したところがある。その他の略称も斯界の通例によって類推されたい。

目次

第二部　郡司任用制度の研究

第一部　律令制地方支配の成立過程

第一章　評の成立と評造

——評制下の地方支配に関する一考察——

はじめに

近年、日本の律令国家の二重性が様々な面から指摘されている。(1) これを地方支配にあてはめれば、中央派遣官・国司—在地豪族・郡司の関係になろう。日本の国郡制は、統一新羅の州郡県制、渤海の州県制と同様、唐の州県制に倣ったものであるが、他地方出身者の当地方官任用を原則とした唐、(2) 地方官の中央貴族よりの派遣、在地豪族たる村主や首領の機構外排除が見られる新羅・渤海(3)などとは大きな相違点を有していた。即ち、(イ) 在地豪族の地方支配を郡・郡司として、国家の正式な機構に位置づける、(ロ) 郡は様々な点で地方支配の基本的行政単位となり、郡・郡司への依存は大きいが、地方支配は、それを国司の支配により補完するという形で完結する二重構造を有する、(4) の二点である。

地方支配は、国家存立を支える人的、物的収取の基盤として、あらゆる国家にとって重要な問題である。そして、その成立過程を明らかにすることは、日本の古代国家形成の特質を知る上で必要な作業になるのではあるまいか。本章は、以上のような観点から、律令制地方支配の二重構造のうち、特に郡の前身たる評制の考察を通じて、右の課題に一考を加えようとするものである。

井上光貞氏の提言[(5)]に始まる郡評論争は、藤原宮木簡出土により、一応の終止符が打たれた。しかし、それは評制施行期間が孝徳朝~文武四年と確定されただけで、評制の内容には、未解明な部分が多いといって過言ではない。例えば、評制理解の基本となる評の成立過程の点でも、孝徳朝全面施行説[(6)]と段階的(孝徳・天智・持統朝)成立説[(7)]とが呈されている。また評の官制・官名、郡・評の差違に関わる評の軍事的性格、収奪・人民支配の側面の評価、さらには評と律令制成立以前の諸制度や国司制との関係、評の下部組織の問題など、評制をめぐっては、その論点を多々指摘することができる。

このような評制の諸問題に関する見解の相違は、評が孝徳朝の改革で施行されたことが確実である点を考慮する時、所謂大化改新の性格、さらには律令国家成立過程の理解の相違にもつながることになる。また上記の評制の論点は、律令制地方支配全般の成立過程とも関連するところが大きい。したがって地方支配の面から律令国家の成立を考えるためには、評制の検討を通して、全体的な見通しを立てるのが有効であると思われる。国司制を中心として地方支配機構の成立を論じた研究はいくつかあるが[(8)]、評制中心の検討はあまり見られず、その点からも考察の必要性が感じられる。

以下では、上記の評制の諸問題の検討とともに、評制施行の意義や律令制地方支配の成立を、地方支配の構想の史的変遷の中に位置づけて、それらに関する私見をまとめたい。

一　評の成立過程

「はじめに」で触れたように、評の成立過程は評制の基本問題である。そして、その解明には、孝徳朝の立評の理解がポイントとなり、本節でも、まずこの点の検討から始める。

孝徳朝の立評を考える上で、まず注目せねばならないのは、鎌田元一氏の見解であろう[9]。氏は、一国全体の立評状況がわかる唯一の例である『常陸国風土記』について、立評記事の特色を、（a）クニ→評の転換時期は自明のことと意識され、分出評のみ、境域成立年次、事情を記す、（b）分出評の立評申請者は二名で、後の郡領氏族の氏姓から見て、彼らが初代の評司となった、（c）したがって多珂郡条の記載（後掲史料06）は、石城評立評記事である、とし、表1のような立評過程を示された。そして、評の成立過程を、〔A〕大化五年にまずクニ→評の形で全国的立評が行われ、〔B〕次いでその評を分割して、後の郡に相当する評が成立した、と整理し、評制孝徳朝全面施行説を呈されたのである。

以上の鎌田氏の見解で、特に問題とされるのは（b）・（c）、具体的には行方・石城評の立評過程であり、「国造」が立評申請者である点の理解が問われている。鎌田氏がこれらは国造の一族を示す表現に過ぎないから、彼らが国造本拠地以外の評の評司になっても不思議はないとされたのに対して、国造本人と見る従来の国造観から反論が呈されているのである。例えば、篠川賢氏は、古墳分布を次のように理解し、

多珂のクニ…多珂地域――一貫して最も優勢な集団が存在　┐
　　　　　　石城地域――多珂国造石城直美夜部の本拠地　┘→二評の分割へ

表1　『常陸国風土記』から見た立評

国造のクニ	分割過程 大化五	分割過程 白雉四	立評記事の有無	立評申請者 冠位・肩書等	立評申請者 人名
新治国造のクニ	新治評	新治評	×		
		白壁評	欠		
筑波国造のクニ	筑波評	筑波評	×		
		河内評	欠		
		信太評	○	小山上 大乙上	物部河内 物部会津
茨城国造のクニ	茨城評	茨城評	×		
		行方評	○	茨城国造小乙下 那珂国造大建	壬生連麿 壬生直夫子
那珂国造のクニ	那珂評	那珂評	欠（×）		
（下海上国造のクニ）	香島評	香島評	○	大乙上 大乙下	中臣（　）子 中臣部兎子
久慈国造のクニ	久慈評	久慈評	欠（×）		
多珂国造のクニ	多珂評	多珂評	×		
		石城評	○	多珂国造 石城評造	石城直美夜部 部　志許赤

那珂のクニ…那珂地域——前期の大形古墳築造が、後期には激減→那珂国造本拠地の移動┐
　行方地域——後期に多くの大形古墳築造＝那珂国造壬生直夫子は行方評司に←┘
茨城のクニ…茨城地域——常陸国で最大の古墳分布を持つ＝茨城国造壬生連麿の本拠地（＝行方評司に就任せず）

クニと同名の評が必ずしも国造本拠地に立てられ、国造を初代の評司にした訳ではないと述べられた。(10)結論から言えば、私は鎌田氏の国造観は支持しない（「〇〇国造某」で、国造の一族を示す例は見あたらない）が、風土記記事の分析、立評過程の見通しは、概ね氏の説でよいと考えている。但し、伊勢三神郡の立評記事など、鎌田氏が充分に言及されていない史料もあり、ここでそれらの検討を通じて、風土記の「国造」の理解、立評の背景となる各地の動向の考察等の一助とし、私なりに評制孝徳朝全面施行説を呈示してみたい。

1　伊勢三神郡の成立

伊勢三神郡の成立過程については、史料01・02をいかに整合的に解釈するかということで、今までにも図1のようないくつかの見方が呈されている。(11)

図1からわかるように、天智三年の飯野評分立（史料01d「甲子年」）には異論がないが、「天下立評」の時期、度会、多気両評の立評過程が問題となる訳で、その解明から始めねばならない。

01『皇太神宮儀式帳』

一初神郡度会・多気・飯野三箇郡本記行事。a右従二纏向珠城朝庭一以来、至二于難波長柄豊前宮御宇天万豊日天皇御世一、有爾鳥墓村造二神庤一弖、為二雑神政行〔所カ〕一仕奉支。b而難波朝庭天下立レ評給時仁、以二十郷一分弖、度会乃山田原立二屯倉一弖、新家連阿久多督領、磯連牟良助督仕奉支。以二十郷一分、竹村立二屯倉一、麻績連広背督領、

〔図1〕

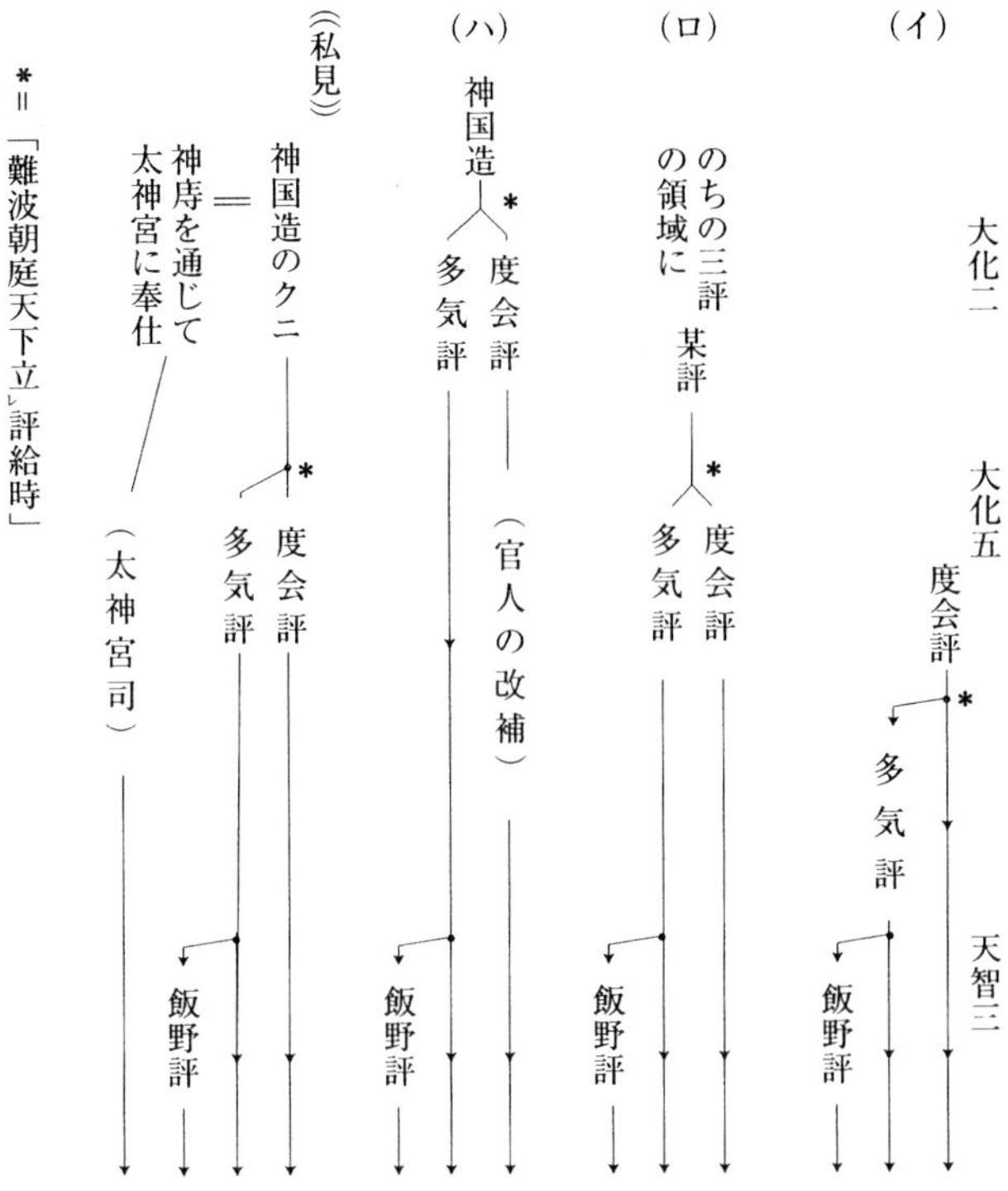

儀部真夜手助督仕奉支。c同朝庭御時仁、初太神宮司所称神庤司、中臣香積連須気仕奉支。是人時仁、度会山田原造二御厨一弖、改二神庤止云名一弖号二御厨一。即号二太神宮司一支。d近江大津朝庭天命開別天皇御代仁、以二甲子年一、小乙中久米勝麻呂仁、多気郡四箇郷申割弖、立二飯野高宮村屯倉一弖、評督領仕奉支。即為二公郡一之。e右元三箇郡摂二一処一、太神宮供奉支。所二割分一由顕如レ件。

02

『神宮雑例集』巻一所引「大同本紀」

伊勢国神郡八郡事。弘仁十二年八月廿二日格云、令三伊勢太神宮司検二納神郡田租一。度会郡・多気郡。本紀云、（中略）爾時大幡主命白久、己先祖天日別命、賜二伊勢国内礒部河以東一神国定奉〈飯野・多気・度会坪〔評カ〕也〉、即大幡主命神国造幷大神主定給支。又云、a難波長柄豊前宮御世、飯野・多気・度相惣一郡也。其時多気之有爾鳥墓立ㇾ郡。ｂ時爾以二己酉年一、始立二度相郡一、以二大建冠神主奈波一任二督造一、以二少山中神主針間一任二助造一。ｆ皆是大幡主命末葉、度会神主先祖也。

私は史料01・02の同じアルファベット記号の部分が各々対応すると考えている。まずａは、孝徳朝に有爾鳥墓所在の機関が、後の三評の地を統べていた旨を述べる点で共通すると言ってよい。それを01は神庤、02は評（評家）とする点が異なっている。ここで02を検討すると、02は冒頭の記載から見て、度会・多気両評の成立の叙述に主旨があり、度会評はｂで言及されていること、ａの「多気之有爾鳥墓立ㇾ郡」（『和名抄』多気郡有弐郷あり）などから、ａは多気評の由来の記述と考えられる。つまり02ａは多気評がまず成立して、後の三評の地を統べていたとするのである。この点は01ｂと経過を異にするが、有弐郷が多気郡にあることから、02は有爾鳥墓所在の機関を多気評立評と解釈したのではないか。そうしなければ、02では同評立評記事がなくなってしまうからである。ちなみに、01ｂでは、多気評家は多気郷に所在とあり、評名と同名の多気郷の方が評家所在地として相応しいと思われる。(12) 02の記載がこのようにして生まれたと見るならば、必ずしも多気評だけが他評に先駆けて成立したとは言えないであろう。以上、ａはｂ以前に有爾鳥墓に何らかの機関があり、後の三評の地を統べて太神宮に奉仕していたこと、その機関とは01の神庤であったことを述べると解したい。

次にｂでは、02の多気評立評時期の疑問は右述の通りであり、私は02ｂも01ｂに従って、この時に神庤司による三評の地統轄から、両評立評が行われたと理解するのがよいと思う。そこで、01の「天下立評時」と02の「己酉年」（大化五年）との関係が問題となる。この点に関しては、01ｃを立評に伴う神政と行政の分離による太神宮司への改組と考えると、中臣香積連の就任は『二所太神宮例文』第九大宮司次第により、大化四年と推定されるから、改組はそれより後のことになろう。つまり「天下立評」時とは大化四年より後と解され、02では度会評立評を大化五年とする。

したがって私は、「天下立評」とは正に大化五年であり、両評成立の年と見るのである。なお、01・02では大化五年の度会評の官人名の相違が見られる（官名に関しては後述）。この点は、02の二人の冠位や『豊受太神宮禰宜補任次第』による神主氏の系図から見て、彼らは天智朝頃の評司であったと考えるのがよいであろう[13]。そして、02では大幡主命の子孫である神主氏が神郡司であることを述べようとした（f）ので、bのように、同氏が最初に評司として見える両名を立評時の評司とし、由来の古さを強調しようとしたのではないかと推定される。

次にその点とも関連して、度会郡の郡領氏族の問題に触れておきたい。表2では、史料01bの督領新家連や史料02bの神主は後世にも郡領として活躍しているが、史料01bの助督礒連は全く姿を見せないことに気づく。但し、注意

表2　度会・多気両郡の郡領

	官職	人名	年次	出典
度会郡	督領 助督	新家連阿久多 礒連牟良	大化5	儀式帳
度会郡	督造 助造	神主奈波 神主針間	天智朝	大同本紀
度会郡	大領 少領	神主乙丸 新家連公人丸	天平3	諸雑事記
度会郡	擬大領	神主牛長	弘仁頃	補任次第
度会郡	大領	勝部臣汐手	延長7	平1-236
度会郡	擬大領	新家連	寛弘7	平1-453
度会郡	大領	新家望尋	長和2	諸雑事記
度会郡	権大領	新家惟長	康平2	諸雑事記
度会郡	大領 権大領	新家宿禰 新家連	治暦元	平3-996
度会郡	大領 権大領 少領	新家宿禰 新家連 新家連	天永元	平4-1729
多気郡	督領 助督	麻続連広背 礒部真夜手	大化5	儀式帳
多気郡	擬大領	麻続連豊世	元慶7	三代実録
多気郡	大領 少領	竹首元勝 麻続連公	天徳2	平1-265

出典の略称：儀式帳＝皇太神宮儀式帳、諸雑事記＝太神宮諸雑事記、補任次第＝豊受太神宮禰宜補任次第、平＝平安遺文の巻数・号数。

しておくべきは、神主氏は礒部氏と深い関係を持っていた点である。『豊受太神宮禰宜補任次第』では、奈波、針間の子は「誤庚午年籍負二石部姓一」と見え、また内・外宮の下級神職には礒部姓者が多い（両『儀式帳』）。このように見てくると、史料01ｂの礒連も実は神主氏の系統に連なる人物ではなかったかと推定されてくる。既に、神主氏はもともと礒部の伴造[14]（神国造でもある）として、神宮関係の庶務・神事を掌ったとの指摘もあり[15]、私もその見方に従いたい。神事を掌った上流の者が庚午年籍の定姓で神主氏と礒部氏に分かれ（その際に礒部と「誤認」――神事に与っていなかったためか――された者もいた）、神主氏は上級神職や郡領の独占を行ったと考えるのである。

ちなみに、十世紀以降は、神主氏の上級神職世襲にもかかわらず、新家連氏の郡領独占が窺われる。この点は、弘仁～寛弘間が不明なので、断言はできないが、神郡雑務を太神宮司に預らせるとした（両郡司が「独頼二神事一数致二闕怠一ため）『三代格』巻一弘仁八年十二月二十五日官符が契機となり、神主氏は太神宮に連なることで度会郡を支配できたので、郡司を出さなくなったと見ることができるかもしれない。またこのような神主氏の神事重視から、神国造・大神主として、当地において最有力の豪族であった同氏が、立評の際に次官にしかなっていないのも一応納得できよう。

以上、史料01・02の整合的解釈を試みたが、最後に孝徳朝以前の当地の状況にも触れておきたい。この点について、郡領氏族の由来から考察を加える。まず度会郡の新家連は物部系の氏族で（『天孫本紀』では伊勢朝日郎討伐に活躍した目の弟竺志が祖）、『書紀』宣化元年五月辛丑朔条には新家屯倉（壱志郡か）の管理に与っていたことが見える。但し、度会地域への進出は不明なので、措くことにしたい。次に神主＝礒部は、先述のように、大神主・神国造として「外宮」（内・外宮分立は天武朝とされる。ここは太神宮のうち、後の外宮につながる部分の意で、下文の「内宮」も同じ）の本来の祭祀集団を形成していた[16]。しかし、古墳分布では前期から築造が行われていた多気地域が先進地帯であり、度会地域は後期古墳の段階で多気地域を凌駕していくと言われる。[17]そして、菊地康明氏の研究によると、[18]多気地域には内宮本祭たる神衣祭を掌る麻続連が勢力を有し、また『続紀』文武二年十二月乙卯条「遷二多気大神宮于度会郡一」は、内宮移転と解すべきで、それまで内宮は多気郡にあったことが指摘されている。私もこの見解を支持したいと思っており、その立場に立つと、神庤司が多気地域の有爾鳥墓にあった理由も理解できる。以上のような度会、多気両地域の歴史をふまえて、岡田精司氏の伊勢神宮に関する指摘、[19]「外宮」が本来の太陽神であり、それが「内宮」奉斎によりミケツ神に転化した点、ヤマト王権の伊勢奉祀が雄略朝頃に始まる点、を承認するならば、先述の両地域の古墳分布の特色や、麻続連が内・外宮の神職には見えない点などと合せて、両地域の関係を次のようにまとめることができよう。度会地域の神主＝礒部は、多気地域の「内宮」にミケを奉ることに従事し、勢力拡大により、多気地域に進出して、大神主・神国造として「神国」を支配し、多気地域の麻続連等をも率いて、太神宮への奉仕を独占した、と。

神国造のクニを評とする際に、度会、多気の二評に分かたざるを得なかったのは、以上のような神主＝礒部の台頭過程によるのではあるまいか。立評と同時に神庤司は有爾鳥墓から度会山田原（史料01bの度会評家所在地）に移されているが、これもそれ以前は多気地域にあった機関を押さえることによって太神宮に奉仕してきた神主氏が、立評による同地域からの後退に対処して、太神宮に奉仕する機関を自己の支配する評へ移したものと理解されよう。

以上によって伊勢三神郡の成立過程を示せば、先掲の図1のようになり、「天下立評」＝大化五年の両評立評が確認できたと思われる。

2　『常陸国風土記』の「国造」と立評

次に以上のような神国造神主氏のあり方をふまえて、「国造」を現任国造と見る立場から、常陸国の立評の理解を示してみたい。

03『常陸国風土記』行方郡椎井池条

（上略・箭括氏麻多智の開発）其後、至二難波長柄豊前大宮臨軒天皇之世一、壬生連麿、初占二其谷一、令レ築二池堤一。時、夜刀神、昇二集池辺之椎株一、経レ時不レ去。於レ是、麿、（中略）即令二役民一云、（下略・池の完成）

まず行方評の壬生連麿の問題である。史料03によると、彼は六世紀初に箭括氏麻多智が開発し、その子孫が夜刀神を祭って耕作してきた土地に対して、孝徳朝になって役民徴発による椎井池築造を通して、勧農権確立を図ったのではないかと思われる。[20] 椎井池は茨城郡との境付近に位置し、また03は国司・国造に令された『書紀』大化二年八月癸酉条の「国々可レ築レ堤地、可レ穿レ溝所、可レ墾レ田間、均給使レ造」との関係、つまり国造としての行為とも考え得るが、それにしても「占」とあり、やはり評司就任を前提としてのことと解され、後の郡領氏姓（一例・壬生直）との相違だけで、彼が行方評司でなかったとは言えないであろう。

茨城国造壬生連麿について、右の理解に立てば、鎌田・篠川両氏とも、国造の地位とその本拠地との関係を固定的にとらえ過ぎるように思われる。まず多珂国造石城直美夜部の本拠地を石城地域と見る点は、石城直の姓、後の郡領氏姓から、全く異存はない。但し、篠川説とは異なり、多珂国造氏の本拠地は、従来から優勢であった多珂地域と見る方がよいのではあるまいか。仮に石城地域を本拠地とすれば、伝統的に多珂国造として、クニの中心をなしてきた地域を何故石城評とし、多珂評と名づけなかったのかという疑問が生じる。

六世紀の武蔵国造の地位をめぐる争いについて、『書紀』安閑元年閏十二月是月条には「武蔵国造笠原直使主与二同族小杵一相二争国造一」と見えている。使主は北武蔵、小杵は南武蔵を本拠地としていたと推定されるにもかかわらず[21]、同族と記されており、国造の地位はかなり広範囲の族長の間で継承されたと考えられる。[22] また先述の神国造神主氏のように、本拠地から他地域へ進出を行う例もあった。したがって多珂国造石城直美夜部も、石城地域の首長で、多珂地域への勢力伸張によって国造の地位を得たと見なすことができよう。

同様に、この点は行方地域の二人にも該当すると思われる。とするならば、行方評では現任国造の二人が評司になったことになるが、彼らはともに壬生部管掌者であった点に注目せねばならない。一般に立評は、その地に支配者としての歴史を有する有力豪族の申請で行われ、彼らが評司になる例が多いと考えられており（例・信太評、香島評）[23]、この行方評も同様であったと思われる。つまり彼らは行方台地開発に従事し、茨城のクニの東辺、那珂のクニの南辺にある当地に勢力を扶植して（この点は古墳分布が如実に物語る）、また壬生部管掌者となることによって中央との関係を形成し、各々茨城、那珂の国造になった。さらに行方評立評により、各々の国造氏の本拠地から完全に独立したと見るのである。両者のカバネの差は、古墳に窺われる各々のクニの国造の勢力によると考えておきたい。

以上を要するに、私は風土記の「国造」はいずれも現任国造その人を指すと解してよいと見る。ただ、伝統的な国造本宗家の本拠地はやはり茨城・那珂・多珂の地と考えるべきで、彼らは各々行方・石城の地に拠って、新興首長として勢力を蓄え、各々の国造に任命されたものと思われる。国造に就任したこれらの者は、必ずしも全くの新興首長ではなく、本来国造本宗家によって各々の地域の開発のために派遣された同族の者とも推定されるが[24]、この点は多珂国造（風土記、国造本紀―天穂日命系）と石城地域の首長石城国造（古事記、国造本紀―神八井耳命系）の系譜の問題もあり、結論は保留しておかねばならない。

故に、私は鎌田氏の国造観は支持しないが、氏の示された（a）～（c）を風土記記事の特色として認めてよいと考える。それに基づく立評記事の検討については、鎌田氏の論証に異論はないので、常陸国では表1のような過程で、孝徳朝において後の十一郡と同じ十一評（石城評も含めて十二評）すべてが成立したと見ることができよう。即ち、立評の背景には、クニ内部での国造本宗家に匹敵する勢力（含国造一族）の存在と彼らが支配者としての歴史を有する地域の独立を望んだという点とがあり、白雉四年に分出を望む地域の代表者が申請を行い、評の分立がなされたのである。

以上、二項にわたり、孝徳朝の立評を考える際に基本となる二つの史料に検討を加え、先掲〔A〕・〔B〕の見通し、および大化五年＝「天下立評」時から、その年を起点とした評制孝徳朝全面施行説とを支持し得ることを明らかにした。ちなみに、伊勢では、神国造のクニが最初から二評に分割されているが、先述の理由の他に、常陸の香島評の例（表1）を参照すると、神郡は大化五年のクニ→評の際に、逸早く分立したと見ることができるかもしれない。

なお、国造のクニ→評の過程を傍証するものとして、律令制下でも一国が一郡で形成される例があったことに注意したい（図2）。図2の両国は半島部や島にある小国で、ともに志摩国造、佐渡国造と一国造であり、一郡時の郡名も国造名と一致するから、(25)両国は国造のクニがそのまま評になった例と見なされる。また孝徳朝の立評をそのように想定すると、『因幡国伊福部臣古志』の、伊福部臣の支配領域が大化二年に水依評となり（「尓時因幡国為二一郡一、更無二他郡一」）、それが斉明四年に高草等三評に分割されたという過程も、(26)立評過程自体は信憑性のあるものと見てよいので

〔図2〕

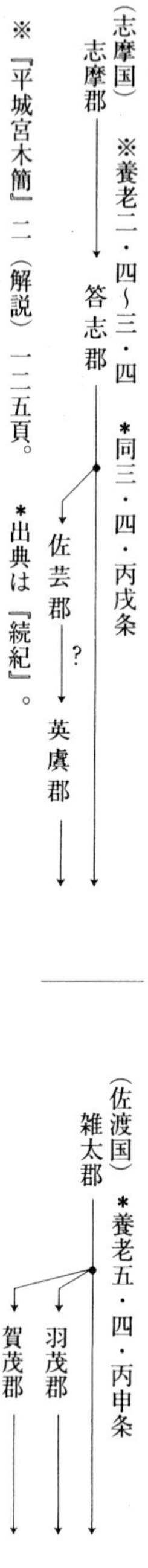

※『平城宮木簡』二（解説）一二五頁。
*出典は『続紀』。

はあるまいか。大化二年という年次、伊福部臣が因幡国造であったとする点には問題が残るが、それらは国造を評司にするという大化二年の改新詔による修飾とともに、クニがまず評になったという認識の反映とも考えられる。

そこで、次に右のような見通しの検討のために、孝徳朝以後の立評例に考察を加える。

3　孝徳朝以後の立評事例について

『播磨国風土記』宍禾郡比治里条には「難波長柄豊前天皇之世、分二揖保郡一、作二宍禾郡一之時」とあり、宍禾評は孝徳朝に揖保（粒）評から分立したことがわかる。この場合、揖保評と播磨西部の針間国造の本拠地たる志加麻評との関係は不明で、クニ→評の点は保留せねばならないが、宍禾地域は既に揖保評の中にあり、そこからの分立であったという点では、孝徳朝全面施行説を支持していよう。本項では、この立場に立って、孝徳朝以後の立評事例で、問題が残るものについて、私見を呈したい。

04『日本霊異記』上巻第十七話

伊予国越知郡大領之先祖越智直、当レ為レ救二百済一、遣到レ軍之時、唐兵所レ擒、至二其唐国一、（中略・帰朝）天皇忽矜、令レ申レ所レ楽、於レ是越智直言、立レ郡欲レ仕、（下略・立郡）

05『粟鹿大神元記』(27)

大九位神部直万侶、（中略）右人、難波長柄豊前宮御宇天万豊日天皇御世、天下郡領并国造・県領定賜、于レ時朝来郡国造事取持申、即大九位叙位仕奉、（中略）万侶児、神部直根閇、右人、後岡本朝庭御宇天豊財重日足姫天皇御世時、但馬国民率新羅誅仕奉、即返参来、同朝庭御宇始叙二朝来郡大領司一所レ擬二仕奉一、又近江大津宮御宇天命開別天皇御世、庚午年籍勘造日、依二書算知一而国政取持、国造・県領并殿民源之是非勘定注朝庭進、即庚午年籍、

粟鹿郷上戸主神部直根閇年卅矣、（下略）

越智評と朝来評は、百済の役後、おそらく天智朝の成立であり（史料04・05）、越智評の越智直は小市国造（『国造本紀』）、朝来評の神部直も05には孝徳朝に「朝来郡国造事取持申」と見える。では、これらは孝徳朝におけるクニ→評の見通しに反するのであろうか。

まず越智評に関しては、瀬戸内海を中心に六〜七世紀に国造制再編が行われ、凡直国造の下に小国造は統合されたのではないかとの見方に留意したい。[28] 伊予でも、西部の伊予郡を本拠として伊余国造伊余凡直が存在し、同氏は伊予国の数郡の郡領として見え、最東部の宇麻郡にも分布が知られる。したがって私は、伊予では、孝徳朝にまず凡直国造のクニが評となり、凡直統属下の越智直の越智評は、百済の役の報賞もあった、天智朝に分立が認められたと考えたい。つまり小市国造のクニが初めて評になったのではなく、既存の某評（伊余評か）から分立したと見るのである。[29]

次に史料05では、仮に05の「国造」を認めれば、『日下部朝倉系図』には近隣の養父評が孝徳朝に立評されたことが見える（但し、大化四年とある点は、「天下立評」＝大化五年との関係で問題が残る）のに、「国造」神部直氏は何故その時に朝来評を立てなかったのであろうか。05は根閇生存中の和銅元年成立というから、彼より後の記載はないが、『日下部系図』では、朝来郡の郡領は文武二年以降、養父郡を本拠とした日下部氏に奪われており、また同氏が律令制下の但馬国々造であったこともほぼ確実である（国造兵衛を出す）。この点に関して、05の「国造」により、本来の但馬国造は神部直氏で、七世紀後半に日下部氏が取って代わったとする見解もあるが、[30] 孝徳朝の「国造」神部直万侶と同時代に、日下部氏の者が但馬国造であったとする伝えもあって、[31] 俄かには決し難い。また05は「朝来郡国造」で、但馬国造ではない点にも注意せねばならない。このような他に例のない表記（その解釈は後述）とともに、右のような両氏の勢力差を考えると、やはり日下部氏が一貫して但馬国造であったと見る方がよいであろう。

したがって朝来評の場合も、孝徳朝には但馬国造のクニが養父評となり、次いで天智朝に朝来評の分立が行われたと解されるのではあるまいか。神部直氏はその時に評司となったが、後には養父郡を本拠とする但馬国造日下部氏に郡領を奪われるとの変遷も窺われる。

以上、憶測にわたる部分も多いが、孝徳朝以降の立評例も、その時にその地域が初めて評になったのではなく、既存評からの分立であると考えることにより、先掲の立評過程の見通しを支持し得ることを明らかにした。また従来クニ→評の転換を示すとされてきた『那須国造碑』の記載も、別稿で述べたように、[32]既に持統三年以前に那須評は存在し、この史料は那須国造那須直韋提が、持統三年に那須評督になったことを示す以上のものではないと考える。[33]したがって評の成立過程は、大略先に示した見通し〔A〕・〔B〕でよいと思われ、私は大化五年を起点とし、当初はクニ→評の形で進められたとする評制孝徳朝全面施行説に左袒したい。なお、次節で触れる例も含めて、〔C〕今のところ分立年代がわかる評の下限は、天智朝であることも付言しておきたい。

二　評造と地方豪族の把握

前節の考察により、評の成立過程の大筋は明らかになったと思われる。ただ、評の分立の様相やその意義などに関しては、もう少し論究の余地があると考えるので、本節では、評造の考察を中心に、理解の深化を図りたい。

1　評造の意義をめぐって

評の官名については、色々と論争があるが、評制の全期間にわたり、しかも正史、金石文、木簡、系図等各種史料に見えることから、長官が督、次官が助督であると結論してよいと思われる[34]。また「督（tok）」系統の文字使用は、朝鮮三国の評の官名と同音であるためで[35]、日本の評の官名としても相応しいものと言えよう。

評の官名を以上のように解すると、最も問題の多い評造は如何であろうか。評造をめぐっては、次のような学説が呈されている[36]（A～Gは学説の呈された順序も示す）。

- 評造
  - 官名説
    - B単独官説
    - C（郡領の如き）総称語説
    - E小評の単独官説
    - G特別な評の単独官もしくは長官の別称説
  - 地位的呼称説
    - A国造の評制下における別称説
    - D国造系以外の評で評督を出す地位を示す
    - F国造出身者以外で評督・助督を出す地位を示す

私は官名説は相互に批判が行われており、また後掲の評造史料を整合的に説明し得ないので、成立し難いと考えるが、今、支持者の多いC総称語説にコメントを加えておく。これに対しては、例えば郡領、軍毅の場合に徴すると、総称語を個人名に付す例は管見の限りでは見あたらないという点から反論を呈することができ、また果して評造は督、助督の総称語たり得たのかも疑問である。したがって私は、D、Fの地位的呼称説の方が難点が少ないと思い、以下でもその方向で考えていきたい。但し、この立場にも評造の存在意義、評造と評司の関係、評造の解消（Dは律令制下の国造への解消を唱え、Fは部分的にCを支持）など、論究が不充分な点があるので、それらに留意して考察を進める。

06『常陸国風土記』多珂郡条（石城評）

（上略）其後、至二難波長柄豊前大宮臨軒天皇之世一、癸丑年、多珂国造石城直美夜部、石城評造部志許赤等、請レ申惣領高向大夫一、以二所部遠隔、往来不一レ便、分二置多珂・石城二郡一（石城郡、今存二陸奥国堺内一）。

07『和気系図』（伊予国和気評）(37)

（上略）
△—△
△—△—△
次評造小山上宮手古別君之——子評督大建大別君之——△
次郡大領追正大下（マヽ）足国乃別君
子評造小乙下意伊乃別君之——子大山上川内乃別君之——（下略）

08『妙心寺鐘銘』（筑前国糟屋評）

戊戌年四月十三日壬寅収、糟屋評造春米連広国鋳鐘

まず史料06は前節で示したように、石城評立評記事で、ここの二人が同評の初代の督、助督になったと考えられる。そうすると、立評申請者は多珂国造と石城評造で、部志許赤は国造出身者ではないから、評造は国造出身者以外で、国造に対置され、しかも評司任命以前からの呼称であったことがわかる。また両者の記載順序から、06では評造は助督に任命されたことになろう。したがって06からはF説が妥当と言えるが、次にそれをD、Fでは充分に言及されていない07によって検討しよう。

07には評造—評造—評督の変遷が見え、ここでD、Fでは曖昧な評造の存在意義や評司との関係が問題となる。まず07の評督の人物は、その冠位、世代から推して、天智朝頃の人であった点に注目したい。伊予国の立評例として、前節では天智朝頃の分立である越智評の例を見たが、その分立過程は、和気評の立評や評造について考える際に参考となるのではあるまいか。即ち、孝徳朝の「天下立評」で凡直国造のクニから成立した某評（伊余評か）の中には、後の和気評や越智評など、有力豪族が支配者としての歴史を有した地域がいくつかあった。中央政府は某評だけで伊予を支配するのは難しいと見越しており、それらの豪族にも立評を認めるため、まず国造出身者以外の者も評造として把握した。ちなみに、石城評造の例から見て、評分立以前でも、実質的に当該地で勢力を有していたので、「和気評造」と称しても構わなかったと思われる。そして、伊予別公にとってはこの状態が二代続き、三代目の人物が天智朝頃に和気評立評を認められ、評造という身分から、評督＝評の長官になり、以後同評の譜第氏族になっていく、という過程であったと推定される。以上のように理解すると、06の石城評も多珂評からの分立で、大化五年から白雉四年までの間、石城評造部志許赤も、07の二代と同様の状態に置かれていたと考えることができよう。

したがって立評以前において、評造は国造出身者以外で評督、助督を出す予定の地位的呼称を持つ者として、中央政府に把握されていたと見ることが可能で、この点で概ねF説を支持し得る。つまり評造設置は、まず国造のクニを評とした後に、その評をさらに分割して後の郡に相当する評を作るために、国造以外でも当該地に支配者としての歴史を築き、評司たり得る人間を把握し、これに立評を認めていく政策に求められるのである。クニ→評以後の評分立は、以上のような準備を経て、各地域の事情に合せて遂行されたのであった。なお、評造を右のように解すれば、05の「朝来郡国造」も、元来は「朝来評造」であり(38)、成立期の評造の史料に加えられよう。

私は評造の意義を評制成立期、当該評の成立以前においてとらえようとする。このように考えた場合、08は年紀が文武二年と評制最末期のもので、これをどう説明するかが問題である。文武二年には、既に後の郡の区画に相当する評が出来上がっていたと思われるし(39)、また糟屋評は糟屋屯倉と関係があり、屯倉の地は逸早く評になったと推定されているので、[40]当時この評が未成立であったとも考え難い。しかし、当時、広国は糟屋評造以外の何者でもなかった（金石文には当時の地位を書くと思われる）筈であり、ここに、評制最末期で、かつ評造が存在する意味を考えておく必要が生じる。この点を評造の解消の問題として検討したい。

06・07による成立期の評造の意義をふり返ると、C、F説のように、郡領の古訓コホリノミヤツコへの解消も想定されるが、08は総称語を個人名に付す例となり、再考を要する。また例えば軍毅の語は、大毅、少毅の他に、五百人以下の小団の毅が生まれた後に初めて成立したとされているように、[41]大宝令で大領、少領、領の語が成立し、郡司定員が定まり（『和名抄』で二郷小郡の薩摩国衣評は、『続紀』文武四年六月庚辰条に評督、助督が見える）、郡領という語が成立したと推定される。そこで、古訓の面からは、大領もコホリノミヤツコ（『書紀』の古訓、『西宮記』、『北山抄』などによる。なお、オホミヤツコの訓もある。少領はスケ（スナイ）ノミヤツコ）である点に注目せねばならない。古訓は大宝以前の官名に由来する場合が多く、評で「ミヤツコ」の訓を持つのは評造だけであり、大少領の「領」を「ミヤツコ」と読むことの関連が窺われる。特に大領のコホリノミヤツコの訓は、字面だけからは生まれてこず、この評造に由来すると見るしかなさそうである。この点に着目すると、先述の評造の意義から、評造から評司になった者は引き続きコホリノミヤツコと呼ばれ、助督の方は次官であることから、スケノミヤツコと称し、コホリノミヤツコは専ら評督の別称として定着していったのではないかと推定される。評造は伝統的首長たる国造と似た呼称なので、国造↓評督の場合も含めて、「督」系統の官名よりも好まれたと考えることができよう。したがって私は、08は長官の別称としての用例で、[42]それが大領の古訓に継承されていくという評造の解消方向を示すものと見なしたい。

以上、本項では評造に考察を加え、特に評制成立期においてその意義をとらえようとした。右の理解に大過ないとすれば、評制施行による地方豪族把握の新たな進展が予想される。そこで、次にその様相を見ておきたい。

2　地方豪族把握の進展

本項では、孝徳朝の「天下立評」以前と評制下とでの地方豪族把握の変化を見ることにより、その進展や評制成立の意義を考える手がかりとしたい。

まず推古朝の冠位十二階の施行範囲は、畿内とその周辺に限られていたと考えられており[43]、評制施行以前の地方豪族には冠位による位置づけは見られない。『聖徳太子伝略』の舎人物部連兄麻呂（舒明四年武蔵国造、小仁）、『因幡国伊福部臣古志』の久遅良（推古二十八年因幡国造、小智）などの例により、舒明朝頃には地方豪族を国造に任命する際に、冠位が授与されたと見る意見もあるが[44]、後述の紀国造は、『書紀』敏達十二年七月丁酉条・十月条で外交に活躍していながらも、冠位授与の初見は孝徳朝であり、この見解は必ずしも一般化できまい。

次に孝徳朝の施策の中で、評制施行以前の地方豪族の把握状況が窺えそうなものを検討する。孝徳紀には問題点が多いが、東国等国司への詔など、大筋は当時のものと認められている記載もあり、それらを糸口にこの頃の国制を考えることは可能であると思われる。また『書紀』編者の当時の国制観を知る上では、他の記事も、右の目的に利用してよいであろう。

『書紀』大化元年八月庚子条（東国等国司への詔Ⅰ。以下、詔Ⅰと略す）には、次のような記載が見える。

若有ニ求レ名之人一、元非ニ国造・伴造・県稲置一、而輙詐訴言、自ニ我祖一時、領ニ此官家一、治ニ是郡県一。汝等国司、不レ得ニ随レ詐便牒ニ於朝一。審得ニ実状一而後可レ申。

これを国司が実際に調べればわかるだけの資料を持っていたと見て、国造等は中央の厳密な掌握下にあったと解する意見もあるが[45]、それならば、詐訴や実状審申の必要はない筈であるから、やはりこの史料からは詐訴可能な程、地方豪族の把握が不充分であった点を読みとりたい。そして、次の史料にも注目したい。

（あ）『書紀』大化元年九月甲申条

遣二使者於諸国一、録二民元数一。仍詔曰、自レ古以降、毎二天皇時一、置二標代民一、垂二名於後一。其臣連等・伴造・国造、各置二己民一、恣レ情駈使。（中略）進二調賦一時、其臣連伴造等、先自収斂、然後分進。（下略）

（あ）には、「進二調賦一」以下には国造が見えない点に着目して、調賦進上主体は国造で、国造進上物から、中央豪族が「己民」を置いた結果、自分の部民の分を各々取り、その後に大王へ進上するという構造を示すとの解釈があり、[46] 私もこれを支持したい。つまり部民制等は国造制に包含されており、国造制こそ律令制地方支配成立以前の地方支配の基本的枠組みであったと見るのである。律令制成立以前の支配形態をこのように考えることは、研究史上で国造の支配内容が必ずしも明確になっておらず、また部民制、屯倉制の評価の問題もある（後述）が、今は右のような見通しを記すに留め、その点に関係して、さらに以下の事柄を指摘してみたい。

まず裁判制度の面で、詔Ⅰと同日条の鍾匱の制が注意される。そこでは、従来は伴造や尊長が「勘当」を行い、憂訴人の上訴手段はなかったのに対し、朝廷への上訴を認めており、逆に言えば、それまで国家は伴造・尊長の裁判権に介入し得ていなかったと見ることができよう。右の点に関連して、詔Ⅰの「又国司等、在レ国不レ得レ判レ罪」が注目されてくる。この規定には、（ア）国司の裁判権を認めず、国造の裁判権を温存した、[47]（イ）訴訟の現地解決を禁じ、中央上申を義務づけた、[48] などの見方が呈されてきたが、早川庄八氏は、（イ）に立脚しながら、新しい見解を示された。[49] 政府は国造の裁判権に介入する意図はなかったが、国造が争訴を解決できず、「民」＝在地首長が国司に提訴することを予測しており、国司の自断禁止・中央上申により、中央権力が調停を行い、在地の新秩序確定を狙ったものと解するのである。氏は、詔Ⅰの「上京之時、不レ得三多従二百姓於己一、唯得レ使レ従二国造・郡領一」によって、国司の任務に国造・郡領を伴っての帰還があり、これを立評準備作業と見なす。そして、大化二年二月戊申条の鍾匱の制の実例に見える、「国政」や「朝集」で入京した「民」を、国司とともに入京した在地首長達であったと考え、彼らは在地秩序の動揺を背景に、詔Ⅰの在地の実状に関する訴えの解決のために上京したと見るところから、右の見解を呈された。「民」をすべて立評に関わる在地首長と解することはできないが、鍾匱の制も伴造・尊長の「勘当」を前提とした上訴受理であり、右の意見には概ね賛同し得る。とするならば、そこに国造裁判権の動揺と国家による新秩序構築の試みが看取できよう。逆に言えば、それ以前は国造が裁判権を独占したのである。

　このように国造が地方をとりしきっていたという点は、次の史料からも裏付けることができる。大化二年三月甲申条では、畿内に朝廷から使者を派遣して勧農を行う一方で、「其四方諸国々造等、宜下択二善使一、依レ詔催勤上」と、畿外での国造依存がわかる。また同年八月癸酉条には、国司・国造に対して、「宜下観二国々壃堺一、或書或図、持来奉上示、国県之名、来時将定」や池溝開発・墾田を令する詔が見え、引用部分は立評準備作業と解するのが有力で、[50]私もこれを支持したいが、これらは国司とともに、国造にも令されている点に注目せねばならない。その他、同年三月辛巳条の東国国司の勤務ぶりにも、国造との結託・依存関係が窺われる。

　したがって私は、詔Ⅰの在地の実状調査は、評制施行以前の地方支配の基本が国造制であったため、中央は国造レベルまでしか地方豪族を把握していなかったことを物語るものと考えたい。先述の冠位未授与とともに、以上が評制施行以前の地方豪族把握の状態であった。

　次に先掲詔Ⅰの在地豪族の実状調査は、立評に備えた評司銓擬に関わると見るのが有力で、[51]さらに国司の同伴した「国造・郡領」から実状の訴を聞き、評司銓擬を行おうとしたとする見方も呈されている。[52]私も、この段階で在地豪族の実状調査や「国々壃堺」調査等により、何らかの形で立評準備が進められたと考えるが、「天下立評」は大化五年であり、評司銓擬等の最終行為はやや早すぎるようにも思う（系図史料の評司の冠位は、問題のあるものを除くと、大化五年制以降である）。ただ、この段階で、国造も含めて、評司たり得る者の把握が進んだことは認めてよく、評造設置の契機もここに求めることができよう。

以上を要するに、評制施行を契機に地方豪族の把握が大幅に進展したということであり、評制の意義を探る手がかりもそこに求められるのかもしれない。ただ、この点は、評制下の地方支配のあり方などをもう少し考察した上で、明確な結論として呈示したい。

そこで、次に以上の評の成立過程、立評の様相などの知見をもとに、評制の意義や律令制地方支配の成立過程などの検討に進みたい。

三　評制施行の意義

1　学説史と律令制成立以前の国制から

今日、評制成立の意義については、二つの見方が有力であると思われる。ひとつは、評制施行を部民制廃止の対応措置と考え、屯倉制から発展した「コホリ」、あるいは部民制の発展による地域支配の実現等の方式を適用したのが評制であるとするもので、この立場では、評制と国造制は支配原理を異にするものと評される。[53] もうひとつは、国造制の一定の破綻により、在地豪族の支配地域のより細密な把握を企図したのが評制であるとする見方で、こちらは国造制的支配秩序との連続を考える立場であると言ってよかろう。[54]

これらのうち、私は、前節での考察から、後者の立場を支持したいと考えているが、右の二説は、律令制成立以前の国制の評価とも関わっており、ここで、前節で保留した部民制、屯倉制に関する私見を略述しておきたい。前者の立場の当否も関連して、以下、前節の史料（あ）を始めとして、部民制理解のポイントとなる、孝徳朝の部民政策を中心に考察を試みる。

（い）『書紀』大化二年正月甲子朔条（改新詔）

（上略）其一曰、罷二昔在天皇等所レ立子代之民・処々屯倉、及別臣連伴造国造村首所有部曲之民・処々田荘一。仍賜二食封大夫以上一、各有レ差。降以二布帛一、賜二官人・百姓一、有レ差。（下略）

（う）『書紀』大化二年三月壬午条（皇太子奏）

（上略）其群臣連及伴造国造所レ有、昔在天皇日所レ置子代入部、皇子等私有御名入部、皇祖大兄御名入部〈謂二彦人大兄一也〉、及其屯倉、猶如二古代一而置以不。（中略・皇太子奉答）別以二入部及所封民一、簡二充仕丁一、従二前処分一。自余以外、恐二私駈役一。故献二入部五百廿四口・屯倉一百八十一所一。

（え）『書紀』大化二年八月癸酉条（品部廃止の詔）

（上略）而始二王之名々一、臣連伴造国造、分二其品部一、別二彼名々一。復、以二其民品部一、交雑使レ居二国県一。（中略）粤以、始二於今之御寓天皇一、及二臣連等一、所レ有品部、宜三悉皆罷、為二国家民一。（中略）始二於祖子一、奉仕卿大夫臣連伴造氏々人等〈或本云、名々王民〉、咸可二聴聞一。今以二汝等一、使仕状者、改二去旧職一、新設二百官一、及著二位階一、以二官位一叙。

（お）『書紀』大化三年四月壬午条

（上略）又拙弱臣連伴造国造、以二彼為レ姓神名・王名一、逐二自心之所一レ帰、妄付二前々処々一〈前々、猶謂二人々一也〉。（中略）未レ詔之間、必当レ難レ待。故始二於皇子・群臣一、及二諸百姓一、将レ賜二庸調一。

まず（あ）の理解は先述の通りであり、国造は「己民」所有者であったが、実際はそこから中央の臣連伴造等に調賦を進上する存在であった。この観点は（い）以下にも適用可能と思われ、結局、孝徳朝の部民政策の主対象は、中央豪族であったのではあるまいか。（い）～（お）では国造も部民所有主体として見える。しかし、部民「廃止」の代償は、（い）の食封給与は中央の大夫以上、（え）の新官職・冠位も「名々王民」と称される「奉仕卿大夫臣連伴造氏々人等」が対象であった。また（お）は（え）の新官職等制定までの暫定的措置であるから[55]、やはり対象は中央豪族であろう。つまり地方の国造は、部民「廃止」の代償措置の対象には現れておらず[56]、これが右のように考える所以である。

この点は部民制の収取構造からも支持されよう。まず（う）の入部・屯倉献上は中大兄が範を垂れたもの[57]、（え）は品部（シナシナノトモノヲ）＝部民全体の「廃止」を令したものであるが[58]、（う）では仕丁簡充は許され、（え）でも（お）では暫定的措置として「庸調」収取が認められているので、実際には部民制廃止に至らず、これらは部民制的収取の内容を示すものと思われる。そうすると、（う）の仕丁簡充の「前処分」は、改新詔の仕丁差点規定（旧三十戸一人を五十戸一人に〈廝一人〉。出身五十戸の庸により資養）を指すと考えられるから[59]、この仕丁こそ、入部（イルトモノヲ）として地方から上番する者であったと言えよう。また（お）の「庸」は仕丁資養の庸と解する外なく、「調」は（あ）の調賦や改新詔の田之調等が想定される。

そして、（い）・（う）では部民と屯倉の関係が窺われるように、これらは屯倉を通じて貢上されたと見ることができる。畿外屯倉は、糟屋屯倉を初見とし[60]、地方豪族の反乱等を契機に設置される例が多いが、今、その管理形態を問題にしたい。『書紀』宣化元年五月辛丑朔条では、次のようであった。

図3では、大王は畿内屯倉のみを直接掌握し[61]、畿外屯倉は、各々の地方豪族と密接な関係にあった中央豪族を介し[62]

〔図3〕

大王 ─┬─ 阿蘇仍君 ── 河内国茨田郡屯倉
　　　├─ 蘇我大臣稲目宿禰 ── 尾張連 ── 尾張国屯倉
　　　├─ 物部大連麁鹿火 ── 新家連 ── 新家屯倉
　　　└─ 阿倍臣 ── 伊賀臣 ── 伊賀国屯倉

ての把握である。また尾張連、伊賀臣は国造であり、クニ内部の屯倉全体を管理していた点も窺われる。確かに六世紀には田令派遣の中央管理型屯倉が存するが、量的規模は不明であり(63)、国造を介した管理が基本であったと考えたい(64)。

したがって（あ）〜（お）から知られる部民制の構造は、図4のようになろう。鎌田元一氏は、山部連が「以㆓山守部㆒為㆑民（カキ）」（『書紀』顕宗元年四月丁未条）、土師連が「私民部」を贄土師部とした例（雄略十七年三月戊寅条）などにより、部民制とは、諸豪族の「民部（カキ）」領有を前提とする王権への従属・奉仕の体制、それに基づく朝廷の職掌分掌体制であるとされた(65)。支持すべき見解であろう。但し、それを全国的人民支配体制と見なす点は疑問で、右の山部連も、山官山部連－副吉備臣－山守部（山部）であり(66)、国造を介在させた支配であった。つまり部民制、屯倉制を、国造を介する地方からの収取体制の機構と見るのである。

以上の点から、律令国家成立以前──少なくとも、国造の服属伝承が見える六世紀以降は──の国制は、「王民」たる中央豪族の「己民（カキ）」領有とそれに応じた国造を介する地方からの収取を前提に、中央豪族の有力者が大臣・大連として国政を執る形をとり、ヤマト王権は「民部広大」な彼らと、「仁孝著聞」な大王による「共㆓治天下㆒」という形（『書紀』雄略二十三年八月丙子条）で存在したものと考えられる。孝徳朝の部民政策は、右のような中央豪族の部民領有＝地方からの収取を「廃止」し、これを大王が直接把握しようとしたものであった。

孝徳朝の施策は部民政策と使者派遣に要約されようが、前者は中央を対象とした。大山誠一氏は、天智三年の甲子宣の対象を畿内の氏、つまり中央豪族とされており(67)、従うべき見解であろう。ただ、付言すれば、それは孝徳朝の政策が部民制廃止を齎さなかったため、その延長として発せられたと理解すべきではあるまいか。一方、使者派遣は地方を対象としている。しかし、地方の実情は前節で見た通りであり、国造に依存せねばならなかった。また別稿で述べたように、評制下にも国造は存続し、地方支配の上で実質的な役割を果したと考えられる。したがって私は、評制の意義については国造制的秩序継承の立場に立って、以下、さらに考察を進めたいと考える。また孝徳朝の部民政策に部民制存続が窺え、(う)の「所封民」は、(い)の食封、あるいは『書紀』皇極元年是歳条に上宮乳部之民を「封民」とする意識が見えるので、部民と同義と見ると、「入部及所封民」=部民で、(う)の仕丁差点規定改定による差額献上ではなかったかとも解される。とするならば、「白髪部五十戸」等のこの時期の「五十戸」は、仕丁差点と関

〔図4〕

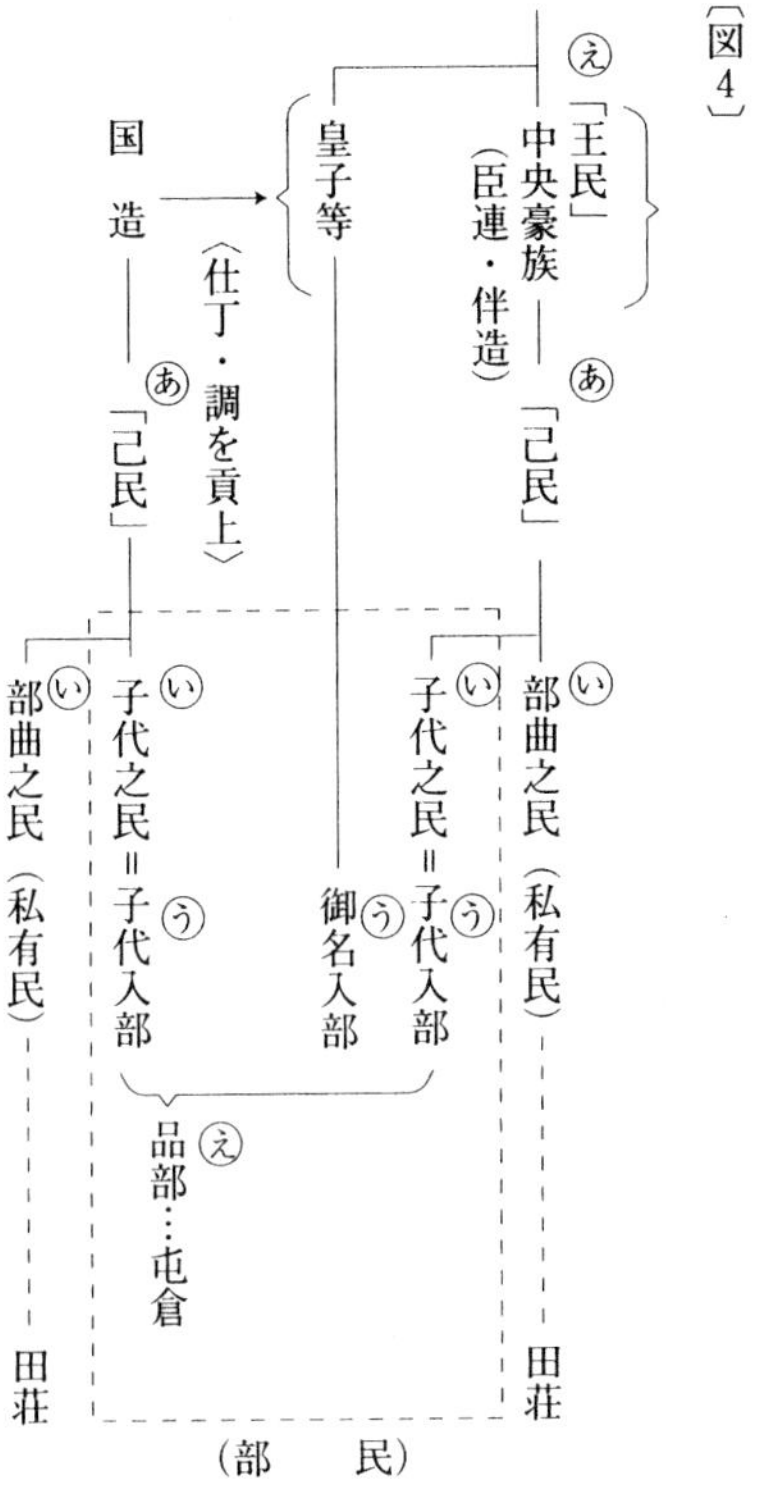

連した「五十戸」編成で、それが徴税計量単位としての里制につながっていくのではあるまいか。(68)即ち、評制は部民制廃止の対応措置ではなく、むしろ評制の進展による地方の変革を背景として、部民制は解消されたと見るべきなのである。

以上のような見通しに立って、次項では、評制下の地方支配のあり方から、評制施行の意義をまとめてみたい。

2　評制下における地方支配

評制下の地方支配については、既に別稿で、軍事面の考察を試みた。その要点は、(イ)天武朝以前に「評制軍」と言える程整った武力を評司が掌握していたのではなく、例えば壬申の乱では、国司の軍隊引率は名目的で、戦いの帰趨は実質的な武力保有者やそれをまとめる国造の働きに負う面が大であった、(ロ)『書紀』天武十四年十一月丙午条の評家への指揮具・大型兵器収公を契機に、評を中心とする地方兵制整備が始まる、の二点であり、特に(ロ)は、中央政府が評司の評支配強化の方向で、地方支配確立を企図した点を窺わせよう。本項では、以上のような観点から、前項の部民制の理解とも関連して、人民支配の面を中心に、評制下の地方支配の様相を明らかにしたい。

律令制下の人民支配の台帳、戸籍・計帳は、日本では国司のみが作成に与ることになっている(戸令造戸籍条)が、実際は郡司に負う面が大きかったのは周知の通りである。(69)戸籍の源流は孝徳朝以前に存し、孝徳朝にも戸口調査実施が窺われる(史料(あ)等)が、全国的戸籍は天智九年の庚午年籍を嚆矢とする。(70)前二節の考察から、評の分立は天智末年までで一段落がついていたと推定されるので、庚午年籍の検討により、評による人民支配進展の度合を知ることが可能である。またそれに続く庚寅年籍との比較で、天智末年の様相を明らかにすることができよう。但し、今日両籍は存在せず、その内容解明には多くの研究があるが、ここでは作成方法を中心に検討を進める。

まず庚寅年籍の作成は、『書紀』持統三年閏八月庚申条、四年九月乙亥朔条の国司への造籍指令から、国司を中心に行われたことがわかる。また「庚寅編戸之歳」（『続紀』天平宝字八年七月丁未条）の称、『播磨国風土記』の大規模な里名変更（多くは部民制的名称から然らざるものへの変更）[71]に窺われるように、この時に五十戸一里制が完成すると考えられ、戸籍作成単位は里と見てよかろう。一方、庚午年籍は、『書紀』天智九年二月条「造二戸籍一、断三盗賊与二浮浪一」とあるだけで、作成主体、単位ともに不明である。里単位であったという見方もあるが[72]、既に西海道の例から指摘されているように、里よりも小さな単位を想定すべきであろう[73]。

庚午年籍作成の最も具体的な方法は、史料05に示されている。即ち、国造・県領・殿が配下の民を申請し、それを評司が勘定したとあり、「粟鹿郷上戸主神部直根閈年卅」という記載例まで見える。しかし、この記載例は、郷字使用、天武四年四月施行の三等戸制の記載等、後代の追記を窺わせ[74]、それ以前の部分も、他の史料による検証が必要と思われる。

そこで、まず作成単位について、改姓記事中の、庚午年に馬司に仕えていたから馬養造に編じられたとか、祝としての仕奉により祝部姓を貰ったといった記事に注目したい。職掌による定姓の例は珍しくないが、「被レ任二馬司一。因レ斯、庚午年造籍之日、誤編二馬養造一」（『続紀』天平神護元年五月庚戌条）、「庚午之年、長直籍」（宝亀四年五月辛巳条・「長直が籍」は長直一族を登録して成巻した籍か）などの表現は、こういった集団別の造籍を窺わせるのではあるまいか[75]。また『播磨国風土記』では、庚午年の里名改名は宍禾郡石作里しかないが、この改名は伊和の地からの里、ないしは「五十戸」編成としての分立を示すと解することも可能であり[76]、石作部集団の里形成は、庚午年籍の集団別把握とも関係するかもしれない。ちなみに、一般人民の定姓は庚午年籍とも、庚寅年籍とも言われる[77]。天智三年の甲子宣は畿内の中央豪族を対象としたと考えられるが、前項で述べた中央の部民制存続は、それに応じた地方での部民制的領有関係存続を規定し、庚午年籍作成当時、貴豪族が一定の人民を「民部」として、また私有民として領した点は否めない。先述の馬養造は播磨国賀古郡の人で、馬司に仕えていた（上番か在地管理かは不詳）とあるから、その集団別造籍は充分考え得る方法であろう。

次に史料05では、そうした申請を評司が勘定したと記すが、その点は如何であろうか。『書紀』斉明四年七月甲申条「又詔二渟代郡大領沙奈具那一、検三覆蝦夷戸口与二虜戸口一」では、評司の戸口調査が知られる。この場合、蝦夷社会の閉鎖性故に、彼らの首長たる評司に依存せねばならなかったとも言えるが、一般に当時の国司は評内部まで掌握しておらず、評内のことは評司に依存していたためと見ることもできよう。孝徳朝の使者派遣の際の戸口調査では、在地の状況は前節で触れた通りで、彼らのみでの任務遂行は考え難く、実際には在地豪族への依存が大きかったと推定される。これらはともに庚午年籍以前の例であるが、その他、律令制下の造籍の郡司への依存、先の作成単位などの点から、庚午年籍作成主体を評司とする蓋然性を認めてよいのではあるまいか。

以上、ほぼ史料05のような方式で庚午年籍作成が行われたとの推定に達した。とするならば、（イ）庚午、庚寅両籍の作成主体の相違から考えて、当時の地方支配上の国司の実際的役割は小さかったのではないか、（ロ）各豪族の申請を評司が勘定する方式から見て、それ以前は評司も評内の一人一人の人民を掌握しておらず、評支配はそれ程強力なものではなかった、の二点が確認できる。これらは軍事面での天武十四年詔以前の状況と合致している。但し、庚午年籍により評司が評内の中小豪族配下の人民をチェックした点は、評制下の人民支配進展を考える上で重要である。評制下の収取は詳らかでないが、部民以外の「五十戸」編成が進み(78)、それが庚寅年籍での編戸による里編成へと発展し、徴税計量単位としての律令里制につながるのではないだろうか。また部民以外の「五十戸」編成は、部民制とは異なる地域区画たる評制による人民把握へと展開し、部民制に依存しない収取体制の成立、地方における部民制解体惹起→中央でも天武四年二月に「部曲」＝「民部」廃止へと進み[79]、部民制に終止符を打つに至ると考えられる。したがって庚午年籍作成は、評司が評内の人民を掌握し、部民制等を廃しての評支配を行う契機になったという点で、評司の評支配強化を齎すという側面があったのである。

以上が評制下の地方支配に関する知見であるが、評制成立の意義を考える上で注目すべきは、天武・持統朝以前の評の機能であろう。この時期の地方支配は、評内部にまで中央政府が介入することはなく、評司の評支配に依存し、むしろその強化を通じて行う方向で進められている。壬申の乱以前の国司を初期国宰と呼び、それは対外的緊張の高まる百済の役前後に派遣され、壬申の乱後の国司と比べて、行政権以外に、財政・軍事権も有する強大な存在であったと見る立場もあるが[80]、別稿での壬申の乱の際の国司の実際的機能に関する理解からは、この見解を支持する訳にはいかない。また当時は兵役と力役は未分化で、事実、近江方は山陵造営人夫に武器を執らせ、武装化を企てた（『書紀』天武元年五月是月条）。このような人夫徴発は、評制施行以前のミコトモチにも認められ（『書紀』皇極元年九月乙卯条・辛未条）、この段階の国司を評制成立以前のそれから超絶したものと考え難い所以である。ちなみに、百済の役後の評分立例（史料01・04・05・07）は、この時期の地方支配強化も、評制の充実・強化の方向で実現されたことを示すのではあるまいか。

ここで思い返さねばならないのが、評の成立過程、特にクニ→評以後の分立である。前述のように、それは評造の地位的呼称設定、評司として把握した地方豪族への冠位初授等の措置を伴い、国造も含めて、それ以外の地方豪族をも広く把握しようとしたものであった。私は律令制成立以前の地方支配は、基本的にはクニおよび国造に依存した体制であったと見ており、ミコトモチ派遣によるクニ単位の収取が行われたという理解を支持したい[81]。そして、クニ内部に国造に匹敵する豪族が存在し、彼らが支配者としての歴史を有する地域が築かれていたという、右のような体制の矛盾・危機に際して、評という新しい区画を作り、それらの地方豪族を評司として、それに対する把握を強め、また中小豪族や有力農民の台頭に揺らぎがちであった彼らの支配を強化することを通じて、地方支配安定を企図したのが評制の構想ではなかったかと見るのである。さらに「はじめに」で触れたように、律令制下の郡が様々な面で地方支配の基本単位となっているのは、このような評制下の地方支配の構想に由来すると考えたい。なお、評がクニの分割を経て成立することから、評制と国造制を別個のものとする見解もあるが(82)、第一節で見たように、当初はクニ→評の形で立評が進められたのであり、また評制下における国造の存続、依存を考慮すると、評制は国造制的秩序を継承し、クニ内部のより細かな把握を目指していたと言えるのである。

つまり評制においては、地方豪族への依存という地方支配の構想自体には、評制施行以前と比べて大きな進展は見られず、評制成立の意義は、正に新しい区画たる評を作った点にあると考えられる。「評」の名称は、六世紀の朝鮮三国の制度に倣ったものであるが、三国の地方支配は、自然発生的共同体の把握を目的としていた(83)。日本の評も、国造以下の在地豪族が各々の支配を築き、謂わば一個の共同体ととらえ得るような地域の把握を目的としていたために、同じ名称を採用したと理解したい。したがってこの点でも、中国的郡県制を模した支配とは直結しないと見るのである。

3　評制から律令制地方支配へ

では、評を地方支配の中心とする政策から、律令制地方支配への転換が図られるのはいつであろうか。「はじめに」で触れた日本の律令制地方支配の特色を考慮すると、国司制の整備、郡司の位置づけの二点が考察の指標となろう。まず国司制では、天武朝以前の国司は、前項で見た評制の構想に対応して、評制施行以前のミコトモチの性格を色濃く残すものであったと推定される。例えば『書紀』天武元年七月辛亥条の「仰二以西諸国司等一、令レ進二官鑰駅鈴伝印一」も、近江方の西国への募兵（吉備、大宰府等）を考慮した、壬申の乱後の一時的措置と見なされ、この時期の国司の権限を過大評価（財政・軍事権）することはできない。そして、そのような国司から律令制的な国司制が成立するのは、天武・持統朝以降である。その時点で、漸く評内部への介入が進むのであって、先述の国司による庚寅年籍作成や、その際の評の下部組織たる里制の成立＝律令制的収取基盤の成立などは、この点を物語る。また軍事面でも、『書紀』持統三年七月丙寅条の習射所設置、閏八月庚申条の点兵率（但し、これは評司の恣意的点兵への規制で、軍団制は大宝令で成立[84]）などは、評を中心とした地方兵制整備の中に、国司の関与が進められたことを示すものと見てよかろう。さらに国司の支配領域たる令制国は、天武十三年頃の成立と推定され[85]、この時に、国司は、いくつかの評を管轄地域とし、評司の把握により任務を果すという存在形態から、国―評の支配方式、評内部への介入を強める形に転換し、国郡制の原型が出来上がったと考えられる。

なお、天武朝以前の国司は六、七世紀以来の大夫階層から出ていたのに対して、天武朝には国司の相当位が下がる（『書紀』天武五年正月甲子条、朱鳥元年二月乙亥条＝六位以下）ことが指摘されている[86]。天武朝以前にも様々な使者が地方に派遣されていたが、それらは概ね大夫階層の者であった（孝徳紀の東国等国司も「良家大夫」）。即ち、天武朝までの国司は、ミコトモチの性格が強く、地方に威厳を示し、国造や評司を把握するために、大夫階層の者の派遣が不可欠であったのではないだろうか。一方、天武朝以降は、相当位が低い者でも地方支配可能な形へ移行したために、右のような変化が起きたと考えられる。これは律令制的国司制の成立に対応する事象と言えよう。

したがって律令制地方支配の構想は、正に天武・持統朝に出現したと見なし得る。この点の傍証として、郡家遺跡の検討によると、郡家（評家）は七世紀末〜八世紀初の時点で、「律令制的官衙様式」の実態を伴って成立するとされている点にも注目したい。[87] 評の中心となる評家にも、天武・持統朝頃から中央政府の指導が加えられており、これも律令制的国郡制成立の一指標となるのである。

但し、国司への完全な財政・軍事権付与は大宝令施行時とされ、[88] その際に大宰府以外の総領が廃され、国が地方支配の最大の単位としての性格を完成する点を考慮すると、[89] 国司制の完成は大宝令施行時と言わねばなるまい。軍団、国造、国師、国学など、国司の補助機構が成立するのも、その時点であった。[90] 即ち、国司制の完成と相俟って、律令制地方支配機構が急速に整備されるのであり、その成立は大宝令においてであったと見ることができる。そして、律令制地方支配の構想が天武・持統朝に出現し、その機構が大宝令施行時に整備・成立したとするならば、それまでの地方支配を支えた評・評司の後裔たる郡・郡司への依存が続き、地方支配が二重構造を持ち、また郡司が軍団等の他の機構に大きく関与する理由も納得できるであろう。[91]

では、その郡・郡司はいかにして律令制地方支配の中に位置づけられたのであろうか。最後に、在地豪族の地方支配を公認する日本の律令制地方支配の特質も、大宝令施行に伴って完成・成立することを示しておきたい。

その際に着目したいのが、外位制の成立とその意味である。外位は郡司の待遇の特色の一つであり、選叙令郡司条では、大領―外従八位上、少領―外従八位下の初叙が規定されている。一方、『書紀』持統八年三月甲午条では、大領―進広弐（大初位下）、少領―進大参（少初位上）と、初叙位階は令文よりも低いが、外位ではなかったし、また評司の帯する冠位の実例にも、外位は見えない。つまり郡司等の地方豪族に特別に外位を授けて把握しようとすることは、大宝令に始まるのであり、[92] 郡司制成立との関係が予想されるのである。

外位制やその他の郡司に関する諸規定（任用方法、下馬礼等）について、野村忠夫氏は、唐の流外官の規定を参考にして作られたとされている。[93] 確かに条文比較の点からは首肯できる。ただ、右のような外位の機能の成立の意味を考えるには、新羅の外位制が興味深いであろう。新羅には京位（内位）と外位とがあり、外位は地方村落人、特に村主層の把握を目的とするものであった。この外位は、真興王十五年（五五四）～文武王十四年（六七四）に限って史料に見え、新羅の半島統一の過程で、王京六部人の政治的後退・地方への移住（『三国史記』巻四十職官下・外位条）、専制王権の確立が行われ、また旧高句麗・百済の民を統治する上で、旧来の内外人の区別では困難になったこと等によって廃止されるという。(94) この点、律令国家が完成する時期に、初めて外位を定めた日本とは対照的である。右の新羅の外位制廃止に関しては、全くの憶測であるが、地方支配形態の点から、次のような側面も指摘し得るのではあるまいか。三国時代の新羅は州郡制をとり、末端では村・村主を把握する必要があったので、外位を設けて彼らを特別に把握しようとしたが、統一新羅では、村という行政区画を解消して県（または郡）とし、(95) 州郡県制を確立したので、建前上は地方支配に村・村主を位置づける必要がなく、外位を廃した、と。

このように見てくると、大宝令における外位制定は、正に地方豪族たる郡司、その支配地域・郡を、国家の正式な機構の中に位置づけたという日本の律令制地方支配の特質に由来するものであり、この外位制を一指標として、律令制地方支配を支える郡司制が、大宝令で成立したと言うことができるのである。

むすび

本章では、評制の考察を中心に、地方支配の面から律令国家の成立に検討を加えた。最後に、評制施行を地方支配の構想の歴史的変遷の中に位置づけて、むすびとしたい。

『隋書』東夷伝倭国条には、推古朝の地方支配として、「有㆓軍尼一百二十人㆒、猶㆓中国牧宰㆒。八十戸置㆓一伊尼翼㆒、如二今里長一也。十伊尼翼属二一軍尼一。」という有名な記載が見える。これが日本全体に該当するのか、あるいは畿内での見聞によるものであり、基本的には畿内に限定すべきなのかは、理解の対立が残っている(96)。今、『隋書』にはもう一箇所、当時の地方支配の様相を窺わせる記述のあることに注目したい。それは隋使が倭に至る順路の国名・国数（十余国）を掲げた後に、「自二竹斯国一以東、皆附二庸於倭一」と記す部分である。「附庸」とは、諸橋轍次『大漢和辞典』には、「天子に直属せず大国に附属する小国」とあり、東夷伝中の実例に徴すると、謂わば外交権を奪われ、他国に服属する状態と理解できる(97)。つまり隋使には、当時の日本は倭＝畿内ヤマト王権を中心とし、それに小国が附庸する形で存立していると映じた訳で、これは憲法十七条などにも見える当時の国造制の支配状態を表現したものと評価してよかろう。

したがって先の軍尼云々の部分は、倭国の戸数約十万戸と、軍尼・伊尼翼による戸数計算九万六千戸とが合致する点から、やはり畿内に限定されると解するのがよいと思われる(98)。そして、その他の地域では、隋使には日本が小国連合体と見える程――『漢書』以来の伝統的日本観に左右された可能性もあるが――、国造が一定の独立性を保ち、その支配に依存した地方支配が行われていたのではあるまいか。

『隋書』に見える七世紀初の日本の状況は、本章で触れたような国造制的秩序の下に、中央豪族が、部民制等による地方からの人的・物的収取を確保し、それを以て大王に奉仕する形で国家が存立していたと考えることができる。即ち、評制施行以前の地方支配は、国造レベルまでの把握、小国の統合体という状態であったと要約されるのである。

以上のような状況に対して、孝徳朝に始まる評制は、当初は国造のクニ→評の形で転換が図られたが、国造も含めて、各地方豪族が支配者としての歴史を持つ地域を評とし、彼らを評司に任用して掌握を強化しようとする方策であった。それは内的には国造より下の地方豪族の成長に促され、国造制的秩序に一定の動揺が見られたことに求められる。しかし、評制施行の意義として最も重要なのは、例えば小国の征服という形で国家形成を行った朝鮮三国とは異なって、小国統合体のままで存立してきたヤマト王権が、初めてクニ内部の地方豪族の支配地域を評という区画としてとらえようとしたことであろう。即ち、そこにヤマト王権による真の全国支配確立への道程の萌芽が窺えるのである。

そして、天武・持統朝には、様々な面で律令国家の機構が出現することが明らかにされている。この場合、本章の立場から見逃してはならないのは、庚午年籍作成を契機とした評司の人民把握や、天武十四年詔以降の評を中心とする地方軍制整備など、評制施行による評司を中心とした地方秩序の再編が進み、それが一応の完成を見るのがこの頃であった点である。このような地方の変化をふまえて、中央の部民制廃止も可能になり、律令官僚制への転換も実現したと考えられる。一方、評司側でも、中小豪族の台頭を押さえるには、中央政府の権威が必要であり、それが中央派遣官たる国司の評内部への介入を生み、国郡制支配の原型を成立させたのであろう。したがって評制施行とその完成を経てこそ、律令国家構築の基盤も出来上がったと言うことができ、評制の意義は寔に大きいものがあったのである。また評制を基盤とする地方支配のあり方は、天武・持統朝においても維持され、中央派遣官たる国司―在地豪族の地方支配を認可した郡司、という二重構造をとる日本の律令制地方支配の特質をも規定し、律令国家の変容期とされる九世紀初まで、譜第郡司や国造等への依存が続くことになるのであった(99)。

以上、本章では、律令国家を支える地方支配が、いかなる過程で形成されたかを明らかにしようとした。残された課題は多く、特に九世紀以降の変容を齎した中小豪族等のあり方や、律令国家成立以前の国造制的秩序の成立、その内容解明、さらには乙巳の変(「大化改新」)の性格などには言及できなかった。これらはすべて今後の課題とし、今はひとまず擱筆することにしたい。

註

（1）井上光貞「日本の律令体制」（『岩波講座世界歴史』六、岩波書店、一九七一年）、石母田正『日本の古代国家』（岩波書店、一九七一年）、大津透「律令国家と畿内」（『律令国家支配構造の研究』岩波書店、一九九三年）など。

（2）松本善海『中国村落制度の史的研究』（岩波書店、一九七七年）第一編第一章など。

（3）木村誠「新羅郡県制の確立過程と村主制」（『朝鮮史研究会論文集』一三、一九七六年）、鈴木靖民「渤海の首領に関する予備的考察」（『朝鮮歴史論集』上巻、龍渓書舎、一九七九年）など。但し、石上英一「古代における日本の税制と新羅の税制」（『古代朝鮮と日本』龍渓書舎、一九七四年）が述べるように、在地豪族の実際の役割は否定しない。

（4）大町健「律令制的国郡制の特質とその成立」（『日本古代の国家と在地首長制』校倉書房、一九八六年）など。なお、里の性格は、佐々木恵介「律令里制の特質について」（『史学雑誌』九五の二、一九八六年）を参照。

（5）井上光貞「郡司制度の成立年代について」（『古代学』一の二、一九五二年）。

（6）薗田香融「国衙と土豪との政治関係」（『古代の日本』九、角川書店、一九七一年）、鎌田元一「評の成立と国造」（『日本史研究』一七六、一九七七年）、大山誠一「大化改新像の再構築」（『古代史論叢』上巻、吉川弘文館、一九七八年）など。なお、評制開始年次に関しても、鎌田論文等の大化五年説、篠川賢「律令制成立期の地方支配」（『日本古代史論考』吉川弘文館、一九八〇年）等の白雉四年説などが存する。

（7）井上光貞「大化改新の詔の研究」（『日本古代国家の研究』岩波書店、一九六五年）、関口裕子「「大化改新」批判による律令制成立過程の再構成」（『日本史研究』一三二・一三三、一九七三年）、米田雄介「評の成立と構造」（『郡司の研究』法政大学出版局、一九七六年）、山中敏史「評・郡衙の成立とその意義」（『文化財論叢』同朋舎出版、一九八三年）など。

（8）早川庄八「律令制の形成」（『岩波講座日本歴史』二、岩波書店、一九七五年）、大町註（4）論文など。

（9）鎌田註（6）論文。

（10）篠川註（6）論文。

（11）（イ）直木孝次郎「古代の伊勢神宮」（『神話と歴史』吉川弘文館、一九七一年）、薗田註（6）論文など、（ロ）熊田亮介「律令制下伊勢神宮の経済的基盤とその特質」（『日本古代史研究』吉川弘文館、一九八〇年）、（ハ）菟田俊彦「神国造から神郡司へ」（『国学院雑誌』六八の三、一九六七年）。なお、「大同本紀」に関しては、（補注1）を参照。

(12)『日本史総覧』補巻中世三・近世三（新人物往来社、一九八四年）「郡衙一覧」の項などを参照。
(13)田中卓「郡司制の成立」（『社会問題研究』二の四、三の一・二、一九五二・五三年）。
(14)その存否は、拙稿「評制下の国造に関する一考察」（『日本歴史』四六〇、一九八六年、本書所収）を参照。
(15)井上光貞「部民の研究」（『日本古代史の諸問題』思索社、一九四九年）、岡田精司「伊勢神宮の起源」（『古代王権の祭祀と神話』塙書房、一九七〇年）など。
(16)岡田註(15)論文。
(17)菊地康明「農耕儀礼と生活」（『古代の地方史』五、朝倉書店、一九七七年）など。
(18)菊地註(17)論文。熊田註(11)論文も参照。
(19)岡田註(15)論文。
(20)郡司の勧農権については、亀田隆之『日本古代用水史の研究』（吉川弘文館、一九七三年）第二編第五章、第三編第二章を参照。
(21)甘粕健「武蔵国造の反乱」（『古代の日本』七、角川書店、一九七〇年）。
(22)平林章仁「国造制の成立について」（『龍谷史壇』八三、一九八三年）は、この争乱を国造制導入に伴うものと見るが、やはりその地位が広範囲の首長で争われる点は注目してよい。
(23)吉田晶「評制の成立過程」（『日本古代国家成立史論』東京大学出版会、一九七三年）など。
(24)『越中石黒系図』の伊弥頭国造と利波臣の同族系譜を古くからのものと認めれば、礪波地域の池原古墳群の存在（『砺波市史』では六〜七世紀のものと位置づけられている）と、系図の継体朝における当地占拠とは合致し、国造同族の移住・地域開発→勢力扶植→立評、の例となろう。なお、『越中石黒系図』については、（補注2）を参照。
(25)『延喜式』の「雑太」の訓は、九条家本サハタ、内閣文庫本サフタとあり、もとは「佐渡郡」ではなかったかと考えられる。
(26)佐伯有清『古代氏族の系図』（学生社、一九七五年）八九頁。
(27)系譜部分の価値、成立年代については、溝口睦子『日本古代氏族系譜の成立』（学習院、一九八二年）第三章を参照。
(28)八木充「国造制の構造」（『岩波講座日本歴史』二、岩波書店、一九七五年）。
(29)同様の視角は鎌田註(6)論文にも見える。
(30)佐伯有清・高嶋弘志編『国造・県主関係史料集』（近藤出版社、一九八二年）。

(31) 栗田寛『国造本紀考』(近藤活版所、一九〇三年)。
(32) 註(14)拙稿参照。以下、別稿はこれを指す。
(33) 鎌田註(6)論文も同様の指摘を行う。
(34) 史料01では次官が助督と記されているので、長官の督領は、督に郡司の官名・大少領の知識による潤色を加えたものと見る。また02の督造、助造も、古い官名「造」による潤色があると考えたい。なお、『金銅観音菩薩造像記』等の評君は、当時の名称と見てよいが、「君」は一般的尊称と考えることができ、必ずしも官名ととる必要はない。ちなみに、実務官の名称は、伊場木簡一〇八号(文武三年の年紀を持つ)の「評史」が妥当であろう。
(35) 山尾幸久「朝鮮三国の軍区組織」(『古代朝鮮と日本』龍渓書舎、一九七四年)。
(36) A井上註(5)論文、B井上註(7)論文、関口註(7)論文、C磯貝正義『郡司及び采女制度の研究』(吉川弘文館、一九七八年)第一編第四、五章など、D薗田註(6)論文、E米田註(7)論文、F鎌田註(6)論文、G伊野部重一郎「評造私考」(『続日本紀研究』二〇九、一九八〇年)。
(37) 佐伯註(26)書一三六頁～一三七頁。なお、(補注3)も参照。
(38) 山尾幸久「国造について」(『古文化論叢』一九八三年)も同様の指摘を行う。
(39) 黛弘道「国郡制成立史上の一問題――山背国葛野郡の分割――」(『律令国家成立史の研究』吉川弘文館、一九八二年)の大宝令での大規模な郡の分割説は、「弟国評」木簡の出土により成立し難く、また伊賀、尾張、常陸、飛驒、若狭、丹波(含丹後)、隠岐等では、既に浄御原令制の段階で郡・評の区画差はなかったと思われる。
(40) 米田雄介「郡司制成立の前提」(『郡司の研究』法政大学出版局、一九七六年)。
(41) 橋本裕「軍毅についての一考察」(『ヒストリア』六二、一九七三年)。
(42) 註(34)の「評君」も金石文での別称使用例である。
(43) 黛弘道「冠位十二階考」(『律令国家成立史の研究』吉川弘文館、一九八二年)。
(44) 武光誠『日本古代国家と律令制』(吉川弘文館、一九八四年)四四頁～四五頁。
(45) 篠川賢『国造制の成立と展開』(吉川弘文館、一九八五年)一四四頁。
(46) 八木註(28)論文、大津註(1)論文など。

(47)黛弘道「国司制の成立」(『律令国家成立史の研究』吉川弘文館、一九八二年)、井上光貞「大化改新と東国」(『日本古代国家の研究』岩波書店、一九六五年)など。
(48)薗田註(6)論文、佐藤和彦「大化の国司派遣について」(『国学院雑誌』七九の一、一九七八年)。
(49)早川庄八「選任令・選叙令と郡領の「試練」」(『日本古代官僚制の研究』岩波書店、一九八六年)。
(50)薗田註(6)論文、早川註(49)論文など。
(51)註(50)に同じ。
(52)早川註(49)論文。
(53)鎌田、大山註(6)論文、鎌田元一「評制施行の歴史的前提」(『史林』六三の四、一九八〇年)、狩野久「律令国家の形成」(『講座日本歴史』一、東京大学出版会、一九八四年)など。
(54)吉田註(23)論文、早川註(8)論文など。
(55)関晃「いわゆる品部廃止の詔について」(『続日本古代史論集』上巻、吉川弘文館、一九七二年)。
(56)吉村武彦「大化改新詔の第一詔について」(『東国の社会と文化』梓出版社、一九八五年)は、(い)の「百姓」を畿内有位者としており、私も地方人は含まれないと考えたい。
(57)薗田香融「皇祖大兄御名入部について」(『日本書紀研究』三、塙書房、一九六八年)など。
(58)狩野久「部民制」(『講座日本史』一、東京大学出版会、一九七〇年)など。
(59)井上註(7)論文など。
(60)舘野和己「屯倉制の成立」(『日本史研究』一九〇、一九七八年)。
(61)大王の畿内支配との関係は、大津註(1)論文参照。本章は畿内を考察対象外とした。
(62)物部氏と新家連(本章第一節第一項を参照)、阿倍氏と伊賀臣(孝元紀七年二月丁卯条)は、ともに同族関係にある。蘇我氏と尾張氏は、屯倉を介する何らかの関係(例・蘇我入鹿と尾張の入鹿屯倉)であったと思われる。
(63)唯一の例である白猪、児島屯倉でも、屯倉設定に蘇我氏が関与し、田令葛城直(蘇我氏は葛城氏系)、白猪史(叔父辰爾と蘇我氏の関係)が蘇我氏と深い関係を持つ者であったことなどを考えると、単純に大王による地方支配強化を示すとは言えないであろう。

(64)勿論、国造の下で屯倉を管理した者が、勢力扶植により、立評の一背景をなす場合もあり、註(62)の新家連はその一例となろう。
(65)鎌田元一「「部」についての基本的考察」(『日本政治社会史研究』上、塙書房、一九八四年)、「王権と部民制」(『講座日本歴史』一、東京大学出版会、一九八四年)。
(66)『書紀』清寧即位前紀の星川皇子の乱後、吉備上道臣の山部が奪われ、山官山部連を通じて、王権への奉仕が義務づけられたのであろう。
(67)大山註(6)論文。
(68)佐々木註(4)論文、狩野註(53)論文。
(69)南部昇「籍帳研究史の二つの問題」(『日本史研究』二六〇、一九八四年)。
(70)井上光貞「庚午年籍と対氏族策」(『日本古代史の諸問題』思索社、一九四九年)。
(71)関和彦『風土記と古代社会』(塙書房、一九八四年)第三章。
(72)井上註(70)論文。
(73)早川註(8)論文。
(74)鬼頭清明『律令国家と農民』(塙書房、一九七九年)第一部第三章。
(75)原秀三郎「大化改新論批判序説」(『日本史研究』八六、八八、一九六六・六七年)、門脇禎二「七世紀の人民とミヤケの「廃止」」(『日本史研究』一三九・一四〇、一九七四年)、早川註(8)論文など。
(76)日本古典文学大系『風土記』(岩波書店、一九五八年)三二一頁頭注。
(77)武光註(44)書第四章、湊敏郎「律令的公民身分の成立過程」(『姓と日本古代国家』吉川弘文館、一九八九年)など。
(78)庚寅年籍以前にも、地名を冠する「柴江五十戸」(天武十年か)などの例がある。
(79)狩野註(58)論文など。
(80)黛註(47)論文、早川註(8)論文など。
(81)吉田晶「古代国家の形成」(『岩波講座日本歴史』二、岩波書店、一九七五年)。
(82)大町健「律令制的郡司制の特質と展開」(『古代国家の支配と構造』東京堂出版、一九八六年)。
(83)武田幸男「六世紀における朝鮮三国の国家体制」(『東アジア世界における日本古代史講座』四、学生社、一九八〇年)。

(84) 註(14)拙稿参照。

(85) 大町註(4)論文、註(14)拙稿など。

(86) 武光註(44)書第三章。

(87) 山中註(7)論文など。但し、氏は浄御原令全面立評の傍証とされ、私見とはその評価が異なる。

(88) 黛註(47)論文など。

(89) 大町註(4)論文など。

(90) 註(14)拙稿、佐久間竜「国師について」(『続日本紀研究』一二三、一九六四年)、桃裕行『上代学制の研究』(目黒書店、一九四七年)。

(91) 橋本註(41)論文など。

(92) 大宝令の外位の機能については、野村忠夫『律令官人制の研究』増訂版(吉川弘文館、一九七〇年)第二篇第三章などを参照。

(93) 野村忠夫「律令郡司制の形成」(『奈良朝の政治と藤原氏』吉川弘文館、一九九五年)。

(94) 三池賢一「『三国史記』職官志外位条の解釈」(『北海道駒沢大学研究紀要』二五、一九七〇年)、武田幸男「新羅の骨品体制社会」(『歴史学研究』二九九、一九六五年)、村上四男「新羅の外位と来投者への授位」(『朝鮮学報』三六、一九六五年)など。

(95) 木村註(3)論文など。

(96) 平野邦雄「国県制論と族長の支配形態」(『古代の日本』九、角川書店、一九七一年)参照。

(97) 拙稿「古代耽羅の歴史と日本」(『古代日本の対外認識と通交』吉川弘文館、一九九八年)を参照。

(98) 軍尼云々を記す風俗記事末尾の阿蘇山への言及は、北九州での見聞の混入か。

(99) 拙稿「律令制下の国造に関する初歩的考察」(『ヒストリア』一一四、一九八七年、本書所収)、「律令国家における郡司任用方法とその変遷」(『弘前大学国史研究』一〇一、一九九六年、本書所収)などを参照。

(補注1) 「大同本紀」については、小倉慈司「『大同本紀』の虚構性」(『史学論叢』一二、一九九三年)において、度会郡建郡記事を例として後世の創作であることが指摘されている。但し、神主奈波・針間の冠位の問題は本章のような解釈もできそうであり、しばらく旧稿のままの記述に留めておきたい。

（補注2）　須原祥二「越中石黒系図と越中国官倉納穀交替記」（『日本歴史』六〇一、一九九八年）は、『越中石黒系図』が江戸後期にかなりの古代史の知識を有する者によって作成されたという瞠目すべき指摘を行っている。（補注1）と同様、評制に関わる有力な史料に対する疑義として虚心にうけとめねばならないが、やはりしばらく旧稿のままとして、両者ともども再検討を行っていきたいと考えている。

（補注3）　松原弘宣「孝徳立評と百済の役」（『愛媛大学教養部紀要』二四の一、一九九一年）は、『和気系図』について、孝徳朝に宮手古別君がその支配領域に立評（和気評）を行い、次いで天智朝に意伊古乃別君がもう一評を立評（湯評か）したと解し、二系統の系譜を推定されている。また「総領と評領」（『日本歴史』四九二、一九八九年）では、評造を孝徳朝における最初の立評者を示す身分的称号と位置づける点では、拙見と一致するが、評造を評の長官を示すものとも解し、天武朝になって評督・助督が置かれ、「評督」が評督・助督の総称語であったと見ている。そして、妙心寺鐘銘の「評造」については、春米連広国は評督・助督に任命されなかったため、身分的称号である評造を記したと述べられている。本章の旧稿以後の評の官名に関する重要な論考であり、拙見とは視角を異にするが、参考のため紹介しておく。

第二章　評制下の国造に関する一考察

――律令制成立以前の国造の存続と律令制地方支配への移行――

はじめに

律令国家成立以前の地方支配において国造の果した役割については、数多くの論著が出されており(1)、改めて強調するまでもない。近年の研究によれば、ヤマト王権の本拠地たるウチツクニ＝畿内に対して、四方国＝畿外の支配のための制度が国造制であり(2)、また東国の伴造的国造の存在や国造服属の際の屯倉制などから見て、部民制や屯倉制も基本的には国造制に包摂されるものだったことが指摘されている(3)。

乙巳の変直後においても、評制施行以前ではあるが、畿内には直接使者を派遣する一方で、四方国の勧農に関しては、国造に委ねなければならなかったことがわかり（『書紀』大化二年三月甲申条）、右のような支配構造は容易に変更し難いものであった。またいわゆる第二次の東国国司派遣に際しては、国司とともに、国造にも「以二収数田一、均給二於民一、勿レ生二彼我一。（中略）宜下観二国々壃堺一、或書、或図、持来奉上示。国県之名来時将定。国々可レ築レ堤地、可レ穿レ溝所、可レ墾レ田間、均給使レ造。」と詔しており（同二年八月癸酉条）、地方支配の上で国造に期待されるところは大きかっ

〔図5〕　国造の変遷概念図

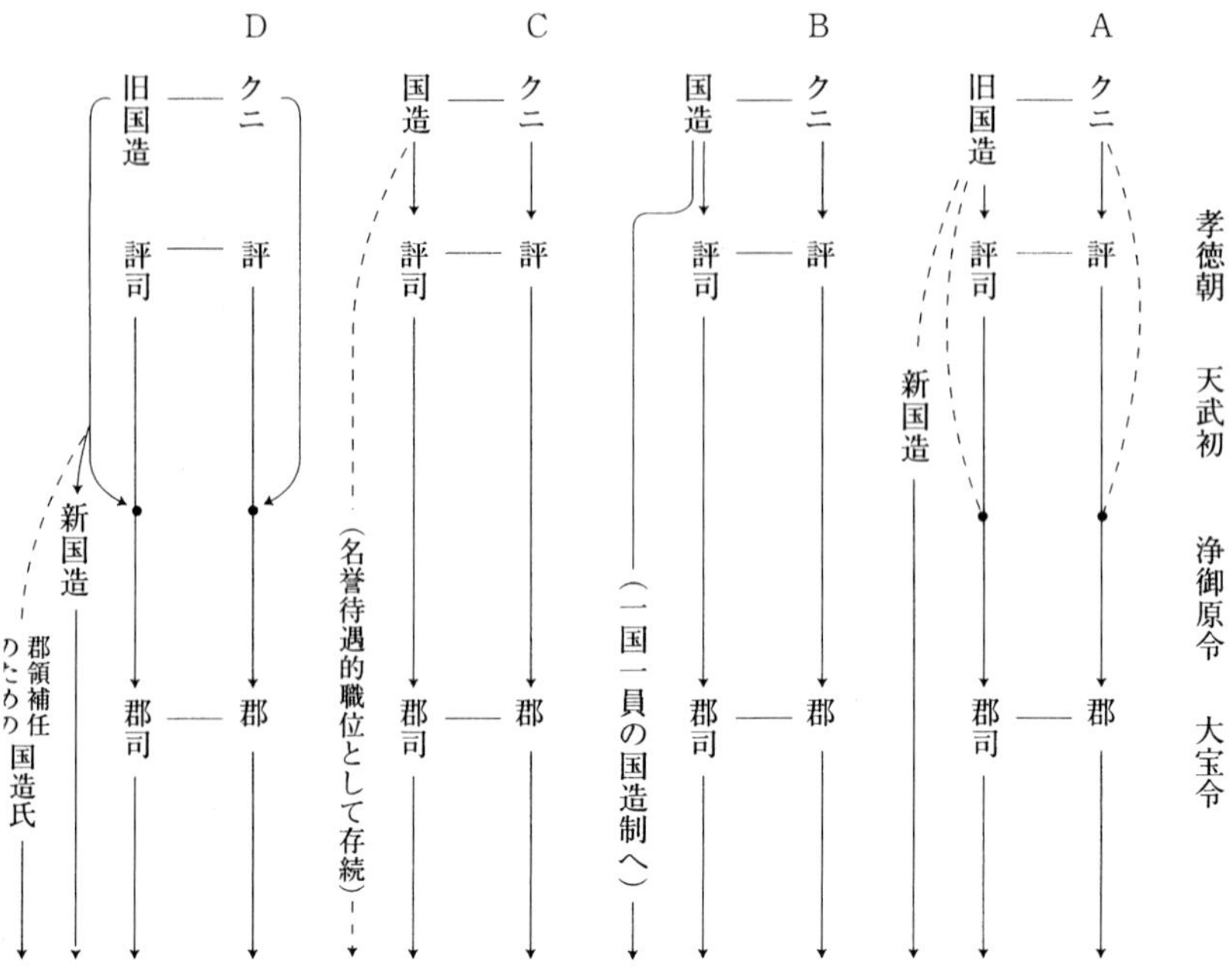

たと思われる。

　ところで、国郡制支配を基盤とした律令制下においても、国造が存続したのは周知の通りである。この律令制下の国造と律令制成立以前の国造との関係については、既にいくつかの考え方が呈されており[4]、それらを整理すると、A新旧国造論[5]、B「国造は郡司（評司）とは質を異にした肩書」という考え方[6]、C律令制下における一国一員の国造制否定論[7]、D郡領補任のための「国造氏」の存在[8]、といった説に分類できる。今、これらを律令制地方支配の成立過程、特に評制との関係で図示すれば、図5のようになろう（点線は一応制度としては存在しないことを示す）。

　これらのうち、Cについては、令集解を始めとする諸史料の解釈の難点が指摘されており[9]、またDについても、選叙令集解古記の「国造」を「旧国造」とし、さらに「国造氏」を「旧国造」の系譜を引く氏族で、郡領補任のために認定されたものとする点が従い難いとされ[10]、私もこれらの批判は正しいと思うので、C・

Dは現段階では一応除外しておきたい。そこで、A・Bについて、これらを評の成立過程に関する学説との関係で見ると、Aは段階的成立説、Bは孝徳朝全面施行説の論拠になっていることに気づく。結論を先に言えば、私は後者の立場に立つので、(11)国造に関しても当然Bでなければならない。しかし、Bには評制下の国造の役割、一国一員国造制の成立過程、律令制下の国造に関する考察など重要な点で論究が不充分なところも見られる。(12)またこれらの点は、国造研究の蓄積にもかかわらず、依然問題の残るところである。さらに言えば、乙巳の変後の孝徳朝から大宝律令制定までの間の律令制地方支配の成立過程を考える際に、また国造が律令制下にも存続したことを考慮すれば、律令制下の地方支配を考える上でも、重要な論点になると思われる。これらのうち、律令制下の国造に関する考察は他日を期することとし（次章を参照）、本章では前二点について私見をまとめたい。

右の二つの学説のうち、通説とも言うべきA説では、大化五年頃から詔に国造が見えなくなり、時を同じくして評制が施行されていることから、乙巳の変以前からの国造制は評制施行に伴って廃止されたと考えられている。また後世の史料であるが、「孝徳天皇御世、国造之号、永従二停止一」（『三代実録』貞観三年十一月十一日条）という認識も見出すことができる。ところが、後述の『那須国造碑』を始めとして、孝徳朝以後も国造が存続していたことを窺わせる史料がいくつかあり、Aの立場では、これらは「旧国造」の遺存で、評制段階的成立説の根拠として説明される。一方、Bの立場では、国造の存続とクニの存続とは区別すべきであるという見解から、孝徳朝全面施行説が主張される訳で、評制下においても国造は存続し、何らかの役割を果していたと考えられている。(13)

私は先にも述べたように、後者の立場に左袒したいと思っており、以下では評制下の国造の役割や評司との関係などの点から、この立場を支持すべきことを明らかにしたい。

一　国造と評司との関係

本節では、三つの事例の検討を通じて、まず実例の上から国造の存続の事実を指摘する。

まず紀伊国造については、既に薗田香融氏による総合的な考察があり、『国造次第』という史料の紹介が行われている。(14)それによると、第十九代忍穂は「大山上忍穂〈忍勝男、立二名草郡一兼二大領一〉」とあって、その冠位から見て、孝徳朝に名草評を立て、評督を兼任したと考えて誤りない。また紀伊国造がそれ以後律令制下に連綿として存続したことも、右の史料に明白である。

次に出雲国造の系図によると、第二十四代は「帯許督」という人物である。(15)彼は第二十五代果安（和銅元年任）の父で、『北島系譜並事蹟事』(16)によると、「白鳳七年戊寅補任在職三十年」とあり（『出雲国造系譜考』に依拠したものには白鳳八年とある）、天武七（八）年任ということになる。この「帯許督」について、高嶋弘志氏は、(17)（イ）「帯評督」の誤写と見るべきこと、（ロ）正式には「出雲国造帯意宇評督」とでも記すべきで、これは国造が評督を兼帯した事実が強烈な残像となって、後世人名の如く扱われたものであること、（ハ）意宇郡は立評当初より国造が大領を兼任しており、『三代格』巻七延暦十七年三月二十九日官符「応レ任二出雲国意宇郡大領一事。右被二大納言従三位神王宣一偁、奉レ勅、昔者国造・郡領職員有レ別、各守二其任一不二敢違越一。慶雲三年以来令三国造帯二郡領一、寄二言神事一動廃二公務一、雖三則有二闕怠一、而不レ加二刑罰一、乃有下私門日益不上利二公家一、民之父母還為二巨蠹一。自レ今以後、宜下改二旧例一、国造・郡領分レ職任上レ之。」の記載との関係でいえば、大宝令で一時兼帯を止められたが、慶雲三年には根強い兼帯の慣行によって再び兼帯が始まったという変遷が考えられること、などを指摘されている。「評」を「許」と記す例は、護国寺本

『諸寺縁起集』の『竹生嶋縁起』にも見られ、「帯許督」は「帯評督」の誤写と認めてよいと思われる。また他の二点についても、概ね高嶋氏の見解を支持すべきだと考える。したがって出雲国造に関しても、国造の存続、評督の兼任という事実が確認されたことになる。

以上、紀伊、出雲について国造の存続、評督の兼任という事実を明らかにしたが、これらは系図史料であり、また出雲の場合は天武七（八）年とすると、A説の言う「新国造」としての兼任ともとれないことはないので、さらに系図以外のより確実な史料で、律令制成立以前の国造の存続や評司との兼任の例を示す必要があると思われる。そこで、『那須国造碑』の検討により、この点を明確にしたい。

『那須国造碑』には次のような記載が見える。

永昌元年（持統三年）己丑四月、飛鳥浄御原大宮那須国造追大壱那須直韋提、評督被賜、歳次庚子年（文武四年）正月二壬子日辰節殄。（下略）

この史料については、従来から最も立評の遅れる例として、持統三年に那須国造のクニが評となったことを示すと解されてきたが、鎌田元一氏は[18]、那須国造那須直韋提が持統三年に那須評督になったことを示すという点以外は言えず、那須評の立評時期についてはこれ以前であっても構わないこと、つまりクニ→評の転換を示す史料とは言えないことを指摘された。私もこの史料は前後の世代の事蹟がわかる系図などと違って、韋提の事蹟だけを記したものであるから、鎌田氏の解釈も充分成立し得ると思う。さらに那須評の成立時期については、令制国の成立時期に関わる史料から傍証が得られると考えるので、そのことを簡単に述べておく。

a『藤原宮木簡』二―五四五号（天武十一年）

・壬午年十月［　　　　］毛野

・□□□　　90・20・4　031

b『藤原宮木簡』二―五四四号（天武十二年）

癸未年七月三野大野評阿漏里
□〔阿カ〕漏人　□□□〔米カ〕
(169)・24・3　059

c『正倉院宝物銘文集成』箭刻銘(19)

下毛野奈須評仐二

d『金剛場陀羅尼経』巻一（朱鳥元年）

歳次丙戌年五月、川内国志貴評内知識、（下略）

e『書紀』天武十二年十二月丙寅条

遣二諸王五位伊勢王・大錦下羽田公八国・小錦下多臣品治・小錦下中臣連大嶋幷判官・録史、工匠者等一、巡二行天下一而限二分諸国之境堺一。然是年不レ堪二限分一。

f『書紀』天武十三年十月辛巳条

遣二伊勢王等一定二諸国堺一。

g『書紀』天武十四年十月己丑条

伊勢王等亦向二于東国一。因以賜二衣袴一。

まずa～dに注目すると、dが国―評という記載を持つのに対して、a～cでは「国」という表記がないことに気づく。大野評や那須評が各々後の美濃国、下野国に含まれていたのは確かだが、このような表記方法は「国」を省略したというよりは、むしろ「三野」という地域、「下毛野」という地域を示すに過ぎないと見るのが妥当であろう。[20] そうすると、cは年次不明だが、bは天武十二年なので、天武十二年頃には大体の地域は定まっていたものの、明確な範囲を持った令制国はまだ成立していなかったと考えられるのではあるまいか。そのことを示すように、『書紀』にはe～gのような国境確定記事が見える。それらによると、天武十三年頃に一応国境確定が行われ（gによると、東国は天武十四年までかかった可能性もある）、この時に令制国が成立すると考えられるのであって、今のところ、dの朱鳥元年が「国」表記の確実な初見史料であることも、このような事実を裏付けるであろう。[21]

さて、このように令制国の成立が天武十三年頃であるとすれば、cはそれ以前の表記を示すもの、つまり既に天武十三年以前に那須評が成立していたことを窺わせるものということになる。したがってcは『那須国造碑』に関する鎌田氏の見解や私見を積極的に裏付ける史料と言えよう。

以上の点から、那須評立評（その時期は不明）後も那須国造が存続し、また評督と国造の兼任が行われたことも明らかになった。ちなみに、下野国の場合、北関東を支配した毛野氏の出である下毛野国造が存在し、[22] 律令制下の国造は一氏で（後述）、下毛野国造の系譜を引く者が任じられたと推定されるから、この那須国造は律令制成立以前からの国造の存続を示す恰好の例とすることができよう。さらに付け加えれば、磯貝正義氏は、[23] 韋提は死去の文武四年まで那須評督であったと解さねばならないと述べている。私はもう一歩進めて、那須国造・那須評督の兼任も文武四年まではなかったかという可能性を考えてみたい。

以上、三つの例を紹介し、評制下においても律令制成立以前からの国造が存続していたことは、事実として否定できないことを示した。そこで、次にこのような評制下の国造がどのような役割を果していたのかという点について、所謂国造軍の問題を中心として、他の側面にも言及しながら、考察を加えたい。

二　評制下の国造——軍事面を中心に——

律令制下の地方軍制を支えた軍団制については、これを国造軍の系譜でとらえようとする見方が有力であるが[24]、一方、郡・評の相違の一つとして、評の軍事的性格を強調しようとする立場から、律令制成立以前の国造に代わる「評制軍」の存在を想定し、評は後の郡と軍団とを胚胎していたという見解も呈されている[25]。この問題は単に軍団制の系譜論だけでなく、その成立過程や大宝以前の武力の性格を考える上で重要な論点を含んでおり、また評の軍事的性格がどのようなものであったかという点は、評の支配構造を理解する上で避けて通れない問題でもある。そこで、以下ではこのような諸問題について考える中で、七世紀後半の律令制地方支配機構の成立過程に国造をいかに位置づけるべきかという観点から、一例として軍事面での国造の役割に触れることにしたい。

この点を検討するにあたって、大宝以前の武力の性格やその変遷の問題から始める。その際にまず注目すべきは、天武・持統朝の兵制整備の過程で出された二つの詔であろう。

h『書紀』天武十四年十一月丙午条

詔㆓四方国㆒曰、大角・小角・鼓吹・幡旗及弩抛之類、不㆑応㆑存㆓私家㆒、咸収㆓于郡家㆒。

i『書紀』持統三年閏八月庚申条

詔㆓諸国司㆒曰、今冬戸籍可㆑造。（中略）其兵士者、毎㆓於一国㆒四分而点㆓其一㆒、令㆑習㆓武事㆒。

hによると、軍防令（軍団置鼓条、私家鼓鉦条）では軍団に設置されるべきものとされている指揮用具や大型兵器が、評家に収められることになっている。この点について、「評制軍」の立場からは、依然として評家が軍事的施設であったことを示すという見方が呈されているが、hではこの段階で収公を命じている訳であるから、ここで初めて評家に武力を集中し、地方兵制の整備を評を中心として行おうとしたものと見るのが正しく、またそれ以前は指揮用具、大型兵器の収公ができておらず、それらを保有した複数の武力が評内に存在したと言えるのではあるまいか。[26] 次にiは軍団制成立の重要な要素とされる兵役が、力役から分離したことを示すもので、[27] 点兵率を定めたものと解される。逆にこのことから、これ以前には兵役と力役が未分化だったことが推定できよう。

以上、h・iから知られる二つの点は、例えば造宮丁に有間皇子を包囲させたこと（斉明四年十一月甲申条）や後掲jなどから、力役のために差発した人夫を容易に軍隊に変えることができたことがわかり、また百済滅亡の予兆記事ではあるが、百姓が武器を所持していたことがわかる例（斉明六年五月是月条）などに鑑みて、これ以前の武力の性格を特徴づける事柄と見なすことができる。では、このような状況は、実際の軍事行動でどのように反映されているのであろうか。「評制軍」の検討も兼ねて、次に大規模な軍事動員の場に即して、武力編成のあり方を見たい。

「評制軍」存在の根拠として、斉明朝の北方遠征、百済の役、壬申の乱などにその活躍が窺えるという点が指摘されている。しかし、前二者については軍事編成の実態はそれ程明瞭ではない。北方遠征では、記事配列の問題は措くとしても、[28] 蝦夷の評司への指揮具賜与（斉明四年七月甲申条）は「評制軍」として一般化するよりも、hに鑑みて、むしろ蝦夷社会故の特例と見るのが穏当であろうし、道奥・越両国宰の下にあって遠征に従事した評司への授位を示すという斉明五年三月是月条「（上略）随二胆鹿島等語一遂置二郡領一（後方羊蹄郡）而帰。授下道奥与レ越国司位各二階、郡領与二主政一各一階上。（註略）」は、新設の評司だけに対する授位と考える余地も充分あると思われる。ちなみに、粛慎と戦って殺された能登臣馬身龍（斉明六年三月条）のような越の豪族が従軍していたのは確かであるが、彼は必ずしも評司とは限らず、能登国造としての従軍とも考えられ、国造軍活躍の可能性も捨て去ることはできない。

この点は百済の役についても該当する。百済の役への地方豪族の参加の様子は、『書紀』ではあまりよくわからないので、他の史料も援用すると、確かに評司として参加した人物もある（『古屋家家譜』）が、神部直（『粟鹿大神元記』）、越智直や三谷郡大領之先祖など（『日本霊異記』上巻第十七話、七話）は帰朝後評司となったのであり、越智直（小市国造）、筑紫君（天智十年十一月癸卯条・筑紫国造）、廬原君（天智二年八月甲午条・廬原国造）などが国造軍を率いたことも充分考えられる。事例数から言えば、むしろ国造軍が主体であったと見る事もできよう(29)。

このように、北方遠征、百済の役では「評制軍」存在の明証は得難く、むしろ国造軍が主力であったとも考え得ることを指摘するに留まる。この点をより明瞭にするために、壬申の乱について募兵方法と国宰による軍隊引率の実態とを検討する。

j　『書紀』天武元年五月是月条

（上略）時朝庭宣㆓美濃・尾張両国司㆒曰、為㆑造㆓山陵㆒、予差㆓定人夫㆒、則人別令㆑執㆑兵。（下略）

k　『書紀』天武元年六月壬午条

（上略）是以汝等三人急往㆓美濃国㆒、告㆓安八磨郡湯沐令多臣品治㆒、宣㆓示機要㆒、而先発㆓当郡兵㆒、仍経㆓国司等㆒差㆓発諸軍㆒。（下略）

l　『書紀』天武元年六月甲申条

（上略）及㆓夜半㆒、到㆓隠郡㆒焚㆓隠駅家㆒。因唱㆓邑中㆒曰、天皇入㆓東国㆒、故人夫諸参赴。然一人不㆓肯来㆒矣。（中略）逮㆓于伊賀中山㆒、而当国郡司等率㆓数百衆㆒帰焉。（下略・鈴鹿で伊勢国司らに迎えらえる）

m　『書紀』天武元年六月丁亥条

（上略）比㆑及㆓郡家㆒（不破）、尾張国司守小子部連鉏鉤率㆓二万衆㆒帰之。（下略）

n『続紀』天平宝字元年十二月壬子条

（上略）従五位上尾治宿禰大隅壬申年功田卌町。淡海朝廷諒陰之際、義興二警蹕一、潜出二関東一。于レ時大隅参迎奉レ導、掃二清私第一、遂作二行宮一、供二助軍資一。（下略）

まず募兵方法について、「評制軍」の立場では、kをまず安八磨評督に兵を起こさせ、さらに美濃国宰を説得して諸評の兵を動員する計画であったと解しているが、安八磨評督を動かす前に、まず湯沐令に命令を下していることに注目せねばならない(30)。湯沐の武力に関しては、山背大兄王滅亡の際の『書紀』皇極二年十一月丙子朔条に「三輪文屋君進而勧曰、請移二向於深草屯倉一、従レ茲乗レ馬、詣二東国一以二乳部一為レ本、興レ師還戦、其勝必矣」とあるのが注意される。この言葉は壬生＝湯沐の武力の強大さを示すと同時に、「詣二東国一以二乳部一為レ本、興レ師」の部分に着目すれば、乳部の武力を動かすことによって東国の豪族に威力を誇示し、彼らの豪族軍をも結集して軍隊編成を行うことを示していると解釈でき、それ故に「其勝必矣」となるのであろう。したがって発兵の方法としては、安八磨評内で相当な力を有していた湯沐の武力を動かすことによって、評司および評内で武力を保有する中小豪族に威力を誇示し、評内の武力を動員し、さらに国宰を動かすことによって、国内の兵を差発するという計画だったとせねばならない。つまり評司は評内の唯一の武力という訳ではなかったと考えられる。

また評司として参加していることが明らかなものは二例あるが、天武元年七月壬子条に見える高市郡大領（評督）高市県主許梅の場合は、大伴氏の募兵に呼応したもので、大和の豪族としての参加という色彩が濃い。lの伊賀の評司の場合も、lによると、伊賀入国後、隠評で募兵したところ、一兵も集まらなかったとあり、大友皇子の母方の伊賀臣（伊賀国造か）の力が強い当国では、国宰は大海人皇子を支持しなかったと推定せられ(31)、そうすると、彼らの参加は国宰を通じての動員ではなく、やはり豪族としてのものと見ることができ、この点でも「評制軍」活躍の証左は得難いと言わねばならない。

さて、このように「評制軍」の存在が認め難いとすれば、国宰はどのようにして国内の兵を差発したのであろうか。j・k・mに見えるように、実際に国宰は国内の兵を引率して参加しており、近江側の募兵も国宰を通じてのものであった（j）。但し、国内の兵を引率したからといって、彼らが地方の武力を強力に把握していたとは限らない。

国宰による地方兵力引率の実態をよく示すのが、mの尾張国宰の例であろう。jによると、尾張国に対して近江方の募兵が行われており、mの「帰」の語や、天武元年八月甲申条の彼の自殺が「其有二隠謀一歟」と評されていることなどから見て、国宰はこれに応じるつもりであったらしい。しかし、結果的には大海人方についている。これはnに見えるように、尾張国造で[32]、尾張国の数評の督を出していた尾張氏が、大海人支持を決めたためで、尾張氏の出した兵を引率する国宰も、大海人支持に転じなければならなかったと考えられる[33]。このように国造等の意向によって帰趨が左右されることは、先の伊賀の場合でも窺われ、またやや後のことになるが、大内陵造営の際に国宰とともに国造が百姓を引率した様子を知ることもでき（後掲）、やはり国宰は国造等の助力があって初めて国内の人兵を引率することができたと見なされる。したがって当時国宰の地方支配の上での力は、あまり強力ではなかった（形式的なものに過ぎなかった）と言えるのではあるまいか。またそこにこそ、実質的な武力の保有者を味方につけた大海人方の勝利の要因もあったと推測される。

以上、天武・持統朝の兵制整備以前の武力の性格を明らかにし、評内における複数の武力の存在＝中小豪族の武力保持、兵役と力役の未分化の二点を指摘した。そして、このような状況の中で一国の武力を結集し得たのは、形式的には国宰、実質的には国造ではなかったかと考えられる。事実、百済の役や壬申の乱では国造の働きが大きいと見た方がよかった。したがって私は国造が地方兵制の上で大きな役割を果し、そこに国造存続の一端があると考える。このような見方に立つならば、『書紀』天武五年四月辛亥条で「外国人」の出身を認めた際に、その対象に「国造子」が見えることも注目される。A説の立場に立つ論者は、「新国造」制への切り換えの代償措置と見るものが多いが、やはりこれは地方において国造の占める位置が、依然として大きかったことを物語るものと評価せねばならない。

なお、国造の軍事面での役割が認められるならば、国造軍の遺制である防人集団の国造丁－助丁－主帳丁という三等官制も[34]、律令体制成立以前の編成そのままではなく、あるいは評の官制（督－助督－史）に倣って、この時期に整備されたのではないかという可能性が考えられる。これに関連して、孝徳朝の武器収公と兵庫造営の政策の中で[35]、『書紀』大化二年三月辛巳条「其紀麻利耆拕臣所レ犯者、（中略）復以二国造所レ送之兵代之物一[36]不二明還一レ主、妄伝二国造一」という記載に注意したい。これは東国国司の功過の際のものであるが、ここでは一応国造が代表して武器を収聚していること、また国宰が不正を犯してまで国造の下に武器を収公しようとしたことが読み取れ、国造の下に武力を結集させようとする意図が窺えるからである。とすれば、国造軍の整備も想定でき、右の推測も支持できるのではあるまいか。

一応、以上の点を天武朝以前の武力の性格、国造の軍事的役割として指摘し、最後にこのような状況は天武・持統朝を経てどのように変化したか、また軍団制はどのような過程で成立したかなどを、国造、評司と律令地方兵制の成立過程という視角から、簡単にまとめてみたい。

まず天武～文武朝においては、いわゆる畿内武装化政策がとられていることに注目しなければならない。その間、一貫して京畿・中央官人の武装化が命じられ、戦闘訓練の奨励（『書紀』天武十三年閏四月丙戌条）、さらには軍防令（私家鼓鉦条）では禁兵器とされる桙の所持さえ認めるものであった（『続紀』文武三年九月辛未条）。ところが、『続紀』養老五年三月乙卯条を初見として、奈良時代には私兵禁止の詔が度々出されており、右のような政策はおそらく大宝令施行に伴って廃されたものと思われる。したがってこの政策は律令兵制の整備とは方向を異にし[37]、畿内の貴・豪族に中央兵力、警察力を依存したものと見るのが妥当で、私兵の保持という点では、壬申の乱までの状況と変わらないことになる。

次に目を地方に向けると、まずｈによると、先述のように、評家を中心とした地方兵制の整備が企図されたことがわかる。またｉは点兵率を定めたもので、軍団制成立の指標とも解されるが[38]、ｉはｈの四年後であり、たとえ点兵率を定めたとしても、「評の官人が自己の恣意によって過大な軍事組織を編成したり、あるいはそれと逆の事情を生じさせないことをねらって[39]」、国宰に評の武力をチェックさせようとしたものというくらいに解する余地は充分にあると思う。評の武力については、壬申の乱の際のｋに、評の兵を差発するということが見えたが、当時は「評制軍」という程整備された武力を評司が掌握していた訳ではなかった。勿論、評司が評内の最有力豪族であることを考慮すると、その武力は相当なものであったであろうが、仮に「評制軍」の存在を認めるとすれば、私は初めて評家に武器を収公したｈ以降の段階においてよりほかにはないと考える。したがってこの時期の地方兵制は、評司の軍事面での評支配に対するてこ入れを行い、むしろその支配を強化する方向で進められていると評価でき、この点では畿内武装化と相通じるところがあり、郡の規模を越えて設置される軍団とは様相を異にしている。

では、私兵の強化、評を中心とした地方兵制の整備といった政策に転換が見られるのは、つまり律令兵制が確立するのはいつであろうか。畿内武装化政策の継続から見て、浄御原令制下に政策転換があったとは考え難く、既に指摘されているように[40]、中央、地方ともに大宝令施行時に大きな変化があったと見なされる。即ち、軍団制は大宝令で急速に整備、成立したと見るのが至当で、それまでの施策を転換した新たな軍事機構であったとすることができよう。

さて、軍団制の成立を右のように考えると、それ以前の評を中心とした地方兵制の整備、あるいは国造との関係はどうであろうか。まず国造については、先にまとめたように、天武・持統朝の兵制整備以前において、地方での軍事力徴発を担っていたと考えられる。一方、律令制下での兵士の管理、差遣にあたったのは国司であった（軍防令兵士以上条）。そうすると、ⅰや軍事教習（『書紀』持統三年七月丙寅条、同七年十二月丙子条）などによって、国宰が地方兵制に実質的に関与し始め、国造の持っていた右のような権能を吸収し、それが大宝令による軍団制の成立と相俟って[41]、国司―軍団という律令兵制につながっていくのではないかという想定が可能になり、そのような意味において、国造と軍団の関係を理解しておきたい。なお、外征軍としての性格を持つ防人集団の編成については、国造の関与も残されていたようである[42]。

一方で、既に指摘されているように[43]、評司の子孫である郡司が軍団と深いつながりを持っていたことは否めない。律令制下においても、警察・治安活動[44]、大規模な軍事行動への参加[45]、騎兵の保持・牧の管理など[46]、郡司が武力を保持していたことが知られる。しかし、法的根拠を有する最初の点を除けば、これらは国家が正式な武力として認めたものではなく、郡司が在地豪族として非公式な武力を有したことを示すに過ぎない。但し、天武十四年詔以後の評を中心とした地方兵制整備を想起すると、右のような状況は、かつて評司が評内の武力を掌握したことに由来し、さらに言えば、郡司と軍団との密接な関係も同様に理解できるのではあるまいか。つまりかつて評司が掌握した評内の武力は、確かに郡司の非公式な武力に受け継がれ、この意味では軍団とは直接にはつながらないが、依然郡司が強力な武力を保持していたという地方の状況と、天武十四年以後の地方兵制を評が掌ってきたという実績、さらには軍団制が大宝令で急速に整備・成立しているという事情などから、評（郡）の範囲を越えて新たに整備された武力である軍団に対しても、評司の後裔たる郡司およびその一族が深く関与したと見るのである。

したがって軍団制は、国造の人兵徴発や天武十四年以後の評の武力を一応止揚したところに成立していると言うことができる。それ故、評の軍事的性格も、実際の武力という面では軍団制と方向を異にするが、一面では評内の複数の武力を評司の下にまとめたという点で、地方兵力の一元化の役割を果し、軍団制成立に寄与するところが大きかったと思われる。

以上、国造軍の問題に関連して、国造、評司と軍団制成立との関係を検討した。論を本題である評制下の国造の役割に戻すと、要するに、私は軍事面において国造は評の範囲を越える一国の軍隊の引率を行っており、このことは持統初年くらいまでは重要な役割であったと考える。この点に関連して、既に触れた『書紀』持統元年十月壬子条の大内陵造営の際の記事には、「皇太子率二公卿百寮人等幷諸国司・国造及百姓男女一、始築二大内陵一」と、国宰とともに国造が記されているのが注目される。この国造はやはり人夫引率という実際的な面で国宰を助けたものと思われ[47]、この段階では兵役と力役が未分化であるから、このような中央への人夫貢進は、国造の重要な役割であったとせねばならないだろう。

またやや時代は遡るが、出雲国造の杵築社修造[48]の記事（『書紀』斉明五年是歳条）を見ると、「命二出雲国造一〈闕名〉、修二厳神之宮一。狐嚙二断於宇郡役丁所レ執葛末一而去。（下略）」とあり、国造の人夫徴発が可能であったことが知られ、中央への貢進を支える条件として、国内でもそれ相当の権限を持っていたことが窺える。その他、『書紀』持統六年三月壬午条「賜二所レ過神郡[49]及伊賀・伊勢・志摩国造等冠位一」という伊勢行幸の際の国造の供奉も、国造が地方を代表する存在であったことの証左となろう。

以上、二節に亘って、評制下における国造の存続とその役割について考えた。その結論をまとめると、決して大化五年に国造制が廃止されたのではなく、むしろ国造は評司を兼ね、評制下においても評の範囲を越える事柄について一国を代表して、地方支配に関与していたということになる。このように考えれば、「はじめに」で掲げた国造が停止されたという認識も、あるいは評制施行によるクニの廃止に伴って形成されたのではないかと見る余地も出てき、評制下の国造の存続という事実を妨げるものではないと言えよう。[50]したがってこのような評制下の国造のあり方が、国郡制の整備による後退という面（例、軍事面）があるにしても、基本的には律令制下の国造にも受け継がれていくと見ることができるのではあるまいか。

三　律令制下の国造の成立

では、右のように律令制成立以前の国造が存続していたすれば、一国一員と言われる律令制下の国造の成立過程や成立時期についてはどのように考えればよいのであろうか。最後にそれらについて簡単に私見を述べる。

律令制成立以前の国造の分布

畿　内｛山城、河内〈河内・和泉・摂津〉、大和（3）

東海道｛伊賀、志摩、尾張、伊豆、甲斐、伊勢（2）、参河（2）、遠江（3）、駿河（2）、相模（2）、武蔵（2）、上総〈安房（2）、上総（6）〉、下総（3）、常陸（6）

東山道｛飛驒、信濃、上野、近江（3）、美濃（2）、下野（2）、〔陸奥（11）〕

北陸道｛若狭、佐渡
　　　　越〈越前（2）、加賀（2）、能登（2）、越中（1）、越後（3）〉

山陰道｛丹波〈丹波・丹後〉、因幡、伯耆、出雲、石見、隠岐
　　　　但馬（2）

山陽道｛安芸*
　　　　播磨（3）、吉備〈備前（3）、備中（5）、備後（2）〉、周防*（3）、長門*（2）

南海道｛淡路*、讃岐*
　　　　紀伊（2）、阿波*（2）、伊予*（5）、土佐*（2）

西海道｛日向、壱岐、対馬、〔大隅、薩摩〕
　　　　筑紫〈筑前（1）、筑後（1）〉、豊〈豊前（2）、豊後（3）〉、肥〈肥前（4）、肥後（3）〉

（注）右行はその地域に一国造、左行は複数の国造（括弧内は国造数）が存在した国。国名の右肩の＊は凡直国造制が施行されていた地域。

まず右の表を見ていただきたい。これは孝徳朝の立評以後、分割によって成立した国をもとの地域に戻し、記紀、『国造本紀』などにより律令制成立以前の国造の分布を示したものである。[51]この表によると、既に律令制成立以前から後の令制国に相当する地域に国造が一員しかいなかったと推定されるものがかなりあり、これに凡直国造制が施行されていた地域を加えると、過半数を越えていたことになる（28/50）。このような現象の背景には、凡直国造制による国造制の再編[52]の他に、律令制成立以前には国造のクニを単位として、そこにクニノミコトモチを派遣するという形で徴税が行われていたとされているので、[53]そのような徴税単位をまとめるために、従来から各々の地域で勢力を有した

者を一国程度の地域の国造に任命する必要があったためと考える。したがって以上のような国では、律令制成立以前からの国造がそのまま律令制下の国造になっていったのではないかと推定される。

では、それ以外の国ではどうであろうか。結論を先に言えば、若干の淘汰は行われたかもしれないが、律令制成立以前の複数の国造が国造氏（選叙令郡司条集解古記の用語）として存在し、その中から律令制下の国造（古記の「国造之人」）が任命された（勿論、その中の有力な一氏が国造を独占した可能性はある）と考えられる。その根拠は国造田数である。国造田は六町を基準とし、各国の国造氏数に合せて設定されたと考えられており(54)、例えば常陸国の国造田数三十六町（『政事要略』巻五十三延喜十四年八月八日官符）からは、律令制成立以前と同数の六国造氏の存在が推定されることになる。

さて、以上、孝徳朝の立評以後の国造は存続し、右のような形で一国一員の国造が任命されたと考えてみた。では、そのような律令制下の国造制はいつ成立したのであろうか。実態としては、天武五年の国大祓や評制下における国造の役割、あるいは天武朝末における令制国の成立などを通じて、国造となる氏は絞られていたのかもしれないが、持統三年に下野国（国造田数は六町で、律令制下の国造氏は一氏と推定される）では下野国造と那須国造が存在していたのであるから、その制度的成立を示すものとしては、やはり『続紀』大宝二年四月庚戌条に注目しなければならない。

詔定二諸国々造之氏一。其名具二国造記一。

この記事に関しては、D説の立場から、郡領補任のために「旧国造」を「国造氏」として登録したという見方が出されているが、「諸国々造之氏」という言い方が律令制下の一国一員の国造を指すものとして相応しいこと、大宝二年二月には諸国々造が入京しており、それに関連した措置であると推定されることなどにより、やはりここで律令制下の国造となり得る国造氏を定めたものと理解するのが妥当であろう(55)。

では、令文にも明確な規定のない国造を定める意味はどこにあるのだろうか。先述のように、評制下の国造は地方支配の上で様々な役割を果していたことが確認され、律令制下の国造についても同様のことが推定される。とするならば、そのような役割は国司にも郡司にも吸収され得ず、依然国造に委ねられねばならなかったため、国司を助けてそれらの役割を果す国造を一国に一員ずつ定めておく必要があったのではないかと考えられよう。

なお、複数の国造が存在した国では若干の淘汰が行われたと言ったが、例えば先掲の下野国の場合、那須評督那須直韋提は死去の文武四年まで那須国造を兼ねていた可能性があるから、やはりそのような淘汰も大宝二年の段階で行われたことが推定される。(56)

むすび

本章では、評制下の国造、律令制下の国造の成立過程についての私見をまとめた。その結論を要約すれば、次の通りである。
（1）評制下においても依然国造は存続しており、評司と国造とは地方支配の上で各々の役割を持ち、同一人あるいは別々の二人の上に並存し得るものであった。
（2）そして、律令制成立以前からの国造が律令制下の国造につながっていくのであって、国造に新・旧の区別をつける必要はなく（強いて区別をつけるとすれば、律令制下の国造の制度的起点となった大宝二年の時点よりほかにはない）、律令制地方支配成立の過程で役割、人員の両面で徐々に淘汰が行われたのではないかと思われる。したがって国造については、B説をとるべきである。
以上の考察は、まだ律令制下の国造に関する検討を残しており、(57)また憶測に亘る点も多いかと思われるが、B説を支持すべき旨を明記して、諸賢の照覧に委ねることにしたい。

註

(1) 新野直吉『研究史 国造』(吉川弘文館、一九七四年)を参照。
(2) 大津透「律令国家と畿内」(『律令国家支配構造の研究』岩波書店、一九九三年)。
(3) 八木充「国造制の構造」(『岩波講座日本歴史』二、岩波書店、一九七五年)。
(4) 以下の諸説の内容については、新野註(1)書を参照。
(5) Aは今日最も広く認められている立場である。最近のものでは、高嶋弘志「律令新国造についての一試論」(『日本古代史論考』吉川弘文館、一九八〇年)がある。
(6) 薗田香融「国衙と土豪との政治関係」(『古代の日本』九、角川書店、一九七一年)、鎌田元一「評の成立と国造」(『日本史研究』一七六、一九七七年)など。
(7) 梅田義彦「国造新考」(『神道学』一三、一九五七年)。
(8) 虎尾俊哉「大化改新後の国造」(『芸林』四の四、一九五三年)、八木充「国郡制の成立」(『山口大学文学会誌』一四の一、一九六三年)、米田雄介「国造氏と新国造の成立」(『続日本紀研究』一六二、一九七二年)など。なお、図5Dは米田氏の考えによったものである。
(9) 虎尾俊哉「大化改新後国造再論」(『弘前大学国史研究』六、一九五七年)。
(10) 今泉隆雄「「国造氏」の存在について」(『続日本紀研究』一六四、一九七二年)。
(11) 評制に関する私見は、拙稿「評の成立と評造」(『日本史研究』二九九、一九八七年、本書所収)を参照されたい。
(12) その他、Bの立場の論拠自体にも不充分な点がある。例えば薗田註(6)論文では、「海上国造他田日奉部直」を国造+氏姓と誤解して、それを論拠の一つとする点、鎌田註(6)論文では、『常陸国風土記』に見える「茨城国造小乙下壬生連麿」などといった表現を国造の一族を示すものと理解(記紀の氏族系譜の「〇〇国造之祖」から見て、このような用法があったことは認められるが、「〇〇国造+人名」の時、国造一族を示す用例はないのではなかろうか)し、それによって評制下の国造の存続を述べる点。

(13)　鎌田註(6)論文では、評制施行を部民制廃止に対応した体制と考え、旧部民については評で支配し得ても、それを越える範囲については国造を頂点とする在地の族制的支配秩序に依存しなければならなかったことにより、国造が存続し、一定の役割を果したとされる。なお、評制施行の評価については、私見と異なるところもあり、註(11)拙稿を参照されたい。
(14)　薗田香融「岩橋千塚と紀国造」(『岩橋千塚』一九六七年)。
(15)　高嶋弘志「神郡の成立とその歴史的意義」(『日本古代政治史論考』吉川弘文館、一九八三年)一三七頁によると、出雲国造系図は二系統に大別でき、一つは貞享三年(一六八六)出雲自清の手になる『出雲国造系譜考』、もう一つは『出雲国造世系譜』と称する北島家とその庶家に伝わるいくつかの写本であるとされる。そして、後者の系統に属するものには「帯許」「帯許臣」などと記すものもあるが、この系統の佐草家写本では「帯許督」とするものが多いと述べられており(前者に依拠した太田亮『姓氏家系大辞典』(角川書店、一九六三年)などでは「帯許督」)、以下、「帯許督」として論を進める。
(16)　東京大学史料編纂所蔵『北島家譜』による。
(17)　高嶋註(15)論文一三八頁～一四〇頁。
(18)　鎌田註(6)論文。
(19)　釈読は東野治之「正倉院武器中の下野国箭刻銘について」(『続日本紀研究』二〇八、一九八〇年)による。
(20)　東野註(19)論文、岸俊男「日本における「京」の成立」(『東アジア世界における日本古代史講座』六、学生社、一九八二年)など。
(21)　大町健「律令制的国郡制の特質とその成立」(『日本史研究』二〇八、一九七九年)でも、『書紀』の記事から同様の指摘が行われている。但し、b・cについては、その後に出現した史料であり、言及されていない。
(22)　『国造本紀』による。これについて、吉田晶「国造本紀における国造名」(『日本古代国家成立史論』東京大学出版会、一九七三年)は、原則として六世紀中葉～七世紀後半に実在した国造名を記したものと見ている。確かに後世の付加もある(長瀬仁「三野後国造の実在性に関する一仮説」(『岐阜史学』七六、一九八二年))が、例えば摂津、美作、陸奥など八世紀以後だけに存した国造についての記載がないなど、やはり原史料はそれ以前のものと思われ、また半数近くは記紀など他の文献によって確認できるので、一応吉田氏の評価に従い、国造名については参考にしてよいと考えたい。
(23)　磯貝正義「評及び評造制の研究㈠――評造・評督考――」(『郡司及び采女制度の研究』吉川弘文館、一九七八年)。

(24) 直木孝次郎「国造軍」(『日本古代兵制史の研究』吉川弘文館、一九六八年)、鬼頭清明「白村江の戦と律令制の成立」(『日本史研究』一三九・一四〇、一九七四年)など。

(25) 磯貝正義「評及び評造制の研究㈡——郡・評問題私考——」(註(23)書所収)。

(26) 村岡薫「律令国家と軍事組織」(『歴史学研究』別冊、一九七五年度歴史学研究会大会報告、一九七五年)。

(27) 吉田孝「律令における雑徭の規定とその解釈」(『日本古代史論集』下巻、吉川弘文館、一九六二年)、長山泰孝「歳役制の一考察」(『ヒストリア』二七、一九六〇年)など。

(28) 北方遠征に関連する記事の配列については、坂本太郎「日本書紀と蝦夷」(『蝦夷』朝倉書店、一九五六年)、佐藤和彦「斉明朝の北方遠征記事について」(『歴史』五七、一九八一年)、若月義小「律令国家形成期の東北経営」(『日本史研究』二七六、一九八五年)などを参照。

(29) 鬼頭註(24)論文。なお、百済の役の日本の軍事力の性格については、拙著『「白村江」以後』(講談社、一九九八年)も参照されたい。

(30) 横田健一「壬申の乱前における大海人皇子の勢力について」(『白鳳天平の世界』創元社、一九七三年)。

(31) 但し、『扶桑略記』天武九年七月条には「割二伊勢四郡一、建二伊賀国一」とあり(この記事の信憑性については、早川万年「伊賀国建置の時期について」(『アジア諸民族における社会と文化』国書刊行会、一九八四年)を参照)、『国造本紀』でも孝徳朝に伊勢に併合されたことが見えるから、当時の伊賀国は伊勢国に含まれていたと推定される。したがって伊勢国宰が大海人皇子を支持した(1)にもかかわらず、伊賀地域の評司が正式な発兵によって参加しなかったのは、後述のように、評の範囲を越えた一国内の軍隊徴発権をこの地域で実質的に有していたと考えられる伊賀国造が、大海人皇子を支持しなかったためと見るのがより妥当であろう。

(32) 大隅については、尾張氏関係の系図で唯一彼のことを載せる『尾治宿禰田島家系譜』(宮内庁書陵部蔵の写本によった)に、「従五位下、熱田大神宮司、直広肆」とあるだけである。しかし、彼がnに見えるように、非常な功績を上げたと評価されたのは、尾張氏を大海人支持に結束させることができたためと考えられ、彼の地位を尾張国造に比定してみたい。

(33) 井上光貞「壬申の乱」(『日本古代国家の研究』岩波書店、一九六五年)。

(34) 岸俊男「防人考」(『日本古代政治史研究』塙書房、一九六六年)。

(35)　山内邦夫「律令制軍団の成立について」(『軍事史学』一一、一九六七年) は、これをhで命じられた軍事施設の反映と見るが、兵種 (孝徳朝の収公対象は刀・甲・弓・矢) が明らかに異なるので、孝徳紀の記事も一概には否定できない。但し、その後の中小豪族の武力保持を考慮すると、たとえ孝徳朝に収公が行われたとしても、それは不充分なものだったと考えられる。
(36)　日本古典文学大系『日本書紀』下 (岩波書店、一九六五年) 二八八頁頭注は、「武器として用いるものの意か」と説明する。
(37)　関晃「天武・持統朝の畿内武装政策について」(『川内古代史論集』二、一九八二年)。なお、拙稿「王臣家と馬」(『奈良平安時代史の諸相』高科書店、一九九七年) も参照されたい。
(38)　米田雄介「律令的軍団の成立再論」(『原始古代社会研究』二、校倉書房、一九七五年)。
(39)　橋本裕「軍毅についての一考察」(『ヒストリア』六二、一九七三年)。
(40)　笹山晴生「日本古代の軍事組織」(『古代史講座』五、学生社、一九六二年)。
(41)　『続紀』大宝二年二月丙辰条「諸国大租・駅起稲及義倉幷兵器数文、始二送于弁官一」という記事は、国司に対する財政権の完全な付与と関連しており (黛弘道「国司制の成立」〔『律令国家成立史の研究』、吉川弘文館、一九八二年〕)、同時に、大宝令施行に伴って国司に軍事権を完全に付与したことを窺わせる。
(42)　岸註(34)論文は、防人集団の国造丁を律令制下の国造とは一応無関係と見るのに対して、新野直吉「防人「国造丁」についての考察」(『史林』五四の五、一九七一年) は関係ありとする。新野氏の説は国造＝地方神祇官という立場から呈されてもので、国造の評価は私見と異なるが、国造丁との関係の有無では、氏の立場を支持したい。
(43)　橋本註(39)論文、同「射田の制度的考察」(『史学雑誌』八九の二、一九八〇年) など。
(44)　捕亡令有盗賊条・追捕罪人条、擅興律逸文擅発兵条など。なお、この点に関しては、下向井龍彦「日本律令軍制の形成過程」(『史学雑誌』一〇〇の六、一九九一年) も参照。
(45)　山田英雄「征隼人軍について」(『律令国家と貴族社会』吉川弘文館、一九六九年)、横田健一「天平十二年藤原広嗣の乱の一考察」(『白鳳天平の世界』創元社、一九七三年) など。
(46)　西岡虎之助「武士階級結成の一要因としての「牧」の発展」(『荘園史の研究』上巻、岩波書店、一九五三年)、橋本裕「律令軍団制と騎兵」(『続日本紀研究』二一七、一九八一年) など。
(47)　高嶋註(5)論文も同様に解している。但し、新野直吉『謎の国造』(学生社、一九七五年) 三六頁～三八頁のように、国司では表現し得ない何か、つまり人民の服属を代表表現するためという見方もあるが、これは人夫引率という点と直接抵触するものではない。

(48)『日本書紀』下（岩波書店、一九六五年）三四一頁頭注は、「厳神之宮」を熊野大社と解するが、国家から見て熊野大社を修造する意義は不明であり、やはり杵築大社と見るのがよいであろう。

(49)『日本書紀』下（岩波書店、一九六五年）五一四頁頭注は、「神郡」を度会・多気両郡司を指すと解し、「国造」との関係を考えていないが、「神郡司」とはなっていないので、やはり下の「国造」に懸けて理解すべきであろう。『神宮雑例集』巻一所引『大同本紀』にも「即大幡主命神国造幷大神主定給支」とあるので、私は神郡、つまり度会・多気両郡をその勢力範囲として神（郡）国造なるものがいた（大宝以降の存続については不明）と見るべしと考える。

(50)とするならば、註(12)で触れた『常陸国風土記』の国造についても、国造一族を示す身分的称号と解する必要はなく、むしろ国造本人とした方がよいのではあるまいか。

(51)『国造本紀』を用いることについては、註(22)を参照。なお、吉田註(22)論文によれば、上総・下総、上野・下野の分割は、あるいは孝徳朝頃ではないかとされており、また各々の地域は既に孝徳朝以前から二つの地域に分かれていたとされるので、一応これらは一国ずつとして数えた。また奈良時代以前には中央政府の力が充分には及んでいなかったと思われる南九州、東北は、参考までに〔　〕に入れて掲げたが、これらは道口岐閇国造を除けば、『国造本紀』にしか見えない。

(52)八木註(3)論文。

(53)吉田晶「古代国家の形成」(『岩波講座日本歴史』二、岩波書店、一九七五年）など。

(54)植松考穆「大化改新以後の国造に就いて」（浮田和民博士記念『史学論文集』、一九四三年)、新野直吉「「国造田」小論」(『日本歴史』一五七、一九六一年）など。

(55)今泉註(10)論文。

(56)その他、註(49)で触れた伊勢の神国造については、持統六年まで存在が確認できるが、大宝以降は不明で、国造田数（七町）から言えば、やはりこの段階で淘汰された可能性がある。

(57)律令制下の国造についての私見は、拙稿「律令制下の国造に関する初歩的考察」(『ヒストリア』一一四、一九八七年、本書所収）を参照されたい。

（付記）　本章のもとになった旧稿（前稿と称する）を投稿後、一九八五年三月に伝飛鳥板蓋宮址から天武十年頃とされる木簡群（削屑）が出土した。中には「伊勢国」の記載も見えるといい、その大要は亀田博・和田萃「奈良・飛鳥京跡」（『木簡研究』一二、一九九〇年）で報告され、『書紀』天武十年三月丙戌条で始まった「帝紀及上古諸事」の記定作業に関わるものであることが示唆されている。私は天武十年頃の事柄を記したものであるにしても、記載された年紀が天武十年か否かは決定し難いという立場から、前稿の追記では、「但し、史料a、b、e～gの解釈は、今のところ本文のままでよいと考えており、木簡群の性格究明や今後の木簡出土に期待したい」という旨を述べておいた。しかし、その後、一九九七年に飛鳥池遺跡（奈良国立文化財研究所・飛鳥藤原八四次調査）から丁丑年（天武六）の年紀を持つ木簡が出土し、そこに国・評・五十戸の表記が記されていることがわかった（『飛鳥・藤原宮発掘調査出土木簡概報』十三―一三頁、一五頁）。

・丁丑年十二月三野国刀支評次米
・恵奈五十戸造　阿利麻
　春人服部枚布五斗俵　　151・28・4　032

丁丑年十二月次米三野国加尓評久々利五十戸人
　　　　　　　　　　　物部　古麻里　　146・(22)・4　031

私は令制国の制度的確定は依然として天武末年でよいと考えているが、「国」表記の出現時期にはなお検討の余地があると思われ（丁丑年木簡は先取り的なものと見るか、あるいは令制国成立以前の国造のクニを基盤とする地域名を記したものと見るなどの可能性も残っていよう）、さらなる史料の増加を俟ちたい。ちなみに、右掲木簡と同じ遺構から、

尾張海評□□五□□（十戸カ）　　(127)・22・2　032

と、「国」表記を欠く木簡も出土しており（一六頁）、依然として「国」表記が定着していなかった可能性も考慮してみたい。なお、最近の論考でも、舘野和己「律令制の成立と木簡」（『木簡研究』二〇、一九九八年）三二八頁は、国―評の支配関係が整備されるのは天武十年代の国境画定作業を経た上であると見ている。

第三章　律令制下の国造に関する初歩的考察

——律令国家の国造対策を中心として——

はじめに

律令制下の地方支配は国郡制を基本としており、特に在地豪族たる郡司は、実質的にその要となるものとして注目され、様々な面から考察が加えられてきた。一方、律令制下においても国造が存したのは周知の通りである。律令制成立以前の国造は、ヤマト王権の地方支配を支えるものとして重視され、色々な役割が明らかにされているが(1)、律令制下の国造は一国一員で、役割もほぼ祭祀面に限られていたと考えられており(2)、地方支配の上での役割・意義が重視されているとは言い難い。また最近では、中央官人や女官が国造を兼任帯する例が多くあることを一つの証左として、従来律令制下の国造の典型と考えられてきた出雲・紀伊両国造を特殊な国造と見なし、八世紀以降の国造は全く実質を失い、名誉職化してしまったとする見方も呈されている(3)。

確かに任命記事では中央官人等の国造兼帯例が目立ち、そちらに目が行きがちである。しかし、考課令大弐已下条の朝集使の役割＝「所部之内、見任及解代、皆須〻知」の部分に付せられた集解古記には、次のような記述が見える。

古記云、問、所部之内。答、国守以下散位以上、及以二国造・郡司等譜第一子細知耳。

これによれば、国造も本来郡領や軍毅と同様、譜第によってその動向を国司に把握される在地豪族であったことがわかる。律令制下の国造は、一般に律令国家成立以前からの国造の系譜を引くものと見られ、七世紀後半の律令制確立過程の評制の時代においても、国造は存続し、依然として地方支配の上での実質的な役割を期待されていたと推定される。(4) したがって私は、律令制下の国造についても、祭祀面に限らず、郡司などと同様、地方支配の中に位置づけて検討するという観点が必要であると思い、また国造の姿を理解するためには、中央官人等の国造兼帯例よりも、むしろ在地の国造の分析が重要であると考えている。

但し、先に紹介したように、在地の国造の史料の殆どを占める出雲・紀伊両国造の存在形態から、直ちに律令制下の国造のあり方を考えることに疑問が呈されているとすれば、いかにして考察を行うべきであろうか。

国造は職員令に掲載された官職ではない（国造が官職か地位かという問題もあるが、ここでは単に職員令には見えないの意）。しかし、神祇令文からは国造と祭祀との関係が指摘され、また選叙令の国造の郡領任用規定とそれに関する明法家の解釈をめぐっては、改新詔、浄御原令文などの問題とも関連して、これまでにも様々な説が立てられている。

そこで、本章では、まず令文などに見られる律令国家の国造対策を通じて、国造の変遷を描いてみることにしたい。実態面に対して、法令面からのアプローチということになるが、(5) その検討によって、国家が国造をいかに位置づけていたかを知ることができるのみならず、任命記事以外にはあまり史料が豊富とは言えない国造の実態的変遷を探る上での知見を得ることもできるのではないかと考える。研究史の上からも、集解古記などの国造に関する法制面での理解は、律令制下の国造のイメージ形成に大きく関わっており、国造研究の基本をなすと見ることができる。そして、そのような考察の上に立って、出雲国造等の存在形態や中央官人等の国造兼帯例出現などの実態面での問題を改めて位置づけながら、律令制下の国造の意義について私見をまとめることにしたい。

一　古記と奈良時代の国造

選叙令郡司条は郡司の任用条件を示す条文であり、郡領について「才用同者、先取二国造一」という本注が付されている。この「国造」をいかに解するかに関しては、「はじめに」でも述べたように、集解諸説、特に古記の解釈をめぐって、α「新国造」＝律令制下の一国一員の国造（通説的見解）、β「旧国造」[6]、γ古記は「新国造」だが、この解釈は誤りで、令文の本意は「旧国造」[7]など、各種の見方が呈されている。また古記に国造の任用規定が記されているか否かも、最初の問答の「国司」の読み方に関連して、重要な問題である[8]。

このように、古記の解釈が律令制下の国造の理解にポイントになるとすれば、まず古記を正確に理解することから始めねばならない。またβ・γ説は、国造の実態とも関連して呈されたものであるから、本節では、奈良時代の国造対策と、それに関連して、国造、特に在地の国造のあり方にも考察を試みたい。

1　古記の解釈をめぐって

01選叙令郡司条

凡郡司、取下性識清廉堪二時務一者上、為二大領・少領一。強幹聡敏工二書計一者、為二主政・主帳一。其大領外従八位上、少領外従八位下叙レ之。（其大領・少領才用同者、先取二国造一。＊）

＊集解古記（その他の説は内容理解にあまり問題がないと思われるので、表3参照。a等は表3の論点分類を参照されたい。）

古記云、a先取二国造一、謂必可レ被レ給二国造之人一。b所管国内、不レ限二本郡・非本郡一、任意補任。以外、雖二国造氏一不レ合。問、不レ在二父祖所レ任之郡一、若為任意補任。答、国造者一国之内長、[9]適レ任二於国司（郡司カ）一、郡別給二国造田一。所二以任意補充一耳。c問、国造才用劣者若為処分。答、[10]未レ定二国造ヲ一、依二才能一任二他人一。已訖後定二国造ヲ一、若有レ所レ闕者、才能雖レ劣、先用二国造ヲ一也。一云、不レ合。若才用劣者、猶在二国造一耳。

b問、国造叙法若為。答、臨時処分耳。但与二大領一同位以上耳。

02神祇令諸国条

凡諸国須二大祓一者、毎レ郡、出二刀一口・皮一張・鍬一口及雑物等一。戸別、麻一条。其国造出二馬一疋一。＊

＊集解穴記

穴云、（中略）国造、国別有耳。若国造闕者、無レ馬也。古説、不レ依。以二官物一買出。国造兼二任郡司一者、刀等並通備耳。今説。（中略）但国造所レ出馬者、祓訖之後、所レ至不レ見耳。今行事使得耳。

選叙令郡司条は、大少領、主政帳の任用基準、大少領に対する初叙規定、大少領任用の際に関する本注という構造になっている。したがって本注は、まず令本文の任用基準があって、さらに細則を述べたもの、つまり本文の基準に適ういく人かの候補の中に「国造」が含まれており、しかも他の者と才用が同じ場合に限って、「先取二国造一」としたものと理解できる。[11]そして、集解解釈に際しては、この部分では「国造」の郡領就任が問題とされていることを押さえておかねばならない。

以上の点を前提とした上で、集解諸説の論点を整理すると、表3のようになろう。以下、他説とも対照しつつ、古記の内容を検討する。

まず問題の多い古記の読みを掲げておくと、史料01の通りである。集解諸説の論点と解釈は、表3を見ていただき

表3　集解諸説の論点と解釈

	選叙令13郡司条集解 a「国造」とは？	国造を郡領にする際の問題点・留意点 b 補任の仕方	国造を郡領にする際の問題点・留意点 c 本注適用のケース	d e その他	神祇令19諸国条集解 馬の出し方
義解	現任国造 神祇令と同一				
古記	現任国造	所管国内なら本郡・非本郡を限らず、任意に補任。 （国造は一国の内長。郡司任用の際、郡別に国造田を給付。） 現任国造以外は、たとえ「国造氏」でも不可。 国造が郡領になった時の叙法→臨時に処分する。但し、大領と同位（外従八位上）以上とする。 ◎国造田給付から見て、国造と郡領の兼任を認可。	もし国造の才用が劣っていたら、まだ国造を郡領候補にしていなければ、まず才能によって他人を郡領とする。その後、国造を郡領候補にし、もし郡領欠員が出れば、才能が劣っていても国造を郡領にする。 一云：才用が劣っていたら国造に留める。		古説（穴記所引） 国造欠の場合、官物を以て買って出す。 「国造兼二任郡司一者、刀等並通備耳」
跡記	現任国造				国造がいなければ出さない。
朱説	毎国に一人ある。		国造と庶人が大少領を相望して、［才用が同じ場合には］まず国造をとる。	d：国造となる氏は常に定まっているのかという問い ↓答ナシ。	国造が郡司に任ぜられた結果、国造欠なら、元国造である郡司が出す。 「専無二国造一」なら、出さない。
穴記	〈神祇令〉 国別にある。	国造を解退して郡領に任ずる＝兼任は許さない。 cf.郡領任用後、元国造は大祓の馬を出さない。		e：国造の本興に関する問答。	国造欠の場合、馬はない。 （＝古説のように、官物で買って出すようなことはしない。）

たいが、その主張の共通点は「国造」が一国一員のそれであり、しかも現任国造その人を指すということである。古記では「国造之人」と「国造氏」を対照し、前者＝現任国造は令文の適用を被るが、後者（国造を出す資格を有する氏族）は対象外であると述べている。[12] β「旧国造」説には、既に充分な批判が加えられていると思うので、縷述しないが、[13] まず諸説が一致して一国一員の現任国造を指すという点を確認しておきたい。[14]

次に相違点では、b・cで古記と他説との相違が目立つ。cでは国造は才用が劣っていても結局は郡領になるとされる解釈を下したり、またこれが古記の大きな特色であるが、bでは国造と郡領の兼任を認める説を呈している。cは、令文に「才用同者」と限定されているから、解釈は一云や朱説の方が妥当で、古記は国造を優遇しているようにも思える。

一方、bについては、大方は穴記により一般的に兼任は禁止されていたと解されており、特にこの部分をとり上げて兼任云々を主張された方はおられないようであるが、[15] 私が古記を右のように解するのは、国造田の給付からである。つまり国造を一国内のどの郡の郡領に任用しても構わない理由として、古記は「国造は一国の内長であって、郡司（集解諸本は異同なく「国司」となっているが、ここは郡領への任用が問題となっているから、「郡司」とすべきである）に任ずるにあたっては、郡別に国造田を給付するので、任意に補充する」と述べていると見るのである。国造田については後述するが、[16] 名称、見任国造田・闕国造田の用語（田令郡司職分田条古記）から見て、国造就任に際して給付される職分田の如きものと考えられる。[17] そして、ここでは郡領補任後も国造田が給付されるとあるから、国造と郡領の兼任が認められていると理解される。また神祇令諸国条集解に関しても、穴記所引の古説を古記とすれば、[18] そこでは正に兼任の場合が想定されていることになる。

ところが、選叙令・神祇令いずれにおいても、古記以外の説はすべて兼任を認めていない（表3）。その相違は、あるいは平安時代の注釈書である穴記・朱説と、天平十年頃の成立とされる古記の時代差と考えることができるかもしれない。そこで、次に集解を離れて、奈良時代の国造と郡領の関係を見てみたい。

まず郡領任用の法令では、令意からは当然かもしれないが、後述の天平七年格を除くと、国造には全く言及されず、専ら譜第、つまり郡領世襲の事実が問題とされている。[19] したがって「旧国造」と譜第とは直接関係しないから、先掲のγ実際は「旧国造」説をとっても、問題は解決しない（後述）。次に国造と郡領の関係がわかる例では、郡領兼任が明白な出雲国造（後掲史料07）以外にも、兼任例が認められそうなので、以下、それらを検討しよう。

〔紀伊国造〕

紀伊国造については、薗田香融氏の総合的な考察があり、[20] 郡領と国造の関係も既に言及されているので、それを紹介しておこう。

03紀伊国造の系図（次頁。『国造次第』による）

まず孝徳朝の立評で、国造・評司を兼任した十九代忍穂と、三十五代槻男の注記に注目すると、後者の「已上不レ兼二大領一」は前者の注記に呼応していると思われるが、「已上」が懸かる範囲は明らかでない。今、紀伊国造で経歴のわかる者では、『続紀』天平神護元年十月庚辰条に名草郡大領と見える三十一代国栖以降は、郡領兼任の可能性のある人物はいないし、また延暦十七年の出雲国意宇郡、同十九年の筑前国宗像郡の大領と国造、あるいは神主との兼任禁止の際に、紀伊国造には言及がないから、おそらく奈良時代末頃（五百友と国栖については史料03参照）から兼任の例が失われたのであろう、というのが薗田氏の推定である。

私もこの見解を支持したいが、その兼任事由を名草郡が神郡であったためと見るのではなく、むしろ奈良時代には国造と郡領の兼任は許容されていたためと考える。それは神郡以外でも兼任の例を指摘できるからである。

（史料03）

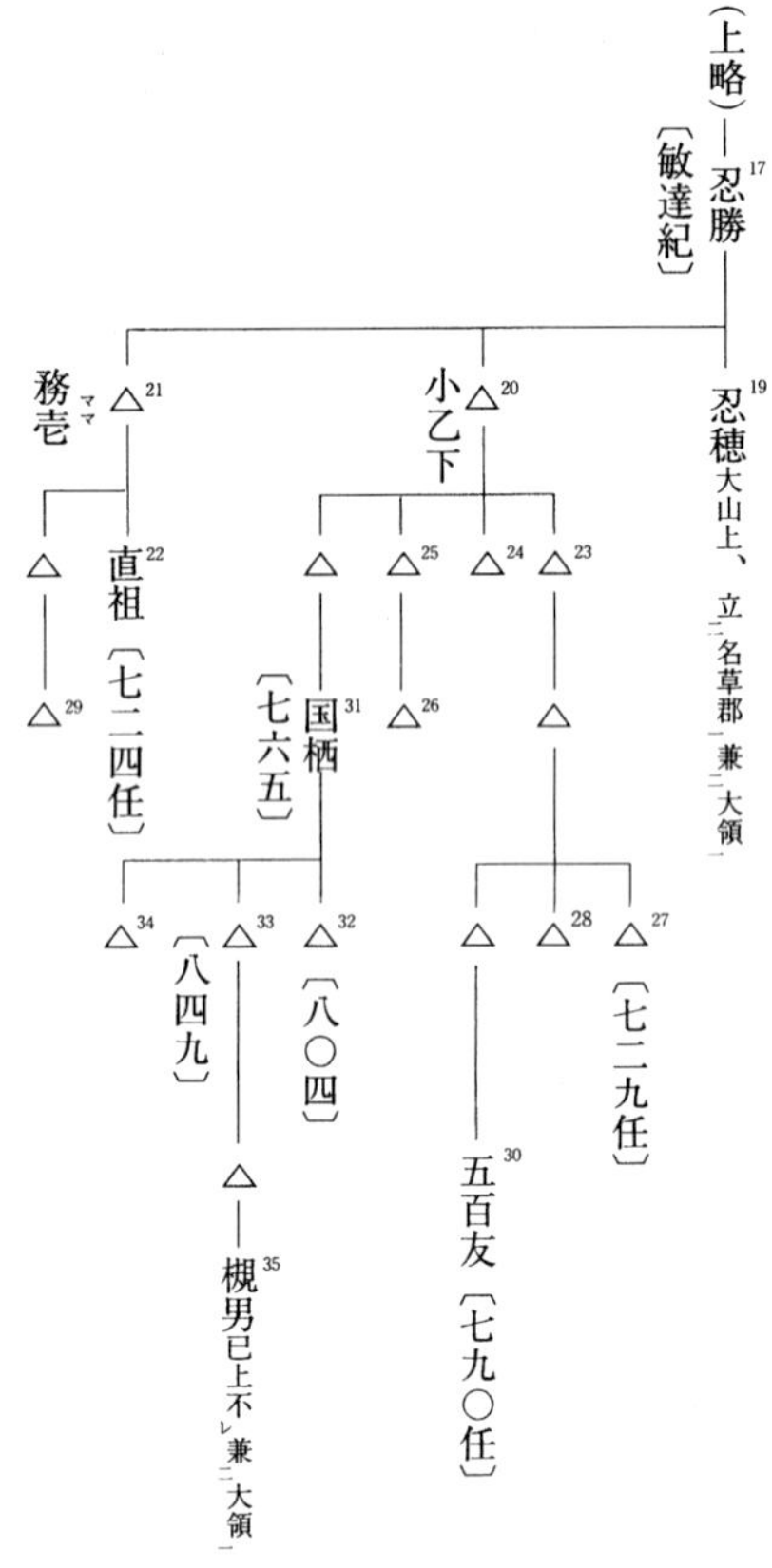

〔　〕は国史所見の時期。
本居内遠や薗田香融氏は、世系から見て、五百友と国栖の就任順序は逆とする。

〔阿波国造〕

阿波国造碑(21)には、

阿波国造
名方郡大領正七位下
粟凡直弟臣墓
養老七年歳次癸亥
年立

とあり、養老七年に死去した弟臣が、国造と郡領を兼任していたことを窺わせる記載が見える。彼以後の阿波国造としては若子（『大日本古文書』十二―二六五）、豊穂（『続紀』延暦二年十二月甲辰条）がいるが、若子は采女出身であり、豊穂は経歴等は不明である。ただ、弟臣の例によって、奈良時代前半に阿波国造にも兼任の例があることだけは確認しておきたい。

〔伊豆国造〕

史料04『伊豆国造伊豆宿禰系譜』(22)（次頁）

史料04によると、少万呂以下三名について、国造と郡領の関係を考えておく必要がある。史料04では代々国造としての奉仕が記され、三名の在任年数も同様に解される。また「はじめに」で掲げた考課令古記の記載から、国造にも譜第があり、譜第のある郡領等と同様、その任限は終身であったと考えられる。そこで、益人も含めた四者の国造在任期間を示すと、表4のようになり、在任年数や世系から考えて、少万呂以下三名についても、ほぼ没年を推定することができよう。

さて、郡領との関係に関しては、まずいずれもが兼任と見るのは、古麿の場合、承和元年までの兼任となり、兼任例消滅の時期が、出雲国造等に比して遅すぎるので、除外する。とすると、郡領→国造のケースがあったことになり、それは表4のように考えるのが妥当ではあるまいか。延暦十年に田萬呂は、少万呂の死去に伴ってか、国造に就任するが、その際、郡領の地位は古麿に継承されたと考えられる。但し、田萬呂は少領であ

表4　伊豆国造と郡領

	益人	少万呂	田萬呂	古麿
確定事項	七八五死去			八〇七国造就任
国造在任	七二七～七七一	七七一～七九一	七九一～八〇六	八〇七～八三四
郡領在任	―	？～七九一	？～七九一	七九一～八〇六

（史料04）

在任四十五年
外従五位以下
（上略）—益人
天平十四年四月甲申賜二伊豆国造伊豆直姓一
延暦四年十月廿一日卒
八十三歳

称二无差志利姫一
采女
外従五位下
乎美奈
宝亀二年閏三月己酉叙二従五位上一

大舎人従八位下
少万呂—田萬呂—古麿
田方郡司大領
伊豆国造
在任廿一年

田方郡少領司
外正七位上
田萬呂
伊豆国造
在任十六年

在任廿八年
田方郡大領司
外従五位下
古麿
大同二年正月補二国造一
賜二伊豆宿禰姓一

従七位上　外正六位下
浄足—宅主
国造　国造

散位
外従八位下
大宗
従七位下
主政
真宗—峯滝—（下略）
貞観四年七月任

外正六位上
田方郡大領
峯滝

（以下は代々、田方郡の郡領、後には三島神社の神主となる。）

ったから、古麿の大領は少万呂の大領を譲り受けたものではないか。『西宮記』等の郡司任用方法では、「不レ経二少領一一度擬二大領一者」は「違例越擬」とされるが、譜第氏族の場合、むしろその例の方が多い（『類聚符宣抄』巻七などの補任例を参照）。また当時は『続紀』天平勝宝元年二月壬戌条の「嫡々相継」が有効であった時代であることも[23]、右のように考える所以である。

したがって私は、少万呂は兼任例としてよいと思う。そして、その子田萬呂は、国造・大領であった少万呂の下に少領を務め(24)、延暦十年に国造となった時には、少領↓解任↓国造のコースをとり、大領の地位は古麿に継承された。その古麿も、大同二年の国造就任の際には、同様のコースを辿った、となろう。ちなみに、田萬呂と古麿の二人は、郡領と国造の注記を左右に分けて書かれている点が少万呂と異なり、後者が兼任を示すのに対して、前二者は郡領↓国造のコースをとったことを示すのかもしれない。つまり伊豆国造の場合、兼任は少万呂まで（益人には郡領の注記がないが、その子乎美奈が采女である点から、郡領（兼任）の可能性がある）で、奈良時代末には兼任例が消滅すると推定されるのである。

以上、古記の解釈と具体例の検討を試み、奈良時代には、国造と郡領の兼任が容認されていたことが明らかになった。次に、先に指摘した古記と平安時代の注釈書との間の差異の問題に進む前に、郡領任用に関する法令の中で唯一国造の出てくる天平七年格について、私見を述べておきたい。

2　天平七年格と国造の郡領任用

05天平七年五月廿一日格(25)

終身之任理可㆓代遍㆒、宜㆘一郡不㆖得㆑并㆓用同姓㆒。如於㆓他姓中㆒無㆓人可㆑用者㆒、僅得㆑用㆓於少領已上㆒、以外悉停㆑任。

但神郡・国造・陸奥之近夷郡・多褹島郡等、聴㆑依㆓先例㆒者。

史料05は、『続紀』同日条の郡領副擬制と同時に出され、郡領（史料05に「終身之任」とある）の同姓併用を禁止しようとしたものである。ここでは「神郡・国造」の部分の読み方と理解が問題となる。まず読み方は、史料05のように「神郡・国造」と二つに分ける方がよいと思われる。これを「神郡の国造」と読み、神郡司を指すと解する見方もあるが[26]、神郡司を国造と言った明証はなく、わざわざここで神郡国造と書き改める必然性もないので、この読み方は支持し難い。またここの「神郡」は、養老七年十一月十六日太政官処分[27]など、本条以前に三等以上親の郡領連任が許されていた八神郡（意宇・宗形・安房・多気・度会・香取・鹿島・名草）を指すと考えてまちがいないが、それらすべてに国造がいた訳ではなかった[28]。したがって「神郡の国造」と読むと、連任許可により当然本条の同姓併用禁止対象の例外となるべき八神郡のうちでも、含まれない郡が出てき、おかしいと思われる。本条とそれを継承した『延喜式』式部上式を比べると、式部式では「国造」が見えず、また「多褹島」が「大隅馭謨、熊毛」となっている。後者は、『三代格』巻五天長元年九月三日官奏で、多褹島が大隅国に併合されたことによると考えられるから、国造についても何らかの事情（後述）で省かれたものと見ることができる。

以上の点から、私はやはり「神郡・国造」と二つのものとして読む方が整合的であると考える[29]。郡の種類列挙の中に「国造」と入るのはやや不自然であるが、国造の郡領任用は令文にも規定され、郡領の法令に国造が見えてもおかしくはないし、また神祇令文の存在は、神郡と国造の神事関与という共通性を窺わせるから、位置としてはここに入れるのが最も妥当であったためではないかと思われる。

そこで、次に本条の意義を述べる。まず「但」以下の四項目に該当するものは、他姓の中に任用すべき人の有無に関係なく、少領以上に同姓者併用が認められたことになる。しかもこれらは「依二先例一」とあるので、神郡以外の三者も、本条以前に連任許可に准ずる法令の発布を被っていたことが知られる。したがって本条は、国造は郡領の同姓者であっても、郡領任用に際して支障がないことを示すもので、しかもこの規定は天平七年以前（あるいは令制当初）から存在していたことを窺わせる。そして、このような規定は、国造の郡領就任条件を緩和し、国造を優先的に郡領にしようとしたもの（含兼任）と解され、令文とともに、律令制下の国造の郡領任用を支える法令だったのである。

つまり令文の「国造」はγ実質的には「旧国造」説をとる必要はなく、集解諸説が一致するように、α律令制下の一国一員の国造説でよいのである。

以上、二項に亘り、奈良時代の国造対策を郡領任用との関係で明らかにした。当該時期の国造は、令文本注以外にも、郡領との兼任容認、郡領就任時の同姓併用禁止の例外＝優先的郡領任用という措置が与えられていた。右のような方策は、令文の有効性を窺わせるとともに、在地の国造のあり方を考える上で、重要な材料となるのではあるまいか。特に律令制地方支配の上で大きな位置を占める郡領との兼任は、国造が地方支配の上で何らかの役割を期待されていたことを推測させよう。

そこで、奈良時代の国造の検討の最後に、以上のような国造対策が、国造の実態とどのように関係していたのかという視点から、在地の国造のあり方について考察を試みたい。

3　律令制下の地方支配と国造

「はじめに」でも述べたように、律令制下の国造の役割はほぼ祭祀面に限られており、国造は、総括的祭祀を行う「地方神祇官」という形にせよ(30)、一国の代表的神主で、職掌は臨時的なものと見るにせよ(31)、何らかの形で「国内祭祀権」を有したとするのが通説的な見解になっている。しかし、私は右の評価には疑問を感じている。まず前者の証左とされる出雲国造の神賀詞奏上では、後述のように、奏上の際には必ず祝もついてきており、国造は彼らの代表という以上には出ないと思われる。同様に、紀伊国造の日前国懸神以外の奉祀（地祇本紀）も、『続紀』大宝二年二月己未条「是日、分ニ遷伊太祁曾・大屋都比売・都麻都比売三神社一」により、元来日前宮に合祀されていたものとすることができ[32]、総括的祭祀の考え方は認め難い。また国造即神主ではないから、後者を支持する訳にもいかない。例えば出雲国造は、後掲史料08によると、神主を兼帯しているのであり、また大倭国造の場合、五百足に関しては、『続紀』和銅七年二月丁酉条「以二従五位下大倭忌寸五百足一為二氏上一、令レ主二神祭一」とあり、国造と神主を兼ねたようであるが[33]、その子小東人（長岡）は、天平十九年四月丁卯条によると、大倭国造―小東人、大倭神主―水守となっていたと考えられる。

　したがって私は、国造＝祭祀担当者とすることはできないと思う。国造の役割として令文に唯一規定された大祓も、本義は国造の有していた現実の裁判権を背景として、それを罪気の解除という宗教的側面から支えるものであるから[34]、その背景には政治的側面を考えねばなるまい。つまり国造を地方支配の中に位置づけて考察することが必要なのである。この点について、従来は中央官人の国造兼帯例である和気清麻呂、道嶋嶋足等の行為を国造のものとして認めるか否かで論議が行われてきたが[35]、私は律令制下の、それも在地の国造の例に考察を加えなければ、律令制下の国造のあり方を明らかにすることはできないと考えている。清麻呂等の行為に関しては、その時に限り国造の肩書を付していることから、ある程度は在地の国造のあり方を反映していると思うが、何といっても豊富な材料を呈してくれるのは出雲国造であり、私は奈良時代の国造対策という点では、出雲国造を特殊視する必要はないと考えているので、以下、これを中心に考察を進めよう。

　出雲国造を他の国造と区別する最大の点は神賀詞奏上であろう。これは服属儀礼の一つと考えられ、少なくとも奈良時代以降には出雲国造だけに課せられていた。その詞章冒頭には、「伊射那伎乃日真名子加夫呂伎熊野大神櫛御気野命、国作坐志大穴持命」の二柱神を始めとする出雲国の百八十六社を代表して奏上を行う旨が見える（『延喜式』祝詞）。

従来、神賀詞奏上を支える構造は、充分な論究がなされていないと考えるので、以下、この点の解明を中心に検討を加える。まず冒頭の二神と出雲国造との関係は、職員令神祇官条集解古記の次の区別が参考になろう。

天神…伊勢、山代鴨、住吉、出雲国造斎神

地祇…大神、大倭、葛木鴨、出雲大汝神

これによると、天平十年頃は、出雲国造斎神＝熊野大社と大穴持命＝杵築大社とは明確に区別されていたことがわかる。しかし、記紀神話では、出雲国造が杵築の祭祀を行っていたことも、また事実である（『古事記』垂仁段）。国造出雲臣は意宇郡を本拠とし、奈良時代には同郡大領兼任が認められていたから、出雲国造の本来の奉祀神は、意宇郡の熊野大社と見るべきで、杵築の方は国造の役割（後述）に関連して奉祀したのではあるまいか。

岡田精司氏は、伊勢神宮では、外宮が伊勢の豪族度会氏の本来の奉祀神かつ太陽神であり、内宮奉祀により、それがミケツ神に転化したことを明らかにされた(36)。この例を参照すると、熊野大神も「クシミケヌノミコト」であり、出雲でも、杵築奉祀により、熊野大神＝意宇の豪族国造出雲臣の本来の奉祀神が、ミケツ神に転化したと考えられるのではなかろうか。ちなみに、出雲臣の始祖は、大穴持命ではなく、その奉祀を命じられた天穂日命であることも、右のような推測を補強しよう。

また『出雲国風土記』意宇郡条には出雲神戸が見え、「二所大神等依奉、故云二神戸一〈他郡等之神戸如レ是〉」とあり、熊野、杵築両社奉仕の神戸の存在が知られる。さらに『類聚国史』巻十九延暦二十年閏正月庚辰条に廃止の記事が見える「出雲国神宮司」は、国名を冠する点で、神名を付する他の神宮司とは異なる特徴を持つが、この神宮司は、先の出雲神戸に徴して、出雲国造が出雲臣として奉祀した熊野大社と、国造の地位に関連して奉祀した杵築大社との二社のための神宮司と見なすことができるのではあるまいか。私は出雲神戸、出雲国神宮司などを、右のような出雲国

表5　出雲国造の神賀詞奏上例（含任命、所見記事）

年　月	人　名	備　考
霊亀2・2	果　安	a；祝部110余人に叙位・賜禄
神亀元・正	広　島	a；祝・神部に叙位・賜禄
〃　3・2	〃	b；祝2人に叙位，自余の194人に賜禄
天平18・3	弟　山	就　任
勝宝2・2	〃	a；祝部に叙位・賜禄
〃　3・2	〃	b
宝字8・正	益　方	就　任
景雲元・2	〃	a；祝部に叙位・賜禄
〃　2・2	〃	b；祝部男女159人に叙位・賜禄
宝亀4・9	国　上	就　任
延暦4・2	国　成	a；祝に叙位・賜禄
〃　5・2	〃	b；祝部に賜禄
〃　9・4	人　長	就　任
〃　14・2	〃	遷都により奏上
〃　20・閏正	？	奏　上
〃　24・9	門　起	見　ユ
弘仁2・3	旅　人	a
〃　3・3	〃	b
天長3・3	豊　持	就　任
〃　7・4	〃	神宝を献上
〃　10・4	〃	奏　上

（註）a＝就任時、b＝斎事後の奏上

造の二元的祭祀を保障するものと考えたい。したがって以上のような二元的祭祀が、出雲国造の祭祀の性格であり、それ故、この二神が詞章冒頭に見えるのであった。

なお、出雲国造の杵築奉斎の時期は、『書紀』斉明五年是歳条「命二出雲国造一〈闕名〉修二厳神之宮一」に注目すべきであろう。これを熊野と見る説もあるが[37]、国家がその修造を命じる意義は不明で、国造に杵築大社修造を命じ、その奉祀を行わせる契機となったと評価したい。

さて、論を神賀詞奏上に戻し、残りの百八十余社との関係は如何であったろうか。『延喜式』巻三臨時祭式の「国造奏二神寿詞一」には、「国司率二国造・諸祝部幷子弟等一入朝」と、また奏上後には「国造已下、祝、神部、郡司、子弟五色人等給レ禄」と見える。神祇官所属の神部を除くと、国造とともに入京するのは、祝・郡司・子弟ということになる。ここでは国造とそれらとの関係を検討することにより、出雲国造の地方支配上の位置を考えてみたい。

祝は実例にも見え（表5）、その人数からも百八十余社の祝として異論あるまい。但し、国造と祝との関係を窺わせる史料はない。しかし、出雲国造の祭祀の性格は上述のようなものであったから、神賀詞奏上を以て国内諸神に総括的祭祀を行っていたとすることはできず、むしろ地祇の代表たる国作りの神大穴持命＝杵築大社の奉祀に与ることによって、象徴的に祝を統括し、祝を率いて京上したものと見るのがよいと思われる。各々の神の奉祀はあくまで祝の手にあったとすべきで、国造の介入は考え難い。ちなみに、風土記では、大穴持命は「所造天下大神」と記され、出雲国九郡中八郡に足跡を残し、広く奉祀された神であったと考えられる。先に国造の役割に関連して杵築奉祀に与ったと言ったが、それはこのような理由によるのであろう。

次に郡司・子弟は、郡司と郡司子弟と解すべきである(38)。但し、これらは実例には見えず、この郡司が指す内容は明らかでない。この点に関しては、神郡である意宇郡の郡司のみを示すとする見解もある(39)が、出雲国の各郡の郡司と見ることが可能ではあるまいか。表6では、国造出雲臣と同姓の者が、九郡中五郡に存し（その他、『新撰姓氏録』によると、神門臣も出雲臣と同祖である）、中には飯石郡少領出雲臣弟山のように、意宇郡に本拠を持ち（山代郷の新造院建立者）、後には国造となった（表5参照）者もいる。その他の者も、国造出雲臣との関係は不明であるが、何らかの形で

表6　天平五年の出雲国の郡司の氏姓

郡名	大領	少領	主政	主帳
意宇	出雲臣	出雲臣	林臣、擬出雲臣	海臣、出雲臣
島根	社部臣	神掃石君	蝮朝臣	出雲臣
秋鹿	刑部臣	権蝮部臣	—	日下部臣
楯縫	出雲臣	高善史	—	物部臣
出雲	日置臣	太臣	（　）部臣	若倭部臣
神門	神門臣	擬刑部臣	吉備部臣	刑部臣
飯石	大私造	出雲臣	—	日置首
仁多	蝮部臣	出雲臣	—	品治部
大原	勝部臣	額田部臣	日置臣	勝部臣

（註）擬＝擬任郡司、権＝権任郡司

国造本宗家の影響下にあったと見ることができよう。また国造の役割という点では、従来あまり注目されていないと思われるが、風土記勘造者が「国造帯二意宇郡大領一外正六位上勲十二等出雲臣広島」であったことを忘れてはならない。各郡条末尾には郡司の記載があり、各郡の責任者たることを示しているが、意宇郡条には大領広島の記載はなく、彼は巻末だけに右のように記している。これは彼が単なる意宇郡の責任者に留まらず、国造として各郡司を統括して風土記勘造を行ったことを物語ると言えよう。

したがって私は、出雲国造は祝だけでなく、各郡司に対しても大きな影響力を持っていたと考え、神賀詞奏上では国内の官社の祝と各郡の郡司・子弟を率いて入京し、彼らを代表、つまり祭・政両面を代表して服属儀礼としての神賀詞奏上を行ったものと見る。また風土記勘造が国司ではなく、[40]国造によって行われた点は、当時の出雲国の地方政治の上に占める国造の位置を窺わせよう。即ち、国造は一国の祭祀担当者などではなく、むしろ国司では実現できない一国の行政・政治を含む事柄に関与し、それを各郡司の上に君臨して行ったのではなかろうか。このように見てくると、祭祀面での出雲神戸・出雲国神宮司設定や杵築大社の神主兼帯による二元的祭祀の保障、杵築奉斎による祝の統括と同様、第一節で触れた奈良時代の意宇郡大領兼任も、こうした地方支配上の影響力を保持するために、大領という地方政治に大きく関わる地位が必要とされたからであって、国家によって与えられた保障であったとすることができるのではあるまいか。

なお、『延喜式』巻三臨時祭式には、神賀詞奏上の前の潔斎一年について、「斎内不レ決二重刑一。若当二校班田一者亦停。」という記載が見える。これは神祇令散斎条「凡散斎之内、諸司理レ事如レ旧。(中略)亦不レ判二刑殺一、不レ決二罰罪人一。(下略)」の散斎にあたるものと考えられ、何故校班田も停止になるのかは今は明らかにし得ず、後考を俟ちたい(あるいは国作りの神大穴持命の地主権を侵犯することを避けたものか)が、その間は諸司、つまり国郡司の右のような行為が停止されるのである。[41] これも以上のような出雲国造のあり方が、出雲国の地方政治に対する影響力を持っていたことを示す一例としてよいであろう。

以上、出雲国造の例を検討し、神賀詞奏上の性格とそれを支える国内での国造のあり方を明らかにした。ただ、出雲国造は神賀詞奏上に与るなど、他の国造と異なる点もあり、即一般化はできないという危惧もあるので、次に他の国造にも言及せねばならない。しかし、国内でのあり方の例は見出し難いので、神賀詞奏上と同様、中央との関係を示す例を掲げたい。その背景にはやはり国内でもそれ相当の権威を有することが必要で、国内でのあり方をも推定できると考えるからである。

まず既に多くの論者によって指摘されている国造の行幸供奉（山背・摂津〔『続紀』慶雲三年十月壬午条〕・紀伊〔『続紀』神亀元年十月壬寅条、天平神護元年十月庚辰条、『後紀』延暦二十三年十月癸丑条〕）、祥瑞報賞（大倭〔『続紀』養老七年十月乙卯条〕）の例がある。[42] 特に前者は、元来は饗応を媒介とする服属儀礼の一形態と考えられ、神賀詞奏上同様、国造が一国を代表する存在であったことを窺わせる。しかし、既に八世紀前半から、いずれの点でも一般には国郡司が対象であること（例・養老元年の元正天皇の美濃行幸では、国司が服属儀礼に関わる「土風歌儛」を奏上）を考慮すると、紀伊を除けば、いずれも八世紀前半の例であるので、実はこれらは「比較的古い国造の性格を伝え」、他に例がないのは、律令制下の国造が名誉職化していたためという見方も出てくる。[43] 但し、しばしば行幸が行われた紀伊を畿内に准じて考えると、いずれも畿内に限られ、畿内のみの特例と見ることも可能であろう。[44]

表7　ト部の貢上

国造ト部		国造直丁	断	京ト部		断
津島上県国造	1	2	1	京ト部	8	3
下県国造	1	2	1	京ト部	9	3
伊岐国造	1	2	1	京ト部	7	3
伊豆国島直	1	2	1	ト部	2	3
				斎宮ト部	4	2

そこで、次に畿外や八世紀前半以降の例を捜すと、職員令神

祇官条集解古記所引官員令別記の卜部貢上が注目される。今、これを平野博之氏の研究により[45]、私なりに表示すると、表7のようになろう。平野氏は、国造卜部＝国造の同族から貢上された卜部、国造直丁＝国造同族の卜部に付属奉仕する直丁、京卜部＝各々の国造の支配下の在京卜部とされ、いずれも国造の責任で貢上されたと述べられている。私も各国造から一口である点が一国一員と言われる律令制下の国造との対応を窺わせることから[46]、この見解を支持したい。ちなみに、中央の大祓の解除を行うのが卜部であり（神祇令大祓条）、国大祓の解除を行ったのが国造である（『書紀』天武十年七月丁酉条）ことから、両者の共通性――勿論、卜部の役割は解除に限らないが――も窺えよう。したがってこれら三ヵ国の国造は、一国を代表して卜部貢上に与っていたと考えられ、またそれが可能であるためには、国造による彼らの統属という国内でのあり方も想定することができる。とするならば、国造丁を中心とする防人集団の編成に関しても[47]、国造丁も防人の一員であり、国造本人という訳にはいかないが、現任国造の一族の者が防人として赴いたという可能性が考えられる[48]。これも国造が一国を代表して人民を中央へ貢上することに関与した例と見られよう。

以上、いくつかの例に触れ、国造が地方支配の様々な局面に関わっていたことを見た[49]。したがって先の出雲国造の例と合せて、律令制下の国造は地方支配の上で実質的な役割を期待されていたと結論されよう。その内容は必ずしも明確でないが、従来唱えられてきた祭祀担当者ということではなく、むしろ行政・政治を含む地方支配に関する事柄で、国郡司ではまだ充分に行い得ないことであったとまとめ得る。このように考えるならば、選叙令古記の「国造者一国之内長」という評言も、以上のような奈良時代の国造の実態に基づいたものと見ることができよう。そして、奈良時代の国造対策は、そのような国造の権威を支えるためにとられたのであった。

但し、出雲国造の場合でさえ、郡領・神主の兼帯が国造の権威を支える保障装置として大きく寄与していたことを考慮すると、国造独自の役割・意義をあまり過大に評価することはできないであろう。この点は後に国造の意義をまとめる際に、特に留意しておきたい。

ところで、出雲国造については、延暦十七年官符によると、国造が「寄二言神事一動廃二（郡領の）公務一」（後掲史料07）、「託二神事一多娶二百姓女子一」（史料08）などとあり、あたかも国造＝神事担当者の如くに記されている。そこで、次に古記と平安時代の注釈書との相違から窺える平安初の国造対策の変化の様相の検討に進み、国造の変遷・変質について考えたい。

二　平安初の国造対策と国造の変質、消滅

平安初、延暦十七年には国造に関する法令がいくつか出されており、律令国家の国造対策上、画期をなしたのではないかと考えられる。本節では、それらの検討を通じて、国造の変遷を跡づけたい。

1　国造兵衛の停止

06『類聚国史』延暦十七年三月丙申条[50]

詔曰、昔難波朝廷始置二諸郡一、仍択レ有レ労、補二於郡領一。子孫相襲、永任二其官一云々。宜下其譜第之選、永従二停廃一、取二芸業著聞堪レ理レ郡者一為上レ之云々。其国造兵衛、同亦停止云々。〈事具二郡司部一。〉但采女者依レ旧貢レ之。

史料06は郡領の譜第之選停止の詔で、国造兵衛の停止、采女貢上の維持にも言及されている。ここで問題とすべきは、「国造兵衛」の内容、およびその停止の意味、の二点であろう。

まず「国造兵衛」とは、その停止の措置である『三代格』巻四延暦十七年六月四日官符[51]に、「先補二国造一、服二帯刀

仗一、仕二奉宿衛一、勤レ官之労不レ可レ不レ矜。宜下除二国造之名一補中兵衛之例上」と見えるから、国造にして(「先に国造に補す」とある)、兵衛の宿衛を続けていた者で、「国造之名」とあるように、実際には兵衛が国造を帯した、中央官人等の国造兼帯例の一種で、実質的は兵衛であったと考えられる。兵衛は軍防令兵衛条義解によると、郡領子弟から貢上され、兵衛考満条では兵衛→郡司のコースが想定されていた。国造兵衛の実例は三例あるが、いずれも但馬国朝来郡の日下部氏出身で(52)、ともに郡領子弟である(『日下部朝倉系図』)。また同氏は但馬国造であったと推定されるので、国造兵衛は国造・郡領家の出身者ということになろう。

なお、前節では、中央官人等の国造兼帯例に言及しなかったので、ここで若干のコメントを加える。確かにそれらには女官出身者も多く、国造の実際的機能の点では、名誉職というほかない。しかし、殆どの者は国造氏出身と考えられ、国造氏に対して一定の敬意が払われていたことがわかるとともに、その後に在地の国造が任命される例(武蔵、表10)もあり、その出現は国造の途絶を意味せず、また中には、和気清麻呂等のように、ある程度在地の国造のあり方を反映している者もある。「名誉職」という場合、それがなぜ名誉であったかは、律令国家成立以前の過去の国造ではなく、律令制下の国造の本来のあり方＝在地の国造の存在形態を背景としたとすべきではあるまいか。

そこで、次に国造兵衛の停止とその措置から、国造兵衛の意義や、その停止の意味を探る材料を得たい。まず史料06では、その停止は郡領の譜第之選停止とともに行われており、何らかの関係を窺わせる。そして、国造兵衛は「国造之名」を除き、兵衛の宿衛を続けさせることにしているから、「国造之名」除去に重点があり、また彼らには兵衛の方がより大きな意味を持っていたことなどが推定される。以下、これらの点を各々深化したい。

まず郡領の譜第之選停止の意味に関しては、今泉隆雄氏の研究があり(53)、氏は、それは国司銓擬を否定し、式部省の手で、中央出仕して律令官人としての素養を身につけたトネリらを郡領に任用しようとしたものであった(『後紀』延暦十八年五月庚午条も参照）とされている。従うべき見解であろう。つまり兵衛であれば、郡領となる機会が増大された訳で、国造兵衛に留まることができないとすれば、彼らが兵衛の方を選んだことは首肯できる。

では、これ以前の国造兵衛出現は何によるのだろうか。兵衛と郡領補任の関係は、やはり今泉氏の論考に詳しく[54]、令文にも兵衛→郡司のコースが想定されていたが、実際には『続紀』天平七年五月丙子条の副擬制によって中央の裁量範囲が広がり、いくつかのトネリの郡領補任請願解が見えるようになったとされている。そして、天平七年以後、何度か郡領任用方法の改訂が行われるが、兵衛には本郡の郡領銓擬に与る可能性が残った。その際に、「国造之名」を有すれば、前節で見たように、令文の適用や天平七年格などの有利な点があり、また延暦十八年以前は国擬を基本としていたが、その場合にも、国造の肩書は何らかの効果を発揮したのではあるまいか。ゆえに、国造兵衛は、まず兵衛として出仕して郡領銓擬に与るという第一条件を満たすとともに、その際に国造であれば、事が有利に運ぶという利点を持ち、兵衛は郡領銓擬の際の便宜のために「国造之名」を帯し、国造兵衛になっていたのだと考えられる。つまり「国造之名」も一定の機能を果し得たのである。

国造兵衛の意義を以上のように解すると、その停止の意味はどこにあるのだろうか。私は、譜第之選停止に伴い、「国造之名」を帯する利点を除き、公平な郡領銓擬の徹底を図ることにあったとするのが、最も整合的ではないかと考える[55]。但し、譜第之選は弘仁二年に復活し、譜第そのものが消滅したのではない（その間の様子を記した『後紀』弘仁三年六月壬子条に「争〻第」と見える）ように、国造の郡領任用の措置（令文、天平七年格）そのものは、依然として存在したのではあるまいか[56]。しかし、譜第之選は復活したが、国造兵衛は復活しなかった。兵衛自体は存在していたから、これはむしろ国造のあり方に変化があったためではなかろうか。ちなみに、『類聚国史』には国造の部が残っているが、平安初以降は中央官人等の国造兼帯例も含めて、国造の任命例そのものが見えなくなっている[57]。

では、その変化はどのようなものであったろうか。それを探るには、在地の国造のあり方を検討する必要がある。次に出雲国造に対する官符を糸口に、その様相を示したい。

2　郡領兼任の禁止と国造の変質

07『三代格』巻七延暦十七年三月二十九日官符

応レ任二出雲国意宇郡大領一事。右被二大納言従三位神王宣一偁、奉レ勅、昔者国造・郡領職員有レ別、各守二其任一不二敢違越一。慶雲三年以来、令三国造帯二郡領一、寄二言神事一動廃二公務一。（中略）自レ今以後、宜下改二旧例一、国造・郡領分レ職任上レ之。

08『三代格』巻一延暦十七年十月十一日官符

禁下出雲国造託二神事一多娶二百姓女子一為上レ妾事。右被二右大臣宣一偁、奉レ勅、今聞、承前国造兼二帯神主一、新任之日即棄二嫡妻一、仍多娶二百姓女子一号為二神宮采女一、便娶為レ妾。（中略）自レ今以後不レ得二更然一。若娶レ妾供二神事一不レ得レ已者、宜下令三国司注レ名密封卜二定一女一、不上レ得二多点一。（中略）筑前国宗像神主准レ此。

史料07・08はともに出雲国造に関する官符である。まず前節で述べた出雲国造のあり方と対照した上で、これらがどのような意味を持つものであったかという点から考察を始めたい。

端的に言えば、史料07は地方政治上に大きな位置を占める大領の兼任を認めないというのであるから、それまで出雲国造が意宇郡大領兼任により保持してきた地方政治上の権威を失わせるものである。また国造の神宮采女差点は、国造の地位に関連して神主を兼帯して奉祀してきた杵築大社に、実質上采女を貢上させることであり、それまで出雲国造の祭祀面での権威を支える上で大きな役割を果していたと思われるが、史料08はそれに対する国司の介入を示すものと考えられる。これらは政・祭両面で、出雲国造が築いてきた権威に大きな打撃を与えるものであったと見ることができよう。さらに延暦二十年の出雲国神宮司廃止にも注目したい。先述のように、私はこの神宮司を、出雲国造の二元的祭祀を保障するものと考えている（但し、神宮司一般が有している、在来の神職統制の側面を否定する訳ではない）。故に、その廃止は、意宇郡大領兼任禁止に伴って、出雲国造の二元的祭祀が解消され、国造として残された職務としての、杵築大社奉祀に与る神職となっていく過程を予想させるものであろう。それを裏付けるように、『北山抄』巻七には次のような記載が見える。

補₂諸社禰宜・祝₁事〔続₂前任符案傍例₁。（中略）安房・出雲・紀伊国造、奉ㇾ勅、続₂前例₁〕。

したがって出雲国造は、祭祀――この面でも国司の制限を受けていたが――だけに与ることになり、これが後世国造を神職と見なすようになる（『類聚国史』は国造を神祇部に置く）始まりとなったと考えることができよう。

延暦十七年に出雲国造に出された二つの官符は、（イ）国造と郡領の兼任禁止、（ロ）国造の祭祀内部への介入という内容を持ち、前節で見た政・祭両面に亘る権威を有した「一国之内長」としての出雲国造の姿に大きな変容を迫るものであった。では、右のような政策は、彼だけに留まるのであろうか。またその背景は如何であろうか。私は、少し目を広げると、これらは当該期の他の国造や地方豪族に対する政策の特色であったと思うので、まずその点に触れ、その背景を検討したい。

まず国造と郡領の兼任禁止に関しては、前節の紀伊、伊豆国造の例でも、ともに延暦十年頃から兼任例がなくなることが注目される。このことは、この時期に国造の地方政治上の権威を奪おうとする政策がとられたことを示すのではあるまいか。また国造ではないが、出雲国意宇郡と一緒に法令に現れることが多い（連任許可、史料08など）筑前国宗像郡の大領宗像朝臣氏の場合も、『三代格』巻七延暦十九年十二月四日官符により、大領と神主の兼帯が禁止されている。その理由は、従来は譜第之選で同氏が大領となり、宗像神社の神主を兼ね、五位に叙されていたが、同十七年二月二十四日の大領兼神主宗像朝臣池作の死後、史料06により他氏の者が大領になる可能性があること、また神主の六年相替制により、「居二終身之職一、兼二六年之任一、事不二穏便一」であることなどである。ちなみに、同官符では、神主の六年相替を「延暦七年二月廿二日符」としているが、当該延暦十九年官符が出された一つの契機には、同十七年の池作死去があったと思われ、六年相替が十年以上も前に令されていて、この段階で初めて問題になったとは考え難い。やはり六年相替は『三代格』巻一延暦十七年正月二十四日官符（後掲）とするのが正しいであろう。

とするならば、宗像朝臣の場合、代替りの際に郡領と神主の兼任禁止が行われたと見ることができ、この点は紀伊・伊豆国造の場合にも適合する。出雲国造の場合は、表5に見える門起が、系図には見えず、また人長と旅人の間には二人の者がいたことが見え、史料の混乱があるようであるが、系図に三十二代として記される千岡は延暦十六年任と見え、やはり代替りということになろう。[59] したがって中央政府は、この時期における世代交替の機会をとらえて、郡領兼任の禁止を令していたと見ることができるのではあるまいか。なお、史料08にあるように、宗像朝臣氏の場合も、祭祀内部への介入が行われたことは、出雲と同様であった。

そこで、次に地方豪族の祭祀への介入例として、前出の神主六年相替制を挙げたい。『三代格』巻一延暦十七年正月二十四日官符には、

今聞、神宮司等一任終身。（中略）宜乙自レ今以後、簡下択彼氏之中潔清廉貞堪二神主一者上補任、限以二六年一相替甲。

と見える。本官符では、それまで神主の任限は終身であったというから、六年相替は、宗像朝臣氏の例からわかるように、地方豪族を任命した神主の祭祀に対して制限を加える契機となったと見ることができよう。また弘仁十二年正月四日官符（『三代格』巻一貞観十年六月二十八日官符所引）には、この時に任中の功過を国司が検覈することになったと

あるので、国司による選定、功過の検覈によって、規制は強化されたと言えるのである。なお、宗像朝臣氏の場合、池作以後は、神主就任が五位叙位と結びつかなくなったようであり、その面での権威低下も窺うことができる。

以上、不充分ながら、出雲国造に対する二つの方策が、当該期の一つの政策基調でもあったことを見た。では、このような政策は何故出現したのであろうか。国司による祭祀への介入から、まず国司制との関係が推定される。それを如実に示すのが、次の例であろう。

『三代格』巻一弘仁八年十二月二十五日官符では、延暦二十年十月十九日官符で、多気・度会二神郡の郡司を神界外で決罰することになった（理由は、史料07同様、神事に託言して郡務を怠ること）が、実際には、大神宮司＝雑務に与らないが決罰できる、国司＝決罰できないが、雑務に与るという状態であるから、神郡雑務も大神宮司に委ね、大神宮司が雑務・決罰の両方を以て神郡司を掌握しようとしたことがわかる。これは「其上件諸物等延暦之前雖レ有二破損一交替無レ煩、頃年之後一物未レ修必拘二解由一」ため、神郡司の郡務怠慢は、そのまま国司の責任に帰されるからである。つまり国司の責任範囲拡大――その背景には国司の不正を糺すという意図もある――に伴い、国司は郡司を指揮して万事うまく運ばないと、遷替できなくなったので、郡司が神事を理由に郡務を怠るようでは、国司には大変不都合となる。そこで、伊勢では神郡雑務を大神宮司に委ね、謂わば国司と大神宮司が政、祭を分掌する形で、解決が図られたのだと思われる。そして、地方豪族の祭祀への介入も、同様の理由で行われたものと考えることができよう。また史料06の譜第之選停止も、一つには中央政府にとって優秀な郡司を任用するためであり、以上のような方向の一環であったと言えよう。

以上は中央側の理由、即ち国司の地方把握強化の意図に基づくものであるが、一方では、それを甘受した地方豪族側の事情があったはずである。郡司層や新興層の動向に関しては別考を俟ちたいが、今、国造の動向についてのみ、若干触れておきたい。先掲の『北山抄』では、すべての国造が神職になったのではなく、また前節で述べたように、本来、国造＝祭祀担当者ではなかったから、国造の郡領禁止は、やはり国造のあり方の変化、つまり地方支配上の位置後退によると考えられ、それを背景として政治的権威の剝奪も可能であったと思われる。この点を出雲国造で跡付けることができればよいのであるが、結末しかわからないので、他の例を以て推論しよう。

まず国造の役割として唯一令文に見える大祓は、本義は前節で触れた通りだが、遅くとも大宝以後は国造の裁判権はなくなる（獄令郡決条）から、国造が大祓だけを行うのは跛行的と言える。ただ、そこには国郡司では果し得ない役割として、国造への期待があったのであろう。しかし、古記には既に国造欠の際の措置が見え、また穴記今行事では大祓使の関与が窺われる（史料02）。大祓使派遣は文武二年以後、随所に見えており、国造欠の場合は、官物で馬を買う（古記、『延喜式』民部下式）、つまり国司が代行する訳であるから、大祓の実態には、国司や中央からの大祓使の関渉が強められていったと言えよう。また先述の卜部貢上も、『三代格』巻一天安三年三月十三日官符によると、対馬出身の卜部は本島人の断丁差発を求め、故郷とのつながりを望んでいるが、実際には弘仁十四年三月二十七日官符で、陸地人の断丁差点が始まったとあるので、その時点では断丁貢上も国司の手に移っていたと考えられ、さらには卜部貢上自体も国造の手を離れていたのではあるまいか。

したがって国造の役割は、既に八世紀から崩れつつあったと思われる。それ故、前節で触れた、紀伊を除く、畿外行幸の際の国造供奉例欠如や、また律令制下の国造任命例（表8）の半数にも及ぶ、中央官人等の国造兼帯例出現を招いたのであろう。後者は、中央政府が在地の国造がいなくても、地方支配上一向に構わないと判断した結果であり、国造の役割低下を物語る。さらに史料07・08では、出雲国造＝神事担当者との見方も出てきていた。このような状況を背景に、平安初の段階で、先のような国造対策の転換が起こり、国造の死命を制するに至ったのである。

以上、大まかな見通しを述べたに過ぎないが、平安初の段階では、国司の国務掌握と、既に八世紀から地方支配上の国造の役割が崩れつつあったという事情とが相俟って、郡領兼任により地方支配の上で実質的権威を保持していた在地の国造に対しても、その兼任停止という政策転換を生み、それが古記と平安初以降の明法家の解釈との相違や、国造神職化の要因となったのではないかと考えられる。このような見方に立てば、前項の国造兵衛停止や中央官人の国造兼帯例消滅も、兼任禁止と国造の変質という地方での変化の、中央における反映とも理解できる。国造兵衛が復活しなかったのも、故あることと言えよう。

3　国造の消滅

以上、二項に亘って、平安初期の国造対策を検討し、それが奈良時代に比べて大きな画期を成すことを明らかにし

表8　延喜十四年八月八日官符における国造田返進状況

	国名	返
○	山城	
◎	大和	
	河内	
	和泉	
○	摂津	
	伊賀	
◎	伊勢	△
	志摩	
◎	尾張	△
	参河	△
	遠江	△
○	駿河	△
○	伊豆	△
	甲斐	
◎	相模	△
⦶	武蔵	△
○	安房	
	上総	△
	下総	△
◎	常陸	△
	近江	△
◎	美濃	△
○	飛騨	△
	信濃	△
◎	上野	
	下野	△
◎	陸奥	
	出羽	
	若狭	△
	越前	△
	加賀	△
	能登	△
	越中	△
	越後	
	佐渡	
	丹波	△
○	丹後	
◎	但馬	
	因幡	△
	伯耆	△
○	出雲	
	石見	△
	隠岐	△
	播磨	△
◎	美作	△
◎	備前	
	備中	△
	備後	△
	安芸	△
	周防	
	長門	△
○	紀伊	
	淡路	△
⊖	阿波	
	讃岐	△
	伊予	△
	土佐	△
	筑前	△
	筑後	△
	豊前	△
	豊後	
	肥前	△
	肥後	△
	日向	△
	大隅	
	薩摩	
○	壱岐	△
	対馬	

国名の欄外の記号：○＝国造の任命例で、在地の国造と思われるもの（含出身不明）、◎＝中央官人等の国造兼帯例、⦶＝◎の後にも○の任命例が見えるもの、⊖＝○の後に◎の例が見えるもの

た。では、それ以後国造はどうなるのであろうか。本節の最後に、国造の行方を簡単に見ておきたい。

まず国造田の有名無実化である。この点では、『政事要略』巻五十三延喜十四年八月八日官符が有名であるが、既に九世紀半ばには次のような国造田転用例が見えている。

09『続後紀』承和元年十一月癸亥条

依二兵部省所一レ請、以二国造田廿町地税一、永充下親王已下五位已上廿人調二習内射一之資上。

＊『延喜式』兵部式には「射田廿町〈近江国八町、丹波国六町、備前国六町〉」と見える。なお、備前以外の国造田数は延喜十四年官符とも合致する。

10『三代実録』貞観十八年三月九日条

壱岐島の口分田・雑職田を除いた「死者口分幷疫死口分、国造田等一百余町」を役丁に耕させ、そこから対馬島粮を出す。

11『延喜式』民部上式

凡諸国健児。（中略）其食、畿内用二乗田地子一、余以二国営健児田一充レ之。出羽国出挙給レ之。隠岐国以二国造田三町地子一充レ之。

国造田に見任国造田、闕国造田の別があることは先にも記したが、前者は輸租田、後者は地子田であった（田令田長条集解令釈所引民部例、『延喜式』主税上式）。そして、その区別は、郡司職分田や采女田と同様、見任国造田＝国造就任・既授、闕国造田＝就任以前・未授という関係であったと思われる(61)。

今、史料09〜11では、いずれも国造田が地子田であった（10は死者等の口分田とともに掲げられているので、やはり無主の田＝闕国造田＝地子田であったと思われる）ことに注目されよう。史料11の法源は不明であるが、出羽の出挙は弘仁五年正月十五日官符が法源で、健児の待遇整備は大体九世紀前半に行われているから、国造田の場合もその頃と見ることができるかもしれない。また史料10の壱岐島は、天長五年正月に島造任命が見える（『類聚国史』巻十九国造）から、それ以後地子田化したものと思われる。このように、地子田化年次を決定はできないが、史料10は島造任命の天長五年以後、貞観十八年以前ということになり、少なくとも各々の転用が行われていた九世紀前半～半ば頃には地子田となっていた(62)。そして、国造田が地子田であったということは、それらが闕国造田であった、つまり国造が任命されていなかったことを窺わせるのではあるまいか。

この点は延喜十四年官符にも該当する。当官符は「一応㆘返㆓進諸国雑田二千三百六十六町九段五十二歩㆒其地子稲混㆗合正税㆖事」とあり、（イ）無主采女田、（ロ）国造田、（ハ）膂力婦女田、（ニ）賜田、（ホ）功田、（ヘ）唐人田、（ト）俘囚田、（チ）国益田、（リ）闕郡司職田が返進されている。ここでは（ロ）国造田には、（イ）・（リ）のような見任・闕の区別が見えないが、地子を出していたということは、すべて闕国造田であり、もはや国造の任命が行われておらず、国造田が有名無実化していたことを物語る。ちなみに、本官符に「国造田」とあることや、国造田に関する通説的理解(63)に従えば、ここに見えるのは各々の国に存在していたすべての国造田であったと考えられる。そして、このような有名無実化は四十三国に亘る。さらに五畿内、伊賀、出羽は地子を出さない国であった（弘仁主税式）し、本官符は地子余剰の国の田を返進したもので、これら以外にも有名無実化の可能性はあるから、さらに多くの国で国造の任命が行われていなかったことを窺わせる。各々の国の国造田有名無実化の時期は詳らかにはし難いが、史料09～11の他に、伊豆国造の例（史料04）を見ても、貞観四年に田方郡主政になった真宗の父宅主が国造注記の最後であることがわかり、また九世紀前半の明法家説も、国造欠、「専無」などの状態を想定している（表3）から、やはり九世紀前半～半ば頃と見るのが妥当であろう。

次に出雲国造の神賀詞奏上が、天長十年を最後に国史に見えなくなることを指摘したい（表5）。『三代実録』などでは儀式に関する記載が豊富であるのに、神賀詞奏上が見えないのは、それが消失したことを示すと考えてよい。そして、前節で見たように、神賀詞奏上は、出雲国造就任の際に、祝・郡司・子弟などとともに入京して、祭・政両面で一国を代表して行う服属儀礼であったことを考慮すると、その消失は中央政府にとってその意義が失われたこと、即ち、国造がそれらの統属の役割を失ったことを示すと考えられる。ちなみに、平安初期は隼人・蝦夷の公民化が進む時期であり、延暦二十年には隼人朝貢も停止されるなど、服属儀礼全般の終末期でもあった(64)。ただ、隼人の例でも、その前提に延暦十九年の口分田班給の指示があったように、出雲国造の場合も、平安初の国造対策を経てのことであった点には留意したい。

なお、前節では、杵築大社の神職を国造として残されたものと言ったが、元来国造は即神主ではないから、国造神職化の背景には、神賀詞奏上例の消失に窺われる国造の役割喪失の他に、神主の六年相替制開始も関係していたのではなかろうか。それにより神主兼帯をやめ、終身の「国造という神職」に転身していったと見るのである。

以上の点から、私は九世紀半ば頃には殆どの国で国造が消滅したと考える。また出雲国造のように、ごく一部の例外は「国造という神職」として存続している（『北山抄』）が、出雲国造の場合に見られるように、それらも大きな変質を被った上でのことであった。とするならば、天平七年格（史料05）の「国造」が『延喜式』に見えないのは、この国造の変質・消滅によるのではあるまいか。

なお、神職として存続した国造とその他との差は必ずしもはっきりしないが、出雲国造は神主を兼帯しており、紀伊国造も同様であったと思われる。一方、大倭国造は小東人の代に国造と神主の分離が行われ、伊豆国造は、史料04では三島神社の神主の家柄につながってはいるが、国造の時にその祭祀に与っていた明証はない。したがって両者の違いは、国造として神事にも与っていたか否かに関わり、神主兼任帯により神事を行った国造は、国造本来の役割を失った後も、終身の「国造という神職」として存続し得たと見ることができるのではなかろうか（出雲等三国造以外で、後世神職を国造と称するのは、ここから派生）。

三　律令制下の国造の意義

奈良時代の国造対策（郡領兼任容認、郡領就任時の優先措置などを内容とする）は、国造の権威を支えるものとして機能していた。それは国造が本来、一国の祭祀担当者としてではなく、地方支配の上で、国郡司の支配を補うものとして、実質的な役割を期待されていたからである。しかし、国造の存在は既に八世紀から崩壊しつつあり、平安初には、郡領兼任禁止などの国造対策の転換が行われ、それが国造の死命を制することになった。

最後に、以上のような律令制下の国造が果した意義について、残された問題にも触れながら、私見をまとめることにしたい。

結論から言えば、律令制下の国造は律令国家成立以前からの国造の遺制であった。その理由として、まずその成立過程が挙げられる。詳しくは別稿に譲りたいが、私は、天武初年成立の新旧国造論ではなく、評制下における国造の存続という立場をとりたいと思っている。律令制下の国造の制度的起点は、『続紀』大宝二年四月庚戌条「詔定二諸国々造之氏一。其名具二国造記一」。であり、その際、若干の淘汰はあったが、多くは律令国家成立以前からの国造を律令制下の国造となり得る国造氏として認定したと見るのである。

律令制下の国造は一国一員とされ、本章でもこの言葉を用いてきた。しかし正確に一国一員であったかとなると、極めて疑わしい。ここでは明らかに国造のいない国があったことを指摘したい。まず『続紀』慶雲三年十月壬午条の難波行幸には摂津・山背両国造が供奉しているが、これは都のあった大倭以外の畿内の国造が供奉したものであり、ここに記されていない河内・和泉には国造がいなかったことを示すと考えられる。河内・和泉・摂津はもとは一地域（河内）で、本来凡河内国造であった凡河内直氏は、その本拠地が摂津地域にあったので、(65)律令制下では摂津国造となったのである。同様に、丹波・丹後でも、『国造本紀』は丹波国造と丹後国司を並べ、延喜十四年官符でも国造田は丹波国のみに記される（表8）が、国造の任命例（『続紀』延暦二年三月庚寅条）から見て、実際には丹波国造丹波直の本拠地丹波郡のあった丹後国だけに国造がいたと思われる。その他、出羽には国造がいた形跡はないし、また美作も、和気清麻呂以前に国造がいた確証はなく、彼の行為も備前国に限られており（和気郡分割、賑給田の設定）、国造田は六町あるが、これも彼の就任に伴って設定されたと見ることができる。以上の国々は、摂津以外は、いずれも大宝以後の分立・分割を被っており、その結果、本来の国造の本拠地が他国に移ったため、その地域に国造がいなくなったと考えることができよう。(66)なお、摂津の確実な初見は『書紀』天武四年二月癸未条とされる。(67)そうすると、「新国造」の成立を天武五年を中心とした天武朝初年に求める立場に対しては、仮にこの時期に一国一員の国造が新たに定められたとすれば、凡河内直氏の本拠である摂津の他に、何故河内にも国造が置かれなかったのかという疑問を呈することができ、新旧国造論に再考を迫るものと思われる。

以上の点から、私は律令制下の国造を律令国家成立以前からの国造の遺制であったと位置づける。それ故、既に八世紀からその存在は崩れ、中央官人等の国造兼帯例出現などを招いたのであろう。しかし、私は、だからといって、国造を名誉職と見るのではなく、その存在意義は、第一節で述べたように、地方支配の上での実質的な役割にあったと考える。

律令制下の国造営の処遇については、先学の言及もあるが[68]、本章で触れた点も加えると、表9のようになろう。この表では、国造は概ね郡領と同等以上に位置づけられていたと言うことができる。これは地方支配の上で重要な位置を占める郡領と比べても、国造に対して国家がいかに期待していたかを察せしめる。

一方、令文の想定する国造→郡領のケースが全く見えないのに対して、逆に郡領→国造（含兼任）の例がいくつか

表9　国造の位置づけ（郡領との比較）

	国造	郡領
任免（銓擬）	国擬→太政官（『延喜式』の出雲国造の任命方法）	国擬→式部省銓擬→太政官
（解却）	「国造者。非国司解却之色。」（『続後紀』嘉祥二年閏十二月庚午条、紀伊国造事件）	国司。国司は擬任郡司によりポストの補充を行うことができた。
譜第	有（考課令61大弐已下条古記）	有
任限	終身	終身
選限	有（年数不明）＊	十年（のち八年）
動向	譜第により国司が掌握	国司が考課を行う
職分田	国造田…六町	大領…六町、少領…四町
初叙規定	国造が郡領となる時の叙法は大領と同位（外従八位上）以上。	大領…外従八位上 少領…外従八位下
地方支配の中での位置	＊＊国司―国造―郡司	

＊『続後紀』承和六年九月癸卯条による。但し、国造が神宮司・禰宜・祝等と並べられている点から、国造の神職化以降のものという可能性も高い。

＊＊『続紀』天平神護元年十月庚辰条、『後紀』延暦廿三年十月癸丑条など。

ある（表10）。この点に関しては、国造の実質が失われていたためとするよりは、国造になれば、一応一国に政治的な影響力を有することができるため、また国造の権威維持のためにも、奈良時代には国造氏の郡領が国造を兼任することが可能であったか

表10　郡領→国造の例

国名	郡名	職名	人名	国造就任時期	備考
紀伊	名草	大領	紀直摩祖	神亀元・十	（兼任）
出雲	飯石	少領	出雲臣弟山	天平十八・三	（意字郡大領を兼任）
伊豆	田方	少領	伊豆国造伊豆直田萬呂	延暦十	
駿河	駿河	大領	金刺舎人広名	延暦十・四	
武蔵	足立	大領	武蔵宿禰弟総	延暦十四・十二	前任者は中央官人兼帯
伊豆	田方	大領	伊豆国造伊豆直古麿	大同二・正	

らと見る方がよいと思われる。平安初に近い時代には、伊豆のように、郡領→国造のコースをとったと考えられるが、それも国造の地位が重視されていたためではあるまいか（伊豆は古麿以後も二代続く）。

以上のような事柄は、律令制下における国造の重要性を示している。ただ、出雲の場合でも、国造だけでの存続は難しく、郡領・神主を兼帯し、これらが三位一体となり国造の権威を支えた点には注意せねばならない。表9では、国司－国造－郡司の序列が大宝以後も変わらなかったことを示したが、実はこれは叙位の場での順序によっており、宣命冒頭には国郡司だけで、国造は見えなくなる。また天武五年の大祓規定が国造－郡司－戸であるのに、令文（史料02）では郡司－戸と国造が別置されているように見える点も、大宝以後の国造の位置づけの微妙な変化を示していよう。

したがって律令制下の国造の存在は、律令国家が積極的に認めたものというよりは、むしろ地方支配上、国郡司だけでは不備な点があり、郡領の譜第任用と同様、伝統的豪族たる国造に地方支配を支える存在として期待せざるを得

なかったためではないかと考えられる。それ故、郡領兼任等の保障装置や高い処遇を与え、国造の権威維持も図られたのであろう。しかし、平安初期には、彼らの弱体化も相俟って、律令国家は譜第郡領や国造等に依存しなくても、地方を支配できる体制へ移行しようとし[69]、その中で国造対策転換も行われ、律令国家成立以前からの国造の遺制たる律令制下の国造は、消え行かねばならなかったのである。

むすび

本章は、もとより律令制下の国造に関する初歩的考察であって、この分野での包括的な研究たる植松考穆氏の論考が課題として残された国造と郡領との関係を糸口に、論究を試みたものである。従来の研究であまり言及されてこなかった史料にも触れたつもりであるが、不充分な点については大方の叱正を仰ぐこととし、ひとまず擱筆することにしたい。

註

（1）新野直吉『研究史 国造』（吉川弘文館、一九七四年）など参照。
（2）植松考穆「大化改新以後の国造に就いて」（浮田和民博士記念『史学論文集』一九四三年）など。
（3）高嶋弘志「律令新国造についての一試論」（『日本古代史論考』吉川弘文館、一九八〇年）、篠川賢『国造制の成立と展開』（吉川弘文館、一九八五年）など。
（4）拙稿「評制下の国造に関する一考察」（『日本歴史』四六〇、一九八六年、本書所収）。以下、別稿と称する。
（5）熊田亮介「令制下の国造について」（『日本歴史』四二二、一九八三年）において示されている。

（6）　虎尾俊哉「大化改新後の国造」（『芸林』四の四、一九五三年）、八木充「国郡制の成立」（『山口大学文学会誌』一四の一、一九六三年）、米田雄介「国造氏と新国造の成立」（『続日本紀研究』一六二、一九七二年）など。

（7）　伊野部重一郎「郡司制の創始についての覚書」（『日本歴史』一八九、一九六四年）、今泉隆雄「「国造氏」の存在について」（『続日本紀研究』一六四、一九七二年）、篠川註（3）書など。国造の郡領補任例がないこと、国造に対する法令面での配慮の欠如などから、「国造」を律令制下のそれとすると、令文の実効性がなくなると見る。なお、α・β説は、令文の本意も古記と同じと見る。

（8）　（イ）「郡司」と読み改める＝国造の任用規定なし。関晃「大化の郡司制について」（『日本古代史論集』上巻、吉川弘文館、一九六二年）、伊野部、今泉註（7）論文、篠川註（3）書など。（ロ）「国造」と読み改める＝国造の任用規定あり。植松註（2）論文、熊田註（5）論文など。なお、山尾幸久「国造について」（『古文化論叢』一九八三年）、新野註（1）書は、「国司」のままで、この立場に立つ。

（9）　従来は「適」を「たまたま」と読んできたが、「あたり」と読んだ方が文意がスムーズになると思われる。古記と近い時代の文献である『書紀』には、「適㆓是時㆒」（景行、神功、仁徳、舒明紀）、「適㆘産㆓大伯瀬天皇㆒之夕㆖」（允恭紀）などの用例が見える。なお、「適」の文字に関しては、本章末尾の付記も参照されたい。

（10）　この答の部分は、篠川註（3）書二一八頁でも指摘されているように、「未」と「已」が対応していると考えられる。

（11）　虎尾、八木註（6）論文では、郡司欠員の際、国造は必ず競争者の位置に立たされると見るが、令文の構造から判断して、令意は本章の如くであったと思われる。

（12）　このような意味での国造氏の存在については、新野直吉「大化改新後の国造」（『岩手史学研究』七、一九五一年）、磯貝正義「律令時代の地方政治」（『日本古代史論集』上巻、吉川弘文館、一九六二年）などを参照。なお、「以外」を「所管国内以外」とする見方もある（八木註（6）論文など）が、何故国外の郡について問題となるのかが不明で、やはり本章のように考えておきたい。

（13）　今泉註（7）論文。

（14）　ここで、律令制下に「国造」と言えば、一国一員の現任国造を指すことも確認しておきたい（磯貝註（12）論文参照）。「国造氏」の語もそこから派生したのである。

（15）　伊野部、今泉註（7）論文は、この点に気づいているが、前者は妄説と退ける。

（16）　この部分は本郡以外の郡領に任用され得る理由として掲げられているから、「郡」は、本郡以外の郡領に任用されるというその郡を指すと見なすと、郡司職分田とともに、国造田もその郡に給付し、管理し易いようにするシステムであったと考えたい。
(17) 関註(8)、八木註(6)論文は、国造の郡領就任時給与の田とするが、支持し難い。
(18) 稲葉佳代「令集解における古答について」(『続日本紀研究』二二九、一九八三年)では、古説の検討が行われているが、ここは他に材料がないので、古説が指す内容は確認できないとされる。本章では、選叙令古記の理解により、ここの古説を古記としておきたい。
(19) 今泉隆雄「八世紀郡領の任用と出自」(『史学雑誌』八一の一二、一九七二年)。
(20) 薗田香融「岩橋千塚と紀国造」(『岩橋千塚』一九六七年)。
(21) 釈読は『日本古代の墓誌』(同朋舎出版、一九七八年)一六五頁による。
(22) 東京大学史料編纂所蔵影写本『矢田部文書』による。この系図には上略部分に庚午年籍に関する記載も見える。この史料の信憑性については、ひとまず太田亮『姓氏家系大辞典』(角川書店、一九六三年)四〇五頁の評価に従っておきたい。
(23) 今泉註(19)論文。
(24) 田方郡は神郡ではないので、選叙令同司主典条との関係が問題になるが、後述の天平七年格の適用例と考えたい。
(25) 『三代格』巻七弘仁五年三月廿九日官符所引。
(26) 植松註(2)、高嶋註(3)論文など。
(27) 選叙令同司主典条集解令釈所引。
(28) 私は伊勢の神国造の存在は認める(註(4)拙稿参照)が、これは大宝以後の存続が不明なので、八神郡のうち国造がいたのは、安房、意宇、名草だけである。
(29) 熊田註(5)論文も同様の読みをとる。但し、奈良時代の国造・郡領の兼任を認めず、元郡領の国造は、本条の国造の郡領同姓併用禁止対象からの除外を利用して、優先的に郡領に任用されたとする点、式部式での「国造」欠落は、後掲史料06によると見る点は、私見とは異なる。
(30) 植松註(2)、新野註(12)論文など。その内容は神祇伯の「掌二神祇祭祀一」、大宰府主神の「掌二諸祭祠事一」と同じと想定されている。
(31) 虎尾註(6)論文、栗原美雪「律令体制下の国造の性格」(『湘南史学』五、一九八〇年)。大祓と恒例・臨時の班幣に与ったと見る。

(32)　『国史大辞典』一（吉川弘文館、一九七九年）「いたきそじんじゃ」の項を参照。

(33)　新野直吉『謎の国造』（学生社、一九七五年）一〇七頁～一〇八頁。

(34)　石母田正「古代法小史」（『日本古代国家論』第一部、岩波書店、一九七三年）。

(35)　磯貝註(12)論文、熊谷保孝「新国造の職掌」（『政治経済史学』一〇一、一九七四年）などは、国造の行為とし、植松註(2)論文、新野註(33)書などは、これを認めない。

(36)　岡田精司「伊勢神宮の起源」（『古代王権の祭祀と神話』塙書房、一九七〇年）。

(37)　日本古典文学大系『日本書紀』下（岩波書店、一九六五年）三四一頁頭注。

(38)　平野友彦「郡司子弟小論」（『日本古代政治史論考』吉川弘文館、一九八三年）。

(39)　新野註(33)書九一頁。但し、同「古代出雲の国造」（『出雲学論攷』出雲大社、一九七七年）では、論拠は示されていないが、全体の郡の郡司の可能性も示唆されている。

(40)　国司の解形式を取る常陸、播磨（賀古郡鴨波里舟引原条）と出雲との差は、次節で触れる国造の崩壊に関係すると思われる。

(41)　門脇禎二『出雲の古代史』（日本放送出版協会、一九七六年）は、潔斎期間の国造の裁判、校班田権放棄、国司への委任が国司による国造権力の侵食につながったと評されているが、本章のように理解したい。

(42)　新野註(33)書など。

(43)　高嶋註(3)論文。

(44)　大津透「律令国家と畿内」（『律令国家支配構造の研究』岩波書店、一九九三年）は、律令制成立以前の畿内の国造について、在地首長の側面は希薄で、実務官僚的側面が大きいとされる。これは律令制下にも該当しよう。

(45)　平野博之「対馬・壱岐卜部について」（『古代文化』一七の三、一九六六年）。氏はこれらを浄御原令別記の転載と見るが、大山誠一「官員令別記の成立をめぐる諸問題」（『日本歴史』三七二、一九七九年）が指摘するように、大宝令別記であろう。なお、卜部については、拙稿「卜部寸考」（『日本歴史』五三九、一九九三年）も参照。

(46)　律令制下の国造が正確に一国一員であったか否かは後述するが、対馬の二員は不明である。

(47)　岸俊男「防人考」（『日本古代政治史研究』塙書房、一九六六年）。但し、氏は、国造丁と国造とは一応無関係とされる。

(48) 新野直吉「防人「国造丁」についての考察」(『史林』五四の五、一九七一年)、宇野貴和「律令制下の国造について」(『続日本紀研究』一七三、一九七四年)。但し、前者は国造を「地方神祇官」とする立場、後者は国造の軍事的役割を認める立場に立つ点が、本章とは異なる。なお、最近の研究でも、森田悌「国造と防人」(『天皇号と須弥山』高科書店、一九九九年)は、国造丁を国造本人とし、新野氏の理解に近い見解を呈している。

(49) 『続紀』大宝二年二月庚戌条の祈年班幣の際の国造入京も一例としてよいと思う。

(50) 末尾の「但」の前までは巻十九神祇十九国造、「但」以下は巻四十後宮采女による。

(51) 『類聚国史』巻十九国造は、月を四月とする。

(52) 兵衛就任者の氏族的特色は、笹山晴生「兵衛についての一考察」(『日本古代の政治と文化』吉川弘文館、一九八七年)、拙稿「二条大路木簡と門の警備」(『文化財論叢』II、同朋舎出版、一九九五年)などを参照。

(53) 今泉註(19)論文。なお、拙稿「律令国家における郡司任用方法とその変遷」(『弘前大学国史研究』一〇一、一九九六年、本書所収)も参照。

(54) 今泉隆雄「平城宮跡出土の郡領補任請願解の木簡」(『古代木簡の研究』吉川弘文館、一九九八年)。なお、拙稿「郡司補任請願文書とトネリ等の郡領就任」(『続日本紀研究』三〇三、一九九六年、本書所収)も参照。

(55) 篠川註(3)書二一四頁は、国造は実質上、譜第に包含されると考え、譜第之選停止徹底のためと見るが、両者は別とすべきであろう。また笹山晴生「令制五衛府の成立と展開」(『日本古代衛府制度の研究』東京大学出版会、一九八五年)四一頁は、史料06を兵衛資物の停止を示すと解する。つまり軍防令の兵衛出身資格=(a)兵衛条、(b)内六位条のうち、(a)郡司の子弟が廃されたと見るのであり、事実、『延喜式』では(a)は規定されていない。ただ、この見解では、国造兵衛だけに言及がある理由、「国造之名」除去の意味を充分に説明できないと思われる。

(56) 吉田孝「類聚三代格」(『国史大系書目解題』上巻、吉川弘文館、一九七一年)は、格編纂の方針として、一つの格の中に当時の有効法と無効部分があった場合、後者を削除することがあったのではないかとされる。これがすべての格に適用可能かは検討が必要だが、弘仁五年官符所引天平七年格の「国造」については、この見解に従いたい。

(57) 後世神職として存続した国造(後述)を除くと、延暦二十一年十二月の陸奥大国造、天長五年正月の壱岐島造の二例しかない。

(58) なお、出雲神戸は『新抄格勅符抄』によると、既に天平神護元年段階で、杵築―六十一戸、熊野―二十五戸に分かれていた。

(59)　高嶋弘志「出雲国造系図編纂の背景」(『日本古代中世史論考』吉川弘文館、一九八七年)によると、千家家系の系図である『出雲国造伝統略』や「千家尊澄系図」では、人長（延暦九年任）――千国（延暦十六年任）――兼連（延暦二十三年任）――旅人（弘仁元年任）となっており、千国（＝千岡か）あるいは次の兼連の任用時との関連が問題になる。
(60)　解由拘束の法源は、神社修理－延暦二十年十月十九日、溝池修理－同十九年九月十六日、駅家修理－同十九年九月二日、桑漆催殖－大同二年正月二十日の官符。
(61)　熊田亮介「国造田について」(『新潟大学教育学部研究紀要』二四の二、一九八三年)。
(62)　史料09の備前国、延喜十四年官符の美作国は、延暦十八年二月の国造和気清麻呂薨去後の有名無実化と考えられ、この現象は九世紀半ばをそれ程遡る時期ではないと思われる。
(63)　植松註(2)論文。
(64)　吉田孝「律令国家の諸段階」(『律令国家と古代の社会』岩波書店、一九八三年)。
(65)　吉田晶「凡河内直氏と国造制」(『日本古代国家成立史論』東京大学出版会、一九七三年)二四五頁〜二五一頁。
(66)　私は国造氏認定時に国造田が置かれ、以後は稀な例（美作、陸奥）を除くと、国造、国造田の新置はなかったと考えている。
(67)　坂元義種「摂津職について」(『古代東アジアの日本と朝鮮』吉川弘文館、一九七八年)。
(68)　磯貝註(12)論文。
(69)　高田実「中世初期の国衙機構と郡司層」(『東京教育大学文学部紀要』六六、一九六八年)、坂上康俊「負名体制の成立」(『史学雑誌』九四の二、一九八五年)など。なお、拙稿「雑色人郡司と十世紀以降の郡司制度」(『弘前大学国史研究』一〇五・一〇六、一九九八・九九年、本書所収)も参照。
(付記)　註(9)で触れた、史料01の古記の「適」の文字について、鹿内浩胤「古記と国造田」(『日本歴史』五五九、一九九四年)は、諸写本を検討した結果、「過」の誤りであることを発見し、「過」には「まさる、すぐれる」の意味があるので、当該部分を「国司に過（す）ぐ」と読み、「(国造に任ずることは）国司に任ずることよりもまさっている」という解釈を示された。写本の文字については鹿内氏の調査に従うべきであろうが、「過」とした場合も依然として解釈に疑問が残る部分が存すると思われる。この点は今後の課題とし、なお検討を行いたい。

第二部　郡司任用制度の研究

第一章　律令国家における郡司任用方法とその変遷

はじめに

古代日本の律令国家の地方支配において、郡司が大きな役割を果したことは改めて強調するまでもない。この郡司の性格に関しては、官人的諸規定上の「守旧性」や非律令的性格に注目した見解、共同体農民の保護者たるの側面を描く立場に対して、(1)その官人的性格、被支配者層に対する収奪者としての側面を看過してはならないとする批判があり、(2)爾来郡司の性格の二面性について、多くの論著が呈されている。(3)

こうした郡司の階級的性格や古代国家における位置づけをめぐる論争とともに、古くから問題とされてきた論点の一つに、郡司の任用方法がある。郡司も律令国家の官人であるから、その任用・考課・待遇などの法制面での考察は、彼らの性格を理解する上でも重要なポイントとなるからである。従来、この問題をめぐっては、令文に示された任用方法とその後の法令による変化とについて、才用主義と譜第主義という相対する概念の適用如何により解釈が戦わされてきたという面が大きかった。(4)しかし、今泉隆雄氏は、ともすれば才用主義と解されてきた選叙令郡司条について、軍防令兵衛考満条の（郡領子弟→）兵衛出仕→郡司任用のコース（＝郡領の再生産）の存在から、郡司条の才用主義は郡領子弟の兵衛出仕制に限定されたものであって、令文の郡領任用方法は譜第主義を前提とした才用主義という複合的なものと見るべきことを示され、譜第・才用の論争を止揚しようとされた。(5)このようにトネリ制との関連、中央・都城と郡領の関係を説いた点は高く評価されるべきで、そのような視点に基づく論考もいくつか呈されている。(6)

但し、翻って考えてみるに、軍防令兵衛条によると、兵衛を出すのは一国の三分の二の郡であり、すべての郡領子弟が兵衛出仕のコースをとる訳ではない。郡司補任請願文書の一つである海上国造他田日奉部直神護解（『大日本古文書』三―一五〇）でも、兄が大領に就任しており、自身はトネリとして出仕するという状況であった。また今泉氏の研究によれば、実際にトネリ→郡司のコースが顕在するのは、天平七年格による副申制採用以降のようである。とすると、郡司の任用方法としては、やはり国司による銓擬（国擬）を重視すべきであり、また選叙令郡司条には郡領の初叙規定が記されているので、多くの郡領は官人出仕を経ることなく、白丁から任用されることが想定されていたのではあるまいか。事実、多くの郡領子弟は、一般に白丁であったようである。(7)

そこで、以下では改めて律令制下の郡司の任用方法を考察するという基礎作業を行いたい。(8)郡司任用の手続き・儀式については殆ど注目されることがなかったが、近年郡司任用の儀式の中に郡司の特質を見出そうとする研究も現れ、(9)また平安時代の儀式の分析から遡って奈良時代のあり方を考えようとする研究動向とも相俟って、郡司任用の儀式が奈良時代に遡る要素を含んでいることが指摘されている。郡司任用の儀式は律令国家の郡司任用方法の一つの到達点と見ることができ、郡司任用の諸法令を検討する際にも、それが任用手続きのどの場面に関わるものかを考慮することは、史料の正確な理解のためにも不可欠な事柄であり、そのような視点での分析に留意したいと思う。なお、郡司任用方法とはいうものの、諸法令では圧倒的に郡領任用に関する規定が多く、以下の考察でも、主政帳はやや副次的となり、大・少領についての検討が中心となることを予め断わっておきたい。これは郡領と主政帳の地方支配上の位置を反映した事象であるといえよう。

一　律令における郡司

律令国家は郡司を如何に把握しようとしたのか。郡司の任用方法を検討するに際して、国家の郡司に対する姿勢や位置づけを知ることは、そこから任用制度構築の発想や令制以後の諸法令による制度の変遷が出て来ると考えられるだけに、充分に勘案する必要がある作業であろう。そこで、本節では令文における郡司任用方法の考察とともに、国家が郡司をどのように位置づけようとしていたのかにも注意して、律令における郡司の姿を明らかにしたい。なお、郡司の解任規定にも任用制度や郡司の位置づけを窺わせる材料が得られると思うので、任用だけでなく、解任の制度も視野に入れるものとする。

1　令文に見える郡司の任用

律令条文の中で、郡司任用に関わる規定としては、次のものがある。

01選叙令郡司条

凡郡司、取㆘性識清廉、堪㆓時務㆒者㆖、為㆓大領・少領㆒。強幹聡敏、工㆓書計㆒者、為㆓主政・主帳㆒。其大領外従八位上、少領外従八位下叙㆑之。（其大領・少領才用同者、先取㆓国造㆒。）

02軍防令兵衛考満条

凡兵衛、毎㆑至㆓考満㆒、兵部校練、随㆓文武所能㆒、具為㆓等級㆒、申㆑官。堪㆑理㆓時務㆒者、量㆑才処分。其年六十以上、皆免二兵衛一。即雖レ未レ満二六十一、若有下尫弱長病、不レ堪二宿衛一、及任二郡司一者上、本府録レ状、并身送二兵部一。検覆知レ実、奏聞放出。

史料01は令文に見える郡司の任用基準としては唯一のものであり、律令に規定された郡司の任用方法を考える場合には、まず検討を加えねばならない。その条文構造は、大・少領の任用基準、主政帳の任用基準、大・少領任用者への初叙規定となっており、本注として「其大領・少領才用同者、先取二国造一」と記すものである。大・少領の「才用」とは、上文の「性識清廉、堪二時務一」を指すことは疑いない。とすると、史料01は才用に基づく郡司の任用を規定したものと理解するのが至当であろう。

ところが、本注の「国造」および後に検討する諸法令中の「譜第」の語の存在により、令文は才用主義か譜第主義か、あるいは両者を複合したものかといった論議が行われてきたのは周知の通りである。「国造」についても、「譜第」との関係、令文にもう一箇所「国造」が見える神祇令諸国条の「国造」の理解などから、α「新国造」＝律令制下に新たに定められた一国一員の国造、β「旧国造」、γ集解古記は「新国造」だが、この解釈は誤りで、令文の本意は「旧国造」など、各種の見方が呈されており、史料01と神祇令の「国造」が同じか否かに関しても議論が存する。この「国造」をめぐる諸説と私見については別稿を参照していただきたいと思うが、私見では、史料01と神祇令の「国造」は同じものを指し、それが律令制下に存した国造を意味していることは確実であると考えている。(10) また「譜第」＝郡領世襲の事実(11)と国造とは別物であり、諸法令に「譜第」の語が見えるからといって、その適否を令文解釈にまで及ぼすのは根拠のないことであり、本末転倒の見方であると評さねばならない。本注を改めて読むと、「先取二国造一」となるのは、本文の基準に適ういく人かの候補の中に国造が含まれており、しかも他の者と才用が同じ場合に限っての適用であることがわかり、あくまでも本文に記された任用基準が基本であったのである。

では、その任用基準たる「才用」とは何か。主政帳の方は「強幹聡敏、工二書計一」とやや具体性があるが、大・少領については「性識清廉、堪二時務一」と記されており、具体的な基準とはなっていないと言わざるを得ない。「性識清廉」は道徳面での基準であるから、「堪二時務一」とはどういうことかが考究されねばならない。(12)この点を史料01での留意点として注意しておきたい。

次に史料02は兵衛↓郡司のコースが存したことを示すものであり、軍防令兵衛条の郡領子弟から貢上される兵衛の存在に注目して、兵衛＝郡領の譜第＋史料01の才用による任用↓郡司という関係で令文の郡司任用方法を理解すれば、譜第と才用の問題を止揚できる材料となる。しかし、「はじめに」で触れたような疑問点に加えて、史料02は確かに郡領子弟である兵衛が郡司になる場合があることを示しているが、決して郡領任用基準を述べたものではなく、史料01・02を郡司の任用基準として等置することはできない点にも注意しておく必要があろう。否、史料02は任用基準を示したものではなく、単に郡領子弟たる兵衛が郡司に任用された場合の兵衛解任の手続きを規定したものであり、郡領子弟が兵衛として勤務した後に郡司に任用されることがあるという事柄、それ以上を読み取るべきものではないと思われる。(13)史料02の検討から、任用基準と郡司就任者の経歴とは区別すべきことを学ぶことができ、(14)これは史料01の「先取二国造一」の理解と通じるものがあり、後に諸法令を分析する際の一つの視点としたい。

以上、律令条文における郡司の任用基準・方法を規定したものは、やはり史料01しかないことを改めて確認した。とすると、その任用基準「堪二時務一」の内容を知ろうとすれば、まず律令条文に記された郡司のあり方を検討するのが正攻法であろう。そこで、次に律令の中の郡司の姿、国家が郡司に期待していた役割は何であったか、また郡司の位置づけは如何であったかなどの考究に進むことにしたい。

2　郡司の役割と位置づけ

本節冒頭で触れたように、郡司の任用やその「才用」の内容を考えるには、解任の事由、郡司が郡司たり得ない理由は何か、を知ることも重要である。そこで、解任の規定も含めて、律令の中で郡司の役割を記した条文を検討してみたい。

03職員令大郡条

大領一人。（掌下撫二養所部一、検中察郡事上。余領准レ此。）少領一人。（掌同二大領一。）主政三人。（掌下糺二判郡内一、審二署文案一、勾二稽失一、察中非違上。余主政准レ此。）主帳三人。（掌下受レ事上抄、勘二署文案一、検二出稽失一、読中申公文上。余主帳准レ此。）

04戸令国守巡行条

（上略）其郡境内、田疇闢、産業修、礼教設、禁令行者、為二郡領之能一。入二其境一、人窮匱、農事荒、奸盗起、獄訟繁者、為二郡領之不一。若郡司、在レ官公廉、不レ及二私計一、正レ色直レ節、不レ飾二名誉一者、必謹而察レ之。其情在二貪穢一、諂諛求レ名、公節無レ聞、而私門日益者、亦謹而察レ之。其政績能不及還迹善悪、皆録入二考状一、以為二褒貶一。即事有二侵害一、不レ可レ待レ至レ考者、随レ事糺推。

05考課令考郡司条

凡国司、毎年量二郡司行能功過一、立二四等考第一。清謹勤公、勘当明審之類、為レ上。居官不レ怠、執事無レ私之類、為レ中。不レ勤二其職一、数有二愆犯一之類、為レ下。背レ公向レ私、貪濁有レ状之類、為二下々一。（中略・軍毅）毎年国司皆考対定、訖具記附二朝集使一送レ省。其下々考者、当年校定即解。

まず史料03では郡領の職務は「撫二養所部一、検二察郡事一」とあり、主政帳の職務内容、またこの条文の前後に配せられる国司や軍毅の具体的な職務に比べて、非常に抽象的な表現となっている。この部分には明法家の注解も殆どなく、その内容には考察の手がかりがないが、「撫二養所部一」、「検二察郡事一」を国守の職掌「字二養百姓一」、「糺二察所部一」と対比させて説明する見解が呈されている。(15) 私もこの見方を支持するものであり、それは史料04によって国家が郡領に期待していた具体的な役割を知ることができると考えるからである。史料04は「其政績能不及遏迹善悪、皆録入二考状一」とあり、史料05の考課の前提をなす観察点について規定したものであり、具体的な善最に基づく内官の考課に比して、具体的表現に欠ける05の考課の留意点を窺わせるものであろう。

史料04のうち、「若郡司」以下は遏迹善悪、即ち道徳面に関わる観察点であり、それ以前の部分が政績能不＝郡領の役割に関係する観察点となる。その内容は、能の方を例にとると、「田疇闢、産業修」は概ね「撫二養所部一」や「字二養百姓一」、「礼教設、禁令行」は「検二察郡事一」や「糺二察所部一」に対応するものと考えられる。つまり勧農の実施と部内の取締りにこそ郡領の役割が要約されるのである。この点は考課令国郡司条・増益条（戸口増減と田農勧課の加不）、殊功異行条（戸口調役増減・当界豊倹・盗賊多少）などの他の留意点、戸婚律逸文里長不覚脱漏増減条・国郡不覚脱漏増減条（戸口増減）、部内田疇荒蕪条（田農勧課の成否）、輸課税物違期条（納税の違期）、厩庫律逸文牧馬牛死失課不充条（牧の管理）、賊盗律逸文部内条（盗・殺人の出現）など律条の罰則の存在からも裏付けを得ることができる。これらはいずれも国郡司に関する規定となっているが、国司に比して、郡司についてはこうした局面にしか現れないことは、国家の郡司に対する期待が奈辺にあったかを窺わせる材料となろう。(16)

以上の令文の郡司の役割から、史料01の「性識清廉、堪二時務一」を解釈すると、郡司の期待される道徳的心性の具備、そして勧農および部内の取締り、それらに基づく税収の安定を実現し得る人物というのが郡領の任用基準であったことになり、律令条文に描かれた郡司の姿と合致するものである。これは徳目と才用による考課を旨とする官人一般の考課・任用とも符合しており、律令官人任用の原則であるとも言える。つまり選叙令の郡領の任用基準は才用主義を基本とする律令官人制の原則に従うものであって、何ら具体的な銓擬方法を示したものではないことを再度強調せねばならない。令文はあくまで大原則を記したもので、具体的な運用については諸法令の検討から解明する必要があるのである。したがって令文の才用主義と諸法令に見える郡領銓擬の対象者や銓擬方法のあり方とは明確に区別すべきであるという立場で、以下の考察に臨みたいと考えるが、律令における郡司の検討の最後に、郡司の位置づけ、どのような人々が郡司になると想定されていたのかを整理しておきたい。この点は具体的な銓擬対象者のあり方や銓擬方法の発想の淵源をなす要因であると見るからである。

律令における郡司の位置づけについては、官位令冒頭の集解に官位相当の官でないとあること、儀制令遇本国司条の帯位に左右されない国司に対する下馬礼（本来は帯位の上下により拝礼）、田令郡司職分田条の大領六町、少領四町という国司（大国の守で二町六段）よりもはるかに多い職分田給付などから、郡司の非律令的性質が唱えられ(17)、また後宮職員令氏女采女条の采女、軍防令兵衛条の兵衛貢上や学令大学生条の国学生の出自（郡司子弟）などの規定からは、郡司の持つ服属儀礼的性格や国司の掣肘下に置かれた存在であることが指摘されてきた(18)。これらはいずれも郡司の特殊な扱いを示す規定であるが、律令条文に規定されている事柄である以上、これを非律令的性質とするのではなく、律令国家が郡司をどのように位置づけようとしたかを窺わせる材料としなければならない。そうした立場に立つ時、非律令的性質とされるものは、唐の流外官に倣って定められたものであり、郡司が外位を授与されたのもそのことと関係するという見解が注目される(19)。

06唐・考課令四四（開元七年令）（唐令は仁井田陞『唐令拾遺』による）

諸流外官、本司量二其行能功過一、立二四等考第一、而勉進之。清謹勤公・勘当明審、為レ上。居官不レ怠・執事無レ私、

為レ中。不レ勤二其職一・数有二愆犯一、為レ下。背レ公向レ私・貪濁有レ状、為二下下一。毎年対定、具レ簿上レ省。其考下下者解レ所レ任。

07名例律八虐条

八曰、不義。（謂レ殺二本主、本国守、見受業師一、…）

〔唐・名例律十悪条〕九曰、不義。（謂レ殺二本属府主、刺史・県令、見受業師一、…）

08賊盗律逸文謀殺詔使条

凡謀二殺詔使若本主、本国守一、及吏卒謀二殺本部五位以上官長一者、徒三年。（下略）

〔唐・賊盗律謀殺府主等官条〕諸謀二殺制使若本属府主、刺史・県令一、及吏卒謀二殺本部五品以上官長一者、流二千里。

（下略）

唐では州県官は原則として科挙によって任用された官人が、出身地以外の地に任命されるものであった。そして、その下には当地出身者を登用した流外官たる胥吏がおり、実務を担当する構成になっている。(20)史料05の郡司の考課と史料06を比べると、日本の郡司に関する規定が唐の流外官を模したものであることは明白であり、在地豪族による地方支配を認めたのは、郡司が胥吏に相当する位置づけであったことを物語る。儀制令遇本国司条集解には「取二土人一為二博士・医師一、郡司不二下馬一、悉同二郡司一故者也、不レ在二土人一者下馬者」と、土人採用であることが、下馬礼をとる大きな根拠とされており、「凡得二外位一人者、郡司幷帳内・資人等」（官位令正五位条集解）によると、外位授与対象者はいずれも地方出身者であった。(21)また史料07・08を見ると、先述の民政・検察関係の律条では、唐律の「州県」をそのまま「国郡」と記しているのに対して、ことさらに「県令」に対する「郡司」を除いていることがわかり、やはり郡司が中央派遣官とは異なる存在、在地豪族であったことによるものと考えられ、充分な理由のある改変であった

と言えよう。(22)

したがって律令条文における郡司の位置づけは、郡司が地方豪族であることを充分に認識したものであったとまとめることができ、地方豪族による地方支配を認め、地方豪族を郡司に登用するという銓擬対象者が想定されていたと見るべきであろう。ちなみに、天皇などの死去の際、郡司には挙哀三日が指示される（『続紀』神亀五年九月壬子条、天応元年十二月丁未条など）が、これは延暦度の遣唐使が唐・徳宗の崩御に際して「臣等三日之内、於二使院一朝夕挙哀。其諸蕃三日、自余廿七日而就レ吉」（『後紀』延暦二十四年六月乙巳条）とあるのによく符合しており、他に根拠はないが、郡司の「諸蕃」としての位置づけを窺わせる材料と考えておきたい。

二　国擬の様相

前節では律令条文には具体的な郡司任用方法を記す規定はなく、実際の郡司銓擬のあり方は諸法令の分析から帰納的に導き出すしかない旨を述べた。そこで、以下、諸法令の検討を通じて、大宝令制の復原とその後の変遷を探りたいと思う。

郡司の任用方法については、延喜太政官式に次のような記載が存する。

凡諸国銓二擬言三上郡司大・少領一者、式部対試造レ簿。先申二大臣一、即奏聞。訖式部書二位記一、請印、其後於二太政官一、式部先授二位記一、次唱二任人名一、如二除目儀一。〈事見二儀式一。〉

これは、『西宮記』・『北山抄』など儀式書等の郡司任用方法と比較すると、国司による銓擬（国擬）→試郡司→読奏→任郡司という手続きによって郡司が任用されることを示している。勿論、式制は八、九世紀の諸法令による変遷を経て定着したものであり、即令制当初の形態と結びつけることは慎まねばならない。しかし、「はじめに」で触れ、また以下で説明するように、こうした郡司任用の儀式は八世紀まで遡る要素を含んでいると考えられる。そこで、以下では、こうした任用の儀式の存否を確認しながら、諸法令の検討によって、郡司任用方法の実際を明らかにする作業に着手したい。まず郡司選定の最初の段階である国擬でどのような人物が推薦されるのか、また国擬の方法は如何であったかは、以後の手続きを規定する重要なものであると考えられるので、国擬のあり方を考察することから始める。

1　大宝令制のあり方

前掲史料05によると、国司は郡司の考課を行うとあり、中央派遣の地方官として、郡司に日常的に接し、また国内の様子を充分に把握しておく必要があった。したがって郡司任用に際して、まず国司の判断が重要になるのは当然である。しかし、史料01では誰が郡司を選任するのかは明記されておらず、まず諸法令によって国擬の存在を確認することから始めねばなるまい。

A『続紀』文武二年三月庚午条

任二諸国郡司一。因詔二諸国司等一、銓二擬郡司一、勿レ有二偏党一。郡司居レ任、必須レ如レ法。自レ今以後、不二違越一。

B『続紀』和銅五年四月丁巳条

詔。先レ是、郡司主政・主帳者、国司便任、申二送名帳一、随而処分。事有二率法一、自レ今以後、宜下見二其正身一、准レ式試練上。然後補任、応レ請二官裁一。

大宝令制定以前であるが、まずAに国司が郡司（評司）を銓擬すべきことが見えている。その後、大宝令制下に入っても、B国司が主政帳任用者の名帳を中央に送っており、『続紀』和銅六年五月己巳条、選叙令官人致仕条集解令釈所引養老四年太政官処分などによると、国司が郡領の解任に強い権限を有することがわかり、国司による郡司銓擬の存在を窺うことができよう。

C天平七年五月二十一日格

a『三代格』巻七弘仁五年三月二十九日官符所引天平七年五月二十一日格（「　」内）

応㆑聴㆘以㆓同姓人㆒補㆗主政・主帳㆖事。右検㆓天平七年五月廿一日格㆒偁、「終身之任理可㆓代遍㆒。宜㆘一郡不㆖㆑得㆑并㆓用同姓㆒。如於㆓他姓中㆒無㆓人可㆑用者、僅得㆑用㆓於少領已上㆒、以外悉停㆑任。但神郡・国造・陸奥之近夷郡・多褹島郡等、聴㆑依㆓先例㆒」者。今被㆓右大臣宣㆒偁、奉　㆑勅、一郡之人同姓尤多、或身有㆓労効㆒、或才堪㆓時務㆒、而被㆑拘㆓格旨㆒、不㆑蒙㆓選擢㆒、人之為㆑憂莫㆑甚㆓於此㆒。宜㆘改㆓斯例㆒、依㆑件令㆖㆑補。不㆑得㆔因㆑此任㆓譜第人㆒。自㆑今以後永為㆓恒例㆒。

b『続紀』天平七年五月丙子（二十一日）条

制。畿内七道諸国、宜㆘除㆓国擬㆒外、別簡㆓難波朝廷以還、譜第重大四五人㆒副㆖㆑之。如有㆘雖㆑無㆓譜第㆒、而身才絶倫、并労勤聞㆑衆者㆖、別㆑状亦副。並附㆓朝集使㆒申送。其身限㆓十二月一日㆒集㆓式部省㆒。

そして、後に検討するC－bにおいても、これ以前に国擬が存していたことが知られ、『続紀』天平十四年五月庚午条（F）・八月丁酉条、勝宝元年二月壬戌条（G）、『三代格』巻七延暦十七年二月十五日官符（K）、大同元年十月十二日官符、また『後紀』弘仁二年二月己卯条（N）、同三年六月壬子条（O）などと、国擬が基本であったことを示す史料は多く存している。

したがって大宝令制において国擬が存したのはまちがいなく、Aは偏党のない如法な銓擬を行うべきことを命じたものであるから、既に浄御原令制下から国擬を基本とする任用方法であったと考えられる。『続紀』文武二年三月己巳条・同四年二月乙酉条・慶雲元年正月戊申条の神郡における三等以上親連任許可（その他、神郡については、養老七年十一月丁丑条、選叙令同司主典条集解令釈所引養老七年十一月十六日太政官処分も参照）や大宝三年三月丁丑条「又有₂才堪₁郡司₁、若当郡有₂三等已上親₁者、聴ᴸ任₂比郡₁」などは、選叙令同司主典条「凡同司主典以上、不ᴸ得ᴸ用₂三等以上親₁」の規定に対する先取り的あるいは導入後の措置と見ることができれば、郡司銓擬にあたる国司への配慮・細則を示したものと評価され、国擬の存在を物語る史料と見なしたい。

国擬が大宝令制下の郡司任用の基本であることはわかったが、Aで指示されているように、問題は実際にどのような基準で郡司任用を行ったかである。銭貨流通策の一環である『続紀』和銅六年三月壬午条には「詔曰、任₂郡司少領以上₁者、性識清廉、雖ᴸ堪₂時務₁、而蓄銭乏少、不ᴸ満₂六貫₁、自ᴸ今以後、不ᴸ得₂遷任₁」とあり、蓄銭六貫以上という具体的な基準が見えるが、根本的な面は01の任用基準を記すのみで、大宝令制下の国擬の基準の実態を明らかにすることはできない。国擬の実態を知るには、制度的変更を行った諸法令において、その時点での現状と対策が示された部分を検討し、遡及的に考察するしかないと思われ、以下、そのような方法で、大宝令制下の国擬のあり方を復原したい。

C天平七年格は郡司任用方法の大きな制度的変更を行ったものであり、その変更点・意義は次項で言及することにし、今はCの時点での現状から、大宝令制を考える手がかりを得たい。C－aの天平七年格部分は、原則としては郡司の同姓併用を禁止するのだが、他姓の人に任用すべき者がいない場合は、少領以上については併用を許し、「以外悉停ᴸ任」、つまり主政帳には郡領と同姓の者の任用を認めないというもので、延喜式部上式「凡郡領之民（氏カ）不ᴸ得ᴸ任₂主政・主張（帳カ）₁」につながる法令である。(23) C－a弘仁五年官符では、主政帳にも同姓併用を許可しているが、「不ᴸ得₂因ᴸ此任₁譜第人₁」とある。これは後述の郡領の譜第之選復活後のものであるから、ここの「譜第人」は具体的には郡領に任用される氏族ということになり、式部式に簡潔に記されるように、郡領の氏と主政帳の氏を区別するという基本は変わっていない。とすると、C－a天平七年格は、郡領に特定の氏が任用され、さらにその氏が主政帳までを独占する事態に制限を加えようとしたものであることがわかり、大宝令制下では、郡領には特定の氏が就任しているという状況が存したことが推定されてくる。

そして、C－bは国擬者以外に、「難波朝廷以還、譜第重大」を四・五人、また「雖レ無二譜第一、而身才絶倫、并労勤聞レ衆者」を副えて、朝集使に附して申送させ、十二月一日に本人を式部省に参集させるとするものである。とすると、これ以前は国擬者のみの申送であり、しかもC－bでことさらに複数者の申送を命じているということは、国擬者は一名であったことを窺わせる。朝集使に附して申送とは、天平六年度出雲国計会帳に見える「擬郡司帳一巻」、「復任郡司状二紙」（『大日本古文書』一－五九八）などの文書であり、「擬郡司帳」に掲載して申送するということであろう。

D『三代格』巻七延暦十六年十一月二十七日官符所引神亀五年四月二十三日格（「　」内）

停二止転擬郡司向レ京事。右得二武蔵国解一偁、案二神亀五年四月二十三日格一云、「銓二擬郡司一、自レ今以後、転二任少領一擬二大領闕一者、待レ有二堪レ用新人一、然後一時転擬」者。因レ茲転擬・新擬相共参レ朝、而収二納正税一・貢二上調庸一、此尤盛時。望請、新擬少領依レ期貢上、転擬大領留レ国預レ務。然則各得二其所一、雑務易レ済者。被二大納言従三位神王宣一偁、奉　レ勅、依レ請。諸国亦准レ此。

擬任郡司は既にD神亀五年格に見えており、おそらく大宝令制当初から、郡務を円滑に継続するために、正式に郡司に就任する前の擬任郡司でも郡務を行い得るものとした制度が存したものと思われる。[24] 天平五年二月三十日勘造の『出雲国風土記』にも意宇郡擬主政無位出雲臣、神門郡擬少領外大初位下刑部臣が見えており、八世紀の擬任郡司は各ポストに一名である点が、九世紀以降の徴税請負に関わる擬任郡司制とは異なると言われている。このように擬任郡司の執務が特に問題とされておらず、各ポストに一名の擬任郡司しか存在しなかったことは、国擬者が一名であったという推定と相応するものであり、彼らは一名の国擬者として申送され（この時点で擬任郡司として郡務を執行する）、まずまちがいなく正員郡司に任用されるからであったと考えられる。D神亀五年格で転擬大領と新擬少領を一括して任用しようとしているのは、そのような任用方法を裏付けるものであろう。

以上、大宝令制下では、まず国擬によって郡司候補者を選定するという方式が基本であったこと、国擬者は一名を申送するもので、概ねこの国擬者が郡司に任用されることを推定した。また郡領には特定の氏族が就くという現実も存したことが窺えた。しかし、以上の検討では、国擬者選定の基準は解明されていない。そこで、次に「譜第」の語が初出する天平七年格とそれ以降奈良時代の諸法令の考察に進み、この点を究明したい。

2　天平七年格と天平二十一年勅

まず天平七年格の変更点は前項で言及した通りであり、C－aによる特定氏族の郡司独占防止、郡領の氏と主政帳の氏の区別は実例の上からも確認できる。郡司任用者の一覧表については私も独自のものを作成しているが、掲載の余裕がないので、ここでは現在流布しているものでは最も詳しい米田雄介氏作成の郡司表で出典等を参照していただくことにし、以下、検討結果だけを簡単に述べる。(25)

郡領と主政帳が同姓の例…和泉国和泉郡（珍県主、天平九）・日根郡（日根造、天平九）、摂津国河辺郡（凡川内直、勝宝八）、越前国江沼郡（江沼臣、天平三・五）・加賀郡（道君、天平三）、出雲国意宇郡（出雲臣、天平五）・神門郡（刑部臣、天平五）・大原郡（勝部臣、天平五）、豊後国日高郡（日下部君、天平九）、肥後国飽田郡（建部君、天平三）、薩摩国阿多郡（薩摩君、天平八）／九世紀以降の例～山城国葛野郡（秦忌寸）・紀伊郡（秦忌寸）、河内国河内郡（河内連）、〔伊勢国度会郡（新家連・神郡）、陸奥国磐瀬郡（丈部・近夷郡？）〕、石見国那賀郡（久米連）

既に八世紀から区別が存在…山城国宇治郡、大和国宇陀郡、和泉国大鳥郡、摂津国住吉郡・東生郡・西生郡・嶋上郡、伊賀国阿拝郡・名張郡、尾張国中島郡・海部郡・春部郡・愛知郡・智多郡、近江国甲賀郡・愛智郡・坂田郡、越前国敦賀郡・丹生郡・足羽郡・大野郡・坂井郡、越中国礪波郡、丹波国桑田郡、出雲国島根郡・出雲郡

周知のように、郡司の史料は少なく、複数回数登場する者、あるいは一郡で長期間に亘る変遷を辿ることのできる事例は僅かであるという制約はあるが、既に天平七年以前から郡領は国造クラスあるいは郡名と同名の姓を持つ有力豪族、主政帳はその他の氏と区別されている郡も存しており、C－aはそうした実情もふまえて、さらに徹底化を図ったものと評価できる。また郡領と主政帳が同姓の例は殆どが天平七年以前かその前後に集中し、九世紀以降の例を含めても、郡領と主政帳が同姓の郡は少なく、C－aの実効性は高いと見なされよう。

次にC－bは複数の候補者の申送という点に眼目があり、既に指摘されているように[26]、その目的は式部省銓擬に関わるものであるから、意義等については次節で検討する。しかし、C－bは「譜第」の語の初見史料であり、国擬者以外の副申者の選定方法などの検討から、国擬のあり方を考える材料を得ることができるのではないかと期待され、ここではC－bに関連して出された法令とともに分析を加える。但し、国擬の具体的な基準は後述の天平二十一年勅の検討に委ねなければならず、天平七年格から窺うことのできる国擬の様相の析出に留まる。

E『三代格』巻七天長四年五月二十一日官符所引天平十年四月十九日官符（〔　〕内）

応レ停三労効郡司預二譜第一事。右得二式部省解一偁、検二案内一、太政官去天平十年四月十九日符偁、「奉　レ勅、郡司縁二身労効一被レ任一世者、不レ得下取二譜第一之限上」者。因レ茲省家所レ行、労効二世已上既為二譜第一。方今功労之輩、

追レ年不レ絶、一郡之譜随レ代重積、遂使三頑庸之徒叨二一割功一、得レ職之後無二廉恥操一。是則子レ民之情、允非二旧績一、苟且心唯在二継譜一。望請、無譜之人、蒙二採択一者、自レ今以後、雖レ積二功二世已上一、不レ預二譜第一。然則涇渭別レ流、蘭艾殊レ畝。但既往二世已上者為レ第猶随二前例一。謹請二　官裁一者。中納言兼左近衛大将従三位行民部卿清原真人夏野宣、奉　レ勅、依レ請。

F『続紀』天平十四年五月庚午条

制。凡擬二郡司少領已上一者、国司史生已上共知簡定、必取二当郡推服、比郡知聞者一、毎レ司依レ員貢挙。如有二顔面濫挙一者、当時国司随レ事科決。

まずC－bには国擬者以外の副申者の条件として、「難波朝廷以還、譜第重大」と「雖レ無二譜第一、而身才絶倫、并労勤聞レ衆者」とが掲げられているが、孝徳朝の立評以来の郡司世襲の家柄といっても、どこまでを「譜第」と認めるかは問題が残る。そこで、E天平十年官符が呈示されることによって、労効二世以上、つまり二代以上郡領を出した家柄を譜第とするという解釈が式部省の通例となったとあり、式部省銓擬段階での問題ではあるが、C－bの譜第の解釈を厳密にするという作用を齎したのである。次にFは国擬段階での郡領銓擬について、国司共知による公平な銓擬を行うように命じたもので、C以後も国擬が基本であったことを窺わせるが、ここでは「毎レ司依レ員貢挙」に注目したい。「毎レ司」を「欠員の生じたそれぞれの郡司ごとに、の意」、「依レ員貢挙」を「大領・少領の欠員の数に応じた人員を中央に推挙する、の意」と解する意見(27)、C－bの副申者は資料提出のみで上京しないのであるが、国擬者に自信が持てず、式部省銓擬に敗れた場合の責任回避を図りたい国司が、候補者を一人に絞りきれず、中央政府におもねる意図から複数の候補者を上申したものとする見方などが呈されているが(28)、Fでことさら「毎レ司依レ員貢挙」とあるのは、C－bに定められた副申者を含めた「員」ではなかったか。従来のように、欠員一人に対して一名の国擬者ならば、ここで特に「員」を問題とする必要はない。副申制の様相については後述するが、FはC－bによる副申者の申送を徹底しようとした方策であったと考えたい。

以上、天平七年格に関しては、国擬が基本にあるという銓擬手続きそのものに変化はないが、国擬者以外に副申者を申送させ、式部省銓擬のあり方に変更を加えようとしたものであり、同時に譜第の定義を厳密にしようとしたものとまとめることができる。式部省銓擬のあり方とその変遷については次節で検討するので、天平七年格のこの面での意義は保留することにし、ここでは国擬者の様相を推測する材料が得られることを付言しておこう。従来、天平七年格により、律令の才用主義が譜第主義になったとか、逆に労効者の登用の道を開く才用主義が強調されたといったように、様々な評価がなされてきたが、厳密に言えば、天平七年格からは国擬者の選定基準は読み取れないとすべきである。しかし、国擬者に副申される者と比べて、国擬者が「難波朝廷以還、譜第重大」者よりも劣っていたとは考え難いので、国擬の基準として譜第を想定することができると思う。これが天平七年格の国擬の様相に関わる唯一の接点である。では、国擬の基準とは如何なるものであったか。次に天平二十一年勅の検討に進み、この点を明白なものにしたい。

G『続紀』勝宝元年二月壬戌条（天平二十一年勅）

勅曰。頃年之間、補二任郡領一、国司先検二譜第優劣・身才能不・舅甥之列・長幼之序一、擬二申於省一。式部更問二口状一、比二校勝否一、然後選任。或譜第雖レ軽、以レ労薦レ之、或家門雖レ重、以レ拙却レ之。是以其緒非レ一、其族多レ門、苗裔尚繁、濫訴無レ次、各迷レ所レ欲、不レ顧二礼義一、孝悌之道既衰、風俗之化漸薄。朕窃思量、理不レ可レ然。自レ今已後、宜下改二前例一簡二定立郡以来譜第重大之家一、嫡々相継、莫レ用二傍親一。終塞二争訟之源一、永息二窺窬之望一。若嫡子有下罪疾及不レ堪二時務一者上、立替如レ令。

天平二十一年勅は「頃年之間、補ニ任郡領一」とあり、天平七年格以後の郡領任用の状況とその問題点を記し、対策を示したものである。「国司先…擬申ニ於省一」が国擬、「式部更…以レ拙却レ之」が式部省銓擬のあり方に関わる部分となる。国擬者が一名であることは天平七年格でも変化はなく、天平七年格はその他の副申者も申送するとしたものであった。とすると、Gにより、保留してきた国擬の基準を知ることができるのではあるまいか。即ち、国司の郡領銓擬の基準は、「譜第優劣」、「身才能不」、「舅甥之列」、「長幼之序」であり、譜第を第一番目の基準としたこと、しかもその「有無」ではなく「優劣」であるから、譜第氏族と称される郡領を代々輩出する家柄から銓擬を行ったことが注目される。「身才能不」以下は、すべて「譜第優劣」が前提となっているのである。[29] そして、天平七年格では国擬の方法についての変更はなかったこと、後述のように、Gでは国擬者が式部省銓擬によって退けられることが問題となっているから、この選定基準は天平七年格の副申者に関するものではなく、国擬者に関わるものと見てまちがいないこと、以上の点から考えて、これが国擬の具体的な方法を知る史料として評価できると見なす所以である。

ちなみに、延喜兵部式の軍毅の任用方法は次の如くであった。

凡軍毅者、国司銓ニ擬器量弁了・身材勇健者一、言上奏聞、然後補レ之。無位及白丁各叙ニ一階一。其見任少毅、若高レ位者、転任ニ大毅一。其大・少領三等已上親、不レ得レ任ニ同郡一。軍毅其勘ニ譜図牒一之事、先移ニ式部省一、待ニ返移一、然後補レ之。

郡領と軍毅の出身階層の類似性については既に先学によって指摘されており、[30] 兵部式の任用方法は前掲太政官式の郡領の任用手続きとよく似ている。天平六年度出雲国計会帳には「軍毅譜第帳一巻」、「擬軍毅□一紙」（『大日本古文書』一―六〇〇）が見えており、大宝令制下から譜第に基づく任用が行われていた。先掲の郡司に関する文書の中に「譜第帳」の進上がないのは不審であるが、軍毅任用のあり方から見て、Gの如き譜第を基準とする国擬方法は既に大宝令制下から存したと考えてまちがいないであろう。天平七年格の副申者の「難波朝廷以還譜第重大」に対して、国擬者はそれと同等（以上）の譜第を有したと推測されることともよく符合している。

以上、天平二十一年勅によって、国擬は「譜第優劣・身才能不・舅甥之列・長幼之序」を勘案して譜第者から銓擬するものであり、この方式は大宝令以来の国擬の方式を踏襲していることが明らかになった。ところで、天平二十一年勅では式部省銓擬の混乱が述べられていると理解され、ここに天平七年格の変更の意味やその後の問題点の発生を読み取ることができる。つまり副申制の施行状況を示すのが、Gの式部省銓擬のあり方である。Gによると、「比二校勝否一」するのは式部省であるから、「或譜第雖レ軽、以レ労薦レ之、或家門雖レ重、以レ拙却レ之」は式部省銓擬の様子を記したものと解釈せねばならない。[31] このような「比二校勝否一」が可能になったのは、やはり天平七年格の副申制により、国擬者以外にも「問二口状一、比二校勝否一」することができるようになったためであり、先に保留しておいたが、副申者も上京していたと見るのが正しい理解であろう。

そこで、Gはこのような式部省銓擬の混乱を解決するものとして出された法令と評価しなければならない。Gの変更点は「宜下改二前例一簡二定立郡以来譜第重大之家一、嫡々相継、莫レ用二傍親一。終塞二争訟之源一、永息二窺窬之望一。若嫡子有下罪疾及不レ堪二時務一者上、立替如レ令」である。まず「立郡以来譜第重大之家」はC－bの「難波朝廷以還譜第重大」と同じとするのが通説であるが、[32] C－bの「難波朝廷以還譜第重大」にはE天平十年官符による労効譜第も含むが、G「立郡以来譜第」には労効譜第は含まず、「譜第」の基準をさらに限定したものだとする解釈を支持したい。[33] 問題はGの変更点が国擬の際のものなのか、式部省銓擬に関わるものなのかである。国擬であるとすれば、国擬の基準が「立郡以来譜第重大之家」かつ「嫡々相継」と、「譜第」の定義の厳密化と、傍親相続ではなく、嫡子相続を基本とするものになったと見ることができる。一方、「改二前例一」、「終塞二争訟之源一」の語句に注目すると、これらはC以来の事態の解決を図ったものであるから、「簡定」を式部省段階のものと解して、式部省銓擬において、「立郡以来譜第重大之家」の「嫡々相継」者を銓擬するようにし、C以後の式部省銓擬の混乱を収束しようとしたものということになる。「立郡以来譜第重大之家」は複数である可能性があり（評制施行時には評督・助督が存した）、Cの副申制の行方と合せて、国擬者以外にも、複数の候補が立った可能性はあるので、依然式部省銓擬での「簡定」が必要であったとも考えられる。

H『続紀』宝字元年正月甲寅条

又　詔曰。比者、郡領・軍毅、任二用白丁一。由レ此民習二居レ家求一レ官、未レ識二仕レ君得一レ禄、移レ孝之忠漸衰、勧レ人之道実難。自レ今已後、宜レ令下所司除二有位人一以外不上レ得レ入二簡試例一。其軍毅者、省選二六衛府中器量弁了・身才勇健者一、擬二任之一。他色之徒、勿レ使二濫訴一。自余諸事、猶如二格令一。

I『続紀』宝字五年三月丙戌朔条

乾政官奏曰。外六位已下、不レ在二蔭親之限一。由レ此、諸国郡司承レ家者、已無二官路一、潜抱二憂嗟一。朝議平章、別許二少領已上嫡子出身一、遂使二堂構無レ墜、永世継レ宗。但貢二兵衛一者、更不レ得レ重。奏可。

J『続紀』宝亀三年十月辛酉条

先レ是、天平宝字五年三月十日格、別聴二諸国郡司少領已上嫡子出身一。（中略）至レ是、並停二此制一。

H～JはGに関連する法令であり、Gが国擬の基準変更なのか、式部省銓擬なのかを考える手がかりになると思われるので、ここで検討を加える。HはGの「嫡々相継」により、白丁のまま郡領・軍毅に就任し、忠君の念や官人としての心構えに欠ける者が増えたので、任用の条件としてさらに有位者、つまり出仕して官人としての勤務経験を積んだ人という条件を付け加えたものである。『続紀』勝宝四年十一月己酉条には官物欠失による郡司の解任と「雖レ有二重大譜第一、不レ得レ任二用子孫一」、少々後になるが、延暦四年五月戊午条にも調庸物の麁悪に対して郡司の解任と「兼断二譜第一」という方策が示されており、郡領の行政能力と徴税の確保のためにも、有位者という条件が付加されたのであろう。Iはそうした場合、郡領子弟は地方では官位獲得の機会が少なく、蔭位の制の適用外でもあるから、Gの「嫡々相継」を維持しようとすれば、郡領子弟が有位者になる道を開かねばならないという方途から、Hの補完規定として発せられたものであり、譜第氏族の郡司登用の政策が堅持されたことを窺わせよう。但し、IはJで廃止されており、また以後郡領子弟が官位獲得の機会が少ないことが問題になっていないことから考えて、Gの有位者という条件は、Jとともに廃されたと見なしたい。

さて、Hは「宜レ令下所司除二有位人一以外不上レ得レ入二簡試例一」とあり、これがどの段階での行為であるかが問題である。これを式部省での行為とする見解があり、(34)私もその見方を支持したい。Hでは軍毅について兵部省での銓擬方法が記されており、郡領に関しても、「簡試」は式部省銓擬段階での行為と考えられる。これらの措置に対して、「他色之徒、勿レ使二濫訴一」と、濫訴を抑制しようとしているのであって、Gで見たように、銓擬の混乱は式部省段階のものであったと思われるから、HはGの延長線上に出された法令であったと評価できる。

K『三代格』巻七延暦十七年二月十五日官符

応レ禁二断副擬郡司一事。右被二大納言従三位神王宣一偁、奉レ勅、郡司之員明具二令条一、而諸国司等一員有レ闕、便擬二数人一、正員之外更置二副擬一、無レ益二公務一、已潤二私門一、侵二漁百姓一莫レ過二斯甚一。自レ今以後、簡下堪二時務一者上、擬二用闕処一、正任之外不レ得二復副一。

以上の検討により、Gは式部省銓擬における変更点である可能性が高くなったが、式部省銓擬のあり方がそのまま国擬の方式をも規定したのではないかという懸念も残る。そこで、F以降の国擬の様相を窺わせるものとして、D・

Kに考察を加えたい。Dは神亀五年格により、大領欠の際に少領を大領に銓擬した時は、少領の候補者を得た上で転擬させることになったが、転擬大領・新擬少領という二人の式部省銓擬該当者が出現し、二人とも上京せねばならず、郡務に壅滞が生じるという事態に対処しようとしたものである。郡領銓擬の基準は大・少領ともに同じであるから、もと少領の転擬大領は、既に少領就任の際に国擬・式部省銓擬を経ており、郡領の基準を満たしている。そこで、新擬少領だけを上京させて、式部省銓擬を受けさせ、転擬大領の方は国に留まって郡務に従事し、郡務壅滞を防ごうとしたのがDなのである。この場合、転擬大領の扱いが不明である（いつ上京するのかなど）が、『西宮記』・『北山抄』では「不レ経二少領一度擬二大領一者」、「大領之闕、乍レ置二少領一擬二白丁一者」を「違例越擬」というとあり、実際にも違例越擬者の例が多かった（『類聚符宣抄』第七参照）ものの、少領→大領のコースが敷かれたものと思われる。また神亀五年格が国擬者一名であることを裏付けるものであるとすれば、ここの新擬少領も一名であると考えられ、G以後も国擬者一名である点は変わらなかったと理解したい。

次にKは「副擬郡司」の語が現れ、C－bの副申制の行方を考える上で注目される。Kでは「諸国司等一員有レ闕、便擬二数人一、正員之外更置二副擬一」と、国擬のあり方が問題とされており、大宝令制では国擬者は一名であったから、国司が複数の候補者や副擬者を置く根拠としては、C－bによる副申制以外は考え難い[35]。とすると、C－b以降、Gを経ても、副申制は有効であったと見なされ、Gでは国擬者と副申者の中から、式部省銓擬で「立郡以来譜第重大」で「嫡々相継」となる者を「簡定」するという形で、郡領の任用が行うことを規定したと解することができよう。勿論、先の天平七年格同様、この基準が副申者と式部省銓擬で競合する国擬者の選定基準に影響を及ぼしたことは否定できない。式部省銓擬に適わない人物を推薦する訳にはいかないからである。国擬そのものとの関係では、この点がGとの接点であると評価できる。

なお、奈良時代の郡司の実例を見ると、K以前に確かに副擬郡司の例が存する。例えば、景雲三年九月十一日香山薬師寺鎮三綱牒（『大日本古文書』五－七〇二）の摂津国東生郡の郡判には、擬少領無位日下部忌寸人綱、副擬少領無位日下部忌寸諸前が見え、殆ど同じ資格で署名を加えている。彼らはともに有位者（無位は出仕していることを示す）[36]であり、姓も東生郡の郡領氏族吉士集団に属することを示しており、「譜第」の点でも遜色なかったと思われるから、G・Hの規定にも適合する郡領候補者であった。『続紀』宝亀四年八月庚午条、延暦五年八月甲子条、『三代格』巻十九宝亀十年十月十六日官符などによると、この時期に大きな問題となった神火事件の背景の一つに、郡領の地位をめぐる「譜第之徒」の争いがあったことが知られるが[37]、上掲の例は郡領の地位が譜第氏族の間で争われるという事実を裏付けるものであり、Gの国擬のあり方や式部省銓擬の場での譜第を前提とした簡試という先の解釈とも合致していよう。ちなみに、『三代格』巻七大同元年十月十二日官符では、陸奥・出羽という限られた地域ではあるが、「正員之外擬二任郡司・軍毅一事」が許可されており、副擬郡司が国司の必要によって登用されているらしいこと（K）から見て、副擬郡司の存在は容易にはなくならなかったと考えられる[38]。

以上、天平七年格と天平二十一年勅の検討を中心に、大宝令以来行われてきた国擬の具体的な基準＝「譜第優劣・身才能不・舅甥之列・長幼之序」を析出した。そして、この譜第に基づく郡領任用方法は八世紀の国擬、式部省銓擬を通して変わらず、天平七年格、天平二十一年勅の変更点は副申制の採用、式部省銓擬のあり方に関わるものであることを明らかにすることができたと思う。式部省銓擬の変遷については次節で整理することにし、次にこうした譜第に基づく国擬に大きな変更を齎した延暦十七年詔とその後の変遷の様相に考察を加えることにしたい。

3　譜第之選停止とその復活

前項では、大宝令、天平七年格、天平二十一年勅と、国擬において、また式部省銓擬においても、一貫して譜第を基準とした郡領銓擬が行われてきたことを見た。こうした銓擬のあり方に大きな変化を迫るのが延暦十七年の譜第之選停止である。但し、この法令の詳細については、『日本後紀』が欠損し、『類聚国史』も郡司部を欠失しており、不明の部分が多い。したがって同時に出された関連法令や譜第之選停止後の問題を記して、その復活を命じた法令などから、この間の様相を推測するという検討方法をとらざるを得ないことになる。

L延暦十七年詔

a『類聚国史』巻十九国造・巻四十采女　延暦十七年三月丙申（十六日）条

詔曰。昔難波朝庭、始置二諸郡一、仍択レ有レ労、補二於郡領一、子孫相襲、永任二其官一云云。宜下其譜第之選、永従二停廃一、取二芸業著聞堪レ理レ郡者一為上レ之云云。其国造兵衛、同亦停止。但采女者、依レ旧貢レ之。

b『三代格』巻四延暦十七年六月四日官符所引延暦十七年三月十六日勅

郡領譜第既従二停廃一、国造兵衛同亦停止。

c『三代格』巻七延暦十九年十二月四日官符所引延暦十七年三月十六日勅

譜第之選永従二停廃一、擢二用才能一、具有二条目一。

Lは譜第之選停止を命じた史料であるが、いずれも取意文であり、何故譜第之選を停止するのかが全く不明である。なお、L－aの「仍択レ有レ労、補二於郡領一」の「労」は、「譜第」と対置される「労効」ではなく、国家への功績（含国造等の世襲事実）など漠然とした意味と解するべきであり、「子孫相襲、永任二其官一」とあることからも、譜第を基準とする任用が実施されてきたことを物語る。さて、Lの変更点は、aの「取二芸業著聞堪レ理レ郡者一」、c「擢二用才能一、具有二条目一」にあり、芸業や才能を基準とする任用ということになる。c「条目」は内容不明ながら、『続紀』延暦五年四月庚午条などに見える国郡司の勤務評価に関わる条例に類するものではないかと考えられる(39)。但し、これが国擬なのか、式部省銓擬なのか、C・G同様、検討が必要である。また譜第之選のどこに問題があり、Lでは何が改善されたのかも明らかにされねばならない。

M『後紀』延暦十八年五月庚午条

勅。撫レ俗宣レ風、任属二郡司一。今停二譜第一、妙簡二才能一、而宿衛之人、番上之輩、久経二駈□一、頗効二才能一。宜下不レ経二本国一、令中式部省簡試上焉。

まず譜第之選停止に伴って出されたMの検討を試みる。Mの眼目は「宿衛之人、番上之輩」、つまり中央出仕している人々が国司を経由することなく、式部省銓擬に与ることができるようにした点にある。逆に言えば、M以前はたとえ中央出仕していようとも、まず国擬者あるいは副申者として国司の推薦を得ることが必要であったと推定される。Kの副擬郡司停廃は、副申制の終焉を意味するから、Mはその対策として中央出仕した人々を国擬以外の式部省銓擬対象者として候補に上ることを可能にしたものと位置づけることができよう。

N『後紀』弘仁二年二月己卯（十四日）条（『三代格』巻七は二月二十日詔）

詔曰。応レ変設レ教、為レ政之要枢、商レ時制レ宜、済レ民之本務。朕還レ淳返レ朴之風、未レ覃二下土一、興レ滅継レ絶之思、常切二中襟一。夫郡領者、難波朝廷始置二其職一、有労之人、世序二其官一。逮二乎延暦年中一、偏取二才良一、永廃二譜第一。今省二大納言正三位藤原朝臣園人奏一云、有労之胤、奕世相承、郡中百姓、長幼託レ心、臨レ事成レ務、実異二他人一。而偏取二芸業一、永絶二譜第一、用二庸材之賤下一、処二門地之労上一、為レ政則物情不レ従、聴レ訟則決断無レ状、於レ公難レ済、於レ私多レ愁。伏請郡司之擬、先尽二譜第一、遂無二其人一、後及二芸業一者、実得二其理一。宜レ依二来奏一。

O『後紀』弘仁三年六月壬子（二十六日）条（『三代格』巻七は八月五日官符）

大納言正三位兼皇太子傅民部卿勲五等藤原朝臣園人上表曰。臣昔歳不レ揆二庸菲一、頻歴二外任一、自レ西及レ東、惣十有八年。黎民疾苦、政治得失、耳聞目見、頗無二相錯一。夫銜レ綸出宰、概持二綱紀一、親レ民検察、良在二郡領一。今依二去年二月十四日詔旨一、譜第之事、已復二旧例一。況乎終身之任得二其人一、則遷替之吏、高レ枕而治。奕世之胤非二其器一、則見任之司、還招二罪責一。是以精二選堪レ務、沙汰言上。而在京他人、争レ第競レ甲、抑二退国選一、越レ旧被レ任。試二之政事一、未レ克二宣風一、訪二之民間一、誰有二推服一。国吏月教而不レ覚、郡内年弊而無レ興。不治之責、還及二牧宰一、外官之歎、前後不レ殊。方今仁風遠覃、徳政屢降、然彫残之余、百姓猶困、実由二撫養之失一レ人也。伏請自レ今已後、銓二擬郡司一、一依二言上一。若選非二其人一、政績無レ験、則署帳之官、咸解二見任一、永不二叙用一、以懲二将来一。天恩垂レ鑑。儻允二臣請一、則今年擬帳、悉従二返却一、一定改張、明春始行。庶令下理治之声起二於当年一、富康之謡流中於後代上。不レ任二犬馬懐レ主之懇一、謹奉レ表冒死以聞。詔可。

では、譜第之選停止後の銓擬のあり方はどうであったか。その検討は譜第之選を復活したN・Oによって可能である。譜第之選停止によって惹起された問題点として、Nでは、従前の譜第者には郡内の人々が承伏し、郡務遂行も円滑であったが、芸業者が郡司になってからは、郡内の秩序が乱れ、政刑の円滑な執行ができなくなった旨を述べる。このような事態の一因としては、Oの記述が注目されよう。国司は国擬者として「芸業著聞堪レ理レ郡者」（L―a）を推薦してくるのに、Mにより中央出仕者が国擬者を退けて郡領になる場合があり、こうした中央出仕者が郡領になっても、郡内の人々は推服せず、郡内が治まらないという相関関係であったことがわかるのである。とすると、譜第之選停止およびMにより、式部省銓擬において国擬者が抑退され、中央出仕者が郡領になるケースが増加したことが窺われ、Lは勿論国擬者の選定基準と関わるが、Mによる式部省銓擬段階における影響がより重大であったと見ることができる。ちなみに、Oには「在京他人、争レ第競レ甲、抑二退国選一」とあり、Oの段階では譜第之選は復活しているから、中央出仕者も「争レ第」、つまり譜第者であった。中央出仕者の帰郷願望は、『三代格』巻七延暦十四年五月九日官符「応下以二衛府舎人一任中主政・主帳上事。右被二右大臣宣一偁、奉レ勅、衛府舎人係二望軍毅一、今廃二兵士一、其望已絶。若有下巧二書算一者上、宜レ用二主政・主帳一。」によっても知ることができ、譜第之選停止の間、国擬者を抑退した中央出仕者も、基本的には譜第者であったと考えられる。

では、譜第之選停止の目的はどこにあったのか。先に触れた八世紀末の神火事件からわかる譜第氏族内での郡領をめぐる争いの激化、そして、H～Jの検討の際に言及した郡領として郡務を遂行する能力への期待、この二つが譜第之選を停止し、譜第をめぐる争いではなく、「芸業著聞堪レ理レ郡者」を登用するという基準による任用方法を採用させたのだと考える。但し、Nによると、従前からの譜第者にも同様の郡治能力はあり、実質的な面では、譜第者が郡司に就く道を途絶してしまうものではなかったと思われる。事実、Mの中央出仕者も譜第者であった可能性が高いのである。さて、国司は「精二選堪レ務、沙汰言上一」(O)と、この基準によって国擬者を上申したが、Kによる副申制の廃止、一方で中央出仕者の官人としての能力に対する期待があり、Mの如き、国擬を経ない中央出仕者の式部省銓擬への参加が認められ、式部省銓擬における郡領の任用の問題点へと帰結することになるのであった。(40)

P『三代格』巻七天長元年八月五日官符所引弘仁三年九月四日下知

応レ令二諸国郡司譜図諜一紀一進一事。右得二式部省解一偁、検二案内一、件図諜経二数十年一一進、或五六年間頻進。因レ茲短祚早死者、子孫懐二漏レ図之憂一、数好二改換一者、官司有二勘会之煩一。望請、下二知諸道一、令レ進二件図諜一以二一紀一為レ限、務存二実録一、不レ致二仮濫一。但依二去弘仁二年二月廿日　詔書一、応レ進二譜図一之状、三年九月四日下二知諸

国一訖。而諸国所レ進図諜零畳、年限不レ同、如レ此之国、始進レ図年計二其程限一。謹請二　官裁一者。右大臣宣、依レ請。

Q『三代格』巻七弘仁十三年十二月十八日太政官奏

郡司初擬三年後乃預二銓例一事。右中納言従三位兼行春宮大夫左衛門督陸奥出羽按察使良峯朝臣安世解偁、謹案二太政官去弘仁三年八月五日符一偁、自レ今以後、銓二擬郡司一、一依二国定一。若選非二其人一、政績無レ験、則署帳之官、咸解二見任一、永不二叙用一、以懲二将来一者。知レ人之難古人猶病、吏非二其人一、何無二謬挙一。若拠二行此格一、自陥二刑罰一、若懼レ罪不レ選、徒失二人功一。望請、先申二初擬一、歴二試雑務一、待レ可レ底レ績、銓擬言上、仍於二所司一計二会功過一、始預二見任一。然則国宰免二濫選之責一、郡司絶二僥倖之望一。但先尽二譜第一、後及二芸業一、依二　前詔一者。政無二膠柱一、事有二沿革一、観レ物裁レ成、守レ株不レ可。臣等商量、所レ申合レ宜、伏聴二　天裁一、謹以申聞。謹奏。聞。

最後に国擬のあり方が最終的に確立するN譜第之選復活とその後の展開を整理したい。Nは先述のような譜第之選停止による弊害に鑑み、「郡司之擬、先尽二譜第一、遂無二其人一、後及二芸業一」としたもので、譜第を基準とする銓擬の復活を示す。Pによると、同時に譜図の進上を命じており、式部省銓擬においても譜第が重視されたことがわかる。但し、芸業者も全く否定された訳ではなく、「先尽二譜第一、後及二芸業一」（Q）と、郡領の銓擬基準の中に残っていることには留意しておきたい。

譜第之選停止が基本的には国擬の方法に関わるものであったことは先に触れたが、譜第之選復活も国擬の際の基準の定立に関係している。この点はOと同内容の『三代格』巻七弘仁三年八月五日官符に「譜第之事、既復二旧例一、奕世相継、義在二象賢一。是以国司簡定銓擬言上、無頼之徒不レ預二銓擬之例一」とあることに明瞭であろう。ところが、Oによると、依然として「在京他人、争レ第競レ甲、抑二退国選一、越レ旧被レ任」という状態が続いたこと、つまり国擬を経由せずに式部省銓擬に与るルートが存在したことが問題とされており、譜第之選停止による郡治の混乱は解消されていなかったのである。そこで、Oでは国擬のみに一本化し、国司による銓擬に落着することになる。但し、国司は郡領銓擬に重い責任を負うことになり、国擬の整合性および郡領就任者の勤務ぶりを厳しくチェックされるのである。なお、弘仁三年八月五日官符の方には「但主政・主帳不レ在二此限一」、C―a弘仁五年官符にも「不レ得三因レ此任二譜第人一」とあり、主政帳には譜第之選が適用されず、郡領と主政帳の族的区別が改めて確認されている。

以上のようにして譜第之選は復活し、国擬が唯一の郡領任用への道となった。譜第を基準とする銓擬に際して、Pでは譜図の進上、あるいは譜図の一紀一進が規定されており、譜第の把握が整備される。またE天長四年官符では、従来式部省が慣行としてきた労効二世以上で譜第とするという解釈を改めて、これまでの労効二世以上譜第は認めるが、以後は労効郡司を譜第とはしないという見解が示されている。これは「方今功労之輩、追レ年不レ絶、一郡之譜随レ代重積、遂使三頑庸之徒叨二一割功一、得レ職之後無二廉恥操一。是則子レ民之情、允非二旧績一、苟且心唯在二継譜一」との弊害があり、譜第の定義を明確にするためにも必要な措置であったと考えられる。とすると、譜第之選復活以後の譜第とは、労効譜第なども含まれていたのではあるまいか。『西宮記』・『北山抄』には「譜第者（立郡譜第）」、「労効譜第（立郡之時不レ任之氏、注二譜第之内一）」、「傍親譜第（譜代郡司近親也）」と「無譜者（非二譜代一者、依二才能一任者也／載下可レ取二芸業一之格上）」が見え、前三者がN・Oによる譜第之選であり、芸業者は「無譜者」に相当する（『北山抄』には「無譜者擬文、載二弘仁二年二月廿日格文一」とある）。つまり郡領任用の基準となる譜第の定義は、G天平二十一年勅で「立郡以来譜第重大」まで絞り込まれた段階から言えば、大きく緩和されたと見なすことができるが、実際には副申制も存し、G以降でも労効や傍親の譜第者も銓擬に与ることが可能であったと考えられるので、実質的な運用上は大きな変化はない。しかし、国司は国擬者を「立郡以来譜第重大」から選べばよい時代から、やや広い意味での譜第者から選択せねばならず、中央では国擬の結果が益々重要視されるようになったことと合せて、大きな責任を負わねばならなくなるのである。

そこで、こうした国司の責任を軽減し、かつ郡領たるに相応しい人物を任用できるようにしたのがQである。Qではまず三年間擬任郡司として試験採用した上で、郡治能力などを見極めてから国擬者として申上するというものであり、上記の目的に適うと同時に、これはいわば副申制の国擬版ともいえ、Kの副擬郡司の復活でもあった。即ち、国司は複数の擬任郡司の登用が可能となり、国司の郡司に対する支配力を強めたものと思われる。また在地豪族にとっても、擬任郡司として郡務に与る機会が増加し、在地有力者の国郡務への結集・使役を可能にするものとなった。これ以降この擬任郡司制が展開するのは周知の通りであり、地方行政のあり方の変容にもつながるのであるが(41)、当面の検討課題をはずれるので、今は措くことにしたい。

R『三代格』巻七天長二年八月十四日官符

応三直レ府書生権任二郡司一事。右得二大宰府解一偁、府所二惣管一九国二嶋、政迹之体内外相兼、雑務出納触レ色紛繁、監・典等早朝就レ衙、午後分行、多レ事少レ人、僅検二大略一、唯就レ事書生得レ弁二細砕一。因レ茲承前選二択書生一、毎レ所配充永置不レ替、求二得経按一、繫二名郡司一、尽二其勤卓一。而依二太政官弘仁三年八月四日符一、郡司之選一依二国定一、書生等競就二本国一、無レ心レ留レ府、雖レ加二捉搦一、免而無レ恥、弘仁七年以来雑公文至レ今未レ進職斯之由。望請、直レ府書生随二其才一、権任二主帳以上一、惣数莫レ過二十人一、名繫二郡司一、身留二府衙一、以二継譜之慶一、粛二奔躁之心一者。右大臣宣、奉レ勅、依レ請。

S『三代格』巻七元慶七年十二月二十五日官符

一応レ停二郡司譲レ職事。右職無二尊卑一理須二上命一、何以二公官一私得二相譲一。頃年之例往々有下譲二件職一者上、父子之間有二宣旨一以裁許、自余親踈待二国解一以処分。至二貞観十七年符一、雖二父子之間一、非二国司言上一不レ聴二相譲一。自レ爾以来、諸国依二託此符一、多二相譲之銓一。本欲レ遏二巧偽之濫一、還為二申請之媒一、遂使三調徭役民頓昇二入位之級一、外散位輩多満二諸国之中一、歴年稍多。不三啻致二課丁之欠一、一宗伝譲、或已忘二代遍之格一、稽二於政途一、甚非二公益一。自レ今而後、宜二依レ件停止一。以前被二右大臣宣一偁、奉レ勅、宜レ令二依レ件遵行一。

なお、国擬の重視により、大宰府では府書生たちが帰国し、国擬に与ることを求める騒動があった（R）。これは従来書生を繋名郡司、つまり府書生として大宰府に勤務しながらも、出身地の郡司の名前だけを兼帯させることが行われていたためで、府書生が郡司クラスの出自であったことがわかる。Rによると、その目的は「継譜」、即ち譜第の積み重ねにあったとされており、Rでは国擬を経ることなく権任郡司に登用することで書生らの憂慮を除こうとしたのである。これは譜第に対する郡司一族の心情を窺わせる材料であり、譜第を基準とした銓擬が根強く行われたことの背景を物語るものといえよう。

国擬のあり方については、最後にSがある。これは郡司職の相譲という事態に対処したもので、従来は「父子之間有二宣旨一以裁許、自余親踈待二国解一以処分」という方法をとっていたのに、貞観十七年官符で「雖二父子之間一、非二国司言上一不レ聴二相譲一」と、すべて国司に委ねたところ、逆に相譲の事例が増加してしまった。そこで、Sでは相譲を禁止したのである。先述のように、国擬一本化により国司の郡司に対する支配力は強化されたと推定されるが、国司と郡司の結託もまた可能であり、「一宗伝譲、或已忘二代遍之格一、稽二於政途一、甚非二公益一」と非難される所以である。[42]

但し、これらは運用上の細則変更であり、郡領任用の方法はN・Oの譜第之選・国擬一本化とQの三年間の擬任とで固定され、ここに国擬による郡領銓擬のあり方が帰結するのである。『類聚符宣抄』第七に掲載された十世紀後半の国解の実例においても、「譜第正胤、奕世門地、試用擬任、性識清廉、足レ為二郡領一、謹案二格条一、詮二擬郡司一、一依二国定二」といった表現が見え（天徳三年摂津国、応和三年尾張国、康保二年美濃国、貞元二年讃岐国、『平安遺文』補一六四号長和四年備前国など）、国擬の方式の定着を示している。

以上、本節では国擬の具体的なあり方を検討した。その内容と変遷については次節の考察と合せて後に整理することにし、大宝令制以来、一貫して譜第を基準とする国擬が行われてきたことを強調しておきたい。在地の勢力関係、国司の国務遂行上、これが最も相応しい方法であったためであり、譜第之選停止の間の混乱が、この事情を如実に物語っていると考える。但し、譜第氏族内部の争いや中央出仕した譜第者の扱いの問題は残り、中央の式部省銓擬にまで持ち込まれることになり、それが副申制等の式部省銓擬のあり方の変更を齎したのである。そこで、こうした郡領任用の実際の問題や中央政府の意図を明らかにするには、式部省銓擬以下の中央における郡司任用方法を検討せねばならず、節を改めてそれらの点の考察に進みたい。

三　式部省銓擬（試郡司）と読奏・任郡司

本節では式部省銓擬以下の郡司任用方法を検討する。但し、読奏・任郡司については関連法令が殆どなく、簡単に触れるに留まることを予め断わっておく。また国擬に関する法令の検討の中で、密接に関係する式部省銓擬についても言及したつもりであり、以下では式部省銓擬の変遷を結論的に整理するとともに、諸法令の中に窺うことのできる式部省銓擬の具体的な姿を探ることにしたい。

1　式部省銓擬（試郡司）

まず式部省銓擬の始まりについては、少なくとも大宝令制下には存在していたと考える。Bは従来国司が任命し、名帳のみを申送していた主政帳に関しても、国擬者本人を上京させ、郡領と同様に、中央での銓擬を経させることにしたものである。ここに「准レ式試練」とあるように、既にB以前から郡領については試郡司の儀が存し、「式」も整備されていたことが窺われ、大宝令制下では確実に式部省銓擬が行われていたと見なす所以である。ちなみに、選叙令任官条集解古記にも「問、郡大領以下式部銓擬、若為其意。答、擢二尽才能一、責レ状試練。」と見える。但し、先述のように、大宝令制下では国擬者一名が申送される訳であるから、式部省銓擬はこの国擬者を認めるか否かしかなく、殆どは国擬者を追認する形となったと推定される。とはいうものの、国司のさらに上にある中央の権威を郡司候補者に示す場となり、在地豪族に対して律令国家の存在を印象づける意味があったことは評価せねばならない[43]。

こうした式部省銓擬のあり方に変化が起きるのが、C－b天平七年格による副申制の実施である。C－b以後の式部省銓擬の様相はG天平二十一年勅に窺われるので、Gの検討を行う。Gによると、式部省では国擬者と副申者を参集させた上で、「式部更問二口状一、比二校勝否一、然後選任」とある。弘仁式部式・延喜式部下式の試郡司においては、第一回目の「試」＝口頭で「譜第」を申す、第二回目の「試」＝口頭で「譜第」を申した後、郡司は「問頭」を受け、筆を執り、問題に答え、「試状」を作成する。そして、式部卿が等第を判定し、黜陟する、となっている。Gの「問二口状一」は「譜第」、あるいはこの段階では「身才絶倫、幷労勤聞レ衆者」も副申されているので、労効・芸業などを口頭で申上させる儀に相当しよう。Gでは式制のような筆記試験の存在は不明であるが、ともかくも複数の候補者を得て、「比二校勝否一」した上で、郡領の選任が実現することになった。Gによると、この式部省銓擬では、「或譜第雖レ軽、以レ労薦レ之、或家門雖レ重、以レ拙却レ之」と実質的な試練が行われたようである。

ところが、このような式部省銓擬のあり方は、国擬の結果をくつがえす可能性があり、「其族多レ門、苗裔尚繁、濫訴無レ次、各迷レ所レ欲、不レ顧二礼義一、孝悌之道既衰、風俗之化漸薄」（G）と、譜第氏族の郡領をめぐる争いの激化、その争いの決着を式部省銓擬の場に持ち越すという事態を齎した。そこで、Gでは「簡二定立郡以来譜第重大之家一、嫡々相継、莫レ用二傍親一」、つまり譜第に限定を加え、しかも「嫡々相継」とし、さらにHでは有位者という条件を付加して、式部省銓擬の銓擬対象者を限定していくことで対応しようとしたのである。これは副申者の条件も国擬者に近づけるという作用を齎したと考えられる。但し、こうした条件を満たす者は複数いたと推定され、副申制も依然有効であるから、式部省銓擬が複数の候補者を判定するものであった点は変わりない。Hには「簡試例」という語が見えており、G・Hの条件が式部省銓擬の際の選考基準とされたものであったと見なされる。

T『三代格』巻七神護二年四月二十八日勅

勅。式部銓二擬諸国郡司一、課二試多人一、惣申二補任一。為二此之故一、待レ日度レ年、非二但労レ民、亦妨二諸務一。朕毎レ念レ此意猶納隍。自レ今以後、宜下革二斯弊一、且試且任、随終随遣上。然則官無二滞政一、人無二廃業一。宜下二□所司一、永為中恒例上。主者施行。

なお、Tにはこの頃の式部省銓擬の様子を窺わせる記述が見えている。Tについては、C－bとの関連で、国擬者一名と副申者とを合せた「多人」を式部省で銓擬し、それをひとまとめにして「補任」を申請していたが、その「課試」が長期間に亘ることを示す、つまり式部省銓擬が実質を持ったものであることを裏付けるとする解釈が呈されている。[44] C－b以降、G・Hを経ても、式部省銓擬の対象者が複数であったことは先述の通りであり、この点は支持できる。しかし、Tには、その改革点として、「且試且任、随終随遣」とあり、式部省が複数の郡のポストについてまとめて銓擬を行い、すべての銓擬が終ってから、一括して郡司の補任を申請するために、早く銓擬が終った者も他の銓擬が終るまでは滞京を余儀なくされるので、「滞政」・「廃業」という状態になるという問題点が示されていると理解できるのではあるまいか。つまり式部省銓擬は、弘仁式・延喜式や『西宮記』・『北山抄』などに窺われる試郡司・読奏・任郡司と同様、複数の銓擬を一括して行い、読奏・任郡司も複数の者をまとめて行うという儀式の要素が強いものであったことを推定させるのである。Tはその方式を改め、銓擬終了者を順次補任しようとしたものであるが、式部省銓擬の儀式性に鑑みて、あまり変化はなかったものと予想される。

天平七年格による式部省銓擬のあり方の変化は、天平二十一年勅以後、銓擬対象者に対する条件を付加し、国擬者に近づける、即ち銓擬対象者の均質化という形で推移し、式部省銓擬の実質性保持とより優れた郡領の任用の実現という方向を目指して展開した。この方向に再度の変化が起きるのが、延暦十七年の譜第之選停止とMの「宿衛之人、番上之輩」を「不レ経二本国一、令二式部省簡試一」という方策である。ここでは、これらの方策の弊害を述べたN・Oによって、この時期の式部省銓擬の様相を検討したい。OはNによる譜第之選復活を受けて、郡司銓擬を国擬に一本化しようとしたものであり、そこにMの弊害が記されている。M以降の式部省銓擬は、「在京他人、争レ第競レ甲、抑二退国選一、越レ旧被レ任」（O）とあり、在京者が国擬者を抑えて郡司になる事例があった。Kによる副申制の廃止で国擬者一名のみの申送となったが、Mにより在京のトネリ等は国擬を経ることなく、式部省銓擬に与ることができるようになり、式部省銓擬ではやはり複数の候補者を銓擬するという状態が続いたので、国擬者が退けられる可能性はなお存した。

但し、「在京他人」も「争レ第」とあり、譜第氏族の一員であった点には留意しておく必要がある。OはNの譜第之選復活を受けたものであるから、当時は既に譜第が銓擬の基準となっていた。したがって「在京他人」も譜第を有するのは当然であるが、彼らが急に譜第を得ることができたとは考え難く、むしろM以来、こうした譜第を有する在京者が式部省銓擬に与っていたと見るのが整合的であろう。Mが想定していたのは、「宿衛之人、番上之輩」、つまりトネリクラスの者であり、先述のように、軍防令兵衛考満条・兵衛条により郡領子弟が兵衛として在京していた。さらに言えば、C－b以降の式部省銓擬の対象の複数化においても、このようなトネリ等が式部省銓擬の場に現れる可能性は高く、H・Iの措置は、トネリ等の郡領就任の希望に沿ったものと見なされる。そうすると、Mもトネリ等を優遇したものと評価することができ、トネリ等→郡司というコースも考慮すべきことに注意を喚起するものである。(45) トネリ等の郡領任用に関しては次章で考察を加えることにするので、ここではこれ以上言及しないが、「在京他人」がトネリ等であり、譜第氏族の一員であったことは確認しておきたい。

　しかし、長期間在京し、在地とのつながりが希薄になったトネリ等が郡領になった結果、郡務に大きな混乱が生じ、郡務壅滞は国務にまで影響を及ぼすという理由で、Oによる国擬一本化が決定するのである。その混乱とは、「試二之政事一、未レ克二宣風一、訪二之民間一、誰有二推服一。国吏月教而不レ覚、郡内年弊而無レ興。不治之責、還及二牧宰一、外官之歎、前後不レ殊。方今仁風遠覃、徳政屢降、然彫残之余、百姓猶困、実由二撫養之失一レ人也」（O）と描かれ、このような郡領は「無頼之徒」（弘仁三年八月五日官符）に他ならなかった。そこで、Oにより、以後国擬者に一本化されることになり、郡領銓擬の責任は国司に一任されることになるのである。但し、国司が必ず優れた資質を持つ郡領候補者を選ぶとは限らない。そこに式部省銓擬の実質が残る余地が存した。即ち、Qには「知レ人之難古人猶病、吏非二其人一、何無二謬挙一。若拠二行此格一、自陥二刑罰一、若懼レ罪不レ選、徒失二人功一」と、国擬者の選定に苦慮する様子が記されている。Oでは「若選非二其人一、政績無レ験、則署帳之官、咸解二見任一、永不二叙用一」とあり、国司に対する処罰は重かった。

　そこで、Qは三年間試用の上、「歴二試雑務一、待レ可レ底レ績、銓擬言上、仍於二所司一計二会功過一、始預二見任一」としたものである。ここでは所司、即ち式部省が「計二会功過一」とあることが注目される。弘仁式部式・延喜式部下式の「叙二任諸国郡司大少領一」には「対二試才能一、計二会功過一」とあり、式部省銓擬では国擬者の三年間の試用期間中の「功過」を勘案したことが知られ、式部省での銓擬内容の一端を窺わせるものと言えよう。弘仁式・延喜式以上に具体的に試郡司の儀式内容がわかる史料や読奏に際して試郡司の結果を記した式部省の言上状の如きものの実例はないが、『類聚符宣抄』第七掲載の各国の国解には、「試用擬任、性識清廉」（天徳三年摂津国、応和三年尾張国、康保二年美濃国、『平安遺文』補一六四号長和四年備前国）、「民庶推服」（前掲尾張国、美濃国）、「擬任年久、撫育有レ方」（貞元二年讃岐国）、「能堪二時務一」（前掲備前国）などとあり、これらが式部省銓擬でも勘案される「功過」の内容を示すものと考えることができる。

以上の検討から、式制の如き式部省銓擬は大宝令から存し、「式」に基づく試練、口状を問う（譜第のチェック）ことなどが行われていたと見ることができる。式部省銓擬の対象者については、大宝令－国擬者一名、天平七年格（C－b）～弘仁三年詔（O）－国擬者一名＋副申者またはトネリ等の在京者の複数、弘仁三年詔以降－国擬者一名と変化する。副申者やトネリ等の在京者も基本的には譜第氏族であり、式部省銓擬では譜第の確認と、さらに才用の勝否による判断が行われたものと思われる。この間、譜第氏族内での郡領をめぐる争いが激化し、その決着が式部省銓擬に持ち込まれることになった。式部省は銓擬対象の限定を行うため、譜第等に条件を付加し、銓擬対象者の均質化を図る。またトネリ等在京者の帰郷、郡領就任の希望にも応える必要があった。

しかし、式部省銓擬により国擬者を抑退することは、在地の混乱を齎す要因となり、国司の国務運営にも支障を生じる。特に長期間在地を離れていたトネリ等在京者が郡領になった場合には、郡民が推服せず、郡務が円滑に運営できず、多くの混乱を引き起こす原因となった。そこで、弘仁二年の譜第之選復活とともに、弘仁三年に国擬一本化が決まり、以後、国擬者一名について式部省銓擬を行うことになったのである。また弘仁十三年には三年間の試用制が実施され、国擬者として推薦される者は殆ど問題のない人物となり、式部省銓擬では書類の形式などの審査が中心となって、読奏→任郡司という一連の手順の中に組み込まれ、一層の儀式化が進んだものと思われる。大宝令制下では国擬の基準も曖昧であったので、国擬者一名とはいえ、国家が期待する郡司を採用する上で式部省銓擬の意味は大きかったと評価されるが、均質化した基準の定立や試用制度を経た段階の国擬者は、資質については問題がなく、式部省銓擬はもはや完全なる儀式とならざるを得なかったのである。換言すれば、そうした資質を持った国擬者が式部省銓擬の場に出て来るようにするために、国擬や式部省銓擬について多くの法令が呈され、試行錯誤が行われたということになろう。

2　読奏と任郡司

国史における読奏は『三代実録』貞観元年四月是月条、任郡司は『日本紀略』天長九年五月甲午条が初見記事で、貞観元年条には「是月、廿日以前、有㆚読㆘奏諸国銓㆓擬郡司㆒擬文㆖之儀㆙、例也。而史漏而不㆑書、故今闕焉」とあって、儀式関係の記事もよく掲載している『三代実録』においても資料が欠如していたことが知られる。但し、貞観元年五月十日条には任郡司の記事があり、こちらの方は資料が存していたようである。『三代実録』では貞観三年五月十一日条に読奏の実質的な初見記事が存し、以後任郡司と並んで読奏のことも記されるようになるし、また十世紀に入ってからは『貞信公記』では読奏・任郡司が毎年記されており、『本朝世紀』その他に関連史料を得ることができる。

このように読奏・任郡司は、国史編集の方針もあってか[46]、『三代実録』以後にならないと史料が出てこない。但し、天長九年条の任郡司の記事から考えて、読奏もこれ以前から実施されていた可能性は高いと言えよう。読奏は式部省銓擬の結果を大臣臨席の下で天皇に報告する儀式ととらえることができ、郡領が奏任官（選叙令任官条義解）であることを考慮すると、太政官での任郡司の前段階として不可欠のものであったと思われる。「読奏」とは明記されていないが、試郡司の次に「奏」があることは弘仁式部式「叙二任諸国郡司大少領一」にも「前一日（延喜式では「四月廿日以前」となっており、これは諸儀式書の読奏の期日である）令三外記申二可レ奏之状於大臣一」と見えており、読奏の儀は八世紀から存していたものと推定できる。但し、国史には『三代実録』にならないと読奏のことは記されず、読奏についての法令も見えないので、郡司任用方法が一応の帰結を見る弘仁年間以前のあり方に関しては、考察を保留しておかねばならない。

また任郡司は、国擬→式部省銓擬→読奏を経た者を補任する儀であり、本質的には通常の叙位・任官儀と違いはなく、郡司任用をめぐる多くの問題は、国擬や式部省銓擬の段階に集約されているので、読奏と同様、関連法令も殆ど見出せない[47]。

U選叙令応叙条集解令釈所引大宝元年十二月七日処分

陸奥・越後国者、其首長一二人集。但筑志不レ在二集限一。

V『三代格』巻七神護三年五月二十一日勅

勅。諸国郡司、主政已下初任之日叙二位一級一。自レ今已後永為二恒例一。

法令の中で任郡司に関わるのは、B・T・U・Vくらいであろう。Bは既に大宝令において試郡司→（読奏）→任郡司の過程が存したことを窺わせるもの、Uは延喜式部上式「凡郡司有レ闕、国司銓擬歴名、附二朝集使一申上、其身正月内集レ省。若二月以後参者随返却。厥後擬文者、四月廿日以前奏聞。但陸奥・出羽及太宰管内唯進二歴名一」の例外規定部分と関連するものと思われ、いずれも任郡司の儀が大宝令制下には存したことを示している。Tは先述のように、試郡司↓（読奏）↓任郡司が儀式化していたことを窺わせ、Ⅴは主政帳の初叙規定を追加した法令である。

以上のように、読奏、任郡司も郡司任用の過程として大宝令制から存したものであるが、大きな問題点はなく、法令では主政帳の初叙規定を付加したのが変更点になっているくらいである。弘仁式部式と延喜式部式では、読奏の期日が明記されたこと以外には相違はなく、式文の「叙二任諸国郡司大少領一」、「叙二任諸国主政帳一」などに描かれた儀式に類する儀式が大宝令制（但し、主政帳はB以降）以来行われたのであろう。

むすびにかえて

本章では、律令条文には郡司任用の具体的基準が記されている訳ではないこと、郡司任用の各段階を考慮に入れて諸法令を解釈すべきであるといった視点から、主に国擬と式部省銓擬について、律令国家の郡司任用方法とその変遷を検討した。まずその結論を整理すると、次のようになろう。

（1）大宝令制。〔国擬〕国司は「譜第優劣・身才能不・舅甥之列・長幼之序」（G）を勘案して、譜第者の中から国擬者一名を選定して申上する。この場合、令文の「性識清廉、堪二時務一」は大原則として考慮しておかねばならないが、在地豪族による地方支配を前提としている日本の律令制地方支配においては、実際の選択範囲は譜第者に限定されざるを得なかったと考えられる。〔式部省銓擬〕上申された国擬者一名について、「式」に基づいた試練を行い、適否を判断する。式部省銓擬の意義としては、国司のさらに上にある中央の権威を示すとともに、国擬の基準や譜第の内容が曖昧である中で、国擬者の採否以外の選択の余地はないが、些かなりとも郡司候補者の資質をチェックすることにあったと思われる。

（2）天平七年格。〔国擬〕譜第氏族による郡司独占を排し、郡領と主政帳の独占を回避しようとする（C－a）。国擬者が一名である点は同じであるが、副申者を副えて言上させることにし（C－b）、「難波朝廷以還、譜第重大」という副申者の条件や労効二世以上による譜第の認定（E）を通じて、それらと比校される国擬者の条件（譜第）にも限定を加えようとしている。

（3）天平二十一年勅。〔国擬〕天平二十一年勅は主に式部省銓擬のあり方に関わるものであり、国擬の基本的なあり方は（2）と同じである。但し、「立郡以来譜第重大之家」という譜第の定義のさらなる限定や「嫡々相継」（G）、有位者（H）などの条件は、国擬者の条件にも影響を及ぼすところが大きかったと推定される。〔（2）・（3）式部省銓擬〕副申制により、式部省銓擬の対象は複数となり、国擬者が退けられる場合も出て来る。式部省銓擬では「口状」を問うた上で、判断を下すとあり（G）、式制の如き筆記試験の存否は不明であるが、国擬者を退ける場合も、「或譜第雖ㇾ軽、以ㇾ労薦ㇾ之、或家門雖ㇾ重、以ㇾ拙却ㇾ之」と記されており（G）、「口状」を問うとは譜第を問うことであり、いずれにしても主に譜第者が郡領に就任したことが窺われる。こうした式部省銓擬の確立の段階では、譜第氏族間の在地における郡領の地位をめぐる争いが、式部省銓擬の場に持ち込まれることになり、式部省ではG～Iによって、式部省銓擬の基準を限定して行く。これは副申者と当然それに優るべき国擬者の条件をともに限定するものであり、式部省銓擬対象者の範囲の限定と均質化を図るという作用があったと考えられる。なお、Tによると、式部省銓擬は複数の郡司のポストについてまとめて試練を行い、その後一括して郡司の補任を申請するという方式であり、儀式としての要素を充分に有していた。

（4）延暦十七年譜第之選停止。〔国擬〕譜第之選停止やそれと前後する副申制の廃止（K）により、国司は「芸業著聞堪ㇾ理ㇾ郡」（L－a）という基準とその詳細な条目（L－c）によって、国擬者一名を申上する。〔式部省銓擬〕国擬者一名に加えて、Ｍにより国擬を経ることなく推薦されるトネリ等が銓擬に与る。これ以前の副申制では、トネリ等も国司の判断を経て上申されたが、副申制の廃止で在京のトネリが一名の国擬者に選出されるのは難しく、彼らの要望に沿ってＭが出された。したがって式部省銓擬で複数の候補者を銓擬するという状況は（2）・（3）と変わらない。また国擬者が退けられ、トネリ等が郡領に就任する場合もあった。（2）・（3）の場合は、一応国司の推薦を経ており、ある程度の郡治能力も見込まれていたのではないかと考えるが、この段階では長期間在京し、在地の情勢に通暁していないトネリ等の任用は、郡務に混乱を齎すばかりであり、ひいては国司の国務遂行の阻害になるという問題も生じることになる。

（5）弘仁二年譜第之選復活とその後。〔国擬〕譜第之選が復活し、国司は「先尽二譜第一、後及二芸業一」（Ｑ）の原則で、譜第者を中心として国擬者一名を選定する。この場合の譜第は、（2）・（3）で限定された譜第よりは広い意味のもので、『西宮記』・『北山抄』などに見える立郡譜第・労効譜第・傍親譜第を含むものであったと推定される。こうした譜第者の定義の拡大化による適正な候補者選定の難しさ、またＯの国擬一本化による国司の郡司候補者選定に対する責任増加といった状況への対策として、Ｑで三年間試用の後に国擬者として推薦するという方式が呈され、ここに譜第を基準とする選定と試用制による国擬の方式が確立することになる。〔式部省銓擬〕譜第之選復活後もしばらくはＭが有効であったため、（4）で述べたような式部省銓擬の問題点が残っていた。しかし、Ｏによる国擬一本化で、式部省銓擬には国擬者一名だけが登場することになり、国擬者一名についての銓擬という形では（1）と同じである。但し、国司の責任を強化し、国擬者の厳選を行わせたこと、またＱの試用制によって国家が期待する郡治能力を持った候補者が上申されて来るので、式部省銓擬に登場する国擬者の資質は殆ど問題ないものとなったと考えられる。この段階の式部省銓擬は、Ｑに「計二会功過一」、弘仁式部式・延喜式部下式「叙二任諸国郡司大少領一」に「対二試才能一、計二会功過一」とあり、郡領としての郡治能力のチェックを中心とするものであったと見なされる（勿論、譜第の中上と筆記試験はあった）。

以上、大宝令から一貫して譜第を基準とする国擬者選定が行われてきたこと、副申制などによる競合者の捻出と実質ある式部省銓擬の模索の中から、国擬者の資質を国家が期待する郡領像に近づけることが試みられるという形での郡司任用方法の変遷を明らかにすることができたと思う。では、このような譜第に基づく郡司任用方法は何に起因するのであろうか。また（5）以降、九、十世紀の郡司任用方法や郡司制度のあり方はどのように展開するのであろうか。前者は時代を遡って評制下の評司銓擬方法やその由来、後者は擬任郡司制や「国衙官人郡司」の検討などに関わる作業が必要であり、いずれも後考に俟ちたい。但し、本章のように、譜第を基準とする郡司任用方法、譜第者の郡司就任、つまり譜第郡領の存続を想定するとすれば、所謂新興層台頭の有無や労効郡司・芸業郡司の存否についてはどのように考えるのかという問題に関しては、私案を示しておかねばならず、最後にこの点に触れてむすびとしたい。

律令制成立以前から在地に勢威を有し、譜第郡領氏族として存立する地方豪族以外の豪族＝新興層については、かつては既に八世紀から登場するものと考えられ、郡司任用に関する諸法令の改訂や労効郡司・芸業郡司は彼らの存在を前提にして論じられることが多かった(48)。しかし、本章でも触れたように、郡領任用の諸法令や神火事件などに窺われる八世紀の実情は、譜第氏族内部での郡領の地位をめぐる争いであり、郡領任用の基準も一貫して譜第を重視するものであったことが明らかになっている。またかつて新興層と言われた部姓郡司や渡来系氏族も、必ずしも新興層ではなく、立評以来の譜第郡司であった可能性が指摘され、氏姓などによって単純に新興層の存在を見出すことは難しく、むしろ新興層が登用されたとする証左には再考が求められているのである(49)。また郡司表の検討によっても、九世紀以降も譜第郡司任用が続いていると考えられる郡は多いし、十世紀の「国衙官人郡司」、あるいはそれ以降の在庁官人制の展開の中においても、譜第郡司氏族が地方支配に深く関与していると見ることができる。[50]

では、「雖レ無二譜第一而身才絶倫、幷労勤聞レ衆者」（C－b）、「縁二身労効一被レ任」（E）、「芸業著聞堪レ理レ郡者」（L－a）、「先尽二譜第一遂無二其人一後及二芸業一」（N）といった形での郡司任用の法令に登場する労効者や芸業者はどのように理解すべきであろうか。これらをトネリ等の中央出仕者と見るのは有力な見解であるが、[51]L－aはM以前の法令であり、L－a・Nともに国擬者の条件であって、トネリ等はMにより別ルートで式部省銓擬の場に出て来るので、芸業者にはトネリ等は含まれない可能性があり、またC－b・Eの労効者もトネリ等を主体とするか否かは検討が必要である。C－bの労効者は「雖レ無二譜第一」とあるので、譜第氏族以外の者であることはまちがいない。そして、「身才絶倫、幷労勤聞レ衆」とあるからには、一定の出仕と勤務態度等の観察ができなければ、「聞レ衆」とはならない筈である。しかもこの段階では国司の推薦を経て副申されるのであるから、そのような条件を満たすためには、地方で国郡衙などに勤務して、その勤務ぶりを国司に認められるという形の方が可能性が高かったのではあるまいか。

譜第氏族以外で、国司にその勤務ぶりを把握される者というと、国衙関係では国書生・郡散事・雑掌や外散位、郡衙では主政帳や郡雑任クラスの人々などが想定される。これらのうち、雑掌は相模国の調雑掌丈部人上が足上郡主帳代を称した例がある（『大日本古文書』四－一一四）が、主帳代の位置づけは不明であるし、八世紀の国書生・郡散事・雑掌は郡領・主政帳よりもやや下位の姓を持つ者が多く、基本的には白丁で、国衙の雑務に従事する人々であり、「労勤」による評価とはあまり関係ない。また外散位も国郡衙への勤務との関係は薄いようであり、逆に郡司職の相譲により外散位となる者がいたことが九世紀後半の史料に見えている[52]（S）。郡雑任に関しては、斉衡二年九月二十五日近江国大国郷墾田売券（『平安遺文』一二〇号）の郡判に見える副擬大領外従八位下依知秦公永吉は、仁寿四年十月二十五日近江国大国郷墾田売券（一一六号）に頭領として現れており、郡雑任→擬任郡司の実例が存するが、これは擬任郡司であって、正員郡司ではないから、九世紀の擬任郡司のあり方から考えて、果して「方今功労之輩、追レ年不レ絶」（E）と言われるような労効郡司出現の主因を成したかは大いに疑問がある。

結論を先に述べれば、私は主政帳こそが労効者や芸業者の主要な部分を占めたのではないかと考える。主政帳から郡領になった例としては、八世紀中葉～後半の越前国坂井郡の品遅部公広耳が著名である。[53] 今、坂井郡の郡司を摘記すると、次のようになる。

年次	官職名	人名	出典
天平三年	大領・外正八位下	三国真人	大日本古文書一－四三五
	少領・外正八位下勲十二等	海直大食	〃
天平五年	少領・外正八位上勲十二等	海直大食	大日本古文書一－四七一
	主政・無位	品遅部広耳	〃
宝字元年	大領・外正六位上	品遅部君広耳	大日本古文書二十五－二二八
神護二年	故大領・外正六位上	品遅部君広耳	大日本古文書五－六二六・六四三
宝亀十一年	大領・外正七位上勲十一等	三国真人浄乗	大日本古文書六－六〇三
	少領・外従六位上	品治部公	〃
	主政・外従七位下	丸部	〃
	擬主帳・外大初位上勲十一等	宍人臣	〃

八世紀前半の郡領は大領―三国真人、少領―海直で、三国真人は八世紀後半にも大領として見えており、当初この二氏が譜第郡領であった可能性が高い。但し、海直は八世紀後半の史料には見えず、海直氏に代わって八世紀後半の郡

領として登場するのが品治部公である。周知の通り、広耳の東大寺領荘園への経営参画があり、品治部公氏は広耳一代の間に主政としての労効により大領となり、さらに彼の死後も少領となる者がいるというように、労効譜第を重ねている。九世紀以降の史料がないので不明であるが、品治部公氏はおそらく労効による譜第郡司の地位を確立していったものと推定される。

この品治部公氏は東大寺領北陸荘園の存在という特殊要素があったとも解し得るが、主政帳としての労効→（譜第）郡領という例は他にも掲げることができる。『三代実録』貞観五年三月十一日条に「詔令下近江国坂田郡穴太氏譜図与二息長・坂田酒人両氏一同巻進上官」という記事がある。郡司表を繙くと、坂田酒人真人氏は確実に譜第郡領氏族であり、息長真人氏もその可能性が高いと言われる。そして、穴太村主氏は八世紀中葉に主帳として見える例があり（天平十九年十二月二十二日郡判、『大日本古文書』九―六四四）、弘仁十四年十二月九日郡判（『平安遺文』四八号）を初見として、以後上記の二氏とともに郡領として現れており、貞観五年条は主政帳の労効による労効譜第を重ねた穴太村主氏を譜第氏族として認定したことを示すと理解されるのである。[54]

また八世紀～十世紀初の郡司の変遷がわかる希有な事例である越中国礪波郡に関しても、九世紀中葉以降、譜第郡領利波臣氏以外の者が擬任郡領として登場することが指摘されており、九世紀中葉における新興層台頭の例とも言われるが[55]、擬任郡領として登場する飛鳥戸造・秦人部・中臣の諸氏は、それ以前に主政帳として勤務する一族の者がいて、それを受けて郡領になっていると解され、やはり主政帳としての労効→郡領の例となると考える。ちなみに、利波臣も一貫して郡領に就任しており、譜第郡領の没落は想定し難い。その他、山城国紀伊郡（譜第郡領は秦忌寸）・出雲臣、大和国城上郡（?）・子部連、近江国愛智郡（依知秦公）・平群なども、主政帳としての労効→郡領の例となる。一つの郡について長期間に亘る変遷がわかる例は僅少であり、必ずしも確言できないが、以上のような実例は労効郡司や芸業郡司の出自が主政帳クラスの氏族であったことを物語るものと評価したい。

何を以て新興層と定義するかは判断の分かれるところであるが、郡領に次ぐ主政帳クラス、郡内の郷名を冠する者などは、在地豪族として従来から勢力を有し、郡領に次ぐ階層をなしたと考える。ちなみに、『続紀』宝亀二年三月辛酉条・延暦九年十二月庚戌条には主政帳で部内の民を賑恤して報賞された例があり、主政帳の人々も郡治に留意している様子が窺われる。先述のように、譜第を基準とする郡領任用の原則が通貫しており、郡司表によると、利波臣の例を始めとして、九世紀以降も譜第郡領が存続していると見なされる郡は多いので、譜第氏族以外の者が郡領になるには、特別な例を除いて、主政帳として郡務に対して労効を積み、抜擢されることしかなかったのではあるまいか。つまり九世紀以降においても新興層の台頭を読み取ることは困難であると結論したい(56)。

では、このように基本的には譜第郡司の任用が維持され、主政帳クラスの者が労効を認められ、郡領に登用されることがあるにしても、譜第氏族も併用されており、決して新興層の台頭と言える程の状況にはないようであるとすると、九世紀以降、何故郡司制の変質が現れるのであろうか。この点については、郡司自身の変質や郡司をとりまく環境の変化、地方支配のあり方についての国家の方策などを勘案することが必要であると考えており、こうした視点からの検討を今後の課題として、今は擱筆することにしたい。

註

（1）坂本太郎「郡司の非律令的性質」（『歴史地理』五三の一、一九二九年）、宮城栄昌「郡の成立並に郡司対農民関係の強化」（『史潮』六の二、一九三六年）など。

（2）北山茂夫「大宝二年の筑前国戸籍残簡について」（『歴史学研究』七の二、一九三七年）。

（3）米田雄介『郡司の研究』（法政大学出版局、一九七六年）序章、大町健『日本古代の国家と在地首長制』（校倉書房、一九八六年）など参照。

（4）米田註(3)書第三章を参照。

（5）今泉隆雄「八世紀郡領の任用と出自」（『史学雑誌』八一の一二、一九七二年）。

（6）原秀三郎「郡司と地方豪族」（『岩波講座日本歴史』三、岩波書店、一九七六年）、西山良平「「律令制収奪」機構の性格とその基盤」（『日本史研究』一八七、一九七八年）、今泉隆雄「平城宮跡出土の郡領補任請願解の木簡」（『古代木簡の研究』吉川弘文館、一九九八年）など。

（7）平野友彦「郡司子弟小論」（『日本古代政治史論考』吉川弘文館、一九八三年）。

（8）今泉氏以降、郡司の任用方法について総体的に論じたものとして、渡部育子「律令国家の郡領政策」（『日本古代史研究』吉川弘文館、一九八〇年）、『郡司制の成立』（吉川弘文館、一九八九年）、山口英男「郡領の銓擬とその変遷」（『日本律令制論集』下巻、吉川弘文館、一九九三年）などがある。

（9）早川庄八「選任令・選叙令と郡領の「試練」」（『奈良平安時代史論集』上巻、吉川弘文館、一九八四年）、大町健「畿内郡司と式部省「試練」」（『日本歴史』四六六、一九八七年）、森田悌「畿内郡司と試練」（『日本歴史』四七四、一九八七年）など。

（10）拙稿「律令制下の国造に関する初歩的考察」（『ヒストリア』一一四、一九八七年、本書所収）。なお、誤解のないように述べておくと、私は新旧国造論、即ち大化前代以来の国造は徐々に廃止され、「旧国造」として残存し、一方、天武四年の天下大祓実施の頃に新たに一国一員の「新国造」が定められたとする考え方、は支持しない。律令制下に存した国造は律令国家成立以前以来の国造の残存であり、国郡司だけでは不充分な地方支配上の役割を担って存続が認められたものと考えており、その意味で「律令制下に存した国造」の語を用いた。この国造は令制国に一員の地位であるが、全国斉一に一国一員として機能していたか否かは疑問があり、「新国造」の制定説には従えない。

（11）米田雄介「譜第の意味について」（『日本歴史』二五四、一九六九年）。

（12）山口註(8)論文では、「性識清廉、堪二時務一」を銓擬対象者の備えるべき最低限の要件であるとし、銓擬の実質はそれ以外の基準に従って行われたとする。史料01の国造先取規定や選叙令応選条の労効基準が実態として用いられた銓擬基準であったというが、国造先取規定が任用基準とは言えないことは先述の通りであり、労効基準も「才用同、取二労効多者一」と記されており、副次的な規定であったと考えられる。

(13) トネリ等の郡司任用の手続きと郡司就任をめぐる問題については、拙稿「郡司補任請願文書とトネリ等の郡領就任」(『続日本紀研究』三〇三、一九九六年、本書所収)参照。

(14) 同様の指摘は、山口註(8)論文でも行われている。

(15) 日本思想大系『律令』(岩波書店、一九七六年)一九五頁頭注。

(16) 考課令殊功異行条や律条は唐の律令にほぼ同文が存しており、州県官を国郡司に改めたものである。この意味では日本独自の規定ではないが、後述のように、律条の中には殊更郡司を除外した条文も存しており、日本律令の条文に採用されていることは郡司の役割を考える材料となるものであると見たい。

(17) 坂本註(1)論文。

(18) 岸俊男「律令体制下の豪族と農民」(『岩波講座日本歴史』三、岩波書店、一九六二年)。

(19) 野村忠夫「律令郡司制の形成」(『奈良朝の政治と藤原氏』吉川弘文館、一九九五年)。

(20) 築山治三郎「唐代における地方行政と地方官について」(『古代文化』二九の八、一九七七年)など。

(21) 外位の意味については、拙稿「評の成立と評造」(『日本史研究』二九九、一九八七年、本書所収)を参照。

(22) その他、対応条文が一部しか復原されていないか、全く不明かであるが、唐・闘訟律殴制使府主県令条、殴府主県令父母条、誣告府主刺史県令条などについても、日本律では郡司は除外されていたと推定される。

(23) 今泉註(5)論文。

(24) 米田註(3)書第四章第一節、今泉註(5)論文。

(25) 米田雄介「郡司一覧」(『日本史総覧』補巻中世三・近世三、新人物往来社、一九八四年)。その他、高橋水枝「奈良時代郡司一覧」(『続日本紀研究』一の一一、一九五四年)、『古代の日本』九(角川書店、一九七一年)「九世紀以前郡司一覧表」などもある。なお、拙稿『古代日本における郡司制度とその実態的変遷に関する研究(平成八年度～平成九年度科学研究費補助金(基盤研究(C))研究成果報告書)』(一九九八年)「郡司表(稿)」も参照。

(26) 今泉註(5)論文。

(27) 新日本古典文学大系『続日本紀』二(岩波書店、一九九〇年)四〇六頁脚注。

(28) 山口註(8)論文九五頁。
(29) この点は今泉註(5)論文でも指摘されている。
(30) 橋本裕「軍毅についての一考察」(『ヒストリア』六二、一九七三年)、「軍毅と郡司」(『続日本紀研究』二〇三、一九七九年)、東野治之「『続日本紀』管見二則」(『続日本紀研究』二〇〇、一九七八年)、米田註(3)書第二章第二節など。
(31) 米田註(3)書二六〇頁~二六一頁は、天平十年度周防国正税帳に十月二十一日付けで長門国豊浦郡擬大領正八位下と見える額田部直広麻呂(『大日本古文書』二-一三三)が『続紀』天平十二年九月戊申条では少領外正八位上として現れることについて、国擬以外のルートで大領が補任されると、少領より一時転擬されていた擬大領(D)は、もとの少領に帰任せざるを得なくなる例として指摘しており、C-b以降、実際に国擬者が抑退される場合があったことがわかる。
(32) 新日本古典文学大系『続日本紀』三(岩波書店、一九九二年)六三頁脚注など。
(33) 山口註(8)論文九八頁~九九頁。
(34) 註(32)書一七五頁脚注。
(35) 西山註(6)論文、薄井恪「九世紀における郡司の動向について」(『史元』一〇、一九七〇年)など。
(36) 白丁と無位の相違については、吉村武彦「官位相当制と無位」(『歴史学研究月報』二三六、一九七九年)参照。
(37) 今泉註(5)論文。
(38) その他、□擬大領正七位下依智秦前公(近江国愛智郡、延暦二十一年正月十日、『平安遺文』二二号)、副擬大領正七位上宇陀公(大和国宇陀郡、大同二年正月二十八日、四三二八号、但し、偽文書の可能性あり)など、K以後、Qによる擬任郡司制成立以前にも副擬郡司の事例が存する。なお、米田註(3)書第四章第一節では、副擬郡司制の成立を神火事件などによる郡司をめぐる争いの激化に求め、また副擬郡司を譜第郡司とは異なる新興層と見ているが、ともに支持し得ない。
(39) 米田註(3)書第三章第二節、佐藤宗諄「律令的地方支配機構の変質」(『平安前期政治史序説』東京大学出版会、一九七七年)、山口註(8)論文など。
(40) 今泉註(5)、山口註(8)論文でも同様の見解が述べられている。但し、本稿では譜第者の郡領任用が遮断された訳ではないと見る点や副申制の変遷などで若干見解が異なる部分がある。
(41) 米田註(3)書第四章第一節。

(42) Sについては、拙稿「外散位に関する諸問題」(『古代国家の歴史と伝承』吉川弘文館、一九九二年)も参照。
(43) 早川註(9)論文。
(44) 西山註(6)論文。
(45) 今泉註(5)・(6)、西山註(6)論文など。
(46) 坂本太郎『六国史』(吉川弘文館、一九七〇年)。
(47) 十世紀の読奏の様相については、拙稿「試郡司・読奏・任郡司ノート」(高知大学人文学部人文学科『人文科学研究』五、一九九七年、本書所収)を参照。
(48) 上田正昭「郡司制展開の諸形態」(『史林』四六の二、一九六三年)など。
(49) 今泉註(5)論文。研究史は山口英男「地方豪族と郡司制」(『古代史研究の最前線』第一巻、雄山閣出版、一九八六年)参照。なお、山口氏は新興層の一般化は九世紀以降とする。
(50) 山口註(49)論文、拙稿「国書生に関する基礎的考察」(『日本律令制論集』下巻、吉川弘文館、一九九三年)。
(51) 米田註(3)書九一頁など。
(52) 註(42)・(50)拙稿参照。
(53) 直木孝次郎「郡司の昇級について」(『奈良時代史の諸問題』塙書房、一九六八年)。
(54) 大橋信弥『日本古代国家の成立と息長氏』(吉川弘文館、一九八四年)一七頁。
(55) 磯貝正義『郡司及び采女制度の研究』(吉川弘文館、一九七八年)第一編第二章。
(56) 美濃国恵奈郡の復興について、『続後紀』承和七年四月戊辰条では「郡司暗拙」として、席田郡人国造真祖父を起用しているが、『三代格』巻七斉衡二年正月二十八日官符「応下択二諸郡司中恪勤者一令上興二治恵奈郡一事」では郡司を起用しようとしている。席田郡は加羅人・新羅人によって建郡されており、郡司もその系統の人々が任用されていたと考えられるので、国造真祖父は席田郡の譜第郡領氏族ではない。しかし、国造姓であることや斉衡二年官符の施策を考慮すると、全くの新興層ともいえず、従来からかなりの有力者であったと見なしたい。

第二章　郡司補任請願文書とトネリ等の郡領就任

はじめに

軍防令兵衛考満条には、兵衛解替の理由の一つとして郡司に就任した場合が挙げられ、その際には「本府録レ状、并身送二兵部一、検覆知レ実、奏聞放出」とある。即ち、兵衛↓郡司のコースは令文にも規定されている事柄であった。また延喜式部上式には「凡年七十已上・廿四已下、及帳内、職分・位分資人、不レ得レ銓二擬郡司一。但有二主許牒一者聴レ之。」とあり、王臣家に仕える帳内・資人から郡司に就任するケースも想定されている。これらの広義のトネリ等は、兵衛が郡領子弟から出仕する（軍防令兵衛条）ように、基本的には郡領氏族で中央出仕した者と見なすことができる。

とすると、才用主義か譜第主義かで議論されてきた郡司任用方法の研究史に対して、兵衛＝郡領の譜第＋選叙令郡司条の才用による任用↓郡司という関係で令文の郡司任用方法を理解すれば、譜第主義を前提とした才用主義という複合的な解釈が可能となり、才用・譜第の論争を止揚するものとして、トネリ等の存在が注目される。またこの立場からはトネリ等の中央出仕者と郡司就任、いわば都城と郡領の関係に留意すべきことが説かれた点は高く評価すべきであり、中央と地方の関わりを多様な面から描く視点を得ることができた[1]。

但し、別稿「律令国家における郡司任用方法とその変遷」(『弘前大学国史研究』一〇一号、一九九六年、本書所収。以下、別稿はこれを指す)で述べたように、一国の三分の二の郡からしか出仕せず(軍防令兵衛条)、また必ず郡司になるとは定まっていないトネリ等を軸に郡司任用方法を検討することは、正当な分析方法とはいえず、やはり国司による在地の譜第者に対する銓擬(国擬)のあり方の考究こそ重視すべきであると考える。郡司任用方法とその変遷に関する私見の全体像は別稿を参照していただきたいが、別稿でも触れたように、『続紀』天平七年五月丙子条の副申者の中にトネリ等が含まれていた可能性は否定できないし、『後紀』延暦十八年五月庚午条で国擬を経ることなくトネリ等が式部省銓擬に与ることができるようにした措置は、トネリ等の郡領補任への希望が存したことを窺わせるものであり、トネリ等→郡司のコースは決して無視できない。『続紀』宝字元年正月甲寅条では郡領・軍毅の任用条件に有位者たることを付加するとともに、「其軍毅者、省選二六衛府中器量弁了・身才勇健者一、擬二任之一」とし、軍団制廃止によりこの方策が維持できなくなると、『三代格』巻七延暦十四年五月九日官符「応下以二衛府舎人一任中主政・主帳上事」では、「若有下巧二書算一者上、宜レ用二主政・主帳一」と令しており、中央出仕者の帰郷、軍毅や郡司などへの就任の希望を叶えようとしている。但し、兵衛らの欠員が大幅に生じても困るためか、延喜式部上式には年間の人数制限が規定されており(後掲史料d)、トネリ等→郡司には一定の制約も存した。

このように地方からトネリ等として中央出仕した者が、中央での奉仕の後、郡領に就任して帰郷するケースは、法令類の中ではまちがいなく想定されていた。では、その実際は如何であろうか。別稿では本流たる在地の譜第者→国擬→式部省銓擬(試郡司)→読奏→任郡司(郡司召)=郡司就任のあり方とその変遷の解明を中心としたため、トネリ等には充分言及できなかったので、本章ではこのトネリ等の郡領就任の様相の検討を主題としたいと考える。トネリ等はどのような手続きで郡司に任用されたのか。別稿で明らかにした郡司任用方法との関係は如何なるものであったか。また法令類には、在京者が国擬者を抑退して郡領になった場合、長期間在地を離れていたため、在地の人々の心服を得ることができず、郡務が壅滞する問題などが指摘されている（『後紀』弘仁三年六月壬子条）。こうした事態は果してどの程度の割合で存したのか。トネリ等の郡務ぶりは如何であったか。以上のような点に留意して、トネリ等の郡領就任をめぐる諸問題に考察を試みたい。

一　郡司補任請願文書とその機能

正倉院文書、木簡などにはトネリ等が郡司への任用を希望する郡司補任請願文書がいくつか残されている。ここではまずそれらを掲げ、トネリ等の郡司就任の手続きについて、別稿で検討した郡司任用方法とその変遷に関する知見をふまえて、考察を加えることにしたい。別稿では言及できなかった、より細かい任用手続きの解明が期待される。郡司補任請願文書の実例は次の通りである。

a 海上国造他田日奉部直神護解（『大日本古文書』三―一五〇／正集四十四）

謹解　申請海上郡大領司仕奉事。中宮舎人左京七条人従八位下海上国造他田日奉部直神護我下総国海上郡大領司尓仕奉止申故波、神護我祖父小乙下忍、難波　朝庭少領司尓仕奉支、父追広肆宮麻呂、飛鳥　朝庭少領司尓仕奉支、又外正八位上給弖、藤原朝庭尓大領司尓仕奉支、兄外従六位下勲十二等国足、奈良　朝庭大領司尓仕奉支。神護我仕奉状、故兵部卿従三位藤原卿位分資人、始二養老二年一至二神亀五年一十一年、中宮舎人、始二天平元年一至レ今廿年、合卅一歳。是以祖父・父・兄良我仕奉祁留次尓在故尓、海上郡大領司尓仕奉止申。

b 勝宝二年五月二十日造東大寺司牒案（前欠）（『大日本古文書』十一―二五二～二五三／続々修十七帙裏）

牒、得二中宮（務カ）省牒一、前件千虫申云、当郡主帳、今闕二彼司一、望請被二省文牒一、欲レ申二主帳之司一者。然雖二名預レ省、身仕二奉造寺司一、仍注二事状一牒送、至乞二処分一者。司依二省牒一、放却已訖。其千虫祗二承司裏一、頻歴二数年一、立性恪勤、能成レ所レ任、今量二身労一、於レ事可レ矜。乞国察レ状、早与二処分一。故牒。

天平勝宝二年五月二十日主典従七位上葛井連（根道）

次官従五位下兼行大倭介佐伯宿禰（今毛人）

c『平城宮木簡』一　八〇号（SK八二〇出土、釈文は今泉註（2）論文に依拠）

・□□□解□〔消カ〕息事右□□□者蒙□〔恩カ〕澤□□延年如常□□□□□□□□□〔上カ〕等□〔師カ〕

・□□□□□□□□□□□□〔状カ〕謹啓今願所者□□□□□□□〔人カ〕□□□□□□〔仰カ〕彼郡大領所令仕
奉止謹解

(548)・(21)・5　011

これらのうち、bは年紀が明記されているが、a・cには年紀が見えない。そこで、既往の研究成果なども参考にして、以下、年紀、文書の内容、そして、機能＝郡司任用のどの場面で必要になるものか、など、基本的に押さえておくべき事柄を確認して行きたい。まず年紀に関しては、aは中宮舎人としての奉仕について、「始二天平元年一至レ今廿年」とあるのが参考となる。藤原麻呂の位分資人としての奉仕を「始二養老二年一至二神亀五年一十一年」と数えているので、「今」は天平二十年ということになり、aは天平二十年（七四八）頃のものとなる。bは勝宝二年（七五〇）で問題ない。cは木簡が出土したSK八二〇は天平十九年七月を程遠くない時期に埋没したとされており、出土木簡には天平十七、十八年の年紀を持つものが多いとされているので（『平城宮木簡』一（解説）一〇頁～一二頁）、一応天平十九年（七四七）以前ということになろう。a・cとbの間には、郡司任用方法の変遷の中では一つの画期をなす天平二十一年勅（『続紀』勝宝元年二月壬戌条）が出されているが、これは国擬の基準を変えるものではなかったし、式部省銓擬についても複数の候補者を銓擬するという天平七年格のあり方には変化がなかったと考えられる。したがってa・b・cは、いずれも天平七年格による国擬者と副申者の複数の候補者を式部省において銓擬するという方式の時期のものであり、a七四八年、b七五〇年、c七四七年（以前）と年次も近接している。

aの紙背は宝字六年正月十四日造石山寺所食物用帳の一部に利用されており（『大日本古文書』五―二三～二四）、その筆跡から安都雄足が代筆したものと見なされ、雄足との関係で石山関係の文書群に残ったと説明される。したがって下書きということになるが、万葉仮名を混じえた宣命体になっているのは、式部省銓擬の儀式で行われる「令レ申二譜第一」（弘仁式部式・延喜式部下式「試二諸国郡司主帳以上一」）に関係する文書、即ち式部省における郡領補任の簡試に提出するための公的な文書であり、それ故、写経所の中でも能筆家と目される雄足に代筆を依頼したのではないかと言われる所以である。(2) 但し、aは祖父・父・兄と代々郡領に奉仕してきた事実（天平七年格の「難波朝廷以還譜第重大」、天平二十一年勅の「立郡以来譜第重大」）と神護自身の朝廷への奉仕（労効ないし才用？）、また祖父・父・兄の相継者であることを述べるという構成になっており、譜第について口状をチェックする（『続紀』勝宝元年二月壬戌条に記された天平七年格以降の様相）という、当時の式部省銓擬のあり方に相応しいものであり、式部省銓擬の口状の試問に備えたメモと見ることもできる（この場合は代筆ではなく、雄足に案文そのものを依頼した可能性が想定される）。ともかく、aが式部省銓擬の口頭試問に備えたものであり、式部省銓擬の具体的な内容を考える上で貴重な史料となることはまちがいない。

次にbは某千虫が国擬に与ることを求めて、所属官司に国司への推挙状を作成してくれるようにとの依頼に応じたものである。即ち、千虫は中宮舎人であり、まず中務省に推挙状の作成を依頼したが、千虫は実際には造東大寺司に出向していたので、中務省では造東大寺司が推挙状を作成すべきだと判断し、そちらに依頼を回した。造東大寺司では、千虫が主帳に就任することに同意し（「放却已訖」）、推挙の文言を認め（「其千虫祗二承司裏一、頻歴二数年一、立性恪勤、能成レ所レ任、今量二身労一、於レ事可レ矜」）、国に判断を求める旨の推挙状を作成したのである。(3) 但し、この文書の紙背も景雲二年二月二十日牒断簡（『大日本古文書』十七－一〇二）として利用されており、やはり案文であったということになる。和銅主政帳の任用については、『続紀』和銅五年四月丁巳条以前は国司が任用し、名帳だけを中央へ送っていたが、和銅五年条により、本人が向京し、式部省で「准レ式試練」を行うことになっており、bの段階では基本的には郡領と同様の任用手続きをとる。別稿で検討した郡司任用に関する法令は殆どが郡領に関わるものであったが、この千虫の主帳任用に際しての手順の中にも、郡領、さらに郡司の任用方法に一般化して考え得る要素が存している。別稿では延暦十八年勅でトネリ等が国擬を経ることなく式部省銓擬に与ることができるようになる以前には、在京のトネリ等も国擬を経て国擬者あるいは副申者に推薦されねばならないと考えたが、bは正にこの手順の実例となる。つまりトネリ等→郡司の場合も国擬を経ることが必要であったこと、また国擬者や副申者の中にも在京のトネリ等が含まれることもあったことなどを裏付けるものである。

cは断片的な文言であるが、書出しは「某解」の書式、「□息事」が事書き、「右…」以下が本文、「謹解」が書止めで、某郡大領補任を請願する文書の下書きではないかとされ、SK八二〇からは西宮兵衛木簡が出土していることを考慮して、西宮を守衛する兵衛のうちの一人によって書かれたものと推定されている。a・bが紙の文書であるのに対して、cで木簡を用いているのは、紙が豊富な写経所と、兵衛詰所での身近な書写材料としての木簡という相違であるとの説明もなされている。(4)

以上、a・bは中宮舎人、cは兵衛と、いずれも中央出仕し在京するトネリ等が郡司任用を求める例であることがわかり、各文書の内容と機能について既往の研究を紹介し、若干私見を加えた。その他、「申二天平勝宝七歳考中行事一事」とある年月日不明の造講堂院所解（『大日本古文書』十三―一五六～一五八）にも、「不考」の中に「壱人依㆓軍団領申㆒、司判退」とあり、おそらく中宮舎人であろうが、軍団官人への就任により職務を離れていた者がいたことが知られ、トネリ等↓軍団官人の例が『続紀』宝字元年正月甲寅条以前から存したことを窺わせる。軍毅の任用方法も郡領と同じく譜第に基づくものであり（天平六年度出雲国計会帳の「軍毅譜第帳」、延喜兵部式）、地方出身のトネリ等の帰郷の希望の存在を示していよう。

二　郡司任用の手続き

前節でのトネリ等の郡司補任請願文書の実例とその機能の検討をふまえて、本節ではトネリ等↓郡司の際の任用手続きを明らかにすることにしたい。

まずbに「司依㆓省牒㆒、放却已訖」、前掲の年月日不明の造講堂院所解に「依㆓軍団領申㆒、司判退」とあるように、トネリ等から郡司・軍毅になるための銓擬を受ける者は、まず所属官司の任務を解かれることが出発点であった。

d延喜式部上式

凡左右近衛長上十五年、番上廿年為㆑限、毎㆑季各二人、左右兵衛各一人、左右衛門隔年各一人、任㆓諸国史生㆒。其任㆓郡領㆒者、左右近衛各二人、左右兵衛各一人、待㆓本府移㆒、勘㆓録譜第㆒、奏㆓擬文㆒之日、副㆓奏文㆒進。〈諸衛同㆑之。〉但左右兵衛通㆓任郡領及主政帳㆒、左右衛門若有㆓移送㆒、府別郡領各一人、隔㆓三年㆒補㆑之。並以㆓佐已上共署文㆒任㆑之。

近衛・兵衛については、dに「待㆓本府移㆒」とあり[5]、帳内・資人に関しても、「はじめに」で掲げた延喜式部上式文に記されているように、郡司銓擬に与るには「有二主許牒一者聴レ之」、即ち主人の許可が必要とされている。(6) とすると、まず本人から所属官司なり、主家なりに、郡司の銓擬に与りたい旨を意志表示することが第一歩である。a・bの文書としての機能は先述の通りであるが、cについては、これが西宮兵衛のうちの一人によって書かれたものであるとすると、「今願所者（中略）□（仰カ）彼郡大領所令仕奉止謹解」は、あるいは兵衛府に対して郡司の銓擬に与りたい旨を申し出た意志表示の文書と見る余地も考えられないであろうか。「蒙□（恩カ）澤□□延年如常」は、長年兵衛府に仕えてきたという自己の置かれた立場をふり返り（「延年如常」は「無事消光致しております」の意であるが、兵衛府の勤務を無事勤めているという意味で、「自己の置かれた立場をふり返り」と表現した）、郡司への転身許可を願う申し出の前置きと理解したい。(7)

次に先にも触れたように、トネリ等が国擬を経ることなく式部省銓擬に与ることができるようにした延暦十八年勅から弘仁三年の国擬一本化（『後紀』弘仁三年六月壬子条）までの時期を除いて、式部省銓擬対象者になるためには、トネリ等在京者も国擬を経ることが必要であった。bは所属官司から国に宛てた推挙状とも言うべき文書で、某千虫の勤務態度などを申し添え、彼が郡司たるに相応しい人物であり、国擬での配慮を求めたものと見ることができる。天平七年格以前であれば、国擬者一名に推薦されるか否かですべてが決まるが、a・b・cのように、天平七年格以後の時期に関しては、副申者として貢上されれば、次のステップである式部省銓擬に与ることができる訳である。

では、その式部省銓擬の様相は如何であったか。式部省銓擬（試郡司）の全体がわかるのは弘仁式部式・延喜式部下式の「試二諸国郡司主帳以上一」しかない。(8) このうち、先に述べたように、「令レ申二譜第一」に相当する「口状」を問うことについては、八世紀にもその実施を確認できる。ただ、もう一つの柱になっている筆記試験の方は確認できないので、今は措くことにし、譜第についての試問の様子を考えてみたい。aは口頭での譜第の試問を意識して宣命体で記されたものであり、正に式部省銓擬に関わる文書と評価することができる。その内容は孝徳朝の天下立評以来、祖父・父・兄と代々郡領を勤めてきたという「難波朝廷以還譜第重大」（天平七年格）・「立郡以来譜代重大」（天平二十一年勅）、自己の官人としての経歴＝才用の披露、祖父・父・兄・自分という郡領継承の順序を述べたものとなっており、これは「国司先検二譜第優劣・身才能不・舅甥之列・長幼之序一、擬申二於省一」（天平二十一年勅）という国擬のあり方を反映したものであることにも注意したい。式部省銓擬においても国擬の結果は最も顧慮されるべきであり、その国擬者の要件に近い条件を満たしていることを強調するのは、式部省銓擬でのアピール度も高いと考えられる。なお、dの「待二本府移一、勘二録譜第一」の主語は郡領に任ぜられるトネリ等であると解されるので、aの如き奏文をトネリ等が準備する必要性が裏付けられる。また延喜式部上式に「凡諸衛之人、銓二擬郡司一、向レ省之日、勿レ脱二兵仗一」とあるのは、先述のように、郡司銓擬に与る際には、一応任務を解かれた状態であるのだが、郡司任用が決定するまではあくまでもトネリ等の身分であることに注意を喚起した規定と見なされる。

さて、以上のような形で式部省銓擬に臨むトネリ等であるが、式部省の判断は如何なる結果になったであろうか。式部省銓擬の結果のあり方を問題にしたA『続紀』勝宝元年二月壬戌条・B『後紀』弘仁三年六月壬子条・C『三代格』巻七弘仁三年八月五日官符では次のような事態が指摘されている。まずA天平二十一年勅では「或譜第雖レ軽、以レ労薦レ之、或家門雖レ重、以レ拙却レ之。是以其緒非レ一、其族多レ門、苗裔尚繁、濫訴無レ次、各迷レ所レ欲、不レ顧二礼義一、孝悌之道既衰、風俗之化漸薄。」とあり、これだけではトネリ等が任用されたか否かは不明であるが、こうした銓擬の混乱、在地での郡領をめぐる争いの激化に対して、Aは「立郡以来譜第重大之家、嫡々相継」、さらにD『続紀』宝字元年正月甲寅条では有位者という条件の付加による対応がなされ、式部省銓擬の結果を在地の人々に納得させるために郡領候補者の絞り込みが行われている。「労」や「身才」の比較（A）、地方では官位獲得の機会が少ない

（『続紀』宝字五年三月丙戌朔条）中での有位者（D）などの条件はトネリ等に有利なものであり、Aに見える銓擬の混乱と在地の争いのすべてとは言えないが、その中にはトネリ等が郡領に任用されたケースも含まれていたと考えたい(9)。延暦十八年勅により、国擬を経ることなく、トネリ等が式部省銓擬に与ることができるようになった段階では、このような事態はより明瞭に看取される。即ち、「在京他人、争レ第競レ甲、抑二退国選一、越レ旧被レ任」（B）、「或身在レ京、争レ第相申、抑二退国選一、遂奪二其位一」（C）とあり、在京のトネリ等が郡領に就任する結果となったことが記されている。

　以上、トネリ等の郡司任用の際の手続きのあり方を検討し、実際にも式部省銓擬の結果、国擬者を退けて、トネリ等が郡領に就任する場合もあったことを見た。しかし、彼らの郡領就任は、前掲天平二十一年勅に記されているように、在地での郡領をめぐる争いの激化を齎し（在京者を排斥しようとする、あるいは在京者でも可なら、自分も…という意識も起こってきたか）、また「試二之政事一、未レ克二宣風一、訪二之民間一、誰有二推服一、国吏月教而不レ覚、郡内年弊而無レ興。不治之責、還及二牧宰一、外官之歎、前後不レ殊、方今仁風遠覃、徳政屢降、然彫残之余、百姓猶困、実由二撫養之失レ人也」（B）、「一民之志未レ有二推服一、百里之任何能可レ堪、臨レ事面レ墻、操レ刀傷レ錦、其之為レ弊、古今一揆」（C）と、在地の離反と郡治能力の欠如を露呈するに至り、「無頼之徒」（C）と評価されることになった。では、彼らの郡務ぶりは実際のところ如何であったか。次にトネリ等在京者から郡領になった者の実例に拠りながら、トネリ等の郡領就任の実態を考えてみたい。

三　郡領就任と郡務遂行の様相

トネリ等の在京者から郡司に就任したことが確実な者として、次の四例が存する。

①大和国高市郡少領蔵垣忌寸家麻呂（天平三年任）↑内蔵少属・従八位上（『続紀』宝亀三年四月庚午条）

②伊豆国田方郡大領伊豆国造伊豆直少万呂（宝亀二年任ヵ）[10]↑大舎人・従八位下（伊豆国造伊豆宿禰系図）

③信濃国伊那郡大領金刺舎人八麿（景雲二年見ユ）↑在京者ヵ（『続紀』神護元年正月己亥条で正六位上↓外従五位下・勲六等（仲麻呂の乱平定の功績ヵ））

④越前国足羽郡大領生江臣東人（勝宝七年見ユ）↑造東大寺司史生・大初位上（『大日本古文書』五－五四三、勝宝元年五月）

その他、『続紀』宝亀四年九月庚辰条「以二外従五位下出雲臣国上一、為二国造一」とある出雲臣国上は、天平六年度出雲国計会帳に「（天平五年）十二月／一十六日進上意宇郡兵衛出雲臣国上等参人勘五□籍事／一同日進上兵衛出雲臣国上等参人事」（『大日本古文書』一－五九九）と見えており、当時の出雲国造兼意宇郡大領出雲臣広島の子弟として兵衛の出仕を経て、国造に就任したものと見なされ、参考までに掲げておく。以下では郡司就任後の動向がわかる事例③・④について検討し、トネリ等在京者の郡領就任とその後の郡務遂行の様子を考える手がかりとしたい。

まず③金刺舎人八麿は、前歴として藤原仲麻呂の乱平定の功績者に対する叙位記事で昇叙に与ったことが見える。『金刺氏系図』[11]では金刺舎人氏は諏訪郡の郡領として記され、伊那郡には他田直氏が郡領として現れるが、両氏は同族であり、伊那郡にも金刺舎人氏の根拠地はあったと思う。仲麻呂の乱では、兵乱が地方にも展開し、地方豪族にも与党がいたことが知られるが、(12)八麿はやはり中央での平定に活躍したと見るべきであろう。授刀少尉坂上苅田麻呂、将曹牡鹿嶋足が中宮院の鈴印を奪回しようとした藤原恵美朝臣訓儒麻呂を射殺するなどの活躍をしており（『続紀』宝字八年九月乙巳条）、八麿も在京者として乱平定に奮戦したと推定されるからである。苅田麻呂らは即日授位に与っており、さらに八麿が授位された日には勲位を授けられている。この日の授位・授勲者はいずれも中央官人と推定され、八麿の授位前の帯位正六位上は、授刀少尉の苅田麻呂が正六位上であったことを考慮すると、彼と同等の官職に就いていた可能性を考えねばならない。仲麻呂の乱平定に関わる叙位記事は、宝字八年九月乙巳条、十月庚午条、神護元年正月己亥条などにまとまった記載があるが、神護元年条の勲位授与を除いて、重複する授位者はいないので、八麿も乱以前に正六位上であったということになる。したがって八麿はどのような地位に就いていたかは不明であるが、正六位上の位階を考えると、トネリ等として出仕した後、相当の地位に進んでいた（衛府の四等官人など）ものと推定されるのである。

八麿は『三代格』巻十八弘仁三年十二月八日官符「応㆑徴㆓課欠駒価稲毎㆑疋二百束㆒事」中の景雲二年正月二十八日格所引内厩寮解に「信濃国牧主当伊那郡大領外従五位下勲六等金刺舎人八麿解、課欠駒計㆑数応㆑決、而免㆑罪徴㆑価」と見える。この意見は景雲二年格制では否定されるが、弘仁三年官符の事書にあるように、その後彼の主張に沿った方向で制度的整備が行われるのである。先の仲麻呂の乱平定から程なく、彼は帰郷して伊那郡大領に就任するとともに、内厩寮管下の牧主当に任命されたものと考えられる。(13)そして、在地管理者に相応しく、現実的な課欠対策を上申したのであった。但し、そうした在地事情に通じた側面だけでなく、彼が郡領就任後も内厩寮の牧の管理者として中央とのつながりを持っていることにも注目したい。八麿については以上のような動向しかわからないが、在京者から郡領になった者が、内厩寮の牧別当など、中央とのつながりを維持する例があることを指摘し、次に在地での郡司としての活動の様子がわかる唯一の例である④生江臣東人の検討に進みたい。

生江臣東人について考察するにあたって、まず東人以外の生江臣一族の郡領就任状況を整理しておく（いずれも越前国管下の郡）。

丹生郡…郡領は佐味君

天平二年度正税帳　主政・外大初位下勲十二等　生江臣積多（『大日本古文書』一―四三二）

今立郡…弘仁十四年六月丹生郡より分立

貞観八年八月七日　大領・外正六位上　生江臣氏緒（三代実録）

足羽郡

勝宝元年八月十四日　大領・外正五位下　生江臣安麻呂（『大日本古文書』五―五四三）

宝字三年五月十三日　少領　生江臣国立[14]（『大日本古文書』四―三六六）

天暦五年十月二十三日　検校方上御庄惣別当　生江（『平安遺文』二六三号）

擬大領博士　生江

擬大領　生江

擬大領　足羽

擬大領　足羽

擬大領　古市

擬少領　生江

擬少領　秦

大野郡

天平二年度正税帳　大領・外従七位上勲十二等　生江臣金弓　（『大日本古文書』一―四三三）

少領・外正八位下勲十二等　阿須波臣真虫

『和名抄』では足羽郡に生江郷は見えないが、江上郷があり、長屋王家木簡中に「□□（生江ヵ）下里」（『平城宮発掘出土木簡概報』二十七―二〇頁）、神護二年十月二十一日越前国司解に江下郷（『大日本古文書』五―五六五）が現れること、美濃国大野郡上荒郷・下荒郷はもと阿漏里であったと考えられること（『藤原宮木簡』二（解説）五四四号木簡）などから、もと生江里があり、江上・江下に分かれたものと推定される。したがって生江臣の本拠地はあくまで足羽郡であったと見なされる。また前掲の整理では、奈良時代に丹生郡主政に生江臣が見えており、丹生郡から今立郡が分立した後に今立郡の郡領として生江臣が登場していることがわかる。丹生郡南半の今立郡地域と足羽郡・大野郡とは近接する地域をなしており、生江臣氏緒は稲十万束を献じ公用に充てたことによって借外従五位下授与に与っているので、全くの新興豪族というよりは、既に奈良時代から後の今立郡地域に生江臣が勢力を有していたことを窺わせるものと考えたい。したがって以上の丹生郡南半（後の今立郡）・足羽郡・大野郡が奈良時代の生江臣氏の勢力基盤であったと見ることができる。

ところで、前掲の整理中の天暦五年越前国足羽郡庁牒には、擬大領として足羽臣が見え、郡名を冠する足羽臣（本拠地は足羽郡足羽郷か）が生江臣氏と拮抗する勢力を有していたことがわかる。大野郡でも大領生江臣、少領阿須波臣であり、足羽郡では大領生江臣東人の時代には少領は阿須波臣東麻呂となっており、阿須波臣も足羽郡・大野郡と、生江臣とほぼ同様の地域に勢力を持っていたことが知られる。郡名から推して、阿須波臣の方が古族であり、立評ないし郡制施行当初は序列が逆であった可能性も指摘される所以である(15)。こうした生江臣と阿須波臣が譜第郡司として拮抗する姿を念頭に置いて、以下、生江臣東人の郡領としての活躍を検討する。彼がもと造東大寺司史生であり、あるいは勝宝元年に足羽郡大領として見える生江臣安麻呂の子弟で、トネリ等を経て造東大寺司に勤務していたのではないかと推定されること、郡領就任後も東大寺領道守荘を中心に、東大寺領北陸荘園の形成と経営に尽力したことなど、彼の経歴については既に詳しい考察がなされているので(16)、その成果に依拠することにし、ここでは郡領としての動向に絞って論を進める。

生江臣東人の郡領としての在地との関係を考察する材料としては、e神護二年九月十九日の三通の足羽郡司解（『大日本古文書』五―五四三〜五四四、五四四〜五四五、五四六）、f神護二年十月十九日越前国足羽郡大領生江臣東人解（五―五五一〜五五三）、g神護二年十月二十日越前国足羽郡少領阿須波臣東麻呂解（五―五五三〜五五四）が注目される。eはいずれも「申伏弁」とあり、別鷹山・額田国依・道守男食など郡内の百姓が自己の田を東大寺のものであると認める伏弁状を取り次いだもので、足羽郡の郡司四等官が署名している。これは道鏡政権下の東大寺による荘田の集中一円化に従ったものと言われており、東大寺の意向に沿った行動と評価できる。東人自身も元来道守荘に墾田百町を寄進し、同荘の成立に寄与したのであるが、この段階でなお荘内に残っていた墾田七町余を手放して東大寺に寄進している。ちなみに、この時東人は「板倉壱間〈長二丈五尺・広三尺〉在丹生郡水成村六人部浄成家」も合せて寄進しており（『大日本古文書』五―六一四）、先述のような、丹生郡のうちでも後の今立郡となる地域には生江臣の勢力が存していたという推定を裏付ける事柄と言えよう。以上の伏弁状の提出は、東大寺の意向に沿うものとはいえ、郡領としての任務によって行ったものであり、郡司四等官の署名、さらに国判が加えられ、公文書として東大寺に齎されている。

次にf・gは東人と在地との関係を窺わせる史料と言えよう。

f足羽郡大領正六位上生江臣東人謹解　申御使勘問事

合五条
一東人之所レ進墾田壱伯町之溝事
右、従レ元就公川治通レ溝〈長二千五百許丈、広六尺、深四尺以下三尺以上〉、未レ任二郡領一時、以二私功力一治開、是以治得田、如レ員東大寺功徳料進上已畢、自レ尓以来、無二公私障一勘定、申送已訖。
一墾田壱伯捌町
右、先後使勘定已訖、然之田不二治開一、先百姓之墾田幷今新相交、是以依二先案一、田籍造処、寺使僧幷東人等、勘付已訖、而東人預二公事一、入京後、勘二外田捌町捌段弐伯漆拾弐歩一。
一栗川田寺使与二百姓一相訴事
右、実寺田知判充奉已訖、後他司所レ勘事、東人不レ知。
一宇治知麻呂事
右、依二田使僧等牒一、東人私誂二件人一、水守充奉已訖、不レ知二々麻呂決罸由一。
一為レ論二雑務一田使僧等所レ召不参二度事
右、依二一度神社春祭礼一、酔伏不レ堪二奨槳一不参、一度病臥未レ療之間、不二参向一、但使進上。
以前五条事、東人之身、遅鈍幷老衰、毎レ事闕怠、更不レ得レ避レ罪、仍具録二事状一、請二使裁一、謹解。
天平神護二年十月十九日　大領正六位上生江臣「東人」

g足羽郡少領阿須波束麻呂解　申過状事
一預二郡家一佃　勅旨御田陸町受二漑寒江之沼水一〈元来公私共用之水者〉
専当少領阿須波束麻呂

右、件　御田水、依二東大寺道守野庄所妨停一不レ堪レ佃状、附二散仕五十公諸羽一申二上国府一、即依二諸羽申状一下二国符一偁、喚二草原郷人宇治智麻呂一進者、郡依二符旨一、進二上其智麻呂一、此過。

一東大寺栗川庄所田堺未レ勘事

右、部下野田郷百姓車持姉売辞状云、寺家庄所使取二己口分田捌段一、不レ令レ佃愁者、仍勒二班田時一、書生委文土麻呂・田領別竹山二人充レ使、令レ勘二虚実一、発二遣所在口分一、斯土麻呂等申云、正認二東西畔一、彼此相違者、仍未レ与二判断一、此過。

以前二条事、注顕申送如レ件、謹解。

天平神護二年十月廿日足羽郡少領外従八位下阿須波臣東麻呂

fは先述の荘田一円化の流れの中で、寺使の勘問に応じた際のものである。まず東人は第一条で墾田百町を「未レ任二郡領一時、以二私功力一治開、是以治得田、如レ員東大寺功徳料進上已畢」と、道守荘に対する貢献を述べる。ここでは郡領就任以前、おそらく造東大寺司史生として在京中から、東人が私功力によって墾田を得ることができる程、在地と密接な存在であったことが注目される[17]。また第五条では神社の春の祭礼で酔っぱらってしまい、田使僧の召問に応じることができなかった旨を弁解しており、やはり在地とのつながりが密接であったことを窺わせよう[18]。次に第三条では栗川荘の田をめぐる寺使と百姓の相訴、第四条では宇治知麻呂が決罰を受けたこと、これらをともに知らなかったと答えているが、この二件はgとも関係するので、gの検討に進みたい。

gは足羽郡少領阿須波臣東麻呂が東大寺に呈した過状である。足羽郡の少領としては宝字三年に生江臣国立が見えているので、東麻呂の就任はそれ以後のことであり[19]、初見はeの神護二年九月十九日足羽郡司解である。gの内容は、fの第三条・第四条に関連するものである。まずf第三条は栗川荘と現地の百姓との間の墾田の境界争いに対する勘問への回答であり、東人は「実寺田知判充奉已訖、後他司所レ勘事、東人不レ知」と述べている。この「他司」が東麻呂である。g第二条によると、東麻呂は野田郷百姓車持姉売の訴えにより、班田の際に(郡)書生委文土麻呂・田領別竹山の二人を派遣して、口分田か寺田かの判定を行おうとし、土麻呂の東西の畍(=畛)に関する報告を受けていたが、まだ判断を下しておらず、寺田と百姓口分田の境界争いが続いていたのであった。fでは東人は既に寺田であるとの判断を下していたのに、gによると、少領東麻呂はそれとは別の行動をとっており、大領と少領の行為の相違が注目されよう。

次にf第四条では東人は田使僧等の指示により、知麻呂を水守に任命していたが、「不レ知ニ々麻呂決罰由一」とある。この知麻呂の決罰を行ったのも、東麻呂であった。g第一条によると、道守荘に隣接して存在した勅旨御田の管理者であった東麻呂が、越前国司の協力の下、寒江沼の水を道守荘側に入れないようにしようとしたのに対して、逆に道守荘の用水を確保しようとした知麻呂を逮捕したという。以上の東麻呂の行為は、国符を受けての知麻呂逮捕や班田の際の口分田の帰属調査と、いずれも郡司の行為として相応しく、国司の指揮の下に行ったものである。勅旨御田については、専当である東麻呂の役割が大きいと思われるが、こうした郡内の出来事、しかも国郡務の妨げとなるような東大寺側の行為に対しては、本来大領が先頭になって対処すべきであろう。ちなみに、gには「足羽郡少領外従八位下阿須波臣東麻呂」とあり、東麻呂の帯位は選叙令郡司条の少領の初叙位階と同じであり、彼は在地出身の郡領であったと考える。

e〜gは、仲麻呂政権下の東大寺抑圧策によって衰退に追い込まれた東大寺領荘園が、道鏡政権の下で復権し、仲麻呂政権期の杜撰な荘園経営の責任を厳しく問うたものと言われ、東人もこの間東大寺に非協力的態度をとっていたことは、fの第一条道守荘の長大な溝の用途についての疑念、第二条墾田数の勘定ミスなど、東人に対する東大寺の勘問事項にも窺うことができる。[20]ただ、道守荘など足羽郡内の荘園については、東人が大きく関与していたのはまちがいなく、東大寺側も彼を頼りにしていたからこそ、fのような叱責を行ったのである。『続紀』景雲二年二月丙子朔条には「授二正六位上生江臣東人外従五位下一」と見えるのは、やはり東大寺領荘園に対する彼の功績を認めてのことであろう。しかし、こうした東大寺領荘園の経営は、gに記されているように、国郡行政の妨げとなることもあった。この時積極的に国郡務を遂行しようとしたのは、在地出身の郡領東麻呂であり、東人は動向不明である（寺使の召問に二度不参したのは、あるいは東大寺と国郡務との板挟みになっての退避行動であったとも考えられる）。ここに中央官人の経験を持ち、中央の利害と関わらざるを得ない東人の国郡務に対する限界を見るのは深読みしすぎであろうか。国司にとっては、東麻呂のように国郡務に忠実な郡領こそ必要であり、東人は大領の地位にありながら、国郡務には役立たない存在として判断されても仕方がないと思われる。東人は有力在地豪族生江臣氏出身であり、f第五条に神社の春の祭礼にも参加したと見えており、在地の信頼を得ようと努めている。しかし、口分田を奪われた人々にとっては、東人は東大寺側に肩入れする存在としてしか映らず、在地の人々の承服を失ったことであろう。また少領東麻呂と大領東人の国郡務に対する姿勢が異なるのも、郡務遂行の障害となると考えられる。

以上を要するに、私は生江臣東人の中に、在京のトネリ等が郡領になった場合、中央とのつながりなどによって、在地出身の郡領とは国郡務に対する姿勢が異なる場合があり、それが国郡務遂行に混乱を齎すという事例をかいまみることができると考える。[21]これが前掲のA・B・Cに記されているような問題の一端であったのである。このような問題は、九世紀後半以降、王臣家の在地への進出や国郡務への対捍、さらに郡司と王臣家の結合といった事態として、律令国家の変容にも関わる要因として展開して行くことになるが、その様相は別途検討することにし、本章ではトネリ等在京者が郡領に就任した場合の問題点について、A・B・Cなどの法制史料を裏付ける事例があることを紹介するに留めたい。

むすび

本章ではトネリ等在京者の郡領任用手続きと彼らが郡領に就任した場合の問題点について検討を加えた。郡領任用の手続きに関しては、延暦十八年勅により、国擬なしで式部省銓擬に与ることができた延暦十八年～弘仁三年の間を除くと、郡司補任請願の意志表明↓本司・本主の許可↓本司・本主の推挙状を国司に提出↓国擬↓式部省銓擬という過程をとったものと考えられ、国擬以前にいくつかクリアすべき事柄が存したのが特色である。実例として掲げたcは郡領補任請願解で、兵衛府に提出するものの草稿、bは郡司補任請願・本司の許可を経て、本司が国司に対しての推挙状を認めた案文、aは式部省銓擬の際の口頭試問に備えた草案ではないかと位置づけることができる。

トネリ等在京者の郡領就任時の問題としては、法令類には郡領の地位をめぐる争いの激化や在京者の就任により郡務遂行に支障が生じることなどが指摘されており、生江臣東人の例によって、中央とのつながりによって国郡務の利害を失うことや在地出身の郡領と国郡務に対する姿勢が異なる場合が実際に存したことを明らかにした。

以上、いずれの点についても、別稿の律令国家における郡司任用方法とその変遷を補う知見が得られたものと考えるが、九世紀後半以降の王臣家と地方との結合など、九世紀以降の様相については、今後の課題とし、ひとまず擱筆することにしたい。

註

（1）今泉隆雄「八世紀郡領の任用と出自」（『史学雑誌』八一の一二、一九七二年）。

（2）西山良平「「律令制収奪」機構の性格とその基盤」（『日本史研究』一八七、一九七八年）、今泉隆雄「平城宮跡出土の郡領補任請願解の木簡」（『古代木簡の研究』吉川弘文館、一九九八年）。

（3）西山註（2）論文。なお、今泉註（2）論文は、bを所属官司に式部省宛の推挙状作成を申請したものと見るが、その理解には従えない。

（4）今泉註（2）論文。

（5）その他、『三代実録』貞観八年正月二十四日条に「制。太皇太后・皇大后宮舎人、待二職免文一、聴レ補二他職一、自レ今以後、立為二恒例一」とある。

（6）『法曹類林』巻百九十七公務五にも資人と郡司就任と主人との関係が述べられており、主人の規制が強いことが窺われる。

（7）鈴木景二「下級国司の任用と交通」（『木簡研究』一四、一九九二年）は、SK八二〇出土木簡中の国司や郡司に関わる文言の削屑について、西宮兵衛が国司や郡司になることを思い描き、研鑽を行った習書であるとする。また在京中に培った人的関係は、彼らが国司として各地へ赴任、もしくは郡司として帰郷した後も、維持・利用されたことがあり得たと見ている。

（8）早川庄八「選任令・選叙令と郡領の「試練」」（『日本古代官僚制の研究』岩波書店、一九八六年）。

（9）aの神護については、青木和夫『日本の歴史』3奈良の都（中央公論社、一九六五年）一七〇頁～一七一頁、米田雄介『郡司の研究』（法政大学出版局、一九七六年）一九五頁～一九六頁など、天平二十一年勅によって郡領に就任できなかったとする意見が有力であるが、神護は「立郡以来譜第重大之家」に属し、郡領継承の順位も「嫡々相継」に近く、その他、官人としての能力、有位者といった条件にも合致しており、私は神護が郡領に就任した可能性の方が高いと思う。

（10）拙稿「律令制下の国造に関する初歩的考察」（『ヒストリア』一一四、一九八七年、本書所収）参照。

（11）この系図については、田中卓「古代阿蘇氏の一考察」（『日本国家の成立と諸氏族』国書刊行会、一九八六年）参照。

（12）拙稿「橘家と恵美太家」（『海南史学』三三、一九九五年）参照。

（13）牧別当については、山口英男「八・九世紀の牧について」（『史学雑誌』九五の一、一九八六年）、吉川敏子「古代国家における馬の利用と牧の変遷」（『史林』七四の四、一九九一年）など参照。

(14) 生江臣国立が足羽郡少領であることは、大洞真白「越前国足羽郡司に関する一考察」(『続日本紀研究』二九一、一九九四年)参照。

(15) 米沢康「郡司氏族の系譜」(『越中古代史の研究』越飛文化研究会、一九六五年)、原秀三郎「郡司と地方豪族」(『岩波講座日本歴史』三、岩波書店、一九七六年)など。

(16) 最新の成果として、『福井県史』通史編一原始・古代(一九九三年)第五章第一・二節を掲げておく。

(17) 藤井一二『初期荘園史の研究』(塙書房、一九八六年)一四四頁は、東人が在地の郡領と密接な関係にあったことを指摘している。

(18) 吉村武彦「初期庄園にみる労働力編成について」(『原始古代社会研究』一、校倉書房、一九七四年)一八七頁は、道守荘内には神社は存在しないとしており、とすると、この祭礼は郡あるいは生江臣氏の本拠地でのものかと推定される。

(19) 大洞註(14)論文は、少領生江臣国足から阿須波臣東麻呂への交替には、藤原仲麻呂を中心とする中央権力が介入した可能性があるとする。またその頃の越前国守が仲麻呂の子薩雄(宝字三年十一月〜八年二月任)であったことにも留意すべきことが指摘されている。

(20) 小口雅史「初期庄園の経営構造と律令体制」(『奈良平安時代史論集』上、吉川弘文館、一九八四年)、「土地政策の転換と荘園」(『古文書の語る日本史』一、筑摩書房、一九九〇年)など。

(21) やや視角が異なるが、櫛木謙周「古代の荘園における郡司の立場」(『日本古代国家の展開』下巻、思文閣出版、一九九五年)二九一頁も同様の指摘を行っている。

第三章　評司の任用方法について

はじめに

私は先に「律令国家における郡司任用方法とその変遷」なる論考（『弘前大学国史研究』一〇一号、一九九六年、本書所収。以下、前稿はこれを指す）において、大宝令制の郡司任用方法は、国司による銓擬（国擬）を基準とするもので、国擬者一名を申上し、式部省銓擬でその採否を決定し、郡司就任に至るという過程をとるものであることを述べた。その国擬者選定に際しては、「性識清廉、堪二時務一」（選叙令郡司条）という令文の規定が基準であるが、その選択の範囲は「譜第優劣・身才能不・舅甥之列・長幼之序」（『続紀』勝宝元年二月壬戌条）を勘案して、譜第者から銓擬するものであった。この譜第を基準とする任用は、譜第之選が停止された延暦十七年～弘仁二年の一時期を除いて、郡司任用の基本となったのである。

では、何故このような郡司任用方法が採用されたのであろうか。前稿で検討したように、令文においても郡司が地方豪族から採択されることが窺え、地方豪族による支配を、郡・郡司という国家の正式な機構の中に位置づけているのは日本の律令国家の地方支配の大きな特色であり、それは郡の前身たる評制の成立過程と機能とに由来するものであった。評制の成立過程や評制下の地方支配のあり方については別稿で考察を加えたことがあるので、それを参照していただくことにし(1)、本章では評司の任用方法に関して私見を整理することにしたい。

一　浄御原令制下の規定

史料的に評司の任用に関わる規定がわかるのは、浄御原令制下においてであり、まずこの時期の様相を整理し、時期を遡っての考究の手がかりとしたい。

α『続紀』文武二年三月庚午条

任二諸国郡司一。因　詔二諸国司等一、銓二擬郡司一、勿レ有二偏党一。郡司居レ任、必須レ如レ法。自レ今以後、不レ違越一。

まずαによると、評司任用も国司の銓擬を基本としたことが知られる。なお、『続紀』大宝二年三月丁酉条「聴三大宰府専銓二擬所部国掾已下及郡司等一」とあり、大宰府には中央の式部省銓擬に相当する権限が与えられており、西海道諸国の郡司は向京することなく、大宰府での式部省銓擬相当の銓擬、任郡司相当の儀を受けたものと思われる。この記事については、かつて惣領が有していた評司に対する銓擬権が、大宝令施行によって一旦消滅し、惣領の唯一の後身官司である大宰府において復活したものとする解釈がある。(2)惣領の役割には不明の部分が多いが、少なくとも本条により大宰府で式部省銓擬相当の銓擬を行うことが確認されたのはまちがいない。ただ、大宰府に関しては、『書紀』持統三年九月己丑条「遣二直広参石上朝臣麿・直広肆石川朝臣虫名等於筑紫一、給二送位記一、且監二新城一」と、翌年の浄御原令施行に伴う西海道の位記の給付に与っており(3)、既に浄御原令制下（以前）から、統括官的性格を有していたと推定され、本条はそうした背景をふまえての措置と解するならば、果して惣領一般に式部省銓擬相当の銓擬権が与えられていたか否かの結論は、慎重にならざるを得ず、保留しておきたい。

β『続紀』和銅五年四月丁巳条

詔。先レ是、郡司主政・主帳者、国司便任、申二送名帳一、随而処分。事有二率法一、自レ今以後、宜下見二其正身一、准レ式試練上。然後補任、応レ請二官裁一。

ところで、この大宝二年条については、もうひとつの意義として、βに記された主政帳の任用状況に鑑みて、国擬を経た主政帳の任用候補者は大宰府で銓擬し、その結果を太政官に報告するものとしたとする見解が呈されている。[4]とすると、大宰府では既に大宝二年段階で、中央でも実施されていなかった主政帳に対する式部省銓擬相当の銓擬を先取り的に行っていたことになる。この点の当否は措くとして、βによると、主政帳については大宝令制下でも当初式部省銓擬が行われず、国擬=国司の判断のみで任用できたことには注目される。当然、浄御原令制下でも評司のうち実務官（評史）は国擬のみによって任用されたと推定される。では、評督・助督に関しては如何であったか。式部省の前身たる法官での銓擬が行われたか否か、この点の検討を試みる必要がある。またβには「准レ式試練」とあり、大宝令制下には郡司大領・少領に対する式部省銓擬のための「式」が存したことはまちがいないが、浄御原令制下では如何であろうか。

浄御原令制下の法官の役割については、『書紀』天武七年十月己酉条「詔曰、凡内外文武官毎年史以上属官人等、公平而恪懃者、議二其優劣一、則定二応レ進階一、正月上旬以前、具記送二法官一、則法官校定、申二送大弁官一（下略）」、同九年八月丁未条「法官人貢二嘉禾一」、同十二年十二月庚午条「詔曰、諸文武官人、及畿内有位人等、四孟月必朝参、若有二死病一不レ得レ集者、当司具記申二送法官一」などにより、考課・選叙や朝集といった令制式部省と同様のものが存したことがわかる。考課・選叙に関しては、天武十一年八月癸未条「且詔曰、凡諸応二考選一者、能検二其族姓及景迹一、方後考之。若雖㆓景迹行能灼然㆒、其族姓不㆑定者、不㆑在㆓考選之色㆒」、持統四年四月庚申条「詔曰、百官人及畿内人、有位者限㆓六年㆒、無位者限㆓七年㆒、以㆓其上日㆒選㆓定九等㆒、四等以上者、依㆓考仕令㆒、以㆓其善最功能・氏姓大小㆒、量授㆓冠位㆒」と、徐々に令制的な考課・成選の方式が整えられていっていた。(5) とすると、浄御原令制下の法官は令制式部省とほぼ類似する機能を持っていたことが推測され、大宝令施行直後の段階で既に式部省銓擬の「式」が存していたことと合せて、その方式は措くとして、浄御原制下の法官でも、式部省銓擬相当の銓擬が行われていたものと考えられるのである。(6)

但し、評司の任用に際して、次の点では相違が存した。まず大宝令施行に前後して、『続紀』文武二年三月己巳条「詔、筑前国宗形・出雲国意宇二郡司、並聴㆑連㆓任三等已上親㆒」、同四年二月乙酉条「上総国司請㆔安房郡大少領連㆓任父子兄弟㆒、許㆑之」、大宝三年三月丁丑条「又有㆔才堪㆓郡司㆒、若当郡有㆓三等已上親㆒者、聴㆑任㆓比郡㆒」、慶雲元年正月戊申条「伊勢国多気・度会二郡少領已上者、聴㆑連㆓任三等已上親㆒」といった法令が散見する。これらは選叙令同司主典条「凡同司主典以上、不㆑得㆑用㆓三等以上親㆒」の大宝令文での成立に対応した措置であると考えられる。とすると、評司の場合は、三等以上親の連任も自由であり、一族で評司を独占することも可能であったと推定されるのである。前稿で『三代格』巻七弘仁五年三月二十九日官符所引天平七年五月二十一日格によって、郡領の氏と主政帳の氏が区別され、一族での郡司独占を避ける方策が定立されたと述べたように、天平七年格以前は、評制下から続く慣行もあって、一族での郡司独占の可能性が存したと思われる。

γ『書紀』持統八年三月甲午条

詔曰、凡以㆓無位人㆒、任㆓郡司㆒者、以㆓進広弐㆒授㆓大領㆒、以㆓進大参㆒授㆓小領㆒。

次に評司の初叙規定である。大宝令制下では選叙令郡司条により、大領―外従八位上、少領―外従八位下の初叙規定が存したが、この淵源となったのはγであり、この時に初めて評督−進広弐（大初位下相当）、助督−進大参（少初位上相当）という初叙規定が定められている。したがって浄御原令制当初には初叙規定はなく、無冠の者は評司になっても無冠のままであったと思われる。[7] これは『三代格』巻七神護三年五月二十一日勅による主政帳の初叙規定設定までの間、主政帳が置かれていたのと同様の状況である。また『続紀』勝宝元年二月壬戌条による立郡以来譜第重大之家の嫡々相継という郡領任用基準の規定、宝字元年正月甲寅条の有位者という条件の付加に対して、宝字五年三月丙戌朔条には「外六位已下、不㆑在㆓蔭親之限㆒、由㆑此、諸国郡司承㆑家者、已無㆓官路㆒、潜抱㆓憂嗟㆒」とあり、郡領子弟は地方では官位取得の機会が殆どないので、白丁の者が多く、[8] 有位者という条件にはずれることになり、この規定を怨んだと見える。とすると、評司に関しても、γに初叙規定が存するのは、これ以前の評司就任者には冠位を持たない者もいたことを窺わせるのではあるまいか。また初叙規定がこの段階で漸く定まったのは、それ以前の評司が有する冠位が様々であったためではないかと思われる[9]（表11）。

別稿では評制施行によって、評司となった地方豪族に冠位を与え、地方豪族に対する把握を強めたのが、評制施行の一つの意義である旨を述べた。勿論、無冠者といっても、評司としての勤務により冠位を授けられることになるので、この評価は動かない。しかし、評司就任以前に有冠者である例は少なく、無冠者から評司になり、評司としての勤務を経て冠位授与に与り、冠位秩序の中に組み込まれるという補訂が必要であろう。なお、『続紀』文武二年九月戊午朔条「以㆓無冠麻続連豊足㆒為㆓氏上㆒、無冠大贄為㆑助。進広肆（少初位下相当）服部連佐射為㆓氏上㆒、無冠功子為㆑助。」とあり、これは伊勢国の豪族であろうが、氏上・助に任命される者でさえ、無冠者であったことを窺わせる事例となる。以上を要するに、評司に対する初叙規定は当初定められておらず、無冠者の評司も多かったこと、即ち大宝令制では大領・少領就任者への初叙によって、郡領は必ず有位者となり、官位秩序の中に位置づけられるが、浄御

表11　評司の冠位例

国名	評名	年　次	職名	人　　　名	冠　　　位	出　　典
山城	乙訓		評　造	身人部連島足	小乙上（従八上）	＊
河内	石川		評　造	沙本穴太部乃別阿米	小山下（従七上・下）	＊
和泉	大島	大化４	主政司	和太連伊多知	小錦下（従五下）	＊
伊勢	飯野	天智３	評督領	久米勝麻呂	小乙中（従八下）	皇太神宮儀式帳
	度会	大化５カ	督　造	神主奈波	大建（大初位）	大同本紀
			助　造	神主針間	小山中(正七下・従七上)	〃
遠江	城飼		評　督	真閇乃君	小仁（従五位）	土方家系図
		孝徳朝	主　政	猪万呂君	小山上（正七上）	〃
上総	印波		評　督	大伴直牟古閇	大山上（正六上・下）	＊
			郡司督	大伴直子老	勤大参（従六上）	＊
下総	海上	孝徳朝	少領司	海上国造他田日奉直忍	小乙上（従八上）	神護解 大日古3-150
		天武朝	少領司	海上国造他田日奉直宮麻呂	追広肆（従八下）	〃
常陸	信太	白雉４		物部河内	小山上（正七上）	風土記
				物部会津	大乙上（正八上）	〃
	行方	白雉４		壬生連麿	小乙下（従八下）	〃
				壬生直夫子	大建（大初位）	〃
	香島	大化５		中臣(　)子	大乙上（正八上）	〃
				中臣部兎子	大乙下（正八下）	〃
近江	栗太	孝徳朝	評　督	小月山君子麻呂	小乙上（従八上）	＊
下野	那須	持統３	評　督	那須直韋提	追大壱（正八上）	那須国造碑
越前	敦賀	大化５	大　領	角鹿直島人	大山上（正六上・下）	＊
丹波	天田	孝徳朝	大　領	丹波直古米	小山上（正七上）	＊
但馬	朝来	孝徳朝	郡国造	神部直萬侶	大九位	粟鹿大神元記
因幡	水依	大化２	評　督	伊福部臣都牟自	小智（従八下） →小黒（従八上・下） →大乙下（正八下） →大乙上（正八上）	因幡国伊福部臣古志
備前	児島	大化２	評　造	田使首息海	小山中(正七下・従七上)	＊
備中	下道	天武朝カ	郡　造	下道朝臣大足	勤大肆（従六下）	＊
紀伊	名草	孝徳朝	大　領	紀直忍勝	大山上（正六上・下）	国造次第
	牟婁	大化４	大領司	熊野直高屋古	小山上（正七上）	＊
伊予	和気		評　造	宮手古別君	小山上（正七上）	和気系図
			評　造	意伊古乃別	小乙下（従八下）	〃

（註）　出典の＊は『古代氏族系譜集成』（古代氏族研究会、1986年）による。但し、内容については考証を経ていないものが多いので、参考のために仮に掲げた。

原令制では評司の冠位秩序への取り込みが不充分であったということである。(10)

以上、浄御原令制下の評司任用の様子を推定し、任用手続きとしてはほぼ大宝令制と同様の手順がとられていることを見た。では、国擬や法官での銓擬の際の基準はどのようなものであったろうか。またこのような手続きをとる任用方式は何に由来するのであろうか。そして、相違点として掲げた同族による評司独占の可能性や冠位秩序への位置づけの不充分さなどの由来も明らかにすべき課題である。以上の諸点は、大宝令制の郡司任用方法の由来を考える上でも大いに関わりのある問題であり、以下、時期を遡っての考察を試みたい。

二　孝徳朝の天下立評

評司の任用方法を浄御原令制からさらに遡って検討できる材料としては、孝徳朝の天下立評時の史料が掲げられる。大宝令以降においても、「難波朝廷以還譜第重大」（『続紀』天平七年五月丙子条）、「立郡以来譜第重大之家」（勝宝元年二月壬戌条）、「昔難波朝庭、始置二諸郡一、仍択レ有レ労、補二於郡領一、子孫相襲、永任二其官一」（『類聚国史』巻十九国造・延暦十七年三月丙申条）などの表現が散見し、律令制下の郡司任用の基点が孝徳朝に存するという意識があったことが窺われる。とすると、評司や郡司の任用方式をめぐる特質もこの時に由来するのではないかと想定されてくるのである。そこで、ここでは孝徳朝の評制施行時の史料の中に、上記のような課題を探る手がかりを求めたいと考える。

とはいうものの、評司任用の様子がわかる史料というと、数は限定される。まず言及すべきは『常陸国風土記』である。そこには己酉年（大化五＝六四九）の天下立評と癸丑年（白雉四＝六五三）の評の分立時の様子が記されている。

a　『常陸国風土記』逸文（『釈日本紀』巻十所引）信太郡条

難波長柄豊前宮御宇天皇之御世、癸丑年、小山上物部河内・大乙上物部会津等、請二惣領高向大夫等一、分二筑波・茨城郡七百戸一、置二信太郡一。

b

『常陸国風土記』行方郡条

難波長柄豊前大宮馭宇天皇之世、癸丑年、茨城国造小乙下壬生連麿・那珂国造大建壬生直夫子等、請二惣領高向大夫・中臣幡織田大夫等一、割二茨城地八里・那珂地七里合七百余戸一、別置二郡家一。

c

『常陸国風土記』香島郡条

難波長柄豊前大朝馭宇天皇之世、己酉年、大乙上中臣（　）子・大乙下中臣部兎子等、請二惣領高向大夫一、割二下総国海上国造部内軽野以南一里・那賀国造部内寒田以北五里一、別置二郡家一。

d

『常陸国風土記』多珂郡条（石城評）

難波長柄豊前大宮臨軒天皇之世、癸丑年、多珂国造石城直美夜部・石城評造部志許赤等、請二申惣領高向大夫一、以二所部遠隔、往来不レ便、分二置多珂・石城二郡一。〈石城郡、今存二陸奥国堺内一。〉

その特色として、いずれも惣領高向大夫・中臣幡織田大夫等への申請により立評が行われていることが指摘でき、おそらく各々の立評申請者が初代の評司に任用されたものと考えられる。ここに登場する惣領高向大夫・中臣幡織田大夫は『常陸国風土記』冒頭に「古者、自二相模国足柄岳坂一以東諸県惣称二我姫国一、是当時不レ言二常陸一、唯称二新治・筑波・茨城・那賀・久慈・多珂国一、各遣二造・別一、令二検校一。其後、至二難波長柄豊前大宮臨軒天皇之世一、遣二高向臣・中臣幡織田連等一、惣二領自レ坂已東之国一、于レ時、我姫之道、分為二八国一、常陸国、居二其一一矣」と見えており、孝徳朝に派遣された「惣領」であったことがわかる。但し、これが果して坂東惣領のように広域を把握したか否かについては疑問も呈されており、また後述の東国国司との関係についても様々な見解が存する。ここではとりあえずこの二人が中央からの派遣官であったことが確認できればよい。したがって立評時においても、現地の中央派遣官が申請を受けるという形で、立評と評司への就任が認められるものと推定される。

では、中央派遣官が即判断を下すことが可能なのであろうか。また申請の可否を決める基準は何であったのだろうか。立評関係史料ではこうした点の具体相がわかるものはないが、『日本霊異記』上巻第十七話の伊予国越智評の場合は、「於レ是越智直言、立レ郡欲レ仕。天皇許可。然後建レ郡。」とあって、やはり立評や評司への就任に際しては、中央政府による判断が必要であることを窺わせる。そこで、このような点を考究する史料として、『書紀』の次の記述を取り上げたい。

A『書紀』大化元年八月庚子条（東国等国司への詔Iの一部）

若有二求レ名之人一、元非二国造・伴造・県稲置一而輙詐訴言、自二我祖時一、領二此官家一、治二是郡県一。汝等国司、不レ得三随レ詐便牒二於朝一、審得二実状一而後可レ申。

B『書紀』大化二年八月癸酉条

今発遣国司幷彼国造可二以奉聞一。去年付二朝集一之政者、随二前処分一。（中略）宜下観二国々壃堺一、或書、或図、持来奉上レ示。国県之名来時将レ定。国々可レ築レ堤地、可レ穿レ溝所、可レ墾レ田間、均給使レ造。当レ聞二解此所一レ宜。

Aは在地豪族の実状調査を命じたものと解され、立評に備えた評司銓擬に関わるものと見るのが有力であり、(11) さらにAの詔での「上京之時、不レ得三多従二百姓於己一、唯得レ使レ従二国造・郡領一」という指示に基づき、国司が同伴した「国造・郡領」から実状の訴を聞き、中央で評司銓擬を行おうとしたとする見方も呈されている。(12) 別稿で述べたように、立評の実施は大化五年の天下立評時であり、評司銓擬等の最終行為はやや早すぎるように思う（系図史料等の評司の冠位は、問題のあるものを除くと、大化五年制以降である）が、Aの在地豪族の実状調査やB「国々壃堺」調査等により、何らかの形で立評準備が進められ、国造も含めて、評司たり得る者の把握が進んだことは認めてよいと考える。そこで、Aを見ると、在地豪族の申請→国司の判断→中央への報告という過程になっていることが注目される。先に見た『常陸国風土記』の立評記事についても、高向大夫らへの申請は、さらに中央に報告され、最終的な判断が下され、立評・評司任用となるものと推定されよう。

なお、『書紀』大化二年二月戊申条には「入京朝集者、且莫二退散一聚二侍於朝一」とあり、評司候補者の選定は継続中であって、また東国国司への功過が決定した同年三月辛巳条では「又諸国造違レ詔送二財於己国司一、遂倶求レ利、恒懐二穢悪一、不レ可レ不レ治。念雖レ若レ是、始処二新宮一、将レ幣二諸神一、属二乎今歳一。又於二農月一、不レ合レ使レ民、縁レ造二新宮一、固不レ獲レ已、深感二二途一、大二赦天下一。自レ今以後、国司・郡司、勉之勗之、勿レ為二放逸一。宜下遣二使者一、諸国流人及獄中囚一皆放捨上。」と、国造も譴責の対象となっており、地方で勢威を保持していると見なされるので、果してこの時に評司銓擬にまで至ったかは疑問が残る。Bの第二次の国司派遣の際にも、「国々壃堺」の調査が命じられ、「国県之名来時将定」、即ちその調査を待って、国評名などの決定を行うというのであるから、立評の準備作業はなお継続していると考える次第である。ただ、Aには、立評や評司銓擬の下準備の過程でも在地豪族の申請→国司の判断→中央への報告という、浄御原令制下あるいは大宝令制下と同様の形態がとられたことを読み取ることができるのは認めてよいと思われる。

以上を要するに、国擬→式部省銓擬という形は、基本的には郡の前身たる評制の施行当初からのものであったことがわかった。Aに窺われるように、在地豪族の申請を、国司が適切と判断したもののみを中央に報告するという方式は、譜第氏族の様々な申請の中から国擬者を選ぶという大宝令制下の国司の役割と共通するものが存する。Aでは「国造・伴造・県稲置」で「自二我祖時一、領二此官家一、治二是郡県一」者を報告するように国司に命じていると理解することができ、一定の譜第性を基準とした選択であると言えよう。また「国造・伴造・県稲置」が掲げられていることは、以上のような評司任用方法は、立評以前の地方豪族とヤマト王権との関係にまで遡ると見ることができるのではあるまいか。つまり郡司や評司の任用における特色は、評制以前のヤマト王権と地方豪族の関係に由来することが予想される訳である。そこで、さらに時代を遡って、評制施行以前の様相、「国造・伴造・県稲置」で「自二我祖時一、領二此官家一、治二是郡県一」者の任用のあり方などを検討してみたい。

三　ヤマト王権と地方豪族

ヤマト王権は少なくとも四世紀初には成立していたと考えられるが、初期ヤマト王権の中心地と推定される奈良県纒向遺跡における搬入土器に関する知見や前期古墳における特殊器台という吉備地方の葬送儀礼の採用を考慮すると、その成立当初から各地域とのつながりを持っていたこと[13]、つまり地方豪族との関係のあり方がヤマト王権の一つの課題であったことを窺わせる。ヤマト王権と地方豪族との関係について、長山泰孝氏は[14]、四世紀末〜五世紀にはむしろ外交や軍事に地方豪族が多く起用され、活躍した時代であること、この段階のヤマト王権は有力首長相互の全国的な同盟関係に基づいており、国家的統一は人と人との直接的な人格関係によってしか保たれ得なかったことなどを指摘し[15]、埼玉県行田市稲荷山古墳出土鉄剣銘のヲワケの「吾左二治天下一」、磐井の乱の際の近江臣毛野に対する筑紫君磐井の揚言「今為二使者一、昔為二吾伴一、摩レ肩触レ肘共レ器同レ食」(『書紀』継体二十一年六月甲午条)などの例から、地方豪族は中央に上って大王に面謁し、直接忠誠を誓い、また単に一時的に誓約の儀式に列しただけでなく、一定期間大王の宮廷に留まり、他の豪族と生活をともにすることによって、支配者集団としての一体性を確認したのではないかと述べられている。地方豪族の国政関与は、五世紀末の雄略朝における大王権力の確立や宮廷組織の整備により、徐々に後退して行くが、六世紀代にも地方豪族が外交・軍事を担う例が存し、七世紀中葉の孝徳朝の段階においても、詔勅に見える国造と伴造の配列順序、「国造・伴造」＝直接国造に呼びかける、「伴造・国造」＝単なる一般事例として両者が取り上げられる場合という区別から見て、在京の国造らが廷臣とともに大王の前に列して、政策施行の詔を直接読み聞かされる場合もあったという。七世紀末の那須国造碑には「国家棟梁」の文字が見え、地方豪族にもヤマト王権を支える存在としての意識が窺われ、こうした意識が消え去るのは大宝令制定以降ではないかと考えられている。

また吉村武彦氏は(16)、殯宮での誄奏上や「弘仁私記序」の「凡厥天平勝宝之前、毎二一代一使三天下諸氏各献二本系一、永蔵二秘府一不レ得二輙出一、今存二図書寮一者是也」とその注「後世帝王見二彼覆車一毎世令レ献二本系一蔵二図書寮一也」などを例として、氏というものが毎世天皇との仕奉関係を確認するものであり、始祖のマナの継承を通じて、その職掌を氏の名とともに天皇の世々受け継いで行く仕組みであることを指摘し、『書紀』の大臣・大連の天皇代替り毎の新任・留任記事の存在から、臣・連・伴造・国造の職位も天皇の代替り毎に新たに確認されると考えられている。そして、前掲史料Aから、地方の国造・伴造・県稲置の場合は、「官家を領る」、つまり「ヤケ」を管理し、その仕事に従事することを確認するという形でその職位に就くことができたのであり、『皇太神宮儀式帳』の立評記事が「屯倉」を立てて評司として仕奉すると記されているのは、立評に際しても、それ以前の国造・県稲置と同じ手続きがとられたことを示すとされる。

以上のような近年の見解を念頭に置きながら、以下、ヤマト王権と地方豪族の関係、特に王権が地方豪族の地位や職位を如何なる形で認めようとしたのかを中心に検討を試みたい。ちなみに、朝鮮三国の場合、六世紀には自然発生的共同体の把握を目的に評の制度を採用しているが、評の官人には中央派遣官を充てていた(17)。また別稿で触れたように、新羅には京位の外に、地方村落人、特に村主層の把握を目的とする外位が、真興王十五年（五五四）～文武王十四年（六七四）に限って史料に見え、新羅の半島統一の過程で、王京六部人の政治的後退・地方への移住（『三国史記』巻四十職官下・外位条）、専制王権の確立が行われ、また旧高句麗・百済の民を統治する上で、旧来の内・外人の区別では困難になったこと等によって廃止された。この外位の存在意義として、三国時代の新羅は州郡制をとり、末端では村・村主を把握する必要があったので、外位を設けて特別に把握しようとしたこと、一方、統一新羅では、村という行政区画を解消して県（または郡）とし、州郡県制を確立したので、建前上は地方支配に村・村主を位置づける必要がなく、外位を廃したことなどが指摘できる。

このよう三国時代の新羅には村主層把握のための外位の制度の存在が窺えるが、一方で加耶諸国への侵攻の過程では、滅亡させた加耶諸国の王族を新羅の王京に居住させる方策をとっている。五三二年金官国滅亡に際しては、『三国史記』羅紀法興王十九年条「金官国主金仇亥与二妃及三子長曰奴宗・仲曰正徳・季曰武力一、以二国帑・宝物一来降。王礼待之、授二位上等一、以二本国一為二食邑一。子武力仕至二角干一。」、『三国遺事』巻二駕洛国記・仇衡王条「新羅第二十四君真興王、興レ兵薄伐。王使二親軍卒一。彼衆我寡、不レ堪二対戦一也。仍遣二同気脱知尒叱今一、留二於国一、王子・上孫卒支公等降二入新羅一。」とあり、降伏した王族を慶州に居住させ、六部に編入するとともに、金官国の故地を封邑とし、旧王の弟に管理させるという優遇策を示している。このためか、喙己呑、卓淳国の滅亡理由も、王が新羅に通計してしまったためと言われており（『書紀』欽明二年四月条、同五年三月条）、王族の新羅貴族への編入という方策が功を奏したことが窺われる。新羅貴族となった金官国の王族の後裔金庾信が、新羅の半島統一に大きく貢献したのは周知の通りである。但し、卓淳国等にも金官国のような封邑が認められたのか否かは不明であり、また封邑といってもやはり地方支配機構や中央の統制を受けたことはまちがいなく、独自の支配が存続したという訳にはいかなかったと考えられる。

したがって朝鮮三国の場合、新羅の村主に対する外位賜与の例はあるが、その際にその上には中央派遣官が任命される州郡制が存しており、基本的には中央派遣官が如何にして地方を支配するかが、地方支配機構上の課題であった。これは高句麗・百済の場合も同様である。一方、日本では、ヤマト王権の成立・形成過程に不明の部分は多いが、例えば吉備の反乱や筑紫君磐井の乱などの場合でも、地方豪族を滅亡させることはなく、乱を平定して、地方豪族の服属、地方豪族による地方支配の安定を図ることが課題であったのである。では、ヤマト王権は如何なる形で地方豪族との関係を維持しようとしたのであろうか。

ヤマト王権の地方豪族把握、地位承認の方法を窺わせるものとしては、次のような史料が存する。

01『書紀』成務四年二月丙寅朔条

是国郡無二君長一、県邑無二首渠一者焉。自レ今以後、国郡立レ長、県邑置レ首。即取二当国之幹了者一、任二其国郡之首長一、是為二中区之蕃屏一也。

02『書紀』成務五年九月条

令二諸国一、以国郡立二造・長一、県邑置二稲置一、並賜二楯・矛一以為レ表。

03『国造本紀』巻首（神武天皇即位後）

凡厥簡二遣三臣一、巡二察治否一、則有レ功者、随二其勇能一、定二賜国造一、誅二戮逆者一、量二其功能一、定二賜県主一者矣。惣任二国造百卌四国一。

04『書紀』応神二十二年九月庚寅条

亦移二居於葉田（註略）葦守宮一。時御友別参赴之、則以二其兄弟子孫一、為二膳夫一而奉レ饗焉。天皇於レ是看二御友別謹惶侍奉之状一、而有二悦情一、因以割二吉備国一封二其子一也。（中略）是以其子孫於レ今在二于吉備国一、是其縁也。

05『書紀』清寧即位前紀八月是月条

吉備上道臣等聞二朝作レ乱、思レ救二其腹所レ生星川皇子一、率二船師卌艘一、来浮二於海一。既而聞レ被二燔殺一、自レ海而帰。天皇即遣レ使嘖二譲於上道臣等一、而奪二其所レ領山部一。

06『書紀』顕宗元年四月丁未条

夫前播磨国司来目部小楯（註略）求迎挙レ朕、厥功茂焉、所二志願一、勿レ難レ言。小楯謝曰、山官宿所レ願。乃拝二山官一、改賜二姓山部連氏一。以二吉備臣一為レ副、以二山守部一為レ民。

07『書紀』継体二十二年十二月条（磐井の乱後）

筑紫君葛子恐二坐レ父誅一、献二糟屋屯倉一、求レ贖二死罪一。

08『書紀』安閑元年四月癸丑朔条

（伊甚国造）稚子直等兼坐二闌入罪一当二科重一、謹専為二皇后一、献二伊甚屯倉一、請レ贖二闌入罪一。因定二伊甚屯倉一。今分為レ郡属二上総国一。

09『書紀』安閑元年閏十二月壬午条（七月辛巳条で味張は屯倉の地を献上せず）

今汝味張、率土幽微百姓、惣爾奉レ惜二王地一、軽二背使乎宣旨一。味張自レ今以後、勿レ預二郡司一。（中略）於レ是大河内直味張恐畏永悔、伏レ地汗レ流、啓二大連一曰、愚蒙百姓、罪当二万死一、伏願毎レ郡以二钁丁一、春時五百丁・秋時五百丁、奉レ献二天皇一、子孫不レ絶、藉レ此祈レ生、永為二鑑戒一。別以二狭井田六町一賂二大伴大連一。蓋三嶋竹村屯倉者、以二河内県部曲一、為二田部一之元、於レ是乎起。

10『書紀』安閑元年閏十二月是月条

武蔵国造笠原直使主与二同族小杵一相二争国造一、（註略）経レ年難レ決也。小杵性阻有レ逆、心高無レ順、密就求二援於上毛野君小熊一而謀レ殺二使主一。使主覚レ之走出、詣レ京言二状朝庭一。臨レ断以二使主一為二国造一、而誅二小杵一。国造使主悚憙交懐、不レ能二黙已一、謹為二国家一奉レ置二横渟・橘花・多氷・倉樔四処屯倉一。

11『播磨国風土記』揖保郡条

越部里〈旧名皇子代里〉。土中々。所三以号二皇子代里一者、勾宮天皇之世、寵人但馬君小津、蒙レ寵賜レ姓、為二皇子代君一而造二三宅於此村一、令三仕奉二之、故曰二皇子代村一。（下略）

12『新撰姓氏録』河内国皇別・大戸首条

阿閇朝臣同祖、大彦命男比毛由命之後也。謚安閑御世、河内国日下大戸村造二立御宅一、為レ首仕二奉行一、仍賜二大戸首姓一。日本紀漏。

13『出雲国風土記』意宇郡条

舎人郷。郡家正東廿六里。志貴島宮御宇天皇御世、倉舎人君等之祖日置臣志毘、大舎人供奉之。即是志毘之所レ居、故云二舎人一。即有二正倉一。

14『出雲国風土記』神門郡条

日置郷。郡家正東四里。志紀島宮御宇天皇御世、日置伴部等、所レ遣来、宿停而、為レ政之所也。故云二日置一。

15『播磨国風土記』飾磨郡条

少川里。（中略）土中々。〈本名私里。〉右号二私里一者、（志貴）島宮御宇天皇世、私部弓束等祖、田又利君鼻留、請二此処一、而居レ之、故号二私里一。（下略）

16『豊後国風土記』日田郡条

靫編郷。〈在郡東南。〉昔者、磯城島宮御宇天国排開広庭天皇之世、日下部君等祖邑阿自、仕㆓奉靫部㆒。其邑阿自、就㆓於此村㆒、造㆑宅居㆑之、因㆑斯名曰㆓靫負村㆒。後人改曰㆓靫編郷㆒。

地方豪族をヤマト王権の職位に登用する条件は史料01・03・04に見える。史料01「当国之幹了者」、03「随㆓其勇能㆒」・「量㆓其功能㆒」、04「謹惶侍奉之状」、即ち職位を担う者としての執務能力や王権に対する仕奉の態度などが判断の基準とされているのである。そして、史料04ではこれを天皇が看たとあり、史料10でも朝廷に言上して判断を得ていることから考えると、天皇と対面の上、最終的判断を得ることが必要なのではなかったかと推定される。

なお、地方豪族の仕奉のあり方として、国造への就任あるいは贖罪による国造の地位保全などの際に、しばしば屯倉を献上する、または屯倉の経営を援助するという記事が見られる（史料07〜10）。また部（トモ）として出仕する際にも、史料11・16のように、ヤケを立てて仕奉することが知られ、史料13〜15も同様の事例と解される。これらは前掲史料Aの「自㆓我祖時㆒、領㆓此官家㆒、治㆓是郡県㆒」ことが、国造・伴造・県稲置などのヤマト王権の地方での職位を持つ者の証拠となることと相通じる面が存すると言えよう。Aで評司銓擬の基準となったのは、代々のヤマト王権に対する奉仕という、いわば譜第性の有無であり、これを基準として評司たるに相応しい地方豪族を選考し、さらに執務能力や王権への仕奉態度を考慮して、最終的には中央での面談・面接の上、職位への登用が決定するのである。ヤケ造立による代々の奉仕と、上述のような執務能力・仕奉態度の判断から成るヤマト王権の地方豪族登用のあり方は、Aとよく符合していると考えられる。

そして、史料02によると、地方豪族の職位承認の表象として楯・矛を賜与したとある。実際にも千葉県市原市稲荷台一号墳出土「王賜」銘鉄剣、埼玉県行田市稲荷山古墳出土鉄剣、熊本県玉名郡菊水町江田船山古墳出土大刀など、王権と関係を結んだ豪族に対して、王権あるいはその構成員から、剣ないし大刀を付賜した例があり、これらが王権との関係を示す表象として機能したことはまちがいない。さらに遡れば、同笵鏡論などが提起する鏡の付与・配分などが行われていたのである。[18] したがって地方豪族の職位就任、あるいは時代を遡って、ヤマト王権との関係形成に際しては、何らかの表象が与えられていたことは充分に想定できると思われ、『書紀』天智三年二月丁亥条「其大氏之氏上、賜二大刀一、小氏之氏上、賜二小刀一、其伴造等之氏上、賜二干楯・弓矢一」もそうした事柄を継承したものと見なすことが可能である。

その他、『書紀』朱鳥元年九月丁卯条には天武死去の殯宮儀礼の誄奏上の最後に、「是日百済王良虞代二百済王善光一而誄之。次国々造等随二参赴一各誄之。仍奏二種々歌儛一。」とあることにも注目される。持統元年十月壬子条「皇太子率二公卿・百寮人等幷諸国司・国造及百姓男女一、始築二大内陵一」とあり、ここにも国造が登場する。私は評制下のこの時点でも国造は国司や評司だけでは不充分な地方支配上の役割を担っていたと考えており、[19] さらに国造が誄を奏上する、即ち過去の仕奉の報告と新天皇への仕奉の確認を行うという、人格的関係を王権との間に有していたことに注意したい。前述の剣・大刀がその被賜与者とともに古墳に埋納されていることと合せて、ヤマト王権と地方豪族の関係は一代限りのもの、つまり地方豪族あるいはヤマト王権の大王の死去の度毎に仕奉の確認を要するものであったことが窺われ、出雲国造の神賀詞奏上などのような国造就任時の服属儀礼も、この点を裏付けるものと考えられる。[20] ちなみに、殯宮儀礼は八世紀に入って火葬の普及や仏教的儀礼の導入などによって衰退していくとされているが、[21] その後も天皇などの死去に際して、特別に郡司に挙哀を命じることが行われており、こうした人格的つながりが律令制下でも保たれたことが知られる。『続紀』神亀五年九月壬子条「諸国郡司各於二当郡一挙哀三日」、天応元年十二月丁未条「諸国郡司於二庁前一挙哀三日」などがその例で、前稿で触れたように、挙哀三日は、延暦度の遣唐使が唐の徳宗死去に際して行った「臣等三日之内、於二使院一朝夕挙哀。其諸蕃三日。」（『後紀』延暦二十四年六月乙巳条）と合致しており、郡司を「諸蕃」と位置づけるものではなかったかと臆測される。

以上、ヤマト王権と地方豪族の職位を介する関係を見た。基本的には代々の奉仕関係を行ってきたという譜第性と才用によって地方豪族の職位就任が認められると考えられ、その関係は大王と直接に確認する必要があったとまとめることができよう。その際、剣などの職位の表象が与えられることもあった。またこの関係は一代限りのものであり、地方豪族の職位交替、あるいは大王の死去の度毎に同様の関係確認を行う必要があったのである。なお、前掲史料Aで「自二我祖時一、領二此官家一、治二是郡県一」とあるのは、ヤケの保持が代々の職位の継承を示し、譜第性の確立、またその地域に対して勢力を持つことができることを窺わせるものであり、逆にその譜第性により職位の継承を行うという関係であったことを想定させよう。国造制の成立を六世紀初と見て、成立当初の国造制は在地首長に対してカバネの賜与を通して一定の政治編成を行ったものにすぎず、その後七世紀頃からヤマト王権の官僚としての性格を強めるものの、官僚としての資質を問う厳しい「試練」を課した上で採用された郡領の任用は、従前の国造の任命とは根本的に異なるとする意見も呈されているが、[22]七世紀以降国造が官僚的性格を強めつつあったとすると、やはりそこには任用方法の面でも変化があったと考えるべきであり、国造の任用方法が評司、さらには郡司の任用方法に継受されていった可能性を強調したい。

むすび

本章では評司の任用方法とその淵源について検討し、郡司任用方法の由来を考えようとした。その結論を整理すると、次のようになろう。

〔1〕 評司の任用方法は、浄御原令制下のものを復原すると、国擬を経て、中央での法官銓擬を受けた上で任用されるという形であり、基本的には郡司と同じである。但し、三等以上親の連任禁止はなく、有力な地方豪族が評の官人を独占し得た点、初叙規定がなかったので、無冠の評司の存在＝評司を冠位体系の中に充分に位置づけできなかった点などに、地方豪族の把握や地方官職の整備・規制の上で不備な面も存した。

〔2〕 こうした評司の任用手続きは、孝徳朝の立評の様子、あるいはそれに先立つ東国等国司派遣による地方豪族の実状把握の場面でも、ほぼ同様の過程であったと推定される。そこでは「自㆓我祖時㆒、領㆓此官家㆒、治㆓是郡県㆒」、即ちヤマト王権と関係を有し、その地に勢力を持つ地方豪族の申請を取り次ぐ形で立評が認められており、譜第性と歴史的支配に基づく統治能力への期待とに依存したものであることが窺われる。これはさらに遡れば、国造についても該当するものであり、国造や地方伴造もミヤケを造立して仕奉を行うという伝承が存する。

〔3〕 なお、ヤマト王権と地方豪族の関係は、大王の即位時の国造の列席（『書紀』皇極四年六月庚戌条）や殯宮での国造による誄奏上例によれば、大王一代毎の確認が必要であり、また出雲国造就任時の服属儀礼としての神賀詞奏上の例から推定すると、地方豪族側の交替時にも確認が要せられたものと考えられる。基本的には地方豪族が上京し、大王と対面して行うものであり、これが法官銓擬・式部省銓擬→読奏→任郡司という評司や郡司の任用手続きにまで継受されているのである。

以上を要するに、評司の任用方法は、評制が在地豪族が歴史的に支配する地域を認定することによって成立したものであり、基本的にはヤマト王権と地方豪族の関係を引き継ぎ、より細かな地方豪族把握と地方支配の充実を目指したものであることに起因したものであって、地方豪族の譜第性と歴史的な支配による統治能力とを基準とし、天皇と対面の上、判断を下して任用するという方式をとらざるを得なかったと考える訳である。では、地方豪族の譜第性や譜第郡司による地方支配の有効性はいつまで保たれたのか。また新興豪族層の台頭は如何であったか。これらの点については前稿でも保留したように、九・十世紀の郡司制度の展開の検討に俟つ必要があり、後考を期することにしたい。

ちなみに、前稿で触れたように、大宝令には兵衛→郡司のコースも想定されており、最後にその由来について言及し、評司の任用方法に関する考察を終えたい。『書紀』天武二年五月乙酉朔条「詔二公卿・大夫及諸臣・連幷伴造等一曰、夫初出身者、先令レ仕二大舎人一、然後選二簡其才能一、以充二当職一」とあり、トネリを経ての出身規定＝トネリ制度の整備が窺われ、同五年四月辛亥条「又外国人欲二進仕一者、臣・連・伴造之子及国造子聴レ之。唯雖二以下庶人一、其才能長亦聴レ之。」と、畿外人の出仕も定められている。こうした中でトネリ→郡司というコースとの関係が如何にして成立するかは注目されるが、手がかりは殆どない。兵衛は天武八年三月丙戌条に「兵衛大分君稚見死。当二壬申年大役一、為二先鋒一之破二瀬田営一、由二是功一贈二外小錦上位一。」、朱鳥元年九月甲子条の天武の殯宮の誄の「左右兵衛事」、持統三年七月辛未条「流二偽兵衛河内国渋川郡人柏原広山于土左国一。以二追広参一授下捉二偽兵衛広山一兵衛生部連虎上。」とあり、既に天武・持統朝に存していた。また大分君稚見はその氏姓から地方豪族出身者と考えられ、持統三年条は「偽」とはいえ、畿内の中小豪族が兵衛になる例もあったことを示しているから、郡司子弟と内六位以下八位以上嫡子の二十一歳以上・見無役任者の中等者という令文の兵衛出身規定（軍防令兵衛条・内六位条）と対応する出身区分も存在していたことが窺われる。[23] このように地方豪族から出仕するトネリも存していたとすると、元来地方豪族が宮廷に滞在・奉仕する例があったことと合せて、トネリ→郡司のコースも自ずと評制下、就中浄御原令制下において生じたものと推定されるのではあるまいか。但し、これが郡領任用の主流を占めた訳ではなかったことは、前稿で述べた通りである。

註

（1）拙稿「評の成立と評造」（『日本史研究』二九九、一九八八年、本書所収）。以下、別稿と称する。
（2）早川庄八「律令制の形成」（『岩波講座日本歴史』二、岩波書店、一九七五年）。
（3）黛弘道「位記の始用とその意義」（『律令国家成立史の研究』吉川弘文館、一九八二年）三七七頁参照。
（4）新日本古典文学大系『続日本紀』一（岩波書店、一九八九年）三三八頁補注一三二。
（5）野村忠夫『律令官人制の研究増訂版』（吉川弘文館、一九七〇年）序篇第一章。
（6）早川庄八「選任令・選叙令と郡領の「試練」」（『日本古代官僚制の研究』岩波書店、一九八六年）二七〇頁は、βの「式」を、奏任官一般に課する式部省の「試練」を廃止した大宝元年七月二十八日太政官処分（『続紀』大宝元年七月戊戌条、選叙令応選条集解令釈所引同太政官処分）の例外規定として、郡領の「試練」の細則を定めた際のものであり、浄御原令制下で行われていた法官による評司の「試練」を、大宝令制下でも式部省による郡領の「試練」として継承するためのものであったと位置づけており、法官による評司銓擬の可能性を指摘している。なお、大宝令制の式部省が考課・成選の面で大きな力を持っていたことについては、渡辺晃宏「兵部省の武官人事権の確立と考選制度」（『文化財論叢』Ⅱ、同朋舎出版、一九九五年）参照。
（7）白丁と無位の相違は、吉村武彦「官位相当制と無位」（『歴史学研究月報』二三六、一九七九年）参照。
（8）平野友彦「郡司子弟小論」（『日本古代政治史論考』吉川弘文館、一九八三年）参照。
（9）青木和夫「浄御原令と古代官僚制」（『古代学』三の二、一九五三年）は、官位相当制が浄御原令で成立したことを論証している。但し、郡司は大宝令制下では官位非相当の職とされており、γも官位相当制云々とは別に、評司を少しでも官位制秩序の中に位置づけようとしたものではないかと考えられる。
（10）律令制下においても、在地社会は官位秩序の中に取り込まれていた訳ではなかったことについては、川原秀夫「律令位階制と在地社会」（『国史学』一二一、一九八三年）参照。
（11）薗田香融「国衙と土豪との政治関係」（『古代の日本』九、角川書店、一九七一年）。
（12）早川註(6)論文。
（13）寺沢薫「纒向遺跡と初期ヤマト王権」（『橿原考古学研究所論集』第六、吉川弘文館、一九八四年）
（14）長山泰孝「前期大和政権の支配体制」（『日本歴史』四三二、一九八四年）。

(15) 但し、ヲワケが地方豪族であったか、中央豪族で古墳被葬者に鉄剣を賜与した者であったかは意見の分かれるところであり、それによって「吾左二治天下一」の評価も異なってくる。しかし、いずれにしても関東地方の豪族が宮廷に仕えていたことはまちがいなく、後述のように剣などの職位の表象を与えるという例と見なしてよいと考える。
(16) 吉村武彦「仕奉と貢納」(『日本の社会史』四、岩波書店、一九八六年)。
(17) 武田幸男「六世紀における朝鮮三国の国家体制」(『東アジア世界における日本古代史講座』四、学生社、一九八〇年)。
(18) 小林行雄『古墳時代の研究』(青木書店、一九六一年)、橋本博文「「王賜」銘鉄剣と五世紀の東国」(『古代を考える　東国と大和政権』吉川弘文館、一九九四年)など。
(19) 拙稿「評制下の国造に関する一考察」(『日本歴史』四六〇、一九八六年、本書所収)。
(20) 拙稿「律令制下の国造に関する初歩的考察」(『ヒストリア』一一四、一九八七年、本書所収)。
(21) 和田萃「殯の基礎的研究」(『史林』五二の五、一九六九年)。
(22) 狩野久「部民制・国造制」(『岩波講座日本通史』二、岩波書店、一九九三年)。
(23) 笹山晴生『日本古代衛府制度の研究』(東京大学出版会、一九八五年)五四頁~五六頁、「兵衛についての一考察」(『日本古代の政治と文化』吉川弘文館、一九八七年)、拙稿「二条大路木簡と門の警備」(『文化財論叢』II、同朋舎出版、一九九五年)、山尾幸久「六七六年の牒の木簡」(『湯ノ部遺跡発掘調査報告書』一、一九九五年)など。

第四章　試郡司・読奏・任郡司ノート

——儀式書等に見える郡司の任用方法——

はじめに

従来、郡司の任用方法をめぐっては、主に八・九世紀の法令の分析を中心に検討が行われ、それ以降の時代に関しては、擬任郡司、「国衙官人郡司」、郷専当郡司、一員郡司など、郡司制度のあり方については多くの論考が呈されているが、任用制度面で儀式書等に見える郡司任用方法を分析したのは、宮城栄昌氏の研究が殆ど唯一のものであろう。(1)後に随所で触れるように、宮城氏の研究は、儀式の内容とともに、実例も参照した総合的なものであり、基本的な事項については多くの支持すべき見方が示されている。但し、例えば試郡司については、弘仁式部式・延喜式部下式の式次第において、畿内不記載の意味をめぐって、近年論争が展開されたように、(2)見落されていた問題もない訳ではない。

また儀式書等に見える郡司の任用方法は、八・九世紀の法令による任用方法の変遷を経た上で到達した、いわば律令国家の郡司任用方法の一つの完成形態と評価することができるので、宮城氏以降の郡司任用方法に関する諸研究をふまえて、改めて儀式を構成する要素とその成立過程や意味を検討する必要があると考える。勿論、儀式＝政務の段階での郡司の任用のあり方を考察する材料としても重要な史料であり、さらに近年の平安時代の儀式のあり方から遡って奈良時代の様相を解明しようとする研究動向とも相俟って、時代を遡って郡司の任用方法について考える手がかりを得ることができるのではないかとも期待される。

以下、別稿で検討した八・九世紀の郡司任用方法をふまえ、[3]またその検証の意味でも、本章では、儀式書等に見える郡司の任用方法を整理する私的なノートとして、郡司任用の儀式の内容や問題点をまとめてみたい。郡司任用の儀式は大きく分けて、試郡司、読奏、任郡司（郡司召）の三つである。試郡司は式部省で郡司を試験するもの（式部省銓擬）であり、その結果が読奏において読み上げられ、天皇・大臣の承認を得て、任郡司で太政官での任用となる（郡領の場合）。以下ではこの順序で式次第と実例や問題点の整理を試みたいと思うが、読奏以外は史料に制約があり、実例や問題点の検討に至らない場合もあることを予め断わっておく。読奏については、儀式書等の記載も詳しく、実例も豊富であるので、特に詳細に考察を加えたい。

なお、関係史料を載せる儀式書等の名称は次の通りである。以下では、このアルファベット記号で表示することにする。A弘仁式部式、B延喜式部下式、C『内裏式』中、D『儀式』第九、E『西宮記』巻三、F『九条年中行事』四月、G『北山抄』巻三・七、H『小野宮年中行事』四月、I『本朝月令』四月、J『柱史抄』上・四月。また紙数の都合もあって、史料を掲載することができないが、史料はいずれも活字化されており、A・Bは国史大系本、C・Dは神道大系本、E・Gは故実叢書本、F・H・I・Jは群書類従本に主に依拠している。

一　試郡司について

試郡司とは、読奏に列席する郡司任用候補者を選定するために、式部省で郡司候補者を試験するものであり、関連史料はA・Bの「試二諸国郡司主帳以上一」である。A・BはAの末尾の細字双行の「不レ在二進限一」がBで「不レ在二集限一」となっているだけで、殆ど同文であって、この儀式のあり方が少なくとも九世紀前半の弘仁式段階までは遡ることがわかる。

まずA・Bによって式次第を整理すると、次のようになろう。

I正月三十日以前に郡司が式部省に参集。式部省の輔―丞・録・史生・省掌のチームが専当として担当する。史生に郡司候補者の名簿を勘造させ、これに功過を顕注する。名簿は郡領については五通（主政帳は二通）の写しを作り、四通（一通）は丞以上が披覧、一通は省掌に授ける。省掌は毎日郡司候補者を召し、「申詞」（申スコトバ）を教習する。

II二月二十日以前に、輔主宰の第一回目の試。郡司候補者は各国の朝集使とともに出頭し、東海道から一国ずつ庭中に呼び出されて、口頭で「譜第」を申す。同じ行事を西海道を除く六道について行う。この時、省掌が丞の指示で郡司候補者の入場・退出を引導し、録は名簿を抜き、朝集使・郡司候補者を版位まで呼び出す。

III式部卿主宰の第二回目の試。道別に朝集使と郡司候補者が屏下に屯集し、郡司候補者が口頭で「譜第」を申す。次いで朝集使は退出し、郡司は着座して、「問頭」を受け、筆を執り、問題に答えて、「試状」を作成する。各道すべてが終了後に、卿が等第を判定し、黜陟する。なお、陸奥・出羽と西海道の郡司候補者は参集しないので、国解あるいは大宰府解により等第を定める。また主政帳に関しては、朝集使は同伴せず、卿以下が口頭でその身を試するという（「譜第」は関係なく、筆記試験もない）。丞・録・省掌の役割はIIと同様であり、やはり名簿に基づいて呼び出しが行われる。

以上、I～IIIに分けて、式部省における試郡司の儀を見た。Iは実際の試の前の準備で、ここでは郡司候補者が「申詞」の教習を受けることが注目される。この教習は試に備えてのものであるから、「申詞」とはII・IIIで口頭で申すとある「譜第」にあたると考えられる。とすると、「譜第」はI～IIIのすべてで最も重視すべきものであり、それ故にくり返し教習を重ねたのだと思われる。IIIによると、郡領の試はこの「譜第」を口頭で申すことと筆記試験とかからなる。筆記試験については試そのものの実例がなく、別稿aで検討したように、八・九世紀の郡司任用の諸法令にもその実施の形跡を窺うことができなかった。またA・Bのような式次第になった時期に関しては、Iで功過を顕注するとあるのは、『三代格』巻七弘仁十三年十二月十八日太政官奏によって規定された、三年間の試用・擬任期間を経た後に式部省銓擬に与り、「計二会功過一、始預二見任一」とした段階のものであることを示すから、既に諸法令による郡司任用方法の試行錯誤を経て、最終的な律令国家の郡司任用方法が成立している時期であることがわかる。この段階では、国擬者一名が推薦され、しかも三年間の試用によって郡司たるに相応しい人物であるのはまちがいないので、筆記試験といっても、形式的なものではなかったかと推定される。勿論、「譜第」を申すことも儀式化しているが、敢えて教習と試を重ねていることは、「譜第」を申すことの方がより重要性を認識されていたためと考えたい。この点は八・九世紀の諸法令の変遷の中で「譜第」をめぐる様々な変更が試みられたこととともよく合致しており、「譜第」のあり方が郡領任用方法を理解する鍵であることを窺わせるとともに、八・九世紀の諸法令分析への視点を呈する。

口頭で申す「譜第」の実例も掲げることはできないが、別稿bで触れたように、海上国造他田日奉部直神護解（『大日本古文書』三―一五〇）が式部省銓擬や「譜第」を申すことに備えた文書であるとすると、そこには孝徳朝の立評以来、祖父・父・兄と代々郡領を勤めてきたという「難波朝廷以還譜第」あるいは「立郡以来譜第」、自己の官人としての経歴＝才用の披露、祖父・父・兄・自分という郡領継承の順序を述べるという内容が記されている。本章で取り上げる段階の「譜第」の様相については次節で言及したいと思うが、「立郡以来譜第」は譜第者の第一番目のあり方であり、そのような「譜第」にあることを述べることが、口頭で「譜第」を申すという事柄の具体的な内容であった可能性が高いと考える。

では、A・Bに示されたような試郡司のあり方はいつ頃から存在したのであろうか。A・B末尾の細字双行部分には「陸奥・出羽・西海道等郡司不レ在ニ進（集）限一、依ニ府国解一定ニ其等第一」とある。この方式は選叙令応叙条集解に「大宝元年十二月七日処分、陸奥・越後国者、其首長一・二人集。但筑志不レ在ニ集限一也。」という選叙の際の例外規定と類似しており（出羽国は和銅元年九月の越後国出羽郡建郡後、同五年九月に成立しており、越後国から分立したものと思われるので、ここの「越後」は後の出羽地域を指している可能性がある）、『続紀』大宝二年三月丁酉条「聴ニ大宰府専銓ニ擬所部国掾已下及郡司等一」と合せて、大宰府に関しては大宝令施行直後からとられていた方法であることがわかる。また主政帳の参集については、『続紀』和銅五年四月丁巳条に「詔。先レ是、郡司主政・主帳者、国司便任、申ニ送名帳一、随而処分。事有ニ率法一、自レ今以後、宜下見ニ其正身一、准レ式試練上。然後補任、応レ請ニ官裁一。」と見えるので、式部省での試郡司に与るのは和銅五年以降であることが知られる。と同時に、「准レ式試練」とあることからすると、郡領に関してはこれ以前から、おそらく大宝令制下において既に試郡司の儀に相当するものが存したことが窺われよう(4)。したがってA・Bの試郡司の儀は、少なくとも大宝令制下には確実に遡る伝統を持ったものであると考えることができる。

但し、『続紀』天平七年五月丙子条には「其身限ニ十二月一日一集ニ式部省一」とあり、A・Bの参集期日正月三十日とは期日が異なっている。正月三十日が期日になった時期は不明であるが、期日が徐々に遅くなっていくことは、考選関係の式日や調庸納入期限などにも例があり、同様の事情によるものではないかと思われる。こうした参集期日の相違とともに、先述のように、A・Bの式次第は『後紀』弘仁二年二月己卯（十四日）条（『三代格』巻七では二月二十日詔）の譜第之選復活、同三年六月壬子（二十六日）条（同八月五日官符）の国擬一本化、『三代格』巻七弘仁十三年十二月十八日太政官奏による三年間の試用制を経た段階のものであり、国擬者一名、しかも三年間の擬任郡司期間を経過して、郡司としての資質・執務能力に殆ど問題のない人物を正式採用するための試郡司の儀であるのに対して、別稿aで考究したように、天平七年格による副申制の採用から弘仁三年の国擬一本化までの間は、複数の候補者を式部省で銓擬しており、在京のトネリ等国擬者以外の候補者が国擬者を抑退して郡司になる場合もあったことが窺われる（『続紀』勝宝元年二月壬戌条、上掲弘仁三年条など）。したがって式次第も複数の候補者に対する試という形式であった筈であり、A・Bとは若干異なるものであったと推定されるのである。つまりA・Bの式次第は大宝令制には確実に存在した試郡司の伝統を受け継ぐものではあるが、八・九世紀における郡司任用方法の変遷を経て、最終的に成立した郡司任用方法の段階での形式を示すものであることを認識しておかねばならない。

以上の試郡司については実例がないので、郡司任用方法の変遷から、式次第の変化もあった筈とする指摘を行うに留まる。問題点としては、「はじめに」で触れた畿内不記載の意味をめぐる論争がある。式次第の整理の箇所のIIに記したように、A・Bによると、試郡司は東海道の郡司から行われることになっており、西海道を除く六道について行うとあって、順序から言えば東海道の前に位置する畿内に関する言及がない。この点に関しては、（イ）郡領銓擬は畿外の政治集団との「外交」の場であり、畿内を代表する天皇が畿外の首長と対決する舞台であるから、畿内郡司は試郡司に登場しないとする見解、（ロ）前述の天平七年格による式部省銓擬のあり方の変更は「畿内七道諸国」を対象としたものであるから、八世紀には畿内郡司も試郡司の対象であり、畿内郡司の内考への転換（『後紀』延暦十八年四月壬寅条）によって、Aにおける畿内の除外に帰結したと見るべきであって、試郡司は畿内・外を問わず、在地首長層を郡司制という国家機構に編成する律令制存立の基盤に関わるものであるという立場、（ハ）後述のように、E・Gの読奏には「畿内」の訓が見え、『小右記』長徳二年十月十三日条の読奏の難に「摂津国不レ注二朝集使一」とあり、またGによると、天慶九年の郡司召（任郡司）には河内国志紀郡大領の名が記されていることなどから、畿内郡司も試郡司に与ったと考え、Aは畿内への言及を省略あるいは脱漏したものであって、実際には畿内郡司も式部省銓擬を受けたと説明する、などの意見が呈されている。(6)

これらの見解に対する私見は畿内郡司氏族のあり方に関する別稿の中で述べたいと思うが、(7)試郡司に関わる問題であるので、ここでもその結論のみを摘記しておく。まず（ロ）に関しては、天平七年格によって十二月一日に畿内郡司が式部省に参集するとしても、試郡司に与るか否かは不明であること、内考への転換が何故試郡司からの除外につながるのかが説明されていないことなどの疑問があり、（ハ）についても、読奏や任郡司の儀式に畿内郡司が参加していることはまちがいないが、肝心の試郡司参加の確証がないこと、Aだけでならまだしも、Bでも畿内が見えないのは、省略や脱漏と簡単に片付ける訳にはいかない（Bの杜撰との説明も可能ではあるが）ことなど、充分に納得できない点が残る。但し、『類聚符宣抄』第七天徳三年四月五日摂津国解では、住吉郡大領を「譜第正胤、奕世門地、試用擬任、性識清廉、足レ為二郡領一」として推挙し、十一月十四日太政官符で任用を決定しており、この間、国解をどこでどのように処理したかを考えると、読奏の前提として式部省で何らかの審査があったと見るのが自然であろう。とすると、（イ）が成り立つためには、畿内郡司は式部省で試郡司とは別の形での審査に与ったことが証明されねばならず、現段階では（イ）も確説とは見なし難いのである。

そこで、畿内郡司の任用形態がわかる例を捜すと、『続紀』宝亀三年四月庚午条に記された檜前忌寸一族の大和国高市郡の郡領就任例については、国擬↓式部省銓擬（試郡司）という郡司任用手続きとは別なルートで実現したものと推定され、また「宜下莫レ勘二譜第一、聴上任二郡司一」とあるのも、「譜第」を申すことを中心とする試郡司のあり方とは異なる方法がとられたことを示唆すると考える。但し、一方で、畿内においても九世紀以降も意外に譜第郡司が勢力を有していたと見なされる例があり、上述の摂津国住吉郡大領の事例などは「譜第」に基づく任用であるから、国擬↓試郡司↓読奏↓任郡司の手続きによる任用が畿内郡司にも適用されたことを窺わせるものであって、譜第氏族による郡司の地位確保の例とも合致していると解せられる。したがって（イ）が成り立つ条件として、試郡司を経ずに畿内郡司が任用される例も存するという推測を指摘するに留まり、それが果してA・Bにおける畿内の不記載につながるか否かについては、結論を保留しておかねばならず、（イ）を全面的に支持する訳にもいかないというのが、現在の私見である。

以上、試郡司の式次第とその成立過程、また畿内郡司の扱いをめぐる問題などに触れた。この儀式は式部省で行われるものであり、以下で言及する読奏・任郡司のように、内裏や太政官などのより国家的な場で行われる儀式に比べると、一官司内の行事に留まるためか、儀式書での記載や実例に欠けるという大きな史料的制約が存する。したがって八・九世紀の郡司任用方法の変遷に関する知見から、A・Bの段階の式次第に至るまでには様々な試行錯誤があったものと推定されるが、具体的な内容の復原はできなかった。但し、試郡司の結果をうけて、読奏、任郡司へと進むのであり、詳細な史料や実例の存する読奏などの中には、試郡司のあり方を推測させる要素も含まれているのではないかと期待される。「譜第」のあり方については、読奏の中でも詳しく言及されており、試郡司の一つの中心をなす「譜第」とは何かがわかる。そこで、次に読奏の検討に進み、試郡司に関わる要素が見つかれば、そこで言及するものとしたい。

二　郡司読奏とその様相

郡司読奏は、郡領が奏任官、主政帳が判任官（選叙令任官条および同条集解）であるところから、郡領については試郡司の結果を天皇に報告し、認定を受ける必要があるために行われる儀式である。したがって主政帳に関してはこの儀式はなく、A・Bの「叙㆓任諸国主政帳㆒」によると、試郡司終了後、「判㆓其等第㆒、造㆑簿申㆑卿取㆑決」と、式部省内での事務処理に留まり、次の任郡司への準備が進められることになっている。

読奏の関係史料としては、A・Bの「叙㆓任諸国郡司大少領㆒」、C「奏㆓銓擬郡領㆒式」、D「奏㆓銓擬郡領㆒儀」、E「郡司読奏」、F「奏㆓銓擬郡領㆒之儀」、G「読奏事」、H「奏㆓郡司擬文㆒事」、I「廿日奏㆓郡司擬文㆒事」など多くの儀式書等の記載を掲げることができ、その記述も詳細である。また『三代実録』以下の諸史料には十一世紀前半頃までの実例、『類聚符宣抄』第七の国解と太政官の判定にも読奏の様子を窺うことができる材料が存し、具体的な事例（表12）に基づいて、読奏のあり方や問題点を探ることも可能になる。以下では、読奏の式次第、具体的な内容と実例との対照、問題点の整理などの分析を試み、読奏の様相を検討することにしたい。

なお、式日はAでは不明であるが、Bには四月二十日以前と明記されており、D・F・H・Iも同様の期日となっている。Dや『三代実録』での読奏の初出記事である貞観元年四月是月条「廿日以前、有㆚読㆘奏諸国銓㆓擬郡司㆒擬文㆖之儀㆙例也。而史漏而不㆑書。故今闕焉。」などから考えて、少なくとも貞観頃には既に四月二十日以前という期日が定まっていたものと推定される。

表12　読奏と任郡司の挙行例

年　月　日	奏・召	出典
天長9・5・3	召○	紀
貞観1・4・?	奏？	三
5・10	召○	三
2・5・26	召○	三
3・5・11	奏×	三
5・29	召○	三
4・5・14	奏×	三
5・20	召○	三
5・4・21	奏×	三
5・8	召○	三
6・4・23	奏×	三
8・4・25	奏×	三
5・15	召○	三
8・5・11	奏×	三
9・5・23	召○	三
17・4・29	召○	三
18・4・23	奏×	三
4・28	召○	三
元慶1・4・28	召○	三
2・4・25	奏×	三
5・7	召○	三
3・4・25	奏×	三
4・4・27	奏×	三
5・4・28	奏×	三
5・7	召○	三
8・4・23	奏×	三
6・20	召○	三
仁和1・5・1	奏×	三
2・4・20	奏○	三
5・16	召○	三
3・5・20	奏×	三
6・26	召○	三
寛平4	奏？	G
昌泰3	奏？	G
4	奏？	G
延喜8・6・28	奏×	貞
10・6・25	奏×	貞
11・7・17	召×	貞
12・⑤・20	召○	貞
13・5・29	奏×	貞
6・29	召○	貞・E
14・6・25	奏×	貞
6・29	召○	貞
16	奏？	G
19・6・28	召○	貞
20・10・22	奏×	貞
11・7	奏×	貞
延長2・4・20	奏△	貞
6・19	奏×	貞
3・6・8	奏×	貞
8・29	召×	貞
4・5・28	奏×	貞・G
6・28	召○	貞
5・4・20	奏○	貞
7・28	召×	貞
7・9・27	召×	E
承平1・4・20	奏△	貞
4・27	奏×	貞
9・20	召×	貞
2・7・25	奏×	貞
9・14	召×	貞
3・6・7	召○	台
5・6・3	奏△	本
6・5	奏△	本
6・6・26	奏×	E
7・6・28	召○	E
天慶1・9・19	奏×	貞・本
9・28	召×	本
2・4・20	奏○	貞
11・28	奏×	本
12・16	召×	本・貞
12・27	任命	類
3	奏？	本
4・9・19	奏×	本
10・16	召×	本・G
5・6・13	奏×	本
8・12・5	奏×	本・貞
12・19	召×	本
9・9・22	奏×	貞
12・27	召×	貞・G
天暦1・11・5	奏×	紀
11・26	召×	紀
2・8・7	奏×	紀・貞
8・27	召×	紀
3・4・29	奏×	紀
4・10・28	奏×	E
8・6・25	召○	G
12・29	任命	類
天徳3・12・27	任命	類
応和1・9・24	奏×	村
2・7・10	奏×	E
3・12・27	任命	類
康保2・2・17	任命	類
3	奏？	G
5・7・21	任命	類
安和1・11・13	奏△	G
12・9	奏△	紀
12・23	奏×	G
12・29	召×	紀
天禄2	召？	G
4	召？	G
天延3	奏？	G
天元4・12・29	奏×	小目
寛和1・5・9	奏×	小・G
2・12・27	奏×	小目
永延1・2・13	任命	類
5・9	任命	類
正暦1・12・9	奏×	本
4・12・26	召×	本
5・12・8	奏×	小目
長徳2・10・13	奏×	小
4・12・26	奏△	小目
長保1・11・14	奏×	小
寛弘1・4・11	召○	J
3・12・27	奏×	御
6・12・21	奏×	権
7・8・23	奏×	御
?	召？	G
寛仁4・⑫・27	奏×	小
万寿3・4・1	任符	小
長元3・12・30	任命	類
康和1・12・28	任命	朝

※奏＝読奏、召＝任郡司（郡司召）、任命＝任命例。○×は式日遵守の有無、△は延期。
＊アルファベット記号以外の出典の略称；紀＝日本紀略、三＝日本三代実録、貞＝貞信公記、台＝台記別記、本＝本朝世紀、類＝類聚符宣抄、村＝村上天皇御記、小目＝小記目録、小＝小右記、御＝御堂関白記、権＝権記、朝＝朝野群載。

1　式次第の整理

まず式の準備と儀式の骨子を示すものとして、A・Bの記述を摘記する。I試郡司終了後、三月二十日以前に式部省の輔あるいは丞が奏案を作成し、史生に書写させる。II四月二十日以前に外記が読奏の式日を大臣に申す。III当日、式部省の輔以下が文簿を持って内裏に候し、大臣が引奏する。Iの奏案については、Dには奏案と勘文四巻を作成するとあり、IIの式日決定は、D・F・Hによると、外記が四月二十日以前に読奏を行うべき旨を大臣に申し、四月二十日以前の吉日を定めるという。なお、Eの裏書には「或人云、丞所レ作文、称二断入一、意如何。答、奏料・上卿等料読奏文、皆書二入丞所レ作之文一、輔所レ持読奏（文カ）、切二続丞所レ作文一、仍称二断入一云々。」とあり（一部史籍集覧本により対校）、Iで式部丞が作成した文書は読奏文に書入れや切続が行われたので、これを断入（文）と称したようである。

次にIIIの当日の式次第については、C以下の史料に細かい内容が記されており、今、C・Dによって読奏の式次第を整理する。

①辰刻…式部省の輔以下が文簿を持って内裏に候する。
②巳午之間…内侍が大臣を喚び、大臣・参議以上、式部卿が座に着く。
③式部少輔が奏筥を持って、日華門より入り階下に至る→式部卿が奏筥を取って御前に進める→式部卿は復座。
④式部大輔が奏筥、少輔は硯筥を持って、読奏人の前の机に置く→退降→各々、勘文を持って座に着す。
⑤式部省の丞二人が大臣・（式部）卿料勘文筥を持って階下に至る→式部大輔は大臣、少輔は式部卿の勘文筥を取って、各々の机の前に置く→大・少輔が復座。
⑥式部大輔・少輔が進んで読奏（文）を執る時、「某読之」との勅があり、読奏者が読奏人座にて簿を披いて読む。

〔図6〕

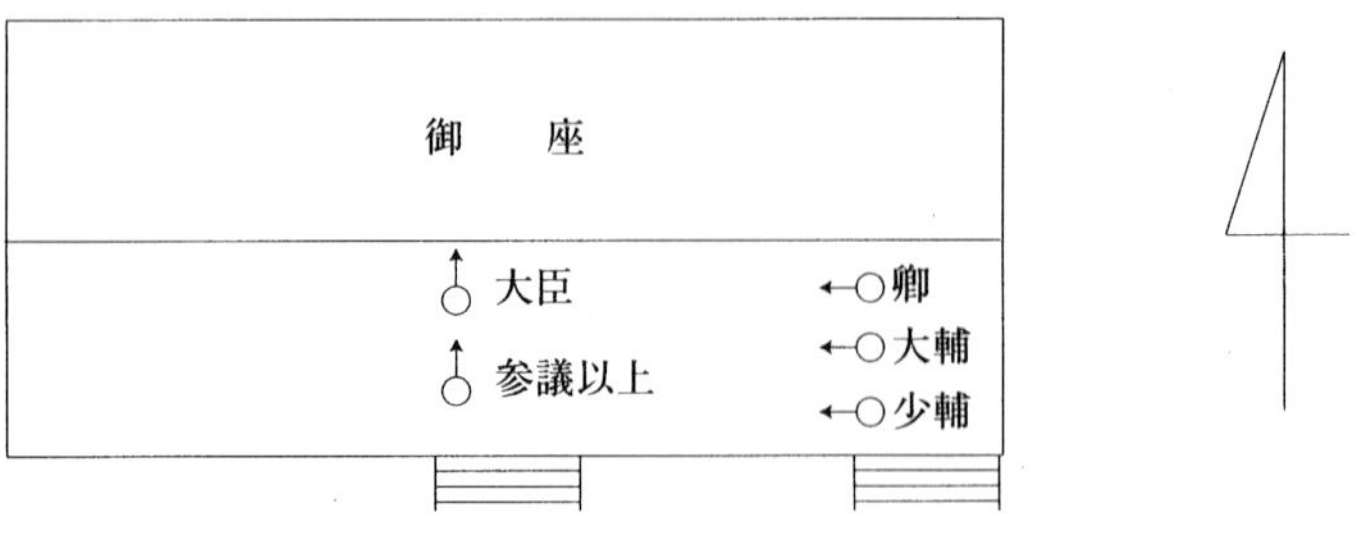

○ 読奏人座

⑦読む毎に、大臣が勅を奉って、定・不を点ずる。

⑧訖…読奏者は復座→式部省の大・少輔が読奏（文）・硯・勘文を執って退く→大臣以下が退く。

⑨「正奏留二御所一、後日就二蔵人所一返二受其宮一」

関係者の着座（①・②）、勘文を参加者に配布（③・④）、読奏文の読み上げと参加者による内容のチェック（⑤・⑥）、大臣が奉勅により定・不を判断（⑦）、が儀式を構成する要素であり、特に読申による認否決定の儀式であるために、「読奏」と命名されたのであろう。

ちなみに、C・Dによって当日の指図を描けば、図6のようになる。図6や『三代実録』の読奏に見える「天皇御二紫宸殿一」（元慶八年四月二十三日条）あるいは「天皇不レ御二紫宸殿一」・「天皇不二臨軒一」（貞観八年五月十一日条・同十八年四月二十三日条・仁和二年四月二十日条）などの記述から考えて、読奏の式場は紫宸殿であった。つまり内裏正殿たる紫宸殿において、天皇出御の下に、奏任官たる郡領の任用を承認する儀式であったとまとめることができよう。

以上のような九世紀以来のあり方に対して、まず式次第に関しては、④〜⑧の場面について、E・F・Gは式部省の丞が奏宮（擬文）・硯を上卿に進めた後に、輔座を設けて、輔に読ませるとあり、輔と丞の行動に若干の違いがある。またE・F・Gでは場所はともに宜陽殿となっており、式場の点では大きな相違が存する。これらの変化のうち、場所については、九世紀においても天皇不出御の際に宜陽殿の西廂で挙行している例があり（『三代実録』貞観十八年四月二十三日条・元慶二年四月二十五日条・仁和元年五月一日条・同三年五月二十日条）、また近仗下・仗頭・仗下で行った例も見える（貞観三年五月十一日条・同四年五月十四日条・同六年四月二十三日条・同八年五月十一日条・元慶四年四月二十七日条・仁和二年四月二十日条）。その他、十世紀になると、職曹司での挙行例もある（『貞信公記』承平二年七月二十五日条、『西宮記』五月定賑給使・承平六年六月二十六日条、『本朝世紀』天慶元年九月十九日条）。その後、『本朝世紀』天慶四年九月十九日条・同五年六月十三日条・同八年十二月五日条・正暦元年十二月九日条、『西宮記』巻三頭書・天慶九年の例、細字双行部分の応和二年七月十日の例などは宜陽殿を使用しており、その場合、別途に紫宸殿の天皇に対して奏上を行うという形をとっている（天慶四、五、八年の例）。天慶八年の例では、宜陽殿西廂で読奏が行われているのに、「主上今日不レ可レ御二南殿一」と記されているのは、このような形での儀式が定着していたことを窺わせる。とすると、場所に関しては、九世紀後半に天皇不出御の際に使用された宜陽殿が注目され、十世紀頃には儀式の場がそちらに移り、宜陽殿での読奏→紫宸殿の天皇へ奏上という形に変化したことが知られる。これは読奏そのものの場には天皇が臨席しないことを意味し、読奏の意義や変遷過程を考える上では大きな変容であったと見なされる。

　こうした読奏の場所の変化に伴って、Eには「南殿儀」として、紫宸殿の天皇に読奏の結果を報告する式次第が記されており、式次第の基本は先に整理した本来の読奏のあり方と同様である（但し、定・不の決定はなく、結果報告の形式をとる）。とすると、紫宸殿での奏上で式部大輔・少輔が活躍しなければならないこと、また読奏を受けるのが天皇ではなく、上卿と格落ちしたことなどにより、宜陽殿での読奏での際の雑用は丞に委ねられたと見ることができるのではあるまいか（丞が擬文・硯を上卿に進めることは、『本朝世紀』天慶四年九月十九日条・同五年六月十三日条・同八年十二月五日条・正暦元年十二月九日条、『小右記』長徳二年十月十三日条などに例がある）。なお、C・Dによると、読奏者が誰であるかは明記されておらず、九世紀の例では『三代実録』元慶八年四月二十三日条のように、紫宸殿での天皇出御の下に、参議が読奏者となった事例が存する。一方、『三代実録』でも天皇不出御の時はいずれも式部省の輔が行っており、Eや十世紀の実例では宜陽殿での読奏、南殿儀での奏上ともに式部省の輔が行うことになっているのは、十世紀頃の式場の変化に伴って生じた輔、さらには丞の役割の変化を示すものと考えることができる。

以上、読奏の式次第と式場のあり方について整理した。次に読奏の読申内容の検討に進み、読申の次第や郡領任用の基準など前節の試郡司にも関わる事項について考えてみたい。

2　読奏の内容

本項では、読奏の読申内容、特に定・不の判定方法と読奏の中に現れる郡領任用に関する様々なケースを詳しく見ることにする。読申内容やその次第が記されているのはE・Gであり、以下、E・Gによりそれらの点を整理し、また実例と対照して考察を試みる。

まず読奏の順序は次の通りである。

①「畿内七道六十国銓擬大少領数」を読む。
②道名を読む（古訓は表13参照）。
③国名を読む。
④朝集使を読む。
⑤大・少領姓名を読む（官職名の古訓は表13参照）。
⑥国擬位姓名を読む。

⑦断入（文）を読み、無譜者の場合は擬文を読む。

⑧上卿は擬文を見て、各ケース別に判断して、「定」、「定少」と朱書。

これらのうち、⑥については、E裏書に「国擬并今擬者共ニクニアテモウセルト可レ読云々。国解ニハ今擬ト注セリ、而省作二読奏一之時、奏料幷卿料、如二国擬・今擬一止注、上卿並輔料ニハ国擬止注、総テ同事也。仍所レ読云々。」とあ

表13　道名と郡領その他の古訓

道　名	読　み　方	
	西　宮　記	北　山　抄
畿　内		宇治都久仁
東海道	ヒガシノウミチ	
	ウミヘツミチ	宇女都美千
	ウヘツミチ	宇倍都道
東山道	ヒウカミノヤマノミチ	
	ヤマノミチ	山乃道
	東ノミチ	東乃道
北陸道	クカノミチ	
	キタノミチ	
	クルカ乃ミチ	久流加乃道
山陰道	是止モノミチ	曾止毛乃道
	カケ止モノミチ	加介止毛乃道（旧説）
山陽道	カゲトモノミチ	加介止毛乃道
	是トモノミチ	曾止毛乃道（旧説）
南海道	ミナミノミチ	南乃道
	ミナミノウミノミチ	
西海道	ニシノミチ	西乃道
	ニシノウミノミチ	
郡　領		
大　領	古保乃ミヤツコ	古本乃ミ也ツ古
		大古本乃ミヤツ古
		於本以ミヤツ古（式部例ヵ）
少　領	スケノミヤツコ	須介乃ミ哉ツ古
	スナイノミヤツコ	
領		古本乃ミヤツ古
		ミヤツ古（式部例ヵ）
国　擬	クニアテマウセル	久仁安天申利
	クニノアテ申セル	
擬大領		加利乃―
白　丁		ヒャクチャウ（音読）
朝集使		朝集乃使

り、各々の文書や参加者の所持する文書によっても用語表記の相違が存したことがわかる。

次に⑧上卿が行う読奏に対する判定（これはE・G段階のものであり、本来の形は天皇臨席の下に奉勅により判定）の手順は次のような形をとるものであった（E細字双行）。

α郡（名）の上に注してある氏と今擬者（国擬者）の姓・先祖の姓等を見合せて、すべて同じであることを確認する。

β端に注してある朝集使の位姓名と擬文にある朝集使とを照合する。

γ断入文を見る。

δ「定」字を国擬の上に朱書する。なお、読奏に誤りがあれば、「定」字を給わず、後日、式部省の勘文によって奏聞し、「定」を給う例に入れるという。

以上のうち、αについては、「譜第者不レ注二祖列（別カ）一、上注二立郡譜第姓一」とあるので、これは譜第者の場合の扱いを例にとって手順を説明したものと考えられ、やはり譜第者が任用の中心に想定されていたことが窺われる。しかし、実際の任用では多種多様なケースがある訳であり、読奏の判定にあたっても様々なケースとその処理方法が示されている。E・Gによってそれらを整理すると、表14のようになろう。

表14のうち、譜第者・無譜者・労効譜第者・傍親譜代（第）者が譜第に関わる様々なケースであり、これらはいずれも読奏文に誤りがなければ、「定」を給うという。別稿aで検討したように、立郡譜第にまで絞られた（『続紀』勝宝元年二月壬戌条）「譜第」が、このようにやや広い範囲になったのは、『後紀』弘仁二年二月己卯条においてであり、この時に延暦十七年以来停止されていた譜第之選が復活し、また表14の無譜者任用の根拠となる「先尽二譜第一、遂無二其人一、後及二芸業一」という原則が成立するのである。したがって表14の説明は譜第之選復活後の形を窺わせるものと言

表14　読奏の様々なケースと判定法

ケース	説明と処理方法
譜第者	転擬者は読まず、今擬者のみを読む。祖別擬文は読まない。 郡（名）の上に注してある氏（立郡譜第姓／立譜第者）・今擬者の姓（国擬大少領姓氏骨）・先祖の姓（祖別）が同一か否か見合せる。 ＊譜第氏は一郡に２～３人有ることがある。 朝集使の名を見る→断入文を見る→国擬の上に「定」字を朱書
無譜者	「非譜代者、依才能任者也」 上卿の仰せに随って擬文を読む。断入文にその句（無譜の旨ヵ）あり。 祖列（別）を注さない（祖別擬文なし）。 「可取芸業之格」（弘仁２年２月20日格）を載せる。
労効者 （労効譜第）	「非郡司譜代依労任来者也」／「立郡之時不任之氏、注譜第之内」 擬文にその由を注す。＊旧奏ではその氏々を注す。 断入文に誤りがなければ、「定」とする。
傍親譜代者	「譜代郡司近親也」／「立郡之時、所任之者、不載祖別」 擬文にその由を注す。＊旧奏ではその氏々を注す。 断入文に誤りがなければ、「定」とする。
違例越擬者	「不経少領一度擬大領者也」／「大領之闕、乍置少領擬白丁也」 国擬の上に「違例・越擬」と注し、断入文には必ず降擬文あり。 「定少」と朱書。
両領共闕時 （大少領並闕時）	「少」字を加える／「擬大領者〈式云、先可擬少領云々〉、注越擬由、給定少」。
両領並擬時	「大領給定、云少。少領返却。但不注越擬由。」
大少領次第転擬者	「唯少領之上、書定字」 「其大領雖無誤、少領有誤時、共返却。依有待今擬者、可転擬之式也。」
少領之闕擬擬大領	「近例為難。或可為違例越擬云々。然而擬任者国本所補、非是越擬。仍検旧例不敢為難。」
大領之闕擬擬大領	「又如之」（敢えて難としない）
同門／見任幷今擬同姓者	その句あり／「断入有可優同門責之文。依有同門之制也。」 「但譜第丹書件氏若有二字、或非同門乎」
郡司職の相譲	「件職不可相譲之由、見元慶七年格」、「而旧奏擬文或注譲由、可為難歟」
服解者	「可復任之由雖在式条、三年已上不申復任補其替云々」

えよう。ちなみに、Gによると、「寛和元年、読奏、左大臣（源雅信）為二上卿一。譜第者三人、擬文依レ不レ注二格出年月一、不レ給レ定。此事可レ奇、依レ無レ難歟。譜代者擬文云、謹案二格条一云々、不レ注二格出年月日一、古今不レ致レ為レ難。但無譜者擬文、載二弘仁二年二月廿日格文一。事依レ非二正理一、前例具注レ之。若不レ注二其年月日一、可レ為レ難乎。（康保三年、又有二此難一。）」と、譜第者と無譜者の扱いに混同が生じる場合もあったようである。なお、この史料では無譜者を「非二正理一」と記しており、郡領には譜第者を任用するのが「正理」だという意識が存したことを窺うことができ、郡領任用の基準との関係で興味深い知見となる。

次に違例越擬者以下の六つは、大・少領の有無に関わる種々のケースである。延喜式部上式に「凡大領闕処、以二少領一転任、以二今擬者一為二少領一。其大少領並闕、先擬二少領一。」とあり、まず郡領としての経験がある少領を大領に昇格させる、あるいは大少領ともに欠員となった場合は、先に少領を任用する、つまり郡領経験者たる少領の重視や少領として起用して郡務経験を積ませることが意図されており、少領を中心に考えるのが基本となっている。しかし、大領の方を先に銓擬することも可能で、この場合は「越擬」の旨を注した上で処理され、「定少」（式部上式に則して少領を定めているの意か）と朱書された。また少領の存在とは別に、白丁などを大領に任用するのは「違例越擬」となる訳であり、やはり「定少」と朱書される。別稿bで言及した郡司任用請願文書の一つである海上国造他田日奉部直神護解でも、大領への就任を希望しており、後述の国解の実例にも違例越擬者のケースが多く、実際には「越擬」、「違例越擬」の事例が多く存したので、表14にも一つのケースとして記されることになったのだと推定される。

同門・相譲・服解の扱いについては、いずれも格式に規定された事柄であり、それに基づいて処理が行われることになっている。同門の「但譜第丹書、件氏若有二二字一、或非二同門一乎」は、「二字」＝「二門」で、同姓でも系統が異なることが明記されていれば、同門でないことがわかるという意味ではないかと考えられ、同門か否かの一つの判定方法が記されていると理解したい。また服解者に関しては、Gに「天延三年、読奏、服解者替、給レ定為レ擬云々。(今案、式云、三年已上、不レ申二復任一、可レ任二其替一云々、擬文若見下過二一限一之由上歟。)又不レ上者替、不レ給レ定。上卿問云、不レ上怠可レ潤二恩詔一乎。輔申云、忘レ公向レ私者、可二解却一歟云々。須レ弁二申以レ理解由一、至二于故怠一、何不レ会レ赦乎云々。」とあり、若干扱いが不明な部分も存したようである。あるいは服解者替の任用例はあまりなく、先例がわからなかったためとも考えられる。

以上が読奏の手順と判定に際して問題とされるべき様々なケースである。ちなみに、表14によると、譜第者の読奏文には上方に立郡譜第姓が朱書してあったらしく、読奏文の書式も若干推定できる。さて、以上の読奏のあり方について、読奏の挙行例からはどのような知見を付加できるであろうか。次に実際の読奏の様子を見てみることにしたい。まず儀式挙行のあり方、関係官人の故障その他による延期などの様相については、宮城氏の整理があり、それらが儀式の延期・停止、さらには儀式の権威失墜につながるものであったことが指摘されており、一般的傾向としてこの見解を支持できる。そこで、ここでは主に読奏の内容、表14のような様々なケースの処理を検討することにしたい。こうした視点からは『小右記』長徳二年十月十三日条が読奏のあり方を最もよく教えてくれる史料ということになる。即ち「読奏難」として、次のような記載が見えるのである。

一摂津国不レ注二朝集使一。二伊勢国三重郡大領中臣伊勢常海、伊勢連而無二連字一。又令レ擬二々大領一、而断入文無二省降文一。三尾張国丹羽郡令レ擬二々少領海宿禰一、是本擬文不レ注二其名一。又先祖尾張氏、無二□(此カ)氏一、須レ注二無譜・違例越擬一。四陸奥国牡鹿郡朝集使権大掾末彦宿禰守正、擬文告字作二吉字一。五丹波国天田郡断入文、路不給遺、給字可レ作二拾字一。六丹後国朝集使掾巨勢臣懐節、朝字落。七伊予国温泉郡大領闕、転二擬見少領伊与連時兼一、時兼重注二人名一。

まず記主藤原実資の性格にもよるのかもしれないが、五畿七道の順序に国名が並べられており、実際にもこの順序で読奏が行われたのではないかと思う。朝集使に関するミスも多く、読奏の順序に整理したように、④朝集使の名前を読むということが行われていたことが知られる。前節で触れたように、畿内郡司についても読奏が行われており、また試郡司では参集を免除された陸奥国の郡司候補者に関しても、読奏の段階では書類が提出され、読奏の儀式にかけられたこともわかる。出羽国や大宰府管内についても同様の扱いであったのだろう。

次に断入文・擬文の不備が指摘されており、中には単純な誤字・脱字という枝葉末節な事柄のみで保留となったものもある（陸奥・丹波）が、表14の様々なケースに関係する事例が存する。伊勢国の例は擬大領↓大領のケースで、表14の「不レ経二少領一、一度擬二大領一也」に該当し、違例越擬ということになる。この場合は断入文に必ず降擬文があるのであり、『小右記』では「省降文」、即ち式部省の降擬文がないことが問題とされている。尾張国の例は、擬少領↓大領のケースかと推定される。表14によると、敢えて難としないという見方が記されている（G）が、一方で難とするともされており、『小右記』では難として、違例越擬と判断されているのである。またこの事例では無譜者の任用のケースであるのに、無譜の旨が記されていないこと、海宿禰という姓だけで、名前が記されていないことなどのミスも指摘されている。

以上の『小右記』程に読奏の様子がわかる例は他にないが、『本朝世紀』天慶四年九月十九日条「読申如レ恒。上卿把レ筆定レ之、至二于其有レ誤・有レ難之者一、不レ給レ之。」、同五年六月十三日条「読申如レ恒。上卿把レ筆定レ之、至二于其有レ誤・有レ難之者一、不レ給レ定。」、同八年十二月五日条「読二申件書一。大納言同開二読奏書一、聞合給レ点レ定。」などとあり、読奏の判定や問題のあるものについての保留が行われたことが知られる。なお、正暦元年十二月九日条に「少輔佐忠朝臣取二副笏自料読合文一着了」とあり、読奏を行う式部省の輔は笏に自分の擬文を添付して読んだようである。

上掲の天慶四、五、八年の例にも「取二副書一巻於笏一」と見え、笏の使用方法がわかって興味深い。

次に読奏そのものの実例ではないが、『類聚符宣抄』第七には郡司任用を求める国解と太政官の判定例が掲載されており、これらの史料も読奏の様子を知る手がかりになると思われるので、ここで検討を加える。事例としては、（あ）天徳三年四月五日摂津国司解（住吉郡大領、十一月十四日任命）、（い）応和三年八月二十一日尾張国司解（海部郡大領、十二月二十七日任命）、（う）康保二年二月十七日美濃国司解（各務郡大領、任命月日不明）、（え）貞元二年六月二十五日讃岐国司解（多度郡大領、貞元三年三月二十七日式部省の言上状、九月二十七日任命）、（お）長和四年四月二十一日備前国司解（邑久郡少領）、（か）康保五年六月二十九日紀伊国司解（名草郡少領、七月二十一日任命）、（き）天慶二年五月二十二日大隅守・大外記の言上状（但馬国美含郡少領、十二月二十七日任命）、（く）天暦八年七月二十三日式部省の言上状（備中国小田郡、十二月二十九日任命）があり、（お）は出典が『平安遺文』（補一六四号）である。以上の事例をケース別に整理すると、次のようになる。

違例越擬…あ・い・う・え
無譜者…き
郡司職の相譲…か
擬大領↓少領…お[8]
年給…え・き・く

まず譜第者の場合、国解には「譜第正胤、奕世門地、試用擬任、性識清廉、足レ為二郡領一。謹案二格条一、詮〔銓カ〕二擬郡司一、一依二国定一者」（あ）に類した表現が共通して現れ（あ・い・う・お）、譜第之選（前述の弘仁二年条）、国擬一本化（弘仁三年条）、三年間の試用制（弘仁十三年太政官奏）と、八・九世紀の郡司任用方法の変遷を経て定まった郡司の任用方法が、以後十世紀に入ってからも郡司任用のあり方を規定するところが大きかったことがわかる。ケースとしては、違例越擬が最も多く、先述のように、実際にもこの事例が多数を占めたと推測できる。無譜者については、表14には断入文にその旨を記すとあり、（き）でも「兼被レ免二無譜之責一」という字句が見えており、表14通りの処理が行われたものと思われる。一方、（か）は現任者が内膳司御厨別当職に補任されて多忙となったので、弟を任用したいというもので、形式としては相譲のケースになると考えられるが、国解・太政官の判定ともにその旨の言及はない。表14の如く、相譲は基本的に禁止されていたので、特に相譲であることを記さず、交替をスムーズに行おうとしたための作為がとられたのであろうか（あるいは後代の郡司職のように世襲が認定されていく過程を示すものとも考えられる）。（お）は擬大領→少領のケースであるが、表14には敢えて難としないとあり、国解の書式も譜第者のものと同様であって、特にその点には触れられていない。以上、表14に現れたケースについては、概ね表14の通りの処理が行われていたことが知られ、表14の実効性が確認できたのではないかと考える。

ところで、上掲の整理の中には表14に見えないケースとして、年給による郡司任用の例が存する。年給郡司の扱いについて、宮城氏は、（き）・（く）の事例では国解、太政官の判定ともにその年の読奏・任郡司の実施月日と合わない（表12）ことから、年給による補任は読奏や任郡司の儀はなかったとされる。『北山抄』巻六には「諸国大少領事。一分代申レ之、副二銓擬国解一所レ申也。令レ勘二一分給不一、後給二式部一。」とあり、郡領は一分代によって任用され、国解も必要と記されており、（え）には国解が掲げられている。但し、（え）・（く）には式部省の言上状が掲げられており、通常の郡司任用方法とは異なる点が存する。『北山抄』が述べるように、年給の適用が許可されたら、式部省の言上状という形をとるか、あるいは（き）のように、給主の言上という形かで申請が行われ、読奏・任郡司とは別ルートで任用の判断が下された可能性が高いと考えられ、宮城氏の見解を支持しておきたい。

以上、読奏の実例等に即して、表14に示される儀式書の郡司任用をめぐる規定の実効性を検討し、概ね表14のような形での処理が行われていたことを明らかにした。したがって十世紀の郡司任用のあり方は、八・九世紀の郡司任用方法の変遷を経て弘仁年間に定まった任用方法や譜第のあり方、想定される読奏の様々なケースを基本的に踏襲するものであり、固定化や儀式として形式化されたものであったと言うことができよう。なお、(あ)・(い)・(う)・(お)の国解の表現によると、三年間の試用＝擬任郡司の状態も正員郡司への任用のためには大いに意味のあることであったことが窺われる。九世紀以降の擬任郡司制については、一ポストに対して複数の擬任郡司の存在や徴税請負人としての性格など、郡司の変質過程における意義が強調されているが(9)、十世紀以降でも正員郡司の例は存しており、正員郡司の意味や郡司任用の儀式を経て正員郡司になることの意義などを考えることも必要となるのではあるまいか。この点は十世紀以降の郡司制度のあり方を検討する際の課題としたい。

3 「旧説」・「旧奏」・「旧儀」・「旧例」

読奏に関する考察の最後に、表13・14にも散見する「旧説」・「旧奏」などの語から、読奏のあり方の変遷を探ることが可能か否かに触れてみたい。読奏の挙行場所や式部省官人の役割の変化については第一項で触れたが、そうした変化と「旧説」・「旧奏」との関係の有無も検討課題としたい。

まず表13・14のうち、郡司職の相譲は元慶七年格で禁止されているので、「而旧奏擬文或注二譲由一」という「旧奏」は元慶七年以前のあり方を指すことが明白である。元慶七年頃というと、次のaが注目される。

a 『三代実録』元慶八年四月二十三日条

天皇御二紫宸殿一、式部省奏下諸国銓二擬郡司一擬文上。式部卿本康親王・太政大臣・左右大臣及公卿侍。参議正四位下行左大弁兼播磨守藤原朝臣山陰奉レ勅読奏。此儀経レ久停絶。是日、尋二検旧儀一而行レ之。

aは「此儀経レ久停絶」とあるが、表12によると、元慶五年には読奏が行われており、それ以後aまでは見えないというのが事実関係である。『三代実録』では読奏は貞観九年～十七年、任郡司は同十年～十六年の間には記録されておらず、この間の有無は不明となっている（表12）。とすると、元慶六、七年は仮に読奏が行われていなかったとしても、「経レ久停絶」という程ではない。一方、紫宸殿に天皇が出御する形は、清和天皇が九歳で即位したためか、他の儀式でも不出御が多く、読奏については『三代実録』ではaが初見となる。それ以前の国史には読奏の記録はないが、任郡司は天長九年の例があり（表12）、その前提となる読奏も当然行われていたと推定され、C・Dによると、天皇が紫宸殿に出御する形での儀式であったと考えられる。したがって元慶八年に復活したという読奏の「旧儀」に関しては、α元慶五年以前のあり方、β紫宸殿に天皇が出御する儀式のあり方の二つが想定できるが、αは「経レ久停絶」の表現がやや抵触し、βの方が有力であると見なしたい(10)。

但し、α・βいずれにしても元慶七年格による郡司職相譲禁止以前の儀式のあり方であるということに変わりなく、郡司職相譲に関わる「旧奏」とは時期は矛盾しない。β説を支持するとすれば、先述のように、天皇が紫宸殿に出御する方式が本来のあり方であるという認識は元慶八年以降も存続しており、aを読奏の画期とするのは難しいし、また仮にα説が成り立つとしても、読奏のあり方全体の変化があったという手がかりは全くないので、α説は成立し難いと言わねばならない。その他、表13の山陰道・山陽道の古訓については、『書紀』成務五年九月条に「山陽曰二影面一、山陰曰二背面一」とあり、「旧説」がいつのものであるかは考察の手がかりがなく、表14の相譲関係以外の「旧奏」・「旧例」もどの時点を指すのかは不明である。つまりaが読奏の新・旧を分ける画期とはならないとすると、相譲のような画期が明白なもの以外は、「旧」とは漠然と各々の時点以前の、各々の時点でのあり方とは異なる事例を示すと見るしかないと思われる。表13・14の「旧」の事例はいずれもGが出典であり、統一的に用いられていると仮定し、また十世紀頃の挙行場所と参加者の役割の変化が画期だと認識されていたと想定すると、「旧」とは元慶七年以前、あるいはもう少し幅を持たせて九世紀後半、即ち十世紀以前の例を指すと見ることができるかもしれないが、確証はないとせねばなるまい。

次にE・Gの中の式次第の説明や実例を掲げた部分にも「旧例」の事例が存する。

b『北山抄』巻七任郡司

同（天慶）四年十月十六日、雨儀、丞於二正庁砌上一、承レ召。年来省称二旧例一、准二他事一者、可レ謂二違失一。外記日記、注レ失レ礼也。〔天慶元年・天禄二年・同四年、立二西庁一。〕

c『西宮記』巻三郡司読奏・頭書（史籍集覧本により対校）

小野記云、丞取二入奏文筥一、入レ自二日華門一立二軒廊南一。上起レ座参二御前一、丞従二上卿後一奏了〔奏留二御所一〕、還二本座一、丞出了云々。又説云、依レ召丞持レ奏来置二上前一、立二軒廊南一。上披二見三枚一、即奏了、目二式部丞一、丞来取レ奏立二本所一、上参上、奏レ之。年来之間無二此儀一、従二天慶九年一始有二此儀一。是師輔卿称二旧例一、申二事由於殿下一、所レ令二改行一也云々。

d『西宮記』巻三郡司読奏（＊＝c頭書の位置）（史籍集覧本により対校）

上卿以二外記一召二式部一、丞＊捧レ筥参上。〈着レ靴入レ自二日華門一、進立二軒廊南一、北面、当二廊東一間南去一丈一、来以レ筥置二上卿前一、帰立二本所一〔直可レ進〕、上卿少許見了〔旧例丞不レ置レ筥、上卿不レ見〕、丞即来、取レ筥立二本所一。雨立二宣陽殿西壇上三間一。〉

bは任郡司に関するものであるが、参考のために掲げた。雨儀に際して、式部省は「丞於二正庁砌上一、承レ召」のが「旧例」であると称していたが、藤原公任はこれを違失であるとし、西庁に立つのが正しい所作であるという（後掲図

7参照)。次にcについては、「年来之間無二此儀一、従二天慶九年一始有二此儀一」の「此儀」が何を指すかがまず問題である。cの「小野記云…」と「又説云…」を比べると、式部省の丞が持って来た奏文を上卿が披見するか否かが大きな相違点であると思われ、cの頭書が書き込まれたdの細字双行部分にも「旧例丞不レ置レ筥、上卿不レ見」とあることはこの点を裏付けていよう。つまり「此儀」とは「丞持レ奏来置二上前一、…上披二見三枚一」を指すと考えてまちがいない。これは宜陽殿での読奏→紫宸殿の天皇への結果報告という形の儀式になった時期のものであり、読奏の前に天皇の分の奏文を上奏するという次第の中での行為である。九世紀の紫宸殿での読奏の儀では、天皇が臨席しているのであるから、第一項で整理した式次第の③の通り、直接天皇の分の奏文が奉られた。ここで上卿が披見するのは、上奏する分の誤りを再度チェックする意味があるのではないかと思われるが、九世紀の紫宸殿での読奏の時期にはこのような所作はなかったから、藤原師輔が称した「旧例」とはいつの時点を指すのか不明であり、漠然と天慶九年以前の事例と見なしておくしかない。dではこの師輔の主張によって上卿が披見するのが「例」となったことを物語っている。但し、dでもそれ以前には上卿が披見することはなかったと記されており、師輔が依拠した「旧例」はやはり特定できない。

以上、読奏の実例や表13・14などに見える「旧説」・「旧儀」・「旧奏」・「旧例」等の語に触れた。読奏に登場する様々なケースに関わるのは、相譲に関係した「旧奏」くらいであり、先述のように、弘仁年間の郡司任用方法の定立以後、任用方法や任用基準には殆ど変化がなかったことがわかる。その他、儀式の細部の所作に関わるものもあるが、「旧」時点との画期的な違いを見い出せない場合が多く、また各々の時点でそれ以前のあり方を「旧」と称しているらしく、「旧」がいつの時点を指すのか、あるいは本当に依拠すべき「旧例」があるのか否かも判断できないのが殆どである。したがって任用方法や挙行場所の変化といった読奏の根幹に関わる変化と関連する「旧」の事例は見出し難いと言わねばならない。任用方法では弘仁年間の郡司任用方法の定立、挙行場所・儀式形態では十世紀頃の変化が、読奏のあり方には画期と見なすべき二つの時期ということになる。

以上で読奏についての検討を終え、次に任郡司（郡司召）の様相に考察を加える。

三　任郡司（郡司召）

任郡司は読奏終了後、郡司の任用を行う儀式であり、ここで郡司候補者は正式の任用に至るのである。先述のように、大・少領は奏任官、主政帳は判任官であるから、郡領は太政官、主政帳は式部省においてこの儀式が行われる。関係史料としては、A・Bの「叙二任諸国郡司大少領一」、「叙二任（諸国）主政帳一」（括弧内はBなし）、D「太政官曹司庁叙二任郡領一儀」、E「郡司召」、F「任郡司事」、G「任郡司事」、H「任郡司事」、J「（四月）廿日任郡司位記」が掲げられる。

まずA・Bによって、任郡司のための準備を概観しておく。A・Bは細部を除いてはほぼ同文であるが、前述の読奏の期日の場合と同じく、Bでは郡領について六月三十日という期日が明記されているのに対して、Aでは「択二吉日一」とあるだけで、期日は示されていない。六月三十日という期日はF・Hでも式制によるとだけあり、B以外の根拠はないが、宮城氏が指摘されたように、表12のうち、任郡司はこの期日を守っている例が多く、初見例である天長九年の場合も遵守されており、既にAの段階からこの期日内で実施されていた可能性も高いと考えておきたい。

さて、A・Bによると、任郡司は α 読奏終了後、勘籍を行い、位記を書いて、太政官の請印をうける、β 式部省の専当官人（郡領は丞、主政帳は録。以下、括弧内は主政帳）が除目を書き、録（史生）に歴名を抄書させる、γ 六月三十日以前（但し、主政帳については、A・Bともに期日は見えない）の吉日を選んで太政官（雑掌）に申す、δ前日に式部省の録が史生・省掌を率いて版位・位記筥案標などの設営を行う（主政帳は式部省での任用儀であるから、太政官の儀場設営は不要）、といった手順で準備が進められることになる。ちなみに、Eには「而或不二請印一行」、G「而寛弘七年給二白紙位記一云云、奇異事也」などの例が指摘されており、十世紀以降には請印未了のうちに任郡司が挙行されることもあったらしい。E裏書に「延長七年九月廿七日、今日為二任郡司一、諸卿参レ宮。而依二弁不一レ参停、只有二請印一。（貞公御記）」とあるのは、そのような状況を如実に示していよう。なお、『本朝世紀』天慶二年十二月十四日条によると、郡司位記請印の日に、請印終了後、任郡司の日取りを決めていることがわかり、式日の決定方法の一例を窺うことができる。

次にDによって、太政官での郡領の任郡司の式次第を整理すると、以下のようになる（E・F・Gもほぼ同内容。但し、大臣は上卿と記されている）。

①儀式開始以前に、まず式部省の丞が除目簿を執って庁事北屏の下で外記に付し、大臣に進めさせる。
②弁官が政を申し了ってから、内記が宣命文を以て西戸より大臣に進める→弁官退出。
③次に外記が儀式文を進め、大臣は外記に宣命文を授ける→外記退出→宣命大夫に授ける。
④大臣が召使を喚び、式部省を喚ばせる→式部省の輔が称唯して、丞が代わりに参入。
⑤大臣の喚により、式部省の丞が西側階より昇って除目簿を受けて本列に戻る→式部省の史生がそれを受け取って輔に授ける。
⑥式部省の録が名簿を齎して省掌を喚ぶ→省掌は名簿を受け取って本列に戻る→録の命令によって唱計（郡司任用者を点呼カ）。

⑦式部省の輔以下録以上が参入↓屛の東頭より東堂の座に着す。
⑧次いで省掌が国郡司を率いて屛の西頭より入って列立↓立定。
⑨丞・録・降立↓輔降立↓弁大夫降立↓参議以上降立。
⑩弁大夫が宣命位に就く↓省掌は朝集使を率いて版に就く↓宣命↓国郡司ともに称唯して再拝、宣制拝舞。
⑪弁大夫が本列に復す↓参議以上、弁大夫、輔の順に復座。
⑫掃部寮が机を持って屛の東頭より入って、位記標の下に立つ↓退出。
⑬式部省の史生が位記筥を持って同方向より入って、机の下に置く↓退出。
⑭式部省の録が机下に立って筥を披いて位記を取る↓唱↓郡司は称唯して録の後に就いて位記を受ける↓一拝して本列に復す。
⑮位記を賜い了ったら、録は筥を覆って本列に復す。
⑯史生が入ってきて筥を取って退出↓掃部寮が入ってきて机を取って退出。
⑰丞・録は東堂の座に復す。
⑱式部省の輔が録を喚ぶ↓輔の後に進み、除目簿を受けて復座。
⑲録は東堂より降りて唱名標の下に就く↓道の順番に除目簿を唱える↓郡司は版位に就く↓十人になったら、省掌が「直立」という↓郡司は西庁の南階の北頭に列立。
⑳唱が訖ったら、録は本座に復す↓省掌は退出↓国郡司が退出↓以下、録、丞、輔、弁大夫、参議の順に退出。
以上の式次第は、Ⅰ除目簿を大臣に提出（①）、Ⅱ再び除目簿（名簿）を受け取って、郡司を唱計（点呼）（②〜⑥）、Ⅲ堂より降りて、宣命を読む（⑦〜⑪）、Ⅳ位記を授ける（⑫〜⑰）、Ⅴ道順に除目簿を唱え、漏れがないかを確認（⑱

～⑳)、という構成に分類できよう。Ⅲの宣命に関しては、延喜式部上式に「凡於二朝廷一宣命者、群官降レ座立二堂前庭。〈謂成選・授位幷任郡司、及臨時宣詔之類。事見二儀式一。〉」とあり、宣命の際の通則に従ったものであることがわかる。任郡司の宣命の実例は、『三代実録』貞観元年五月十日条に「策文云、天皇我詔旨良万止宣大命乎衆聞食世止宣、今国々乃郡司尓任賜人等尓、冠位上賜比治賜波久止宣御命乎諸聞食世止宣」とあり、これはJの例文あるいは寛弘元年四月十一日の例として掲げられているものと殆ど同一と言ってよく、定型化したものが存したことが窺われる。なお、当日の指図を描くと、図7のようになる。

以上が郡領の任郡司の儀であり、判任官である主政帳については、式部省で任郡司の儀が行われる。なお、先述のように、和銅五年以前においては、主政帳は上京しなかったので、本人参加の任郡司の儀もなかった。今、A・Bによって主政帳の補任の式次第を整理すると、次の通りである。

①式部卿以下着座→録は省掌を召し、歴名を授ける→省掌は門外において召計（点呼）。

②次に輔が丞、丞から録に伝えて、省掌を召す→省掌は版位に就く→丞は省掌に郡司を率いて候するように命じる→省掌は郡司を率いて入り、屏前に立つ。

③輔は録に「唱之」と命じる→録が唱す→郡司は称唯して進んで版位に就く→十人になったら、省掌が「直立」という。

④唱終了後、郡司退出。

⑤「其位記者、亦令二省掌分付一」

名簿に基づく点呼による確認、唱名による本人の照合（実物確認）、位記の分付という基本的なあり方は郡領の場合と変わりないと見てよく、主政帳の場合は、場所が式部省である点、位記賜与等の式次第がかなり簡略化されている点

〔図7〕

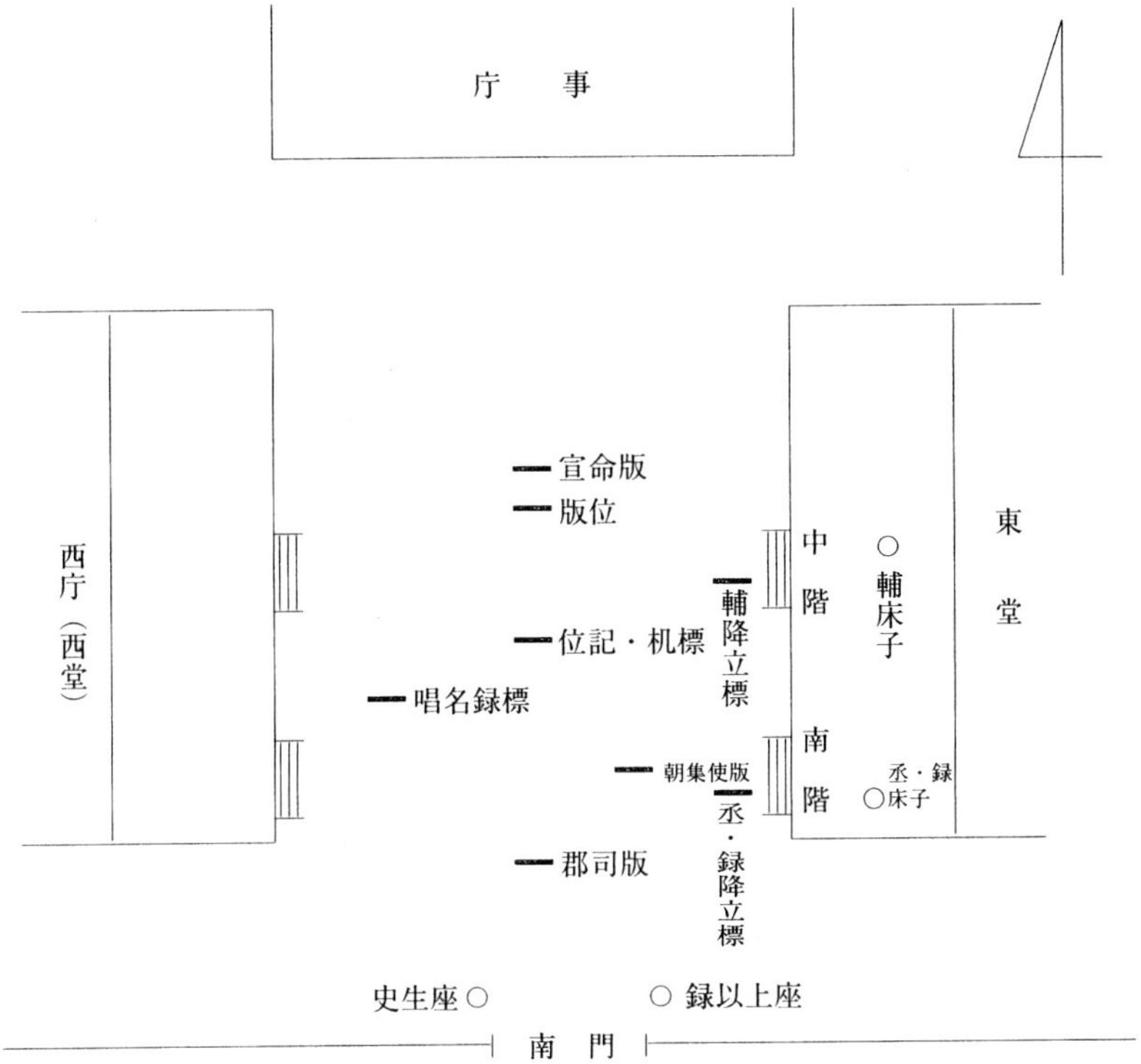

※版・標間距離
宣命版（4尺）版位（1丈5尺）位記・机標（2丈5尺）郡司版
（7尺）→（1丈5尺）唱名録標
（1丈5尺）→（1丈）朝集使版
＊基準となる版位の正確な位置がわからないので、概念図に留まる。

などが異なるだけである。

以上、郡領、主政帳の任郡司の式次第を見た。基本的には一般の成選叙位や任官儀と同様で、叙位・任官の儀式であったとまとめることができよう。最後に任郡司の様子を窺わせる事例と任符の実例とを掲げておく。

a『北山抄』巻七任郡司

同（天慶）九年（九条記歟）召名。河内国志紀郡大領清内稲積、去十月、依三国司申二犯過由一、給二追捕官符一畢。仍召二外記一、仰云（外記立二上卿後一云々）、事依二倉卒一、無レ便返二給召名一、令レ除レ之。雖レ載二召名一、不レ可二召立一之由、可レ仰レ省。宣命使少納言泉就二西庁座一。件座立二右弁官座北辺一。

表12によると、天慶九年十二月二十七日に任郡司の儀が行われたことがわかり、aは読奏（九月二十二日実施）後に郡領候補者が追捕官符を被るという事態に陥ったため、召名には登載したままとするが、召立はなしとするという判断を示したものである。追捕官符によって捜索されているのであるから、本人が式場に現れることはないが、読奏以後に生じた事態に対応した措置のあり方を示す例となろう。

次に任符の実例は『類聚符宣抄』第七に三通、『朝野群載』巻二十二に一通が掲載されており、その他『平安遺文』一二〇〇号文書・一三九〇号文書がある。ここではそのうちの一通を掲げる。

b『類聚符宣抄』第七

太政官符尾張国司

丹羽郡大領外正六位上椋橋宿禰惟清

右去年十二月卅日補任如レ件。国宜二承知依レ例任用一。符到奉行。

正四位上行左中弁藤原朝臣　　正五位下行左大史兼主計権助小槻宿禰

長元四年二月廿三日

『類聚符宣抄』によると、郡司の任符には内印が捺されていたことがわかり、何よりも十一世紀に入ってからも、太政官符によって任用されることは注目される(11)。一般にこの時期官符発給は手続きの煩雑もあって、宣旨などが主となり、儀式的な事柄にしか用いられないと言われており、太政官符が用いられる郡司任用はその儀式性を示すとともに、正員郡司を任用することの重大さを窺わせるものと言えるのではあるまいか。この点は十世紀以降の郡司制のあり方を考える際の留意点としたい。なお、bでは郡司任用からかなり時間が経過してから任符が発給されているが、六通のうち五通は同様の時間関係にあり、これは十世紀以降の事例ばかりであるためという事情も考慮されるものの、任符発給が遅滞しがちな傾向を示しているとも見なされる。

本節では、任郡司の儀の概要、実例や任符の例などを整理した。この儀式は基本的には叙位・任官の儀と同じものであり、郡司位記の請印と位記の下付、除目簿との照合が中心となり、読奏後に余程のことがない限り、任用に至るものであった。したがって読奏のような様々なケースとその処理方法の規定など、郡司任用の論点となるものはなく、叙位・任官の儀式として問題なく行われたものと考えられる。

むすびにかえて

本章では、試郡司、読奏、任郡司という中央における郡司任用の儀式について、儀式書等の記載を整理し、若干の問題点にも言及した。また詳しい記述や実例の残る読奏に関しては、郡司任用の際の様々なケースや譜第のあり方に触れ、八～九世紀の郡司任用方法の変遷を経て、弘仁年間に定立した方式が基本的に踏襲されていることを明らかにし得たと思う。したがって別稿aで検討したような、郡司任用をめぐる様々な問題点を止揚したのが、儀式書等の郡司任用の方式であり、律令国家の郡司任用方法の一応の到達点を示すとする見方を確認できたと考える。

ところで、以上のような郡司任用の儀式については、十二世紀初成立の大部の儀式書『江家次第』には全く記述が見えない。またJ『柱史抄』（貞永元年（一二三二）頃成立）では四月儀の中に「廿日任郡司位記」を載せるが、これは読奏と任郡司を混同したものであり、「近代絶不レ被レ行レ之」と注されているように、既に挙行されていなかったので、誤ちに気付かなかったのであろう。表12によると、読奏、任郡司の実例は十一世紀に入ると僅少となり、こうした儀式が徐々に行われなくなっていく状況が看取される。式日遵守の有無については、宮城氏が整理されたように、読奏に関しては、仁和以前・寛平以後ともに式日違反が圧倒的に多いが、仁和以前は四月二十日に近い五月までに終了しているのに対して、寛平以後では十二月までに亘っており、区々の様相を呈している。この傾向は任郡司でも同様で、仁和以前は六月三十日の式日がよく守られているのに対して、寛平以降では読奏の延期もあって、式日が守られない例が多い。但し、『本朝世紀』天慶八年十二月五日条の読奏には「此事須二四月廿日以前行一」と注記されており、式日についての認識は残っていたようである。また表12の安和元年の例では年末になって漸く読奏が行われているが、『北山抄』巻三によると、「依レ無二残日一、以二丞一人一、行レ之」と、本来の参加者に欠落があったにもかかわらず強行しており、とにかく年内に終了しておくという意識が存したのか、年内に任郡司までを終えている。この事例では年内に読奏・任郡司を終えようとする努力が窺えるが、逆に言えば、拙速の判定や形式化、儀式としての荘重さの欠如を物語ることになる（形式化を言えば、こうした郡司任用の儀式そのものが、本来郡司の欠員が生じる毎に行うべきであるのに、式日が定まった儀式となり、既に形骸化していると言えるのだが）。

十世紀頃の紫宸殿で天皇臨席の下に行う形から宜陽殿で天皇が臨席しない形での挙行への変化は、場所だけでなく、儀式としての読奏の意味合いに関して大きな画期をなしたと考えるが、その後の式日遵守の有無や参加官人の出欠状況は儀式の盛衰を反映するものと見なされ、以上の概観からも時代が下るに従って、郡司任用の儀式が衰退していく傾向を看取できよう。その背景の一つとして、宮城氏が指摘された闕郡司職分田の存在、即ち正員郡司が任用されないという状態が想起される。闕郡司職分田はa『政事要略』巻五十三延喜十四年八月八日官符（『別聚符宣抄』にも掲載）、b『別聚符宣抄』延長七年三月十三日官符に全国的な状況が窺われる。a・bには国造田の記載も存し、別稿ではa・bは国造田の地子を返進したものであり、国造田が闕国造田となっていたこと、つまり殆どの国で国造が有名無実化していたことを示すものとして解釈した。(12)では、闕郡司職分田については如何であろうか。

宮城氏は全国的な動向を述べているが、ここでは国別の表を作成した（表15）。五畿内、伊賀、出羽は地子を出さない国であり（弘仁主税式）、a・bは地子剰余の国の田を返進したものであること、つまり表以外にも闕郡司職分田の存した国があった可能性の高いことを押さえた上で、a・bの官符の検討を行う。aの内容は次の通りである。まず元慶六年八月二十五日官符で民部省に対して、大納言以上および諸道博士の畿外無主職分田と闕郡司職分田の地子を正税に混合することが命じられた。しかし、同七年五月十三日官符では、元来闕郡司職分田の地子は太政官厨家に送られ、諸用途に充てられており、また権官や五位者の増加により乗田を公廨田・位田に充当するために地子収入が減少し、厨家財政が苦しくなってきているので、闕郡司職分田の地子は元通り厨家に納めて欲しいという厨家解を認め、民部省符を諸国に下し、地子を返進させることになった。ところが、延喜十二年八月十三日厨家解では、元慶七年官符の誤解によって大納言以上および諸道博士の畿外無主職分田の地子までも返進されてしまったので、これについては元慶六年官符の通りに処理すること、また現状では厨家用度の残りが沢山出て、むしろ地子が余るので、闕郡司職分田などの地子に関しても正税に混合して欲しいとあり、aでこれが実行されたのである。そして、延長六年二月十

表15　闕郡司職分田（1830町８段）の状況

国　名	田　　数	依拠資料	出　典	比　　率
伊　勢	18町	延喜９年帳	a・b	168町－11%
尾　張	22町	延喜７年	a・b	114町－19%
参　河	50町	延喜10年	a	118町－42%
遠　江	26町	延喜８年	a	174町－15%
駿　河	66町（b66町１段）	延喜７年	a・b	94町－70%
伊　豆	３町	延喜６年	a	38町－ 8%
甲　斐	31町７段	延喜８年	a・(b)	52町－61%
武　蔵	24町	延喜７年	a	252町－ 9.5%
安　房	９町６段	寛平７年	a	54町－18%
上　総	88町４段	延喜３年	a・b	150町－59%
下　総	32町	延喜７年	a	156町－21%
常　陸	152町	延喜８年	a	174町－87%
飛　驒	２町２段	延喜７年	a	32町－ 7%
信　濃	66町２段	延喜10年	a	128町－52%
上　野	86町	延喜６年	a	174町－49%
下　野	86町	延喜７年	a	116町－74%
越　前	52町	延喜９年	a・b	88町－59%
加　賀	48町	延喜６年	a	54町－89%
能　登	40町	延喜９年	a	52町－77%
越　中	39町６段	延喜５年	a	60町－66%
丹　波	10町２段	延喜９年	a	102町－10%
丹　後	２町	寛平５年	a	62町－ 3%
但　馬	22町	延喜７年	a	112町－19.6%
伯　耆	25町	延喜７年	a	82町－30%
出　雲	68町	延喜２年	a	134町－51%
隠　岐	18町	延喜６年	a	32町－56%
播　磨	25町４段	延喜８年	a	168町－15%
美　作	34町	延喜８年	a	100町－34%
備　前	26町	延喜９年	a	100町－26%
備　中	27町２段	延喜８年	a	156町－17%
備　後	44町	延喜９年	a	156町－28%
安　芸	３町	延喜７年	a	106町－ 3%
長　門	２町７段	延喜５年	a	68町－ 4%
紀　伊	６町	延喜８年	a	74町－ 8%
阿　波	15町	延喜９年	a	108町－14%
土　佐	42町	昌泰２年	a	90町－47%
筑　前	64町	斉衡２年	a	188町－34%
筑　後	88町	寛平９年	a	120町－73%
豊　前	39町	貞観13年	a	96町－41%
豊　後	28町	元慶３年	a	90町－31%
肥　前	42町	延喜２年	a	112町－38%
肥　後	25町６段	昌泰２年	a	172町－15%
日　向	34町	寛平９年	a	64町－53%
大　隅	66町	寛平９年	a	90町－73%
薩　摩	113町	？	a	116町－97%
壱　岐	８町	寛平９年	a	28町－29%

依拠資料は闕郡司職分田が注記されている帳簿の年次。比率は推定郡司職分田数（田令郡司職分田条の規定と『和名抄』の各郡の管郷数による郡の等級とから計算）－闕郡司職分田の比率。

九日厨家解で伊勢・尾張・駿河・甲斐・上総・越前に関しては例進地子が不足する状況なので、田を返給して乗田とし、その地子を厨家に納めること、もし班田後に乗田が沢山出たならば、その時にはaにより地子を正税混合することが言上され、bではこの六ヶ国については暫く田を返給し、地子を返進することにしている。

以上の通り、a・bは太政官厨家の地子収入の変化に伴う、地子徴収か正税混合かという方策の間での変動を示すものである。特に闕郡司職分田についてはその額が最も大きく、中心的位置を占めるものであり、しばしば言及されることになる。延喜民部上式には「凡畿外諸国無主職田者、毎レ有二其闕一、式部省移二送主税寮一、納二其地子一、混二合正税一」とあり、元慶六年官符の方策は『延喜式』で式条化されているようである。さて、闕郡司職分田であるが、この方策の中心的存在であるためか、aには次のような配慮が記されている。

但闕郡司職田之数、随レ時増減、無レ有二定数一。件数者、此拠二近年帳一所レ令二勘申一。至二於采女田一、定額外、先補之輩准二拠格条一、一身之後、為二無主田一者。

この記述に示されているように、闕郡司職分田は新たに郡司が任命されれば給付され、郡司の存不によって変動を受ける筈である[13]。ところが、aに見える「近年帳」は最新のものでも延喜十年で、延喜年間のものが多いとはいえ、中には斉衡二年帳に依拠したという例もある（表15）。またその田数についても、推定郡司職分田数に比して、五〇%以上の闕郡司職分田が存在した国も多いことに注意される。こうした事象は、単に一時的に闕郡司職分田が生じ、新しい郡司の任用のよってその数が変化するという事態ではなく、むしろ闕郡司職分田が恒常的に存在する状況、即ち郡司職分田の有名無実化、正員郡司の就任例の減少を物語るのではあるまいか。ちなみに郡司表の検討によると[14]、特に十世紀以降、郡判に主政帳があまり見えなくなることが窺われ、主政帳の任用例がなくなっていくのではないかと考えられる（郡領も少なくなるが、主政帳の方が顕著であると見る）。

では、何故このように正員郡司が減少していったのか。この点については、九世紀後半以後の擬任郡司、十世紀の「国衙官人郡司」、十一世紀の一員郡司など、郡司制度の展開とも合せて考える必要があり、本章では郡司任用の儀式の衰退と消滅の一因として、正員郡司の任用が少なくなるという現象を紹介するに留めたい。(15)十世紀以降、主政帳の任用例が見えなくなることと、十一世紀の一員郡司制の成立には相関関係があるかもしれないが、九世紀以降の郡司制度のあり方については別稿を期すこととし、郡司任用の儀式に関する整理ノートとしての小稿は、ここで擱筆することにしたい。

註

（1）宮城栄昌「延喜・天暦時代の郡司の任命法」（『延喜天暦時代の研究』吉川弘文館、一九六九年）。以下、宮城氏の見解はすべてこの論文による。
（2）早川庄八「選任令・選叙令と郡領の「試練」」（『日本古代官僚制の研究』岩波書店、一九八六年）、大町健「畿内郡司と式部省「試練」」（『日本歴史』四六六、一九八七年）、森田悌「畿内郡司と試練」（『日本歴史』四七四、一九八七年）。
（3）拙稿a「律令国家における郡司任用方法とその変遷」（『弘前大学国史研究』一〇一、一九九六年）、b「郡司補任請願文書とトネリ等の郡領就任」（『続日本紀研究』三〇三、一九九六年）。以下、別稿a、別稿bと称する（いずれも本書所収）。
（4）評制下あるいはそれ以前については、拙稿「評司の任用方法について」（『ヒストリア』一五四号、一九九七年、本書所収）を参照。
（5）坂上康俊「日・唐律令官制の特質」（『奈良平安時代史論集』上巻、吉川弘文館、一九八四年）、寺崎保広「考課木簡の再検討」（『律令国家の構造』吉川弘文館、一九八九年）など。
（6）（イ）早川註（2）論文、（ロ）大町註（2）論文、（ハ）森田註（2）論文。
（7）拙稿「額田部氏の研究」（『国立歴史民俗博物館研究報告』掲載予定、二〇〇〇年）。
（8）（お）は「今詮擬太政従八位上海宿禰恒貞」と記されている。原本調査をおこなっていないので確言はできないが、「今詮〔銓〕

擬大領従八位上海宿禰恒貞」と理解され、恒貞を少領に任用するのであるから、擬大領→少領のケースと見なした。

(9) 米田雄介『郡司の研究』(法政大学出版局、一九七六年)第四章。

(10) 宮城氏は三年間中断していた後の儀式であったので、天皇が紫宸殿に出御した旨を述べられており、α説かβ説かは不明瞭である。

(11) 泉谷康夫「平安時代の諸国検断について」(『日本中世社会成立史の研究』高科書店、一九九二年)は安芸国高田郡の郡司藤原氏(『平安遺文』一二〇〇号・一三九〇号)や『玉葉』治承五年(養和元年)八月六日条の城(平)助成の郡司補任などの例から、一員郡司制下の郡司の補任は太政官符によって行われるとし、国符や庁宣で任命される郷司とは異なることを強調している。なお、郡司と郷司の違いについては、錦織勤「平安末期の郡司と郷司」(『日本史研究』三四三、一九九一年)も参照。

(12) 拙稿「律令制下の国造に関する初歩的考察」(『ヒストリア』一一四、一九八七年、本書所収)。

(13) 『三代実録』元慶六年九月二日条「又諸国郡司等、或遭レ喪解任、或其身死去、未レ補之間、空経二年序一。如レ此之類、寔繁有レ徒、而所レ進租帳、不レ見二其由一、不レ得二勘出一。商二量事情一、似レ有二遺漏一。請闕郡司、毎年三月卅日以前令二同省移送一、其地子亦同混二合正税一。」とあり、闕郡司職分田の把握の困難さが窺われる。

(14) 郡司表については、とりあえず米田雄介「郡司一覧」(『日本史総覧』補巻中世三・近世三、新人物往来社、一九八四年)に依拠する。なお、拙稿『古代日本における郡司制度とその実態的変遷に関する研究(平成八年度〜平成九年度科学研究費補助金(基盤研究(C))研究成果報告書)』(一九九八年)「郡司表(稿)」も参照されたい。

(15) 『長秋記』長承二年(一一三三)九月九日条に「官符三枚入レ筥進、是日向国司籤符・但馬国郡司文二通。件郡司文預不レ触二子細一、外記所レ為頗不二穏便一、然而不レ謂二左右一見畢返給、仰云、可二内覧一者。(下略)」とあり、この郡司文は籤符とともに取り上げられているので、郡司任用に関するものであった可能性がある。とすると、十二世紀に入ってからも、郡司任用の例は存したのである(註(11)も参照)が、散発的になり、儀式挙行が維持できなくなったと推定される。

(付記) 本章の概要は一九九六年一一月三〇日岡山古代史研究会において発表した。席上、八重樫直比古氏(ノートルダム清心女子大学)より、試郡司の際の筆記試験の内容としては、『帝範』に対する『臣規』や「清謹勤公、勘当明審」等の郡司の郡務遂行上の心構えなどを書くことが想定できるのではないかとのご教示を賜った。本文中で述べたように、筆記試験については実例がなく、その内容の推定は困難であるが、対策文のような高等な試験は想定し難いので、ありうべき推定として、八重樫氏のご意見を紹介させていただく。なお、延喜式制については、須原祥二「式部試練と郡司読奏」(『延喜式研究』一四、一九九八年）も参照されたい。

第三部　郡司制度の行方

第一章　雑色人郡司と十世紀以降の郡司制度

はじめに

従来、十世紀以降の郡司制度の展開についての研究は、国衙による郡務の吸収という視角が主流であり、また中世郡郷制や中世国衙支配体制への移行如何という関心から、中世史側からのアプローチがなされることが多かった。即ち、九世紀になると、律令制地方支配を支えた在地首長たる譜第郡司の力が相対的に衰え、新興層が台頭する。また国司の国務掌握が進み、受領支配への移行が始まり、彼ら新興層を擬任郡司として起用し、徴税を請負わせる税目別専当制が展開する。そして、十世紀には「国衙官人郡司」[1]制や国使—郷専当郡司（売券などに署名する郡司〈除主政帳〉の数は当時の郷数と合致する例が多い）の下で、国衙が郡務を吸収する形で受領支配が完成し、さらに十一世紀になると、留守所体制の下に、在庁官人や一員郡司＝惣郡司—一般郡司＝郷司（傍郡司）—在地刀禰などによる地方支配が展開し、中世国衙支配体制が出現するという。[2]これらの分析は文書の郡判などに登場する郡司の数や顔ぶれの検討、その活動の様相等から帰納されたものであり、事象として十世紀の郡司の数が当時の郷数と合致する例が多いことや郡司の顔ぶれに「国衙官人郡司」と称される非令制職名郡司[3]の肩書を持つ人々が現れること、また十一世紀には一転して郡判には郡司一名しか署名しなくなる（一員郡司化）ことや郷司・刀禰が在地支配の上で活躍することなどは注目すべき指摘である。

しかし、十世紀以降も律令制的な郡司制は存続しているとする見方は古くから示されており[(4)]、また近年も十世紀の郡司については再検討が行われ、むしろ郡務が国務と同質化したと見るべきで、郡司は国務を担う存在としてその機能を高めたとする見方も呈されている[(5)]。「国衙官人郡司」の氏姓は旧来の郡領氏族とそれ程変化がないとの指摘があり、私も九世紀前半までの郡司任用に関する諸法令の検討から、新興層の台頭や譜第郡領氏族の没落はなかったと考えており、実例の上からも擬任郡領に登用される氏は主政帳クラスの労効を積んだ例が多く、新興層と判断される事例は殆どないと見られるので、九世紀後半以降の郡司制度の変遷には郡司自身の変質や郡司をとりまく環境の変化、地方支配のあり方についての国家の方策などを勘案することが必要であるとの展望を持っている[(6)]。

そして、このように旧来の郡司層の没落→郡務の国務への吸収＝「国衙官人郡司」の成立という観点には大いに疑問があるのであるが、「国衙官人郡司」から在庁官人制への展開を説く研究方法にも問題がある。この点については別に私見を述べたことがあり、別稿では非令制職名郡司たる国司代、国目代から判官代、（庁）目代への展開を説く立場に対して[(7)]、郡司制度の変遷と国衙機構の問題である在庁官人制を直結させて検討するのは正しい方法とはいえず、在庁官人制の成立過程を考える上では国衙機構そのものの変化を探る方法が必要であるとし、国書生の検討を軸に国衙機構のあり方を考究した[(8)]。但し、郡司制度と国衙機構は各々別個に考察を行い、両者を総合した上で、地方支配の変化を探るべきであると思うので、もう一方の問題である九世紀後半以降の郡司制度の様相についても、私なりに検討を加える必要があると考えている。

そこで、以下では十世紀以降の郡司のあり方として研究史上重要な論点となる「国衙官人郡司」について考察を加えることで、十世紀の郡司の存在形態、そこに至る九世紀後半以来の動向などを検討し、また十一世紀以降の郡司の行方を考える手がかりとしたい。十一世紀以降の郡司と郷司の関係についても従来とは異なる見解が呈されてきており、(9)一員郡司の位置づけに関しても考究を試みたいと思う。以上のような作業を通じて、九世紀後半以降の郡司制度の展開を私なりに整理することができればと考える次第である。なお、分析の視角としては、註(6)・(8)拙稿で触れたように、譜第郡領氏族の存続と郡領氏族が国衙に入り込むことによって、国衙行政の円滑化、国郡務の一体化が成就したとする観点であり、(10)古代史の側から中世への移行期の様相の解明に試案を呈したい。

一　「国衙官人郡司」（雑色人郡司）の性格

「国衙官人郡司」に関しては、別稿において「国衙官人郡司」から在庁官人への変遷を描く方法は誤りであり、非令制職名郡司たる国司代・国目代と在庁官人の中心をなす判官代とは明らかに並存すること、「国衙官人郡司」が郡務以外に国務に携わった例はないことなどを指摘し、またその成立の画期としては、多くの先学が言及されているように、延喜二年四月十一日官符に注目すべきことを述べた。但し、これはやや結論的に記述したもので、「はじめに」で触れたように、「国衙官人郡司」については全体的な再検討を要する。

そこで、本節では、「国衙官人郡司」の様々な名称と出現・活動時期、その特質と役割、成立過程などの考察を試み、十世紀前後に郡司のあり方の大きな事象面での変化として登場する「国衙官人郡司」の性格を究明し、郡司制度変遷の中にどのように位置づけるべきかを考えてみたい。

1 名称と出現・活動時期

「国衙官人郡司」と総称されるものには、様々な非令制職名郡司の名称が存し、各々の出現・活動時期の相違や地域差にも留意すべきことが既に指摘されている[11]。但し、それらは結論的に述べられた面も多く、また必ずしもその分析に賛同できない点があるので、以下、私なりに検討を行う。

まず『平安遺文』（以下、『平安遺文』何号文書を平＋数字で略す）その他によって、「国衙官人郡司」の様々な名称と初見・下限時期を国別に示せば、表16の如くである。本来ならば一国で長期間に亘る史料がいくつか存し、その比較の上に立って、論を進めるべきであるが、周知のように郡司についてでは断片的な史料しか残っていない。「国衙官人郡司」の史料も全国的に残存している訳ではなく、表16によれば、むしろ史料は少ないと言わねばならない。したがって以下の見解は多くの推測を混じえたものとなるが、「国衙官人郡司」は五畿七道に亘って存

表16　雑色人郡司の名称と初見－下限時期

国　名	郡　老	検　校	勾　当	国　系	行　事	使　系
山　城	916以前	－	－	969	969－1044	－
大　和	872－911	872－928	－	911－960	911－1002	－
河　内	－	899	－	－	949(894?＊)	949
和　泉	－	－	－	922	－	－
摂　津	－	－	－	951	－	－
伊　賀	－	934－966	934	958－1025	971	958－1041
伊　勢	－	890－1110	929	－	－	958－1065
志　摩	－	－	－	969	－	－
近　江	871	900	903	903	－	－
美　濃	－	－	－	－	－	1035－1108
越　前	－	951	－	－	－	－
丹　波	889－915	889－932	－	932	－	－
因　幡	940	940	－	940	－	－
紀　伊	911	911	－	994	－	994
讃　岐	－	－	－	932	－	1064
筑　前	928以前	940	－	－	－	1022

＊『平安遺文』補257号が出典で、要検討文書か。

在が確認されるので、ほぼ全国的に存在したものであることはまちがいないと見て、十世紀前後の郡司制のあり方を知る材料として考察を加える次第である。

今、各名称別に出現・活動時期とその地域的特色を概観すると、次のようになる。

〔郡老〕貞観十三（近江国浅井郡・竹生嶋縁起）、十四年（大和国添上郡・平一六六）頃を初見とし、ほぼ全国的に見える。大和・近江・丹波が九世紀代の事例であり、畿内とその周辺が中心ともいえるが、畿外については史料が制約されていることもあって、断言はできない。但し、九世紀代は畿外では「国衙官人郡司」が充分に展開しておらず、郡老のような初期に登場する名称は殆ど出現しなかったとも想定し得る。天慶三年の例（因幡国高草郡・平二五一）が下限で、十世紀前半頃から見えなくなる。

〔検校〕貞観十四年（大和国添上郡・平一六六）、寛平元年（丹波国桑田郡・平補二五六）などが早い例で、郡老と同時期に出現しており、ほぼ全国的に見える。郡老よりも多くの国々で登場しており、より広く用いられた名称と評価できる。

〔勾当〕畿内には所見例がなく、延喜三年（近江国愛智郡・平一八七）、延長七年（伊勢国飯野郡・平二三三）、承平四年天永元年（伊勢国度会郡・平一七二九）と十二世紀に入っても所見例があるが、概ね十世紀中葉頃までの事例が多い。

（伊賀国名張郡・平二四四）などの例が畿内近国に登場している。時期的には十世紀初～前半頃のものと考えられる。

〔国系〕国老・国司代・国目代など、「国」が付くものを、時期的並存に着目して、一括して整理する。延喜三年（近江国愛智郡・平一八七。但し、「目代」とあり、「国」を冠していない）、同十一年（大和国添上郡・平二〇六）、同二十二年（和泉国大鳥郡・平二一八）、承平二年（丹波国多紀郡・平二四一、讃岐国山田郡・後掲史料b）などが早い例で、十世紀初頃に出現している。畿内の方がやや出現時期が早いとも見なされるが、史料の残存度の問題があるので、断言できない。ほぼ全国的に用いられた名称であることはまちがいない。万寿二年（伊賀国名張郡・平五〇四）と十一世紀前半まで見える例が

〔図8〕　雑色人郡司の出現・活動時期

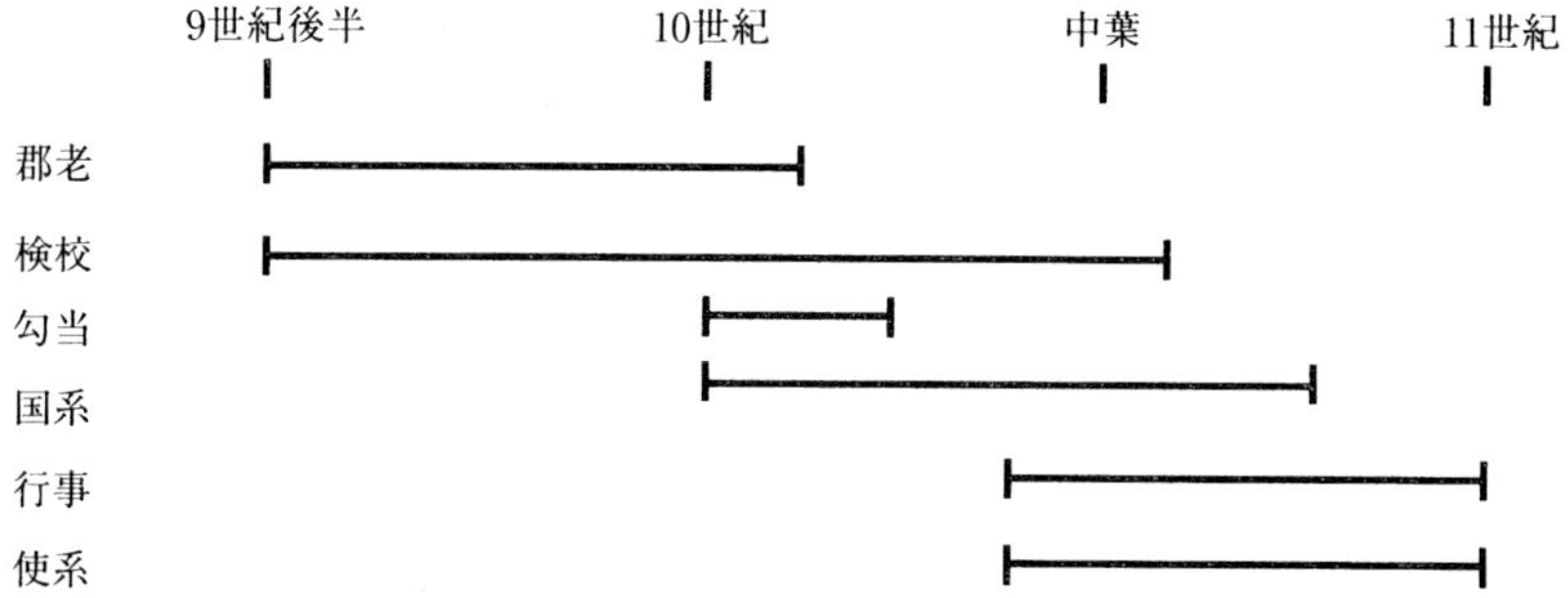

あるが、これは一員郡司として残ったものであって、概ね十世紀末までには消滅していると思われる。

〔行事〕畿内中心で、畿外（といっても畿内近国）は伊賀国の事例だけで、伊賀国では次の使系の名称とも混在している。天慶四年（大和国添上郡・平四九〇四）、天暦三年（河内国錦部郡・平四五五四）などが早い所見例で、十世紀中葉頃に出現したと考えられる。長保四年（大和国添上郡・平四二二）、長久五年（山城国乙訓郡・平六一八）など十一世紀代の事例もあるが、いずれも一員郡司であり、特に後者の場合は長久四年の文書（平六一六）では「郡司」と表記されている。

〔使系〕惣摂使・勘済使・郡摂使・郡務使など某使の名称を持つもので、後三者の事例が多い。特に郡摂使・郡務使は郡務に与ることを示す名称として相応しいものと言えよう。天暦三年（河内国錦部郡・平四五五四）、天徳二年（伊賀国阿拝郡・平二七一、伊勢国多気郡・平二六五）などが早い例で、十世紀中葉頃に出現している。畿内は一例だけで少ないが、全体の事例自体が多くはないので、地域的偏在は決め難いところもある。ただ、同時期に出現した行事と比較すると、畿外中心であると見ることもできよう。十一・十二世紀の事例は一員郡司としてのものである場合が多い(12)。

以上の各名称とその出現・活動時期を図示すると、図8のようになる。既に指摘されているように、「国衙官人郡司」は十世紀代を中心とする郡司の存在形態

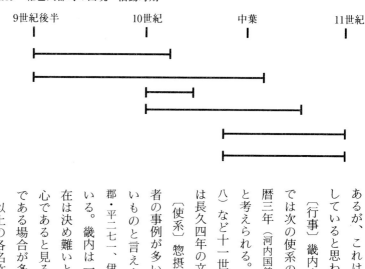

であり、十一世紀の入るとその名称は見えなくなり、残存はあっても、概ね一員郡司の存在形態をとることはまちがいないと言えよう(13)。また郡老、行事と使系などの箇所で触れたように、畿内と畿外といった地域的相違が窺われる場合があるが、時代差や史料残存度の問題も考慮する必要があるので、傾向を述べるに留め、断定は控えておきたい。

次に各名称間の序列を整理すると、大まかに言って、並存する場合は後出のものが既存のものよりも上位であり、また全体的に擬任郡司よりも上位であると位置づけられる。郡判などに見える異系列間の署名順序の事例を示すと、次の通りであり、以下さらに細かく検討を試みる。

大行事―行事

大行事―行事―国司代　国目代

郡老―検校

国老―国目代―郡老

惣行事―国目代―郡老

国司代―国目代―検校

惣行事―行事―権行事

惣摂使―行事

惣行事―少行事

国司代―国目代

勘済使―郡摂使―国司代

行事―国司代―国目代

勾当――検校

検校――国司代

検校―勘済使――国司代

勘済使――検校

目代―勾当―検校―郡老

検校―郡老

国目代―国老―検校

国司代――検校―郡老

郡務使―郡摂使――国司代

四度使―郡務使

同系列の名称間の序列は次のようになろう。

大行事／惣行事―行事／少行事―権行事

国司代―国老？国目代

勾当―権勾当

検校―権検校

異系列間の序列は、若干の例外もあるが、概ね後出のものが既存のものよりも上位となる傾向が看取できるので、次のように整理される。

行事（畿内中心）
　　　　　　　　―国系―勾当（畿外のみ）―　郡老―検校（畿内）
使系（畿外中心）　　　　　　　　　　　　　　検校―郡老（畿外）

郡老と検校は出現時期はほぼ等しいが、畿内と畿外では序列が異なっており、畿内の例（平一六六、元慶三年五月二十七日大和国添下郡矢田郷長解〔『東京大学史料編纂所報』一四〕）は九世紀代、畿外の例（平一八七・補二五六・二〇五・二五一）にも九世紀代ないし十世紀初のものがあるので、年代が大きく隔っている訳ではないと見なし、地域差の存在を考えたい。また九世紀の例では、郡老・検校が正員郡司や擬任郡司よりも下位に署名する例があり（平一六六・一七三（大和国の例）、前掲元慶三年矢田郷長解）、その他、実際には大・少領闕であるが、大・少領が存在していれば、検校よりも上位に署名していたことになる例（天慶三年、筑前国穂浪郡・平二四六〜二四八）も見られる。これらは時代差あるいは地域差として説明可能か否かは、史料の制約もあり、断言は控えたいが[14]、これは正員郡司を兼任する「国衙官人郡司」が郡判の最上位に署名する事例（平二六五・二一二・二五一）とともに、「国衙官人郡司」の特質を考える上で注意すべき現象と評価でき、兼任に関しては次項で検討したい。

以上、各名称の登場の時期差や展開の地域差などにも考慮すべき旨を述べた。では、このような様々な名称が次々と登場したのは何故であろうか。本項の最後にこの問題に触れてみたい。結論から言えば、別稿で言及した国書生に対する判官代の出現と同様、「国衙官人郡司」間の序列を示すためと考えられる。検校や勾当が正・権の区別しかつけられないのに対して、国系、行事などはより複雑な上下関係を示すことができる。つまりさらに多くの人々を「国衙官人郡司」として登用し、相互の序列を表現できる訳であり、次々と新たな名称が出現し、後出のものが既存のものの上位に位置づけられていったと見なす所以である。では、「国衙官人郡司」にはどのような人々が登用されたのであろうか。またその役割は如何であったろうか。項を改めて、次にこうした面の検討に進むことにする。

2　その特質と役割

前項で少し触れたが、「国衙官人郡司」の出自や特質を考えるに際して、まず他の官職の兼帯例が多いことに注目したい。その兼帯する官職・地位の事例を掲げると、次の通りである。

中央官人…大主鈴（平三一三）、近衛（平二一五）、兵衛（平二六四）、内竪（平四九〇四・二六四）

任用国司…掾（平三一三・四八二・四五二・四九〇八）、大目（平二七〇）、権医師（後掲史料a）、博士（平二六三。但し、国か中央かは不明）

国衙関係の官人…判官代（平四三八・四二一）、追捕使（平四九〇八）

郡司…正員郡領（平三〇二・四九〇四・二六四・二七九・二八〇・二六五・九九六・二九九・二五一・二〇五・四九〇八、後掲史料b）、擬任郡領（平四五三）、権任郡領（平二一二）

散位…（平二七一・一〇〇〇、註(13)長元八年文書）、留省（後掲史料b）

王臣家人…庄惣別当（平二六三）、御厨別当（平四九〇八）

これらのうち、中央官人や任用国司の兼帯については、正員・擬任郡司に対する兼任禁止令が九世紀末にいくつか発布されており（『三代格』巻十九寛平三年九月十一日官符「応レ禁三断諸国綱領奸二犯所レ領官物一事」、巻七寛平五年十一月二十一日官符「応レ停三止諸国擬任郡司遷二拝他色一事」、寛平六年十一月十一日官符「応レ解二却郡司所レ帯左右近衛・門部・兵衛等一事」など）、郡司の王臣家人化についてもやはり同時期に禁令が存する（前掲寛平五年官符など）のに対して、「国衙官人郡司」の場合はその肩書を堂々と郡判にも記すというように、兼帯が問題となっていないことが特色である。この点は「国衙官人郡司」の成立事情とも関わる事柄と考えられ、今はこの特色を指摘するに留め、詳しくは次項で検討したい。

次に散位（位はあるが、官に就いていない者）を称することからは、「国衙官人郡司」が正式な官職ではないことを窺わせ、「国衙官人郡司」でありながら、正員・擬任・権任の郡領を兼帯する例が存すること、「国目代〈本職少領〉」（後掲史料b）の表現などもこの点を裏付けるものである。但し、彼ら「国衙官人郡司」が郡判などに署名し、郡司としての役割を勤めていることにまちがいはない。したがって本来の郡司そのものとは異なる存在であることを窺わせる「国衙官人郡司」の位置づけや役割が如何なるものであったかはさらに考察を加えねばならず、以下、官職兼帯以外の特質を探ってみたい。(15)

「国衙官人郡司」が郡判や郡司解の署名以外に登場する史料は殆どなく、兼帯官職以外の側面から、その性格・位置づけを考えるための材料としては、次の二つの史料を呈することができるだけであろう。

a『三代実録』仁和元年七月十九日条

近江国検非違使権主典前犬上郡大領従七位上犬上春吉、向㆓太政官㆒、愁㆔訴権医師犬上郡郡老少初位下神人氏岳奸㆓盗官物㆒。於㆑是、遣㆘㆓少判事従六位上藤原朝臣棟景・少属従七位上讃岐朝臣勝雄等㆒推㆗問事㆖。

b『法曹類林』巻二百承平二年八月十日問答（『大日本史料』一之六により校訂）

讃岐国山田郡目代讃岐惟範問。〈承平二年八月十日、右衛門少尉桜井君弼伝問。〉甲国目代讃岐惟範留省之後、満㆓年季㆒、受㆓初位・八位両階位記㆒、爰有㆓元留省之符㆒、未㆑到㆓来八位之省符㆒、因㆑之負㆓調絹㆒也。雖㆑然依㆓年季・次序㆒受㆓取従八位上㆒。而乙国目代〈本職少領。〉外従八位下讃岐助則論云、「凡雖㆑満㆓年季㆒、既無㆓八位之省符㆒、雖㆑有㆓位記㆒、乍㆑負㆓調絹㆒、何受㆓従八位上㆒、凡座於㆑供㆓外従八位下之上㆒」者。又甲帯㆓内八位上㆒、乙帯㆓外八位下㆒、其内外之程、已有㆓差別㆒。又同職者依㆓位階・年齢㆒為㆑序之理、流来尚矣。而已乙論㆓如㆑此之由㆒。望請明判知㆓理非㆒。謹問。答。公式令云、文武職事散官、朝参行立、各依㆑次為㆑序者。今如㆓問状㆒、甲・乙同共為㆓国目代之職㆒、甲帯㆓内八位㆒、

乙帯二外八位一、同位之間、已有二内外一、於二其座次一何無二差別一。然則八位省符雖レ未レ到レ国、甲之位記自非二虚妄一、

依二内外之別一可レ座二乙上一耳。

まずaでは権医師が郡老になっていることが注目され、任用国司などの下級国司を兼帯する者を郡務に起用した例となる。神人姓者は八・九世紀の近江には見えず、勿論郡司としての例もないが、犬上郡郡老になっていることから考えて、神人氏岳は犬上郡に勢力を有する者であったと位置づけたい。彼は「奸二盗官物一」したとして、国検非違使権主典で前犬上郡大領の犬上春吉に訴えられ、推問使の詰問を受けることになったのである。犬上春吉はその氏姓や前大領の肩書からも、犬上郡の譜第郡領氏族と考えられるが、aはそうした譜第郡領と郡老との競合関係の存在を推測させる材料としても興味深い。なお、犬上春吉は郡領を退任して国検非違使に転身しており、別稿で触れたように、『朝野群載』巻二十二天暦十年六月十三日官符によると、近江国では代々追捕使として佐々貴山君公興・大友兼平・依知秦公広範・甲可公是茂などの譜第郡領氏族の者を登用していたことが知られるので、近江国で譜第郡領氏族の者が目指していた地位が何であったかを検討する上で資するところは大きいと思われ、この点は後述することにしたい。

さて、この「奸二盗官物一」は権医師としての行為であろうか、犬上郡郡老としての行為であろうか。権医師を名目のみの肩書と見れば、ことさらに「前犬上郡大領」と前任の官職を記している点と合せて、犬上春吉は前任の郡領として、現在の郡務を掌っている郡老、あるいは春吉の大領在任中の同僚で、先述のように郡判の上位に署名することが多い「国衙官人郡司」の地位を考慮すると、郡務の長たる郡老の不正を訴えたと理解することができるのではあるまいか。『三代実録』貞観三年七月十四日条、元慶七年十月二十五日条などには郡司の不正が訴えられた記事があり、aも郡老としての不正行為と見る余地は充分にある。したがって氏岳の「奸二盗官物一」は郡務を執行する上での行為となる。とすると、「国衙官人郡司」は官物などの掌握も行い、郡務の長として機能していたことが知られる。また

譜第郡領との間に何らかの争いが存したことも窺われ、犬上春吉の告訴は、前大領として郡老に対抗するためのものと推定されてくるのである。残念ながら、aについてはその後の史料がなく、事件の結末は不明であるが、以上のように憶断してみたい。譜第郡領とは異姓の者が「国衙官人郡司」の形で郡務を掌った場合の一例としてaを示し、次に同姓の事例であるbの検討に進む。

bはやや文意不明の箇所もあるが、問題の所在は甲＝讃岐惟範と乙＝讃岐助則の座次争いにある。甲は国目代で留省者とあり、初位の位記を所持している。賦役令舎人史生条によると、初位長上は課役免であるが、甲は調絹の納税を負担しているとあるので、初位としての徭役免除の規定のみが適用されていることがわかる。とすると、「国衙官人郡司」は通常の郡司（無位の主政帳は徭役免除とあるが、集解古記所引神亀四年正月二十六日格により初位を帯しておれば、初位長上として課役免となる）とは異なり、長上官の扱いを受けていなかったことが知られ、「国衙官人郡司」の特殊な位置づけを窺わせる材料となろう。ところで、甲は留省者の年季によって従八位上になる筈であり、位記は所持していたが、まだその式部省符が届いていないという状況にあった。したがって甲本人としては従八位上のつもりであるが、調絹負担の事実と合せて、実際には初位というのが現状である[16]（乙の論理）。そこで、国目代で本職少領・外従八位下（少領の初叙位階と合致）たる乙は、甲が自分の上位に座するのはおかしいと主張し、甲の方は通達が国に届いていないだけで、自分は従八位上であるから、外位の乙と比べて、内位の自分が上位に座すべきであると訴えた。判定は事実上従八位上なのだから、甲が上位に座すべしとなっている。

この場合、甲を従八位上と認定したことと、「同職者依二位階・年齢一為レ序之理、流来尚矣」という原則とが、甲の勝訴を導いた大きな論拠である。甲・乙が「同職」ということは、bは国目代同士の座次争いということになり、それ故「国衙官人郡司」の位置づけを考える史料になる。では、その争いとなった座のある場所はどこであろうか。この点については国庁内での座次と見る意見が存する。(17)しかし、次の点に着目したい。bを含む『法曹類林』巻二百は「公務八〈座次二〉」で、いずれも同所内での座次争いの問答を集めたものであり、質問者の名前・地位がわかる三例のうち、b以外では侍医と典薬寮の官人との間、同司の史生間など、質問者の現実の勤務場所と相関すること、bの質問者甲は「山田郡目代」とあって、山田郡内での国目代の地位を有する二人の座次争いと解することができることである。「本職少領」という乙の勤務する郡名は不明であるが、同姓であることから考えて、山田郡である可能性は高く、また郡務の場という狭い空間であるからこそ、「同職」の二人の関係が大きな問題となったと見なしたい。あるいは正員郡司を帯する乙の沽券も関わっていたとすれば、aと同様、譜第郡領と「国衙官人郡司」の関係をかいまみる材料となろう。なお、国衙の雑色人たる判官代が「国衙官人郡司」を兼帯する例があることは、以下で述べるように、「国衙官人郡司」が国務に関与した例を見出し難いことと合せて、「国衙官人郡司」が国衙運営とは直接関係しない存在であったことを推測させ、この点からもbは郡務内での座次争いであったという蓋然性が高いと思う。

以上のa・bはいずれも「国衙官人郡司」が郡務に関与した存在であることを示しており、次にその他の史料から「国衙官人郡司」の役割を整理しておこう。先述のように、「国衙官人郡司」の史料は殆どが郡判、郡司解・郡牒などに署名する存在として現れるものである。郡判は土地売買・立券の認可や帰属関係の証明を行ったものであり、郡司解も荘園の免判を求めるもの（平六一六・六一八）、国符や国使の指令、寺家の要請書に対する請文（平三一九・三四九・四五七・二六三・二四一）というように、いずれも郡務に関わる内容であると言うことができる。その他、aも郡の官物を奸盗したものと理解すれば、官物管理は郡務の一つであるから、やはり郡務に従事していたことになろう。また税の進上に携わった例（平三九八）、寺社の流記資財帳への署名（平二一八・二六五）などもある。康保二年十二月十九日伊賀国夏見郷刀禰解案（平二八六）の日下には「刀禰伊賀忠光／志貴〈在判〉／国司代正六位上伊賀〈在判〉」と、二名の刀禰と並んで国司代の署名があり、「彼殿使相共、任二去延長五年九月十六日同郷刀禰幷郡司等勘文一、勘二録件町段・牓示・四至一、言上如レ件」と記されていることを参考にすると、今回も郡司として刀禰らとともに勘録を行ったことがわかる。したがって「国衙官人郡司」は正に郡司として郡務に従事するのがその役割であったとまとめることができよう。一方、国司とともに国宛の官符を奉行した例はある（平三三三・四五二）が、別稿でも指摘したように、例えば国司代・国目代は登場時期が判官代と同じであり、活躍時期にも重複が見られるのに、国務に従事した例は全くなく、その点からは「国衙官人郡司」の名称は相応しくないと言える。

以上を要するに、「国衙官人郡司」は正員郡領を兼帯していたり、そちらの方が「本職」と称せられる例があり、必ずしも正式な郡司とは言えないが、郡司然として郡務に関与するという特色を有する存在である。そして、研究史上「国衙官人郡司」の名称が用いられているが、国衙勤務あるいは国務執行に関与した明証は全く見出せない。こうした「国衙官人郡司」の特質と兼帯官職のあり方を念頭に置いて、最後にその成立事情や成立の意義について考察を試みたいと思う。

3　成立事情

「国衙官人郡司」の成立事情を考えるには、既に多くの先学が言及されているように、延喜二年四月十一日官符に注目せねばならない[18]。

c『三代格』巻二十延喜二年四月十一日官符

応レ差下使雑中役不レ従二本職一諸司史生已下・諸衛舎人幷諸院・諸宮・王臣家色々人及散位・々子・留省等上事。右得二河内・参河・但馬等国解一偁、「α此国久承二流弊一、民多困窮、就レ中頗有二資産一可レ堪レ従レ事之輩、既帯二諸衛府之舎人一、亦為二王臣家之雑色一、皆仮二本司・本主之威権一、不レ遵二国宰・県令之差科一。β因レ茲輸貢之物無二人付預一、纔随二簡得一差二充貧民一、而或未レ出二境外一盗二犯官物一、或雖レ入二都下一不レ弁二其事一、徒送二居諸一、多致二欠損一。γ加レ之雖レ有二郡司一不三必堪二事、徴二納官物一之道差二副堪能之人一、而依レ無二其人一常置二未進一、倉庫之虚、惣是之所レ致也。δ如レ今居二住部内一諸司史生已下使部已上不レ直二本司一、六衛府舎人不レ勤二宿衛一不レ関二供節一、諸院・諸宮・王臣家雑色・喚継舎人・帳内・資人不レ従二本主一、及文武散位・位子・留省・諸勘籍人等堪レ事有レ数。ε窃検二貞観以来諸国例一、以二如レ此輩一可レ差二使進官・留国雑役一之状、無三国不二言上一、随即有レ被二聴許一、是則事不レ獲レ已為レ済二官物一、夫普天之下無レ非二王土一、率土之民何拒二公役一。ξ望請、前件色々人等、除二見任・供節一之外、晏然私居豊二殖産業一、弁帯レ位息レ肩、承レ蔭遊レ手之徒、任中一度為レ例差用以済二貢納一。若封家之人在二此中一者、便先差二預本主料物一。立為二恒例一、不レ労二申請一。然則長省二言上之煩一、自得二行用之便一。謹請二 官裁一」者。左大臣宣、奉 レ勅、依レ請。諸国准レ此。若拒捍幷致二公損一者、依レ法科罪、不二曾寛宥一。

cに引用された国解はα～ξに区分され、α～δが現状分析、ε・ξが貞観年間以来の事例をふまえた対策の提示という構成になる。α王臣家人等の部内進出、あるいは部内の人々の王臣家人化と国郡司への対捍、つまり国郡司に従わない在地有力者の成立（『三代格』巻十五天長二年十月二十日官符、巻二十貞観二年九月二十日官符、巻十四寛平六年二月二十三日官符、巻十九寛平六年十一月三十日官符、寛平七年九月二十七日官符、寛平八年四月二日官符、巻一寛平九年四月十日官符、巻二十昌泰四年閏六月二十五日官符など）、それに伴う郡司の郡務遂行の困難化↓β綱領、γ郡司のなり手不足と就任者の能力不足・欠如（巻十九寛平三年九月十一日官符、巻七寛平五年十一月二十一日官符など）といった状況は、九世紀後半の王臣家人等の存在形態と郡司との関係に関わる官符に窺うことができるものであり、δ舎人・王臣家人等の在地でのあり方も同様に九世紀後半の様相をよく示している（巻二十昌泰四年閏六月二十五日官符など）。

ｃの眼目はこうした状況をふまえて、舎人・王臣家人等を「進官・留国雑役」に登用しようとしたことにある。では、「進官・留国雑役」とは何か。それは『三代格』巻十九寛平七年九月二十七日官符「応下禁二断郡司・百姓私物仮二称宮家物一并科中責不レ受二正税一・不レ輸二田租一之輩上事」に引用された美濃国解の一節「凡諸国例分二配郡司一充二租税調庸専当一、駈二役土浪一差二進官雑物綱丁一。若有レ損二失官物一、取二預人私物一、塡二納其欠負一。」が参考となろう。ｃの文脈上もβ・γが「進官・留国雑役」になると思われ、この美濃国解と合せて、進官＝進官雑物綱丁として上京する綱領郡司、留国＝国内で租税調庸専当（税目別専当）として租税徴収に従事する専当郡司と理解することができる。『続後紀』承和六年閏正月丙午条「後年綱領」、『三代格』巻七寛平五年十一月二十一日官符「旧年調庸綱領」・「当時租税専当」といった言葉から見て、こうした役割は毎年交替で割当てられたものと考えられる。このような役割は郡司そのものの任務であり、ｃは舎人・王臣家人等の能力のある者を郡務に登用しようとしたものと解することができるのである。ちなみに、『三代実録』元慶八年八月四日条には国郡司に対捍する前司子弟・富豪浪人は部内から放逐するとあるが、例外として「情二願留住一従二国務一者」は「貫二付土戸一」と記されており、逆言すれば、留住者は国郡司に従うべきであって、部内居住の舎人・王臣家人等を郡務に起用する一つの根拠になると思われる[19]。

そして、彼らの登用が貞観年間から行われていることと「国衙官人郡司」の登場時期、またｃに現れる舎人・王臣家人等とは正しく「国衙官人郡司」が兼帯している地位と関係があることなどの符合から見て、ｃを「国衙官人郡司」の成立と大きく関わる史料と評価する所以である。とすると、ｃではそのような「色々人等」を郡務に登用すると言っているのであるから、先に触れたように、「国衙官人郡司」が国衙に関わりを持つという明証はなく、この名称は相応しくないと考えるので、ｃに見える用語によって、以下このような形で郡務に起用された人々を雑色人郡司と称することにしたい[20]。

では、雑色人郡司成立の意義は何であろうか。「はじめに」で紹介したように、雑色人郡司の郡判署名例から雑色人郡司の人数と当時の郷数が一致する例が多いこと、また「余部郷専当検校日置貞良」(平二四〇)の如き事例の存在から、上述のような税目別専当郡司制から郷専当郡司による徴税方式の変遷の中に雑色人郡司の成立を位置づけようとする見解が呈されている。(21) しかし、これは雑色人郡司の起用による結果であって、成立の意義とはいえない。徴税のあり方については次節で検討を加えたいと思うが、cや先掲の諸官符、昌泰三年四月二十七日太政官符写(平一八四)に見える尾張国の事例など、九世紀後半には郡司への登用忌避、擬任郡司制に基づく徴税請負の行き詰りがまちがいなく存したのに対して、何故雑色人郡司の場合は郡務への結集を実現することができたのかという視点が必要ではないかと考える。

そこで、cが雑色人郡司の制度的確立を窺わせるものであるという理解に立つ時、それは舎人・王臣家人等をそのままの身分として郡務に参画させる方策であったことが注目される。前項で見たように、雑色人郡司の兼帯する官職は諸司官人や王臣家人である場合が多く、また九世紀後半の官符では禁止されていたトネリの兼帯例も存する。これらは禁制への抵抗例ではなく、cによってそうした兼帯も支障なしとされたためであろう。史料の残り方の問題もあるが、十世紀に入ると兼帯を禁止した法令が見えないこともこの点と関わると考えたい。さらに雑色人郡司が正員等の郡司を兼帯している例にも注意せねばならない。正員等の郡司就任が先か、雑色人郡司への登用が先かという問題もあるが、いずれにしても正員郡司等と雑色人郡司を兼帯していることには変わりなく、正員等の郡司にとって雑色人郡司を兼帯する意味は何か(あるいは雑色人郡司にとって正員等の郡司を帯する意味は何か)という観点から、雑色人郡司の成立を考えることも可能であると思う。

まず舎人・王臣家人等をそのままの身分で郡務に参画させるという点について説明する。cによると、彼らの起用は国司の任中に一度とあり、雑色人郡司の員数は郷数と合致する例もあるなど、擬任郡司に比して人数が多く、負担が軽減されているのではないかと推定される。九世紀後半に大きな問題となった在地人の王臣家人化や舎人等の諸司官人化の背景には、前掲の各官符に記されているように、徴税の追求を免れることがあり、また王臣家人等の増加・国郡務への対捍によって徴税不能に陥った郡司が王臣家人等に化したのも、徴税責任からの解放を目的としたものであって、国司に対抗し得る中央の権威の後ろ盾を求めたのであった。しかし、郡司の地位は郡全体に勢力を保つには極めて重要なものであり、仮に徴税をめぐる問題が解決されれば、譜第郡領氏族を始めとして、在地の人々には望ましい地位であったと考えられる。王臣家等の庇護だけでなく、公的な郡司の地位を帯することは、競争相手となる他の在地豪族の上に立つためにも必要であったのではあるまいか。事実、序列としては雑色人郡司の方が総じて正員郡司や擬任郡司より上位に位置づけられており、兼帯官職の認可や擬任郡司よりも有利な条件での郡務への登用は、雑色人郡司が郡務に参画する要因の一つであったと考える訳である。徴税面での負担軽減も推定され、以上のような予見を持って、次節で十世紀の徴税の様相を探り、こうした見方の裏付けを得たい。

次に正員郡司の兼帯例である。前掲史料bの「国司代〈本職少領〉」のように、正員郡司と雑色人郡司を兼帯している例が散見し、郡判の署名位置を見ると、少領国司代の方が擬大領よりも上位にある場合が存する（平二五一）。また同じ雑色人郡司の名称を帯していても、検校大領が検校、郡老権大領が郡老よりも上位に署名する事例が見られ（平二一二）、正員等郡司が雑色人郡司を帯している場合の方が位置づけが高いと考えられる（その他、平二六五も参照）。とすると、上述のように、雑色人郡司の方が正員等郡司よりも上位に位置づけられていることから、王臣家人等の在地有力者のさらに上に位置づけられるためには、正員郡司に就任するとともに雑色人郡司の称を得ることが有利であり、これが正員郡司と雑色人郡司の兼帯例の存在であったと推定される。こうした位置づけを与えることによって、正員郡司のなり手を確保することも可能であり、別に触れたような[22]、十世紀以降の郡司任用の儀式の存続と正員郡司就任者の存在を支えた一因であったと見なしたい。

以上を要するに、雑色人郡司成立の意義は、九世紀後半以来の情勢の中で郡務から離脱していた様々な人々＝在地有力者を再び郡務に結集させることを可能にした点にあると言える。雑色人郡司が続々と郡務に参画していったことは、第一項で触れた雑色人郡司の名称の変遷、複雑な上下関係を表示できるヴァリエーションを持った名称の採択の様子にも窺うことができよう。当初の郡老＝郡の長老的な存在の者、検校＝郡務を検校する者といった郡務を総覧する名称から、十世紀前半には国を冠した国系の名称、さらに十世紀中葉には畿内では行事、畿外では使系の名称を主に使用するというのがその変遷の概略である。雑色人郡司は「国衙官人郡司」とは称し難いので、国系の名称は国司による起用（c）を強調したものではないかと思われるが、別稿で指摘したように、国系の名称が登場する承平・天慶頃には国衙では国書生とともに国務を支える雑色人たる判官代が成立しており、在庁官人制への第一歩が始まっている。また使系の名称が現れる十世紀中葉は国使派遣による国郡務遂行の様相が顕著になる。とすると、国務運営のあり方の変化に伴って、各々の名称が出現したという視点も必要であり、雑色人郡司起用以後の国郡務遂行の様子を検討せねばならない。先述の何故雑色人郡司によって郡務の円滑化が実現したのか、徴税をめぐる問題は如何であったか等の課題に答えるためにも、十世紀の国郡務運営の様相を明らかにすることが要せられ、節を改めて探究したい。

二　十世紀の国郡務運営

雑色人郡司登用による国郡務遂行にはどのような変化があったのか。これは九世紀後半の郡司就任忌避の状況に対して、何故雑色人郡司起用が可能であったのかという雑色人郡司出現の背景を知るためには必要な考察点である。また十一世紀以降の一員郡司制への移行の様相を考える上でも、十世紀の国郡務のあり方を理解しておかねばならない。そこで、本節では先に保留した徴税の問題を中心に、十世紀の国郡務運営の様子を解明したいと思う。九世紀後半の徴税請負の責任に苦慮する郡司に対して、十世紀の郡司にはどのような変化が見られるのか。それが国衙の役割の変化と関わるか否か、といった国郡支配機構変容の有無を検討することが課題となる。

1　徴税と郡司

九世紀後半に顕著に見られた事象として、郡司の徴税業務忌避が挙げられ、郡司は徴税請負や綱領としての京上による負債の責任を回避しようとして、中央官人化や王臣家人化を図った。こうした事態の解決策として登場したのが雑色人郡司であり、雑色人郡司の成立の結果、十世紀の郡司の人数と当時の郷数が一致する例が多く見られることから、郷専当郡司制が採用されたとする見解が呈されたのは、「はじめに」等で触れた通りである。では、郷専当郡司制で郡司はどのような責務を担わされたのか。九世紀後半の徴税をめぐる問題はどのように解決されたのか。以下、まず徴税面での郡司の役割を明らかにすることから始めたい。

最初に法令面からの考察を試みる。十世紀の法令の数は多くないが、諸法令に窺われる徴税と郡司の関係や郡司の役割などを探り、実態面での検討の手がかりとしたい。cによる雑色人郡司の確立以降、十世紀初頃の法令では、『三代格』巻八延喜四年七月十一日官符「応レ移二諸国貢調国郡司違期一事」、巻十九延喜五年八月二十五日官符「応レ停下止諸院・諸宮・諸家不レ経二国司一召中勘郡司・雑色人等上事」、同年十一月三日官符「応レ禁二止諸院・宮家狩使一事」などに見るように、郡司が地方行政の要の位置に存し、それ故に王臣家等の誅求を受ける存在であったことに変わりはない。延喜五年八月二十五日官符には「而今郡司・雑色等被下称レ有二犯過一強以召捕上、是故可レ行之務自過二時節一、可レ責之物既以懈怠」とあり、郡司が勧農や徴税の役割を担っていたことが窺われる。こうした状況は十世紀中葉前後の法令にも看取される。『政事要略』巻五十三延喜十九年七月十三日官符「応二田租未納立レ率徴納一事」には「未納巨多、並皆当時国郡司等所二徴納一之、而付領之時空為二負累一、遷替之後無レ由二弁塡一」、『類聚符宣抄』第七天暦二年八月二十日官符「応レ免二除国栖笛工山城是行・同真生等徭役幷戸田正税一事」、同三年正月二十七日官符「応三早免二除国栖戸五十烟内田九町正税一事」には「国郡司差二負徭役一幷付二徴正税一」、「当郡司付二負各戸田正税一、勘責尤甚」と見え、田租徴収・正税出挙・徭役差発など徴税の基本に関わる事柄に郡司が従事していたことが知られ、郡司は徴税業務に携わるべき存在と考えられていたのである。なお、『政事要略』巻五十九天暦七年七月十七日問答には「粟穀之代以レ糒補納、専当郡司既進二請文一」とあって、専当郡司による徴税も行われていたようである。

そして、『政事要略』巻五十一延長五年十二月二十六日官符「応レ令下二調庸精好一兼合期進納上事」では「調庸之物、進納有レ期、麁悪之罪、法条不レ軽、国郡官司、須レ令下備二精好一合期参進上、而多過二其期一、使人不レ参、空送二年月一、乃貢無レ備、因レ茲調綱郡司進退任レ意、調物麁悪逐レ日弥倍」、『別聚符宣抄』承平七年十月八日官符「応二四度公文合期進上一事」には「調帳者貢調使可三物之与レ帳同領入京二之由、載在二式条一、而至二于参期一、国司幷郡司等僅雖レ申二参期一、彼帳不レ下、物数難レ知」と記されており、郡司には綱領郡司としての役割も期待されている。また『政事要略』巻六十承平元年十二月十日官符「応下依二先年符旨一、開中発不堪佃田上事」の「頃年諸国所レ申之不堪佃田、其数居多、是由下国郡司不レ勤二地利一、不上レ重二民命一」・「国郡司等、親自巡観、修二固池堰一、催二勧農桑一、力者褒而録レ之、懈者督而趣レ之」、『朝野群載』巻二十二天暦十年六月二十一日駿河国司解の「坂東暴戻之類、得レ地往反、隣国奸猾之徒、占レ境栖集、侵害屢闘、奪撃自発、百姓不レ安、境内無レ静。国宰守二官符旨一、勘二糺奸犯之輩一、不レ帯二弓箭一、無レ便二追捕一。

近則管益頭郡司伴成正・判官代永原忠藤等、去天暦八年被二殺害一、介橘朝臣忠幹、去年被二殺害一也。是或拒二捍公事一、或忽結二私怨一、往々所レ侵也」などの記述によると、徴税の基盤をなす勧農や治安維持に関しても、郡司の責務は大きかったものと考えられる。

以上を要するに、勧農に基づく徴税の確保や調庸の綱送、また治安の維持といった地方支配の根幹となる事柄については、十世紀中葉前後の官符等においても、郡司に対する期待は変わらなかったと言えよう。と同時に、『政事要略』巻五十一天慶九年十二月七日官符「一応下管内遊蕩放縦致二調庸租税之妨一者捕二勘其身一任レ理科決上事」の「（遊蕩放縦之輩）或託二言田猟一、或寄二事負債一、威二劫郡司一、圧二略民庶一」、天暦元年閏七月十六日官宣旨「応下任レ法禁中断奸二遁五畿内・近江・丹波等国調庸租税一輩上事」の「忽懸レ札打レ杭、偽称二其家物一、請下二暴悪之使一、凌二轢勘徴之人一、即令下強進中不レ付二徴官物一之過契上」など王臣家人の抵抗も依然として存したようであり、王臣家の在地での活動にも変化が見られないことも指摘できる。

では、法令面には国郡務運営の変化が全く見出せないのであろうか。最後に触れた天暦元年閏七月十六日官宣旨の前引部分の前には、次のような一節が記されている。

奸遁巧偽、倍レ旧弥盛、調庸租税、逐レ年難レ済。爰国使・郡司等、適勤二行勘徴一、或検二封其宅一。

これは王臣家人等の納税忌避に対して、徴税を執行する方法を示したものであり、ここでは郡司とともに国使が関与している点が注目される。『政事要略』巻五十三応和三年六月七日官符「応下依二左京職移文一勘中会租帳京戸口分田上事」には「以二幹了国司一人一専二当其事一、与二郡司一共臨二田畔一定二荒熟一」とあり、田租徴収の前提となる荒熟決定に際して、やはり国郡が共同で作業にあたっていることが知られる。こうした国の権威・権力への依存は、『朝野群載』巻二十二天暦六年三月二日越前国司解に記された追捕使・押領使の任用条件＝「若猶二郡司之力不レ及、国宰之勤難一レ堪、須下随二事状一、申中請件使上」といった治安維持の面においても窺われるところである。[23]また『政事要略』巻五十一天暦元年閏七月二十三日官符「応三調庸合期進納兼令二精好一事」には「而近年以来、諸国之司、有下置二弁済使一者上、非二公家之所レ知、納二官物於其所一、成二私計於其中一。頽風一扇、利門争開、調使空滞二此処之号一、公物多失二奔競之間一、成二返抄一之時、合二計於在下史生一、補二欠剰一之日、矯二事於愚暗綱丁一、府庫為レ之空虚、公用依レ其闕乏」とあって、国司は綱領郡司の税進納能力に疑問を抱き、弁済使を設置して調庸物京進を企図したことを示すと言われる。[24]これは「私置二弁済使一」とあって、国司の私的な「使」で、郡司との協業も記されておらず、国使とは言い難いが、国の権威・権力によって本来郡司が行うべき任務を遂行しようとした例に加えることができよう。以上のような事例に着目すると、国使と郡司の関係のあり方は十世紀の国郡務運営上の変化と見なすことができるのではあるまいか。[25]では、両者の具体的な任務遂行形態は如何であったか。次に実態面の検討に進み、この点を実例に就いて考えることにしたい。

国使－郡司による徴税活動の事例としては、先学が再三分析を加えてきた承平二年九月二十二日丹波国牒（平二四〇）をまず掲げねばならない。この文書には雑色人郡司の活躍も見ることができ、年代的にも十世紀中葉で、先述の法令類に記された国使－郡司の活動と並行しているので、実態面からの検討として、この史料を中心に考察を試みたい。

d承平二年九月二十二日丹波国牒（平二四〇）

丹波国牒　東寺伝法供家衙

多紀郡大山庄預僧平秀・勢豊等稲之状

牒。衙去八月十一日牒九月九日到来偁、云々者。即問下勘二彼郡調物一使蔭孫藤原高枝上、申云、「余部郷専当検校

日置貞良申云『件郷本自無レ地、百姓口分班ニ給在地郷々一、因レ茲当郷調絹、為レ例付ニ徴郷々堪百姓等名一、方今平秀等身堪同レ俗、加レ之年来依レ成ニ申件調絹一、付ニ申播本帳平秀・勢豊等名各二丈ニ』者、為レ令レ弁ニ進件絹一、罷ニ向平秀等私宅一、而遁ニ隠山野一、不ニ曾相弁一、仍件絹弁進之間、各稲二百束許検封、今須レ弁ニ進彼絹一之後、可レ開ニ免件稲一』者。乞也察レ状。以牒。

承平二年九月廿二日　　権大目長岑

守藤原朝臣「忠文」　　権掾山田

介藤原朝臣　　大目秦

権介藤原朝臣

dの余部郷専当検校日置貞良は承平二年九月二十五日丹波国多紀郡司解案（平二四一）の検校日置公に比定され、雑色人郡司が郷専当として徴税面での役割に従事していたことを示す例である。調物使蔭孫藤原高枝は「郡」とはあるが、例えば『今昔物語集』巻二十四第五十六話「播磨国郡司家女、読ニ和歌一語」には、播磨守高階為家（承保三年～永保元年任）が侍の佐太を収納使に任じたことについて、「賤ノ郡ノ収納ト云事ニ宛テ有ケレバ、喜テ、其ノ郡ニ行テ、郡司ガ宿ニ宿テ、可成キ物ノ沙汰ナドシテ、四五日許有テ、館ニ返ニケリ」と描写されており、この高枝の場合も多紀郡に派遣されたので、「彼郡調物使」と記されているのであって、この場合の調物使は国使と見なしてよいと考える。(26) 蔭孫の身分や中央系の姓などの点からも、国司に従って（当時の国守とは同姓）入国した京下りの従者で、国使として起用されたものと推定できる。さて、dによると、国使は徴税の方式や前例などについては郡司の言に依拠しており（『』内）、郡司が徴税の実務を担うという点には変化がないことがわかる。但し、徴税忌避行為に対して稲を検封し差押えを行っているのは国使が主体であった。(27) 国司はこの国使の証言（「」内）をそのまま東寺に取次いでおり、国使の行動を支持しているのである。このような王臣家・寺家人の調物納入忌避とそれに対する強制執行、そして王臣家からの介入は、先に触れた天暦元年閏七月十六日官宣旨に記された状況と相似しており、国使―郡司関係による徴税の形態、就中国使の介在や徴税の強制が見られるのは、実例の上からもこのような国郡務遂行形態がこの時期の大きな特色であることを推測させる。

dの大山庄に対する徴税執行の例をさらに敷延すれば、承平五年十月二十五日東寺伝法供家牒（平二四五）では、徴税に関する通達はやはり郡司から伝えられているが、天禄四年九月一日、長保四年九月十九日の東寺伝法供家牒や長和二年十月十五日丹波国大山庄司解など（平三〇七・四二八・四七二）では収納使の「入部官物勘責」（平四七二）が問題とされており、徴税忌避に対しては国使による強制執行が大きな効果を有していたことが知られるのである。ところで、こうした国使の姿の初見は、『三代格』巻二十昌泰四年閏六月二十五日官符「応レ科下罪居二住所部一六衛府舎人等対二捍国司一不上進二官物一事」であり、

対二捍国郡一、或所レ作田稲苅二収私宅一之後、毎二其倉屋一争懸二牓札一、称二本府之物一、号二勢家之稲一。或事不レ獲レ已、収納使等認徴之時、不レ弁二是非一、捕以凌轢、動招二群党一、恣作二濫悪一。於レ是租税専当・調綱郡司、憚二彼威猛一不レ納二物実一、僅責二契状一空立二里倉一。

と記されている。ここでは収納使の強制執行が通じない場合が描かれており、その場合郡司は全く無力であった。逆に言えば、それだけこの面で国使に依存するところが大きかったことを示していると見ることができるのではあるまいか。

このような郡務執行に対する国の介在は『三代格』巻十四貞観十四年七月二十九日官符「応下出二納官物一国司史生已上随レ犯科上レ罪事」の「出挙・収納并下二雑稲等一事、官長不レ得二独自巡検一、仍分二遣史生已上一令レ行二其事一」などに

も窺え、遡ればそもそも八世紀においても国司の部内巡行や専当制による国郡務遂行にも看取される事柄である。但し、八世紀では郡務に関してはあくまで郡司が主体をなしたのに対して、この十世紀前後の時期においては、郡司が果すべき郡内の徴税のための強制力を国使が担当しているのが大きな変化であろう。その背景として、郡司が徴税請負の責任を課されなくなったことが考えられる。先掲の昌泰四年官符では郡司は「僅責二契状一空立二里倉一」とあるが、「里倉」・「里倉負名」は負名の未進を未進と記さず、帳簿上あくまでも納税済と処理するための方便として利用された概念と言われているので、「里倉」の出現は郡司の徴税請負がなくなったことを意味すると解される所以である。(28)とすると、郡司に代わって国司が徴税の実現を図る必要があり、国使派遣による強制執行の方式が登場することになったと見る訳である。したがって雑色人郡司は徴税請負の責任を気にすることなく、郡司本来の役割である勧農、検察（職員令大郡条の郡領の職掌「撫二養所部一、検二察郡事一」）、そして徴税の実務（通達、徴税のあり方の把握など）に専念することができ、九世紀後半の擬任郡司の忌避とは異なる状況の下で、雑色人郡司が郡務に参画可能な環境が形成されつつあったと言うことができるのではあるまいか。

ちなみに、丹波国を例にとると、東寺領大山庄は当初田地領有の保証を郡司に求めていた（延喜十五年九月十一日東寺伝法供家牒〔平二一二〕）が、十世紀中葉以降の例ではいずれも田所の勘判や国判を求めたり、国使の行動を非難したりと（天慶五年四月二十五日、天禄四年九月一日、長保四年九月十九日、寛弘六年十月二十八日の東寺伝法供家牒〔平二五三・三〇七・四二八・四五〇〕など）、郡を経由せず、国司に直接要望を呈するように変化している。(29)このような事象は郡司の郡務に占める位置や国郡務遂行における郡の位置づけの変化を予想させるが、国使―郡司の関係、国使の出自の問題や郡司の役割の変化の有無については、徴税面以外からの考察も必要である。そこで、徴税面で見た国使の登場と郡司の役割の変化が他の側面では如何であったかを検討するために、項を改めて、徴税面以外の点からも国使―郡司関係の様相を探ってみたい。

2　国使―郡司関係と郡司の役割

十世紀代の史料の中で国使―郡司関係を最も具体的に教えてくれるのは、永延二年十一月八日尾張国郡司百姓等解（平三三九）であろう。周知の通り、これは尾張守藤原元命の苛政を朝廷に訴えたものであり、国書生等の国衙関係者や郡司・百姓などが想定していた国郡務のあるべき姿と元命による国郡務の遂行方法＝変化した姿とが対比されていて、十世紀の国郡務運営の様相を考える材料として興味深い。本項ではこの尾張国解文の分析を中心に、国使―郡司関係のあり方、国郡務遂行の方法や郡司の位置づけなどを検討することにしたい。

まず解文第十六条に記された国使の出自の問題から、国使―郡司関係の考察に入って行きたい。第十六条には、

就レ中検田之政、以二任用国司一、須二勘注一之。而或郡放二濫悪之子弟・郎等一、或郡入二不調之有官・散位者一、爰不レ論二町段歩数一、不レ弁二条里阡陌一、只己任レ心、以二一段之見地一、注二二・三段一。

とあり、国使のあるべき姿と現状とが記されている。この記述によれば、国使は本来任用国司を起用すべきものであることが知られ、第十六条では守元命の起用方法がこの原則にはずれていることが問題とされていると理解できる。事例の上から言っても、正暦二年三月十二日大和国司牒などに見える国使大掾五百井一蔭（平三四七〜三五〇）、寛弘八年二月十一日肥後国宣案（平四五九）の国使介肥など、尾張国解文以降でも任用国司が国使に登用されており、国使にも任用国司を起用すべしという主張は根拠のある事柄である。こうした国使のあり方はさらに時代を遡れば、奈良時代の正税帳に見える国司の部内巡行や専当制による国務分担などに由来するものと推定される[30]。十世紀後半成立の『口遊』田舎門に「出挙・検田・計帳・収納使〈謂二之四度使一〉」とあるのは、部内巡行以来の伝統に基づいたものであ

ると言われており、(31)例えば天平十年度駿河国正税帳では掾・目の部内巡行の際の従者は一人である場合と二人である場合とが存し、二人の従者がつくのは「春夏正税出挙」・「二寺稲春夏出挙」、「検校水田」、「責計帳手実」、「向京調庸布」と、いずれも前出の出挙・検田・計帳・収納に関わる事柄であって、これらが国務の中核をなすものとして重視されていたことを窺わせる。したがって解文第十六条の検田については、当然任用国司を国使として起用し、国務執行に当たらせるという慣行は認めてしかるべきである。

　ところが、一方で、前掲史料dの丹波国の調物使蔭孫藤原高枝や天暦元年閏七月二十三日官符に記された国司による弁済使私置などに見られるように、国司が自己の配下の者を国使に登用しようとする動きは既に十世紀中葉前後には存在していたことにも留意しておかねばなるまい。但し、丹波国の例では、調物使と余部郷専当の検校（雑色人郡司）、つまり国司と郡司の協業が円滑に行われており、王臣家等に対しても国郡務を強力に遂行しようとしているので、国使－郡司関係は良好であったと言える。しかし、弁済使私置に関しては、綱領郡司の任務遂行の妨げになると記されており、弊害をなしていた。弁済使は国使とはやや性格を異にするが、国司の私的な従者が国務に関与した例であり、従来の任用国司起用とは異なる形態での国務遂行のケースとして、参考までに掲げたが、これに類する国使－郡司関係の不調の場合、その典型的事例が尾張国解文の記載に窺われるのである。

　尾張国解文の中で守藤原元命側の行為に対する糾弾としてくり返し登場する事項として、下行すべきものを下行せず、一方で従来の慣例を無視した徴税・収奪を実施すること、そしてこれらを実行する国使として起用された子弟・郎等達の行動が挙げられる（第三・五・八・十一・十二・十三・十五・十六・十七・十九・二十六・二十七・二十九条）。特に第八条は「一請ㇾ被㆓裁断㆒代々国宰分㆓附新古絹布幷米穎類等㆒、自㆓郡司・百姓烟㆒責取事」とあり、前項で触れたような、徴税請負の責任から解放された筈の郡司に対して、「古物等、寔雖ㇾ録㆓載帳面㆒、有名無実也、仍代々国吏更無㆓責徴㆒、其由何者、或負名死去及二四五十年一、或負名逃散已数千余人也」と処理されてきた往代負名の未進分を強引に責徴しようとしたことが問題になっているという。[32] 以上のような国使の非法、子弟・郎等の濫行に関しては、『将門記』承平八年二月条の武蔵権守興世王と足立郡司判官代武蔵武芝との争いの原因＝「代々国宰、不レ求二郡中之欠負一、往々刺史、更無二違期之譴責一。而件権守、正任未レ到之間、推擬二入部一者。武芝検二案内一、此国為二承前之例一、正任以前、輙不二入部一之色者。国司偏称二郡司之無礼一、恣発二兵仗一、押而入部矣。武芝為レ恐二公事一、暫匿二山野一。如レ案、襲二来武芝之所々舎宅・縁辺之民家一、掃レ底捜取、所レ遺之舎宅検封棄去也」にも例を見出すことができ、ここでも徴税請負を責務としない郡司からの徴税・収奪が非難されていることがわかる。これらの例によると、十世紀の郡司には原則として徴税請負の責任が課せられていなかったことが改めて確認できよう。

ところで、これらの例では郡司は国司・国使に抵抗することができず、武芝の如く、山野に匿れるか、尾張国解文のように、国司・国使の誅求を訴えるしかなかったようである。では、郡司は全く無力であったのだろうか。[33] 徴税請負の責務は課せられないとして、郡司にはどのような役割が存したのであろうか。次にこの点を尾張国解文から読み取ってみたい。先述のように、守元命への非難として、下行すべきものを下行しないという点が存した。「不レ充二行諸駅伝食料幷駅子口分田百五十六町直米一」(第十一条)、「不レ下三行三箇年所二駅家雑用一准穎六千七百九十五束一」(第十二条)などの駅伝関係、「不レ宛二行三箇年池溝幷救急料稲万二千余束一」(第十三条)、「用残官物、非二当時之所納一、已旧代分附之者、須下以二如レ此之物一、下レ符借貸、宛中下農料上者也」なのに、農料が下行されない(第十七条)といった勧農関係の事項等にそのような指摘が見える。これらのうち、池溝料に関しては「以二郡司之私物一、繞堤二堰千流之池溝一、以二百姓之乏貯一、僅築二固万河之広深一」とあり、郡司を中心とする在地の人々が肩代りして負担していることがわかり、その他、郡司は農時への目配り(第三条)、農料が下行されないことについて、「然則貧弊之人民・無頼之郡司、抱レ愁為レ枕」（第十七条）という具合で、勧農面に留意する姿が窺われる。また駅伝関係に関しても、「何為二郡司・百姓一致二事煩一哉」（第十一条）とあるのは、料物の下行がなくても、結局は郡司等が肩代りして負担したのではないかと推定され（伊勢公卿勅使の送迎の例なども参照）、駅伝制維持に努力していることが知られる。即ち、勧農の実施、交通面など、在地として保持すべき機能を郡司が支えようとする様子が看取され、このような面での在地機能の維持こそ郡司が担うべき役割であり、それ故に負担を肩代りしてでも面目を保つ必要があったのではあるまいか。

以上、尾張国解文を中心に国使―郡司関係のあり方と郡司の役割を見た。徴税以外の面でも郡司の郡務遂行には国の後ろ盾が必要な場面が多く見られ、国使―郡司の関係が崩れると、郡務遂行が困難になるという事態に陥っていたのである。徴税面以外での国使の活躍例としては、正暦二年三月十二日・十四日大和国使牒（平三四七・三五〇）に引用された同月七日付の国符の「郡宜下承知、官人并使相共、且臨二田頭一、且対二検寺社所領公験等一、依レ実任レ理弁定、早以言上上」、「郡司承知、与二使者一共弁決言上」という記述が掲げられ、ここでは土地の帰属認定に際して郡司と国使の協業が指示されている。その調査結果を東大寺に報告しているのは国使であり、やはり徴税面以外でも国・国使が矢面に立っているのである。また長保元年八月二十七日大和国司解（平三八五）では、早米使藤原良信殺害事件について、城下郡は「（犯人は）或好二奸濫一対二捍国務一、遁二避官物一、兼成二国内強窃盗放火殺害犯一之者、仮二件庄園威一、年来之間所二居住一也云々、其不善之漸、遂及三于殺二害国使一歟」と報告していること、十一世紀代の事例であるが、天喜元年八月二十六日官宣旨案所引八月八日付伊賀国名張郡司解（平七〇四）には、官使山重成・紀安武、国使大判官代壬生正助、郡司範輔が東大寺領の調査に赴いたところ、国使は寺家側に搦捕され、郡司は僅かに官使を救って脱出したとあることなどの例によっても、郡司は不善之輩が郡内に居住していることや東大寺の土地侵略行為を知りながら、在地の情勢は言上するものの、実力行使は国使に依存していることがわかり、国使―郡司関係が郡務の様々な面に及んでいると見ることができる。(34) そして、このような国衙の後ろ盾を強力に得たことが、徴税面での徴税請負の責務からの解放と相俟って、九世紀後半に郡司就任を忌避していた人々が再び郡務に結集することを可能にし、十世紀の雑色人郡司の定着を支えた要因であったと評価したい。

但し、以上のような国使ー郡司関係は、『将門記』の武蔵権守興世王や尾張国解文の尾張守藤原元命の例に観察されるように、十世紀代にはまだ安定した機構となっておらず、国司の執政方針に左右され、不調の場合には国郡務運営に大きな支障を惹起した。この時期に頻発する国司苛政上訴に郡司・書生らが加わっている事例が見られるのは、こうした国郡務の混乱の場合を示している。(35) 別稿で触れたように、十世紀末〜十一世紀半ば頃には受領郎等と目される所目代とともに「所」の構成員たる書生・判官代が勘申を行い、また書生・判官代が国使として活躍する例が存するなど、在地勢力の意見を充分に参考にした国務運営が成立しており、この時期を在庁官人制の確立ととらえた。これ以後国司苛政上訴が見られなくなるのは、在地勢力にとっても満足のいく国郡務運営が定着したためと考えることができる。この段階では国使には在地情勢を充分に知った者が起用されるようになっており、国使ー郡司関係は定立したと見なしたい。十世紀後半〜十一世紀半ばの国務運営の様相を窺わせる『高山寺本古往来』によると、武者の子孫松影は税所判官代から京上官米押領使に差点された旨を告げられている（五）が、それは「代々為二運米押領使一勤二仕公事一之由、郡司・書生之間、有レ所二伝言一」（六）という点が国司の耳に達したためであるという。つまり国司は郡司等の意向も聴取しながら、使者選定を行っているのであり、国使派遣の際でも同様の状況が想定され、国使ー郡司による協業、国郡務執行が実現したのだと思われる。(36)

では、以上のような国使ー郡司関係や雑色人郡司による郡務遂行はどのように展開して行くのであろうか。最後に十一世紀以降の郡司制度の様相を検討し、地方支配の中での位置づけやその変遷を探ることにしたい。

三　郡司制度の行方

前二節では十世紀の郡司のあり方として雑色人郡司の特色や国郡務運営の方法などについて検討を試みた。一々の任命者の分析は行わなかったが、「はじめに」で触れたように、雑色人郡司の中には譜第郡司の系譜を引くと思われる者も多く、また第一節で言及した正員郡司と雑色人郡司を兼帯する者に譜第郡領氏族の例が存する。では、十世紀にも存続していた譜第郡司はどのような展開を見せるのであろうか。十一世紀以降の一員郡司制の中では如何であろうか。また雑色人郡司の消滅と一員郡司制の成立過程、一員郡司の役割とその位置づけ、そして郡司のあり方の変化の有無はどうであろうか。本節では、十一世紀以降の郡司の諸相に考察を加え、これらの問題に言及するとともに、郡司制度の変容やその行方を展望してみたいと思う。

1　譜第郡司の動向

譜第郡司の行方を考えるにあたり、まず郡司表の検討の中から郡司任命者の動向の特色を把握することから始めたい。(37)十一〜十二世紀の郡司任命者の事例は多くないが、その氏姓の分析からこの時期の郡司氏族のあり方を整理する。

十一世紀以降の郡司氏姓の動向を概観すると、次の通りである。

〔譜第郡領氏族の存続〕（＊は譜第郡領氏族以外の者も見える郡）

山城国葛野郡（秦忌寸）、伊賀国名張郡＊（伊賀朝臣）、伊勢国三重郡（中臣伊勢宿禰）・度会郡（新家宿禰）、志摩国答志郡（嶋直）、駿河国富士郡（和邇部宿禰）、甲斐国山梨郡（伴直）、越中国礪波郡（利波臣）、但馬国朝来郡＊（日下部宿禰）、播磨国飾磨郡（播磨直）・赤穂郡（秦造）、安芸国高田郡＊（凡直〔宿禰〕）、紀伊国名草郡＊（紀宿禰）、土佐国幡多郡＊（秦）

〔譜第郡領氏族以外の者〕（〔　〕内は推定譜第郡領氏族。氏名の＊印は十世紀または十一世紀以降にも郡司としての所見例があることを示す）

山城国乙訓郡〔?〕（凡）・紀伊郡〔秦忌寸〕（布勢、上勝）、大和国添上郡〔十世紀・郡＊〕（源）・平群郡〔平群＊、額田部＊〕（宇自可、年、多治）・広瀬郡〔?〕（当麻）・葛上郡〔?〕（源）・宇智郡〔内〕（藤原）・城上郡〔?〕（薦口）・高市郡〔高市県主（連）〕（若狭、但波〔東漢直氏系カ〕）・十市郡〔忍海連〕（日置）・山辺郡〔?〕（山辺※、依羅、多米、上道）、伊賀国名張郡〔伊賀朝臣＊〕（小川、小野、鳥取、猪、長谷、丈部、紀、源、藤原）、伊勢国多気郡〔麻続連、竹連＊〕（尾乃）、尾張国丹羽郡〔海宿禰〕（椋橋宿禰）、上総国相馬郡〔?〕（平）、近江国愛智郡〔依知秦公〕（中原）・高島郡〔角山君〕（信濃公〔通称カ〕）、美濃国安八郡〔守部〕（宮道朝臣、源）・厚見郡〔各務勝〕（政則王）・山県郡〔均田勝〕（桑名）・可児郡〔?〕（伴、壬生、秦）、若狭国三方郡〔?〕（平）、但馬国朝来郡〔日下部＊〕（全見）、安芸国高田郡〔凡直（宿禰）＊〕（藤原、源）、紀伊国那賀郡〔日置首、長我孫（公）〕（秦）・名草郡〔紀宿禰＊〕（秦、黒部）、阿波国三好郡〔?〕（播磨、忌部、佐伯、宗我部）、讃岐国多度郡〔佐伯直〕（綾）、伊予国野間郡〔?〕（中原朝臣）、土佐国幡多郡〔秦＊〕（惟宗朝臣、八木）、筑前国怡土郡〔?〕（高橋、藤原）・嘉麻郡〔?〕（王）・夜須郡〔?〕（安倍）、豊後国日田郡〔日下部連〕（大蔵）、肥前国松浦郡〔?〕（佐伯）・杵島郡〔?〕（藤原、清原）、肥後国飽田郡〔建部君〕（清原）、大隅国贈唹郡〔曾乃君〕（藤原）、薩摩国阿多郡〔薩摩君〕（平）

※八、九世紀の郡司例がないために譜第郡領氏族を不明とした場合も多い。山辺郡の場合は山辺県主を譜第郡領氏族と見れば、この山

辺はその系譜を引くものかもしれないが、カバネが不詳であり、とりあえずここに記した。

先述のように、十世紀代以前と比べて全体の事例数が少ないという制約はあるが、譜第郡領氏族の存続が確認できる郡は数が限られており、従来の譜第郡領あるいは主政帳クラス以外の氏姓の者、また源平藤橘の四姓に代表される中央系の氏姓の者が多いという傾向が看取される。勿論、在地豪族が源平藤橘などの中央系の姓に改称する例もある（伊賀国名張郡の郡司丈部氏→源姓、越中国礪波郡の郡司利波臣→藤原姓、安芸国の田所惣大判官代三善氏→藤原姓、紀伊国造紀直（宿禰）→紀朝臣など。婚姻関係や国司との関係によると言われる）ので、在地系、中央系を簡単には決められないという点も考慮しておかねばならないが、伝統的な氏姓の改称にはやはりそれなりの事情があったと思われるから、十一世紀以降の郡司の動向を窺わせる手がかりになると評価したい。

では、譜第郡司の行方は如何であろうか。ここでは氏族全体の動静がわかる材料として、まず系図史料を取り上げてみたいと思う。系図史料は充分な考証を経ておらず、信憑性に欠けるものが多く、また任命年次等が不明な場合も頻繁であるが、参考例とすべきものも含めて掲げると、表17のようになる。表17によると、十世紀代における判官代、「所」への出仕から、兄部・執官・一庁官など在庁官人の上首へと発展する例があり、国衙の在庁官人への転身が目につく。この点は別稿で指摘した、国書生、判官代には十世紀以降郡領氏族出身者が増大するという傾向とも合致している。また先に近江国の例で言及したように、表17では国衙軍制を支える役職に就いている場合が散見していることが知られる。したがって譜第郡司の行方としては、国衙への転身、郡務の国務への吸収というよりは、自らが国衙機構を担う存在として活動の場を求めるという方向が考えられるのではあるまいか(38)。ちなみに、前掲史料aでは国衙への転身後も譜第郡司氏族として郡務にも影響力を保持しており、譜第郡司の勢威は残ったものと推定される。表17でも転身例出現以降も郡司の役割を担う例が存し、単線的ではない譜第郡司氏族の動向を窺わせるものと言えよう。

表17　譜第郡司氏族の転身例

国名	郡名	氏族名	年次	転身	出典
山城	乙訓	粟田朝臣	正暦2	勘済使（国使）	平安遺文421
			長保4・2・19	判官代兼行事	
			11世紀頃	税所	＊
伊勢	多気	磯部直	？	検非違使、判官代、政所兄部	＊
参河	幡豆	大伴	？	地名＋介	伴氏系図
	八名			追捕使	
遠江	城飼	土形君※	10世紀前半	判官代	土方家系図
			10世紀後半	押領使	
駿河	廬原	廬原公（朝臣）	10世紀前半 10世紀後半	追捕使	＊
	富士	和邇部臣※	11世紀頃	判官代、公文所	富士大宮司系図
伊豆	田方	伊豆国造伊豆直	11世紀頃	押領使、在庁	伊豆国造伊豆宿禰系図
下総	印波	大伴直※（丈部直）	10世紀中葉頃	判官代	＊
近江	栗太	建部臣（朝臣）	10世紀前半	判官代	＊
越前	敦賀	角鹿直	？	健児所判官代、判官代、押領使	＊
越中	礪波	利波臣※	11世紀	押領使	越中石黒系図
越後	蒲原 古志	春日山君※		判官代、政所	＊
但馬	朝来	日下部宿禰	10世紀中葉	健児所判官代、執官判官代	多遅摩国造日下部宿禰家譜
			10世紀頃	国検非違使	田道間国造日下部足尼家譜大綱
讃岐	阿野	綾公（朝臣）	10世紀頃	執官兼判官代、押領使在庁、案主所一庁官	綾氏系図、＊
筑前	宗像	宗形朝臣	10世紀中葉	権守執官、判官代	＊
豊後	日田	日下部連・君	長元9・2・28	大宰府の検非違使	八幡宇佐宮御領大鏡
肥後	阿蘇	宇治部君※	10世紀後半～11世紀	税所公文	＊
	益城	日奉部直※	10世紀後半	判官代、政所	＊

（註）「転身」は系図等にそのような注記が出てくることを示し、「氏族名」の項の※はそれ以後も郡司の注記が見えることを示す。「出典」の項の＊は『古代氏族系譜集成』（古代氏族研究会、1986年）に依拠したもので、いずれも参考例に留めるべきものと考えている。なお、豊後国日田郡の日下部氏については、新川登亀男「豊国氏の歴史と文化」（『古代王権と交流』8、名著出版、1995年）も参照。

e『三代実録』元慶三年十月二十二日条
河内国高安郡人常陸権少目従八位上常澄宿禰秋雄・権史生従八位上常澄宿禰秋常、河内国検非違使従七位下八戸史野守、安芸医師従八位上常澄宿禰宗吉、河内国高安郡少領従七位下常澄宿禰宗雄、式部位子従六位上常澄宿禰秋原等六人、賜二姓高安宿禰一。秋雄等自言、先祖後漢光武皇帝、孝章皇帝之後也。裔孫高安公陽倍、天万豊日天皇御世立二高安郡一。陽倍二字、意与二八戸両字一語相渉、仍後賜二八戸史姓一。末孫正六位上八戸史貞川等、承和三年改二八戸史一、賜二常澄宿禰一。望請改二八戸・常澄両姓一、復二本姓高安一也。

f『三代実録』元慶五年五月九日条
河内国高安郡人右近衛無位常澄宿禰藤枝、右近衛無位常澄宿禰常主、位子無位常澄宿禰季道・無位八戸史善賜二姓高安宿禰一。去元慶三年藤枝等父並改二本姓一、賜二高安宿禰一。藤枝等脱漏不レ載二官符一、故追賜之。

g『扶桑略記』寛平八年条所引「善家秘記」
余寛平五年出為二備中介一。時有二賀夜郡人賀陽良藤者一、頗有二貨殖一、以レ銭為二備前少目一、至二于寛平八年一秩罷居二住本郷葦守一。（中略）良藤兄大領豊仲、弟統領豊蔭・吉備津彦神宮禰宜豊恒、及良藤男左兵衛志忠貞等、皆豪富之人也。（下略）

h『一乗妙行悉地菩薩性空上人伝』「華山太上法皇御二幸当州書写山一事」
又長保四年壬寅三月五日辛丑、華山法皇従二御船仙駕一、於二飾磨津湊一、即指二御使、大掾小野朝臣道忠之許一召二遣御馬一之処、進下無二鞍置一馬二疋上、只付二御使一自身不レ参、仍有二不快御気色一。（中略）其後大掾播磨宿禰延昌許同指二御使一、召二遣御馬等一、即具二御鞍等一令レ進二御馬十匹一、津頭之近辺郡司等令レ進二馬四匹一。（中略）六日壬寅、弥勒寺留御坐給。仍大掾延昌宿禰語付二当郡司播磨頼成一令レ供二朝御饌一。事俄而雖レ不レ豊二弁備之作一懇志自露也。其日夕膳奉仕大掾延昌宿禰、雖レ臨ニ黄昏ニ美麗青且也。七日癸卯（中略）其日供御々膳宣曰、付ニ検非違所大判官代播磨輔ニ調備之献。美好為レ宗、酒食之礼飽満為レ本也。（中略）申刻許飾磨津湊仙駕還着給、於ニ御船ニ乗御。其日夕御膳之事、兼付ニ少掾播磨延行ニ奉仕之間、調備豊贍也。（下略）

なお、譜第郡司氏族の単線的でない動向として、e〜hのような事例に留意したい。e・fは孝徳朝の立評以来河内国高安郡の郡領に任用されてきた八戸史一族の構成を示し、八戸史は譜第郡領だけでなく、中央下級官人や任用国司として幅広く活躍しており、また河内国の国検非違使に就くなど、国衙での地歩も得ていたことが窺われる。そして、彼らはいずれも高安郡を本貫とする人々であって、郡領の地位を確保すると同時に、多方面への展開を可能にする準備を整えていたのである。このような八戸史氏のあり方は、郡領と中央官人の二面性を持つ畿内中小豪族たる畿内郡司のみに限定されるものではない。[39] e・fとはやや年代が下るが、gの備中国賀夜郡の郡領氏族賀陽氏の場合も同様の一族構成が看取できる。良藤の備前少目は銭で入手した地位と記されており、良藤・忠貞父子は賀夜郡に居住していたようであるから、ともに九世紀末の官符に見える名目のみの帯官であったかもしれないが、中央官人や任用国司の地位を有している。そして、大領、吉備津神社の禰宜という政・祭両面で在地を支配する地位、統領という国衙軍制を支える役割などと合せて、一族で様々な展開の可能性と在地支配の保持を達成することができたのではないかと考えられる。[40] またhは年代が十一世紀初とさらに下るが、播磨国飾磨郡の譜第郡領氏族播磨直（宿禰）氏が飾磨郡の郡司に加え、大掾・少掾などの任用国司、検非違所判官代＝国衙軍制を担う在庁官人の「所」への出仕の如く、国衙に大きく進出していた様子が窺えよう。[41] hでは大掾小野道忠は華山法皇に不充分な接待しかできなかったのに対して、大掾播磨延昌は同族の人々の支援を得ながら、充分な対応を行っており、国郡行政の運営に際して播磨氏の協力が不可欠のものとなっている点が看取でき、興味深い史料である。

以上のような、必ずしも郡司だけに固執せず、様々な方法で自己の支配安定を企図しようとする譜第郡司の姿は、その他、十世紀の郡司任用の儀式の際に呈される国解の中の郡司候補者の経歴にも窺うことができる。[42]『類聚符宣抄』第七に見える事例の中では、α天徳三年四月五日摂津国司解の住吉郡大領津守宿禰茂連（前鎮守府軍曹正六位上）、β応和三年八月二十一日尾張国司解の海部郡大領尾張宿禰是種（散位正六位上）、γ康保二年二月十七日美濃国司解の各務郡大領各務勝利宗（前出羽権大目正六位上）などが抽出され、βには「検二故実一、諸国主典已上散位輩、越レ次一度補二任大領之職一、蹤跡已存」とあるので、βも任用国司の前歴を有する者であったと考えられる。γでは「譜第之輩、拝二任諸国主典已上一之後、依二国解文一、越レ次補二任大領之例一不レ可二勝計一」と記されており、α〜γはいずれも譜第郡領氏族の者の任用例であるから、β・γに指摘されているように、本来郡司を継承すべき譜第氏族の人々が、郡司のみを一義的な目標とせず、任用国司等の国衙での地位や国務の経験を視野に入れて、様々な方面への展開を試みていたことが知られよう。譜第郡司のこうした方面への展開は、『三代格』巻七寛平五年十一月二十一日官符「応レ停二止諸国擬任郡司遷二拝他色一事」に「而称レ任二諸国之吏一、号レ拝二親王家司一、不レ勤二公事一、専利二私門一」とあり、郡司忌避の一手段として用いられていたことがわかり、実例としては貞観元年十二月二十五日近江国依智荘検田帳に愛智郡の譜第郡領氏族依知秦公氏の者で「田刀前伊勢宰依知秦公安雄」、「遠江掾依知秦公乙長」といった姿が見える（平一二八）ことが指摘できる。このような九世紀後半のあり方から、第一節で検討した十世紀の雑色人郡司では任用国司等の兼帯例も散見し、任用国司単独にせよ、兼帯にせよ、譜第郡司氏族の者がこの方面への展開にも目を向けていたこと、またβ・γに記されているような、任用国司→郡領という、郡領就任者の経歴の多様性を示す事例が増加していったことなどが推定されるのである。

以上を要するに、八、九世紀では主流であったと考えられる白丁→郡領、即ち譜第郡司氏族が郡領の地位のみに固執する姿は、[43]九世紀後半の郡司忌避の風潮、その後の十世紀の雑色人郡司による兼帯例の一般化などにより大きく修正され、任用国司等の他の官職を経た後に郡領に就任するという道も可能になった。また十世紀には譜第郡司の国衙への転身例も見られ、譜第郡司氏族は郡司の地位だけでなく、一族で様々な在地支配に有効な分野に進出して、権力・権威の保持に努めたのである。したがって譜第郡司の在地における地位は総体的には大きな変動はなく、彼らの多様な展開により、むしろ在地支配における郡司の地位が相対化したと見ることができるのではあるまいか。ちなみに律令制下の郡が東・西、南・北などに分割された例は十世紀から見え、後の郡・郷・保といった中世的国郡制支配の基礎となる単位が成立し始めており、郡司の支配する範囲にも変化が現れている。[44]また郡家遺跡は全国的に十世紀代に消滅するという現象が明らかになっており、[45]こうした事柄も譜第郡司の転身例などの動向や郡司の地位の相対化と関連すると考えてみたい。

そこで、十一世紀以降のあり方については次項で述べることにし、本項の最後に十世紀から十一世紀への変化と関係しそうな事象を整理して、郡司制の行方を考える手がかりとしたい。まず既に別に触れたように、[46]十世紀初より闕郡司職分田が増加していたこと、中には国内の推定郡司職分田数に比して五〇%以上の闕郡司職分田が存在した国も多いことに注意される。こうした事象は単に一時的に闕郡司職分田が生じ、新しい郡司の任用によってその数が変化するという事態ではなく、むしろ闕郡司職分田が恒常的に存在する状況、即ち郡司職分田の有名無実化、正員郡司の就任例の減少を物語るのである。但し、先述のように、十世紀以降でも雑色人郡司と大・少領を兼帯する例は散見し、また『類聚符宣抄』などにも郡領の任用例は存している。一方、『平安遺文』等により郡判の署名の顔ぶれを瞥見すると、十世紀代には主政帳の署名が見えなくなることがわかり、正員郡司任用例減少の傾向の中では、特に主政帳の消滅が大きかったのではないかと考えたい。そして、十世紀後半〜十一世紀頃の雑色人郡司の名称の消滅と郡司の一員化の現象である。「はじめに」等で言及したように、郡司あるいは大領の名称で呼ばれる一員郡司制が十一世紀には成立するが、その動向は十世紀後半から見られる。例えば大和国添上郡では、天暦八年五月八日の郡判の惣行事・国目代の署名(平二六八)を最後に、天元三年二月七日の郡判以降(平三一七)は惣行事あるいは郡司と称する者一名のみの署名となっており(平三二三・三二六・三三一・三四九・三六一・三九八・四二二・四五七・一五三〇・一五三一)、郡司の一員化が進展している。その他、十世紀代の事例としては、大和国平群郡(平三〇八・三五二・一四六九)、宇智郡(平三二一・三三三)、高市郡(平四五六三)など、概ね天暦年間以降には一員化が進んでいることがわかる。一方で、この時期は近国の伊賀国などでは依然複数の郡司の署名が見られ(平二七一・二七八・三〇四)、伊賀国では十一世紀に入ってから一員郡司の例が現れる(平五〇四)ので、畿内、特に大和国では逸早く一員郡司が登場したと考えられる。但し、その一員郡司の名称は、雑色人郡司の名称の一つが残存したものや大領あるいは郡司と称するものなど、各郡によっても異なっているので、一員郡司の出現時期の相違と合せて、一員郡司化が全国一律の制度として定められたものではなく、徐々に郡司の変質が進行していった結果到達したという事情を窺わせるものである。主政帳の郡判署名からの消滅、郡郷制改変による郡司の支配する範囲の変化や郷別専当郡司の各支配範囲での権威確立などが一員郡司制成立に関わる事象であり、ここではこれらが十世紀〜十一世紀に進行していたことを指摘し、次に項を改めて、十一世紀以降の郡司のあり方としての一員郡司制の様相を検討することにしたい。

2　一員郡司制の成立

一員郡司制とは、十一世紀以降、郡司はそれまでの郡判への複数署名や様々な名称を有する雑色人郡司から単に郡司あるいは大領と称する一員のみとなり、郡司は各郡に一人という中世的国郡支配への移行を示す時期の郡司制度を指す。前項で触れたように、郡司一員化は早いところでは十世紀後半より現れ、時期は地域によって異なり、また名称も使系などの雑色人郡司の名称が一員郡司の名称として残る場合があるが、全国的な傾向として、概ね十一世紀頃には一員郡司制が成立して行くと見てよい。

この一員郡司制は全国一律に制度として定められたものではなく、郡司制の展開の結果成立したという色彩が濃い。そこで、一員郡司の役割、位置づけやその成立の背景などを知るには、具体的事例に基づいて帰納的に考察するしかないと思う。以下、こうした方法によって、一員郡司制のあり方を検討したいと考える。

まず十一〜十二世紀の郡司任用状況が最もよくわかる郡として、安芸国高田郡の例を掲げて、一員郡司制下の郡司をめぐる諸問題を考える手がかりとする。高田郡司の動向が判明するのは、厳島文書によって郡司藤原氏の所領集積と伝領の様子を復原できるためであって、高田郡司藤原氏のあり方はこの時期の郡司の存在形態を考察する上で従来からも注目されてきた。しかし、近年厳島文書をめぐる史料批判が行われ、偽文書の弁別が試みられ、また郡司の推移や郷司との関係についても新しい見解が示されているので、ここではそれらの成果に学びつつ(47)、私見を整理することにしたい。高田郡司の任用状況と関係文書は表18、郡司および所領相承の次第は図9の通りである。

①郡司任用の官符には「大領」に補任すると記されており、大領が正式な名称であった。但し、大領に任じられた人物が単に郡司と称したり、前任者を指して「前郡司」と表記する場合があるので、この郡司＝大領であって、郡司の一員化はまちがいなく行われていた。なお、かつては、この段階では郡司＝郷司の場合が存し、郡司（大領）は郷司の集合体であると言われていたが(48)、郡司補任に伴って高田郡の各郷の郷司にも任命されたとする文書の多くが偽文書と考えられるので、郡司と郷司の関係には再検討を要する。錦織氏によると、頼方は三田郷司職を有したことは確実で、風早郷司職も保持した可能性があるが、頼成以下は両郷司職に就いていた徴証はなく、それらは頼方から頼成

〔図9〕　安芸国高田郡司および所領相承次第

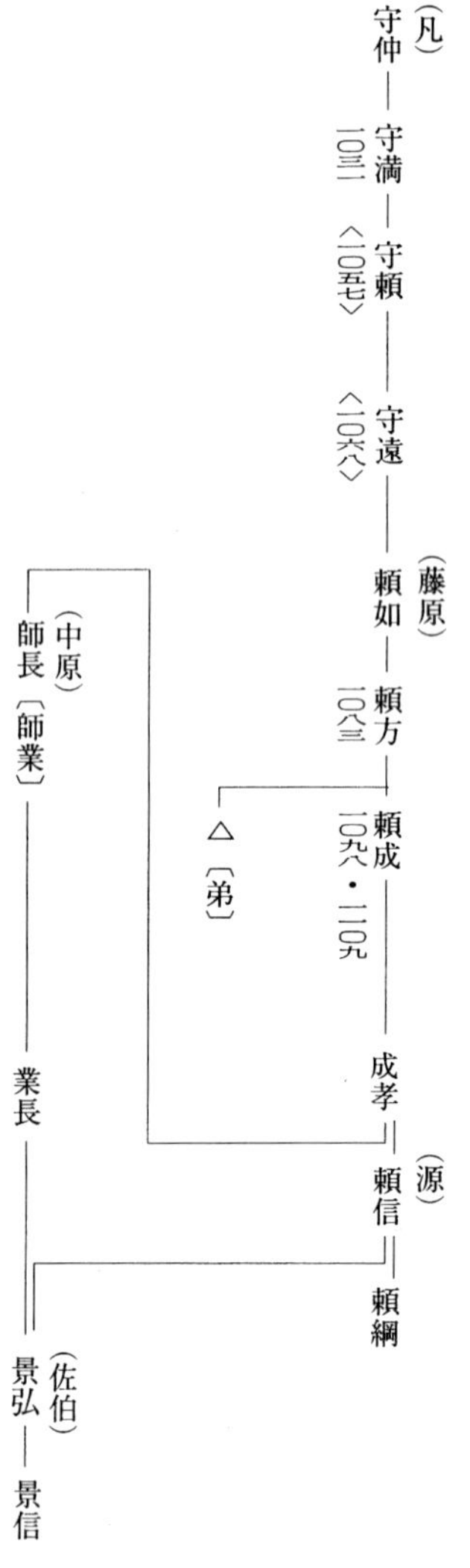

（註）数字は郡司就任年次（西暦）、〈 〉は初見年次。（ ）内は各系列の氏姓を記した。

以外の子息に譲られた蓋然性が高いとされており、郡司の相承と郷司は別個であったと見てよいと思われる。(49) 補任形式からいっても、大領（郡司）は太政官符による任用が維持されていたのである。(50)

②郡司相承の次第については、守遠から頼方への継承に関して、「件畠、先祖相伝之所領也。而故権守守遠宿禰、無二指子息一之間、死去之後、方々牢籠、然而頼方為二彼末葉一之上、以二譜代之理一、令レ執二行郡務一之処、盍領二知彼所領畠一乎。抑前郡司頼如不治第一也、或以二相伝郡司所知一、沽二与他人一、或朝来暮往之民、以二郡司所領地一、沽二却所住百姓一、甚不レ知二其理一者」という事情が記されており（平一二三一・補二七七）、ARNESEN氏・錦織氏は、守遠を「守遠宿禰」と称しており、朝臣を名乗る藤原氏とはカバネが異なること、藤原朝臣頼方以前には凡宿禰姓の者が郡司として散見することから、藤原氏による相承という従来の見方を否定し、凡氏から藤原氏への展開があったことを明らかに

表18　安芸国高田郡の郡司と関係文書

官職名等	人　名	年月日	出典	偽文書の分別			備　考
				Y	A	N	
(前大領) 散位 大領・大掾	藤原朝臣守仲 藤原　守満	長元4・6・3	平4614＊	A	×	×	三田郷（M）・別符重行（S）の名主とともに大領職を譲与
郡司・散位	藤原　守満	永承3・7・2	平622＊	A	×	×	M・Sを嫡男守頼に譲与
郡司・惣判官代	藤原朝臣頼方	天喜1・2・5	平699	B			郡司補任の庁宣
郡司	凡	天喜4・3・10	平769				売券の郡判
郡司・散位	藤原　守頼	天喜5・3・10	平854＊	A	×	×	M・Sを嫡男守遠に譲与
郷司・散位	藤原朝臣	治暦2・3・2	平1001				三田郷の郷司
郡司・散位	藤原　守遠	治暦4・3・10	平1031＊	A	×	×	M・Sを嫡男頼方に譲与
郷司・大掾	藤原　頼方	延久4・9・10	平1084＊	A			三田郷の郷司補任の国符
権大介	凡宿禰※	延久6・8・10	平1049 徴古7 新出34				売券の郡判
散位	藤原朝臣	承保2・8・10	徴古9				三田郷内の土地集積
郷司・散位	藤原朝臣	承保3・2・10	平11269				風早郷内の土地集積
郡司・散位	藤原　頼方	承保4・12・30	徴古12		×		M・Sを嫡男頼成に譲与
郷司・惣大判官代	藤原　頼方	承暦2・9・2	平1150	B		×	三田・風早両郷の郷司補任の庁宣
惣大判官代 散位	藤原朝臣頼方 藤原朝臣頼成	承暦2・10・3	平1153	B		×	三田・風早両郷を嫡子頼成に譲与
大領・従五下	藤原朝臣頼方	永保3・6・7	平1200＊	A			3・10大領補任の旨の官符
散位	藤原朝臣	応徳1・2	徴古18				三田郷内の土地集積
郡司・散位	藤原朝臣頼方	応徳2・2・16	平1229＊	A			大領補任の国符
郡司・散位	藤原　頼方	応徳2・3・16	平1230	B			三田郷の祖先相伝所領田畠を立券
郡司・散位	藤原　頼方	応徳2・3・16	平1231・ 補277	B			風早郷の先祖相伝所領田畠を立券
前郡司	頼如						「不治第一」と非難される
郡司		応徳2・10・5	徴古25				三田郷の土地集積
散位	藤原朝臣	寛治1・10・1	徴古31				三田郷の土地集積
郡司・散位	藤原朝臣頼成	嘉保2・8・15	平1348＊	A			郡内7郡の領畠の相伝認可を要求
郡司・散位	藤原朝臣頼成	嘉保3・6	平1357＊	A			郡司補任の庁宣
郡司・散位	藤原朝臣頼成	嘉保3・12・26	平1366＊	A		×	郡司補任の庁宣、「三田風早麻原甲立幷四箇郷」と見える
郷司・散位	藤原朝臣頼成	永長2・3・5	平1370＊	A		×	粟屋・船木両郷司補任の庁宣
大領・散位 ・従五下	藤原朝臣頼成	承徳2・2・20	平成1390＊	A			承徳1・12・18大領補任の旨の官符
郡司	藤原朝臣	承徳2・2・26	徴古55				三田郷の土地集積

(表18つづき)

官職名等	人名	年月日	出典	偽文書の分別			備考
				Y	A	N	
郡司・散位	藤原朝臣頼成	承徳2・3・10	平補290				Mを嫡男成孝に譲与
郡司	藤原朝臣	承徳2・3・28	平1393				三田郷の土地集積
郡司		長治3・12・9	徴古61				書生丹治近恒が「郡司所領」により高田・安南両郡の券文を申渡
大領・従五下	藤原朝臣頼成	天仁2・4・30	平1704＊	A			2・5大領補任の旨の官符（重任）
散位 散位	藤原朝臣 藤原朝臣成孝	天仁3・3・10	平1718	B		×	三田・風早両郷を成孝に譲与
散位	藤原　頼成	永久2・3・10	平1803＊	A			Mを嫡男成孝に譲与
郷司	藤原朝臣	永久4・10	平1863				風早郷内の土地集積
］司・散位	藤原朝臣	大治2・3	平2103・新出15				風早郷内の先祖相伝所領を立券
郷司・散位	藤原　成孝	保延5・1	徴古69＊			×	三田郷司補任の留守所下文
散位	藤原朝臣成孝	保延5・6	平2410	A			下司職を保持して、相伝所領を中原師長に譲渡
散位	藤原朝臣	仁平3・12	平2791・新出15				苧糸注文を提出
散位	源　頼信	仁安2・6・15	新出40	C			風早郷内の土地を厳島神社に寄進
散位	源　頼信	仁安2・6・15	平3426	C			三田郷内の土地を厳島神社に寄進
地頭	佐伯朝臣景弘	安元2・7	平3772		×	×	中原師長の寄文状を受け、高田郡内7箇郷の地頭補任の庁宣
郷司・散位	平朝臣景弘	治承3・11・2	平3888		×		粟屋郷司補任を伝える留守所下文
郷司地頭・散位	佐伯朝臣景弘	治承3・11	平3889		×	×	三田郷司地頭等職補任の庁宣
郷司地頭・散位	佐伯朝臣景弘	治承3・11	平3890		×	×	同上の留守所下文
地頭・散位	佐伯朝臣景弘	治承4・8・27	平3920			?	粟屋郷地頭職補任の庁宣
地頭・散位	佐伯朝臣景弘	治承4・8・27	平3921				三田郷地頭職補任の庁宣
地頭・散位	佐伯朝臣景弘	治承4・9・6	平3923				同上の留守所下文
	源　頼綱	治承4・9・7	平補132				三田・粟屋郷の万雑公事を頼信以来勤仕の旨を景弘に申上
郷司・散位	佐伯朝臣景弘	治承4・10	平3927			?	粟屋郷司職補任の庁宣
郷司・散位	佐伯朝臣景弘	治承4・11・11	平3936				同上の留守所下文
郷司・散位	佐伯朝臣景弘	治承4・10	平3928				三田郷司職補任の庁宣
郷司・散位	佐伯朝臣景弘	治承4・11・3	平3933				同上の在庁下文
安芸守・従四下	佐伯朝臣景弘 佐伯朝臣景信	寿永1・3	平4026				高田郡内7箇郷の相伝私領を嫡男景信に譲与

（表18　註）

・出典の＊は平2410の譲与・郡司補任の文書一覧に見えることを示す。徴古は『広島県史』古代中世資料編Ⅴ（1980年）の「安芸国徴古雑抄」の番号による。新出は「新出厳島文書」で、『平安遺文』と異同のあるもののみ、番号を掲げた。

・偽文書の弁別：Y＝山田渉氏の区分（A；藤原成孝→中原師長→同業長→佐伯景弘と伝来して厳島文書に含まれるようになった文書群で、平2410とすべて一致し、一応信用し得る、B；成孝→源頼信→佐伯景弘と伝来したもので、郡司補任の事実関係と反するものが含まれており、内容・書式等からも偽文書と考えられる、C；景弘もしくは厳島神社が直接に文書の本来の授受に関係していたもの）。A＝ARNESEN氏、N＝錦織氏が偽文書とするものに×印（？は偽文書の可能性があるもの）。

・※「凡宿禰」は錦織氏註（9）a論文89頁註（13）に、「「徴古雑抄」では「権大介」の下に「宿」の字と「禰」の偏の「示」らしきものが読める」と記されていることによった。

している。名前の面でも、守遠までは「守」を通字としているので、「頼」を通字とする頼如・頼方等の藤原氏との間には何らかの断絶を認めるべきであろう。とすると、守仲〜守満を藤原姓とする文書は自ずと偽文書ということになるが、成孝から源頼信への所領譲与が養子関係によると記されており（平三四二六・新出四〇）、上掲の守遠↓頼方の相承も何らかの合理的理由が想定できそうであるから、相承の次第を考える上では依拠し得る史料と評価して、検討を試みることにしたい。

③凡宿禰氏は安芸国造凡直の系譜を引く高田郡の譜第郡領氏族であったと考えられる。(51)とすると、前項で整理した十〜十一世紀の譜第郡司氏族の者の様々な転身とともに、前項で触れた事例の中にも見られたが、十一世紀以降の段階においても譜第郡司が存続していた例を見出すことができ、譜第郡司氏族の動向を考える上で興味深い知見を呈することになる。なお、郡司が藤原氏になってから後も、凡氏は国書生として活躍しており（平一一二六・一三四〇・二二〇三、徴古二四・二六など）、譜第郡司から在庁官人への転身、国衙への進出を試みているのであって、凡氏の勢威が失墜した訳ではないことは、前項での検討とも合致している。ちなみに、藤原氏については、頼方の「大掾」の肩書き（平一〇八四）が信頼できるとすれば、国衙官人から郡司への転身を図ったことになり、この時期の在地有力者の複雑な動向の一例とすることができよう。平一〇五九・一一〇九・一一一三・一一七一・一三八九の播磨国赤穂郡の郡司秦為辰の場合は、譜第郡領秦造氏の系譜を引く者であったが、

肩書きは大掾であり、久富保内の荒井溝修理に際して郡内人夫を徴発するために一時郡司を帯していた（平一一〇九・一一一三）。そして、その後は「久富保公文職幷重次名地主職」を「開発之私領也」と主張するに至っている（平一三八九）。とすると、「大掾」藤原氏が高田郡司職相承を企図したのも、こうした郡司としての権限や所領開発・集積と関わってのことと考えられてくる。

④この時期の郡司の役割としては、表18によると、依然として郡司が売券の証判を与えていることが知られる。そして、徴税を請負う存在としての活動にも注意される。坂上氏は、長治三年二月十九日丹治近恒田畠売券（徴古六二）の「件田畠、自レ元往古公民所領也、而勤二仕公文預職一之間、年々負累物代立券領知顕然也。且被レ停二止公文預一、且依レ為二郡司所領一、本券相共、副二新券一、所二注渡進一如レ件」という近恒から郡司藤原頼成への所領移動について、三田・風早郷下で藤原氏の領知地域が拡大したことを背景に、以後両郷の徴税活動に関しては郡司藤原氏が権限と責任を持つ体制が出来上り、所領として認可されたという事情が存したことを示すと解された。十世紀の郡司が徴税請負責任を持たなかったのに対して、十一世紀の郡司は在庁官人等と一緒に負累物代の所領を没収したり、結解を作成したりする徴税活動を梃子に所領集積＝在庁別名成立を実現し、国衙領の徴税を請負う存在となり、国衙支配の一端を担うようになるというのである。但し、郡司藤原氏の「郡司所領」には紆余曲折があり、「不治第一」と非難される頼如と頼方との相争（②前掲史料）、錦織氏が指摘される頼成の二度に亘る郡司任用の背景としての弟との相論（平二四一〇「頼成二箇度給二官符一、与二舎弟一有二相論一之故也」）、またARNESEN氏が言及される周辺地域の荘園化との競合など、様々な要素を考慮しておく必要がある。[52] 錦織氏によると、成孝は郡司であった徴証はないが、「所領田畠・栗林・杣山等、従二先祖守仲之時一、至二于親父頼成一、為二高田郡七郷大領之職一、次第相承所レ令二領知一也」（平二四一〇）と主張し得たのは、やはり高田郡司藤原氏の所領について権限を有していたと考えられ、源頼信・頼綱が三田・粟屋郷の万雑

公事を勤仕した（平補一三二）のは郡司の職務と関わりがあるとされており、成孝・頼信・頼綱らも郡司であった可能性があると述べられている。「相伝所知」・「郡司所領」の語は守遠→頼方の相承時にも見えており、この時期に所領相承と郡司相承が一体となる形が成立したと解することができよう。

以上、安芸国高田郡の事例により、一員郡司制下の郡司の動向やその役割・活動の一端をかいまみた。では、こうした郡司のあり方は他の郡の場合にも該当するのであろうか。郡司氏族の動向や相承次第がわかる例はないが、郡司の役割・活動については多くの史料が存するので、それらを整理して一員郡司の役割をまとめることにしたい。まず売券・紛失状などに対する郡判については、郡判を据えた売券そのものが稀になってきている（表18）ので、当代の実質ある職務と見なすことには疑問も呈されているが、(53)郡司・在地刀禰証判のものは十一世紀後半〜十二世紀にも存しており、こうした行為が郡司の役割であったことは認めてよいと考える。(54)次に前節で指摘した国使—郡司関係に基づく役割として、土地の立券、四至・坪付の言上、妨領停止や帰属に関する証言を国使とともに励行すること、官物・臨時雑役等租税免除の実施や租税・労役等の徴収・進上への関与などの徴税関係の行為が掲げられる。これらの活動は基本的には現地の郡司が中心となって実行されるが、強制執行を伴う場合には国使—郡司関係に期待されるところが大きかった（平七〇四・二〇〇〇など）のは前代と同様であった。また治安維持の面においては、郡司の活動が期待され、武力を発動する場合も存する（『本朝世紀』久安二年四月二十五日条、平五二七・三四三一・三五三五など）が、「雖レ不レ知二子細一、加二郡判一已了」・「（検非違使が）請二在地郡司証判一進上」（平四九五・五二〇）と、郡司は事件の報告あるいは報告書に署判するだけで、治安維持のための強制力を発揮できていない場合が散見するのも特色である。

一方、「郡司等参上、定無二其勤一、事在二農節一、従二軽法一可レ給レ仮」（『小右記』治安三年六月二日条）に窺われる勧農への関与、駅・駅路の管理（同長和元年八月十七日条、『師記』〔礼儀類典・伊勢公卿勅使抄所引〕承保元年六月二十九日条）など、前項でも触れた在地機能の維持に関わる事項では、郡司の役割は大きかった。その前提として、国使―郡司関係によって任務が遂行される際にも、四至言上や犯人言上、在地の先例の申上（『太神宮諸雑事記』長和二年九月条、康平二年三月十九日条、平四六二・一〇四〇・一三五三・二五四一・三〇九三）などを行う、在地の情報・情勢に通じた存在としての郡司のあり方があったのである。

以上の整理によれば、一員郡司の役割や存在形態は基本的なところでは十世紀の雑色人郡司と同様であったように思われる。では、一員郡司制の段階での特色は全く抽出できないのであろうか。先学も既に指摘されている事柄であるが、私は少なくとも次の二つの点で大きな変化が生じていると考える。まず郡司領の存在である。「郡司領」は康治二年七月十六日尾張国安食荘立券文（平二五一七）、久安六年十月二十二日伊勢国志貴厨内検帳（平二七一二）、仁安元年飛驒国雑物進未注進状（平三四一〇・三四一一）や建久年間の大田文にも散見しており、「郡司則佐所領給廿七町八反百八十歩」（天喜四年三月二十七日伊賀国黒田荘工夫等解〈平七八一〉）、「可レ為二郡司名田一」（仁平元年四月八日常陸国留守所下文〈平二七二七〉）や下総国相馬郡司平氏[55]（平二五八六）・大隅国贈於郡司（平三二二〇・三二三〇）・薩摩国牛屎郡司（平三七〇五）の例などから考えて、④で触れたように、郡司職とともに代々相承すべき所領を有し、徴税責任を請負う形の郡司の存在形態と不可分のものと言える。『古事談』（十三世紀初の成立）第三僧行の中の伊賀国で「郡司不レ慮蒙二国勘一被レ追二却国中一」時、「相伝之所領・所従モ有二其数一、忽打棄テ赴二人国一」とあるのは、そのような郡司の位置づけを描いていると思われ、また久安五年五月六日東大寺僧覚仁・伊賀国目代中原利宗問注記案（平二六六四）に「郡郷ノ官物結解作法ハ郡司・郷司・加納田司等、先作二結解一テ付二税所一」と見えるのは、郡司の徴税面での役割を窺わせる文言であろう[56]。

ところで、河音能平氏は、九世紀初成立の『日本霊異記』と十二世紀前半成立の『今昔物語集』の同じ話、特に

『日本霊異記』中巻第三十四話と『今昔物語集』第十六巻第八話とを対比して、前者では「多く饒にして財に富み、数屋倉を作り」と表現されている部分が、後者では「其ノ郡ノ郡司有ケリ」と全く異なった表現になっている、後者では財宝の中から「馬牛」なくなるとともに、前者の「奴婢」が「仕ケル従者共」という主従関係の下に身分的に隷属する者に変化している、その財産形態の主要なものが前者の屋倉に一ぱいつまっていた稲などの動産から、後者では「領シケル田畠」・「知ル所」といった土地＝不動産に変化している、といった興味深い様相を指摘されている。(57)即ちそこに地方豪族は明確に従者（下人・所従）を従え、郡司職を帯びた在地領主として登場するという変化相を読み取ろうというのである。先掲の郡司の土地認定行為に関連して、郡司が庄官を兼帯し、他の庄園への妨領を行うことがしばしば非難されており（平二四六九・二五八六・三七一一など）、保元二年三月十七日太政官符（保元新制、平二八七六）にも「以二在庁官人・郡司・百姓一、補二庄官一定二寄人一、恣募二名田一、遁二避課役一、郡県之滅亡、乃貢之壅怠、職而此由」ことが問題視されている。また安芸国高田郡司については、成孝の代に所領を寄進して庄園化と下司職保持を企図して失敗したのは周知の通りであり、その他郡司が所領寄進によって下司職保持を行っている例はいくつか見られる（下総国相馬郡（平二一七六）、播磨国赤穂郡（平一三八九。但し、これは譲状で、この時点で既に公文職を保持している）など）。このような在地領主化を企図する郡司のあり方を象徴するのが郡司領の出現であったとまとめることができよう。

次に「在地」の位置づけがある。大宝律令で成立した郡司の性格に関しては、官人的諸規定上の「旧守性」や非律令的性格に注目した見解や共同体農民の保護者たるの側面を描く立場に対して、(58)その官人的性格、被支配者層に対する収奪者としての側面を看過してはならないとする批判があり、(59)郡司の性格には二面性が存した。(60)大局的に見て、在地首長制論が指摘するように、律令制下の地方支配が実質的な面で在地豪族たる郡司に多くを依存していたのはまちがいない(61)が、郡司は国郡里（郷）制による地方支配の中で、国司－郡司－里長（郷長）－在地という位置づけで、在地社会の支配に臨む存在であったと考えられる。ところが、十一世紀以降、「在郡司」・「在地郡司」の表現が顕著に見られ、「検田所幷在郡司」（平七二二）、「国使幷在地郡司・刀禰」（平補七）、「国使惣判官代津守永行幷在地郡司・刀禰等」（平補三七）などとあるので、国使、在庁官人は「在地」には含まれず、国使―在地／郡司―刀禰という関係であったことがわかる。[62] 先述のように、この時期の郡司は在地情勢・先例に通暁した存在としての役割が想定され、「郡司・刀禰等者為二国衙之進止一、検田・検畠之時、以二彼等一為二図師一致二沙汰一」（平二五四二）と、国衙の国務遂行に協力すべき現地の者として位置づけられるに至っていると言えよう。

ちなみに、八世紀の『万葉集』では畿外全体が「天離る夷」と認識されていたが、[63] 越中守大伴家持は郡司等との宴席で「しなざかる、越の君らと、かくしこそ、柳かづらき、楽しく遊ばめ」（巻十八―四〇七一）と詠み、「越の君」と一定の敬意を表しており、また家持が任を終えて帰京する際に、射水郡大領安努君広島が餞饌之宴を設ける（巻十九―四二五一題詞）、上総国大掾大原真人今城が朝集使として上京する時に「郡司妻女等」が餞歌を贈る（巻二十―四四四〇・四四四一題詞）という具合に、ともに地方支配を担う「同僚」としての共感も存したのではないかと考えられる。

一方、説話文学の史料ではあるが、十一世紀頃の郡司に関しては「田舎人」・「下衆」・「無下」とする意識が散見する（『今昔物語集』巻十六第八話、巻二十二第七話、巻二十四第五十五話、巻二十八第七話など）。さらに前引の『古事談』第三の他にも、「可レ成キ官物、其員有リ、此レハ其ノ代ニ我レ取テム」と、国司により仏会の料物を取り上げられる（『今昔物語集』巻二十第三十六話）、「郡ノ司四度ケ無キ事共有ケレバ、速ニ召シニ遣テ誡メム」（巻二十四第五十五話）というように、国司の追求を受け、国司の前には全く無力の存在として描かれている例がある。そこにはかつての「君」としての権威や国司の「同僚」として地方支配を担うという気概の片鱗すら窺うことはできない。このような郡司のあり方は、国司（国使）―在地／郡司―刀禰という関係の中で、郡司の置かれていた立場を反映したものと見ることができるのではあるまいか。

以上、本項では一員郡司制下の郡司のあり方やその役割などを検討し、郡司領の出現や「在地」としての郡司の位置づけに、一員化とともに、郡司の大きな変化があったのではないかと考えた。これが中世的な郡司の姿と言えるか否かは、鎌倉時代（以降）の史料の分析が必要であり、この点は今後の課題とすることにしたい。(64)

むすびにかえて

本章では九世紀前半の律令国家の郡司任用方法の確定以降、郡司制度がどのような変化を遂げるのかという関心から、主に十世紀の雑色人郡司、十一世紀以降の一員郡司制のあり方を検討した。郡司の変容の点では、譜第郡領氏族の動向、郡司職の相承と郡司領の成立、「在地司」としての位置づけ、また郡司任用の儀式の消滅などから見て、九世紀後半〜十世紀の雑色人郡司登場よりは、十世紀末〜十一世紀の一員郡司制への移行の方が大きな画期であったと考えられる。別稿で考究したように、時あたかも在庁官人制の成立時期であり、この時期こそ国郡衙機構の変動期であったと評価できよう。

もとより本章は郡司制度を軸に論じたものであり、社会経済史的視点は捨象されている。(65)また郷司制との関係や刀禰等在地の動向についても今後の課題とせねばならない。郡司より下の階層についてはやはり八世紀以来の郡司の支配の実態を検討する中で、通時的に追求する必要があると考えており、国郡衙機構のあり方を分析する上で必要な国司の位置づけや鎌倉期の国郡衙・在庁官人の変遷の様子の考察とともに、後考に俟つことにし、蕪雑な稿を擱筆することにしたい。

註

(1) 後述のように、私は雑色人郡司という用語が相応しいと考えているが、研究史上の用語であるので、雑色人郡司の方を用いるべしとする説明の箇所までは「国衙官人郡司」と表記する。
(2) 高田実「中世初期の国衙機構と郡司層」(『東京教育大学文学部紀要』六六、一九六八年)、泉谷康夫「平安時代における郡司制度の変遷」(『日本古代学論集』一九七九年)、鈴木国弘「「惣地頭職」成立の歴史的前提」(『日本史研究』一一四、一九七〇年)、松岡久人「郷司の成立について」(『歴史学研究』二一五、一九五八年)など。
(3) 山口英男「地方豪族と郡司制」(『古代史研究の最前線』第一巻、雄山閣、一九八六年)の用語を用いた。
(4) 森田悌「平安中期郡司についての一考察」(『日本歴史』三一九、一九七四年)。
(5) 山口註(3)論文、高橋浩明「伊賀国薦生牧争論と十世紀の郡司制」(『国史学』一三一、一九八七年)、加藤友康「九・一〇世紀の郡司について」(『歴史評論』四六四、一九八八年)など。
(6) 拙稿「律令国家における郡司任用方法とその変遷」(『弘前大学国史研究』一〇一、一九九六年、本書所収)。
(7) 泉谷康夫「平安時代における国衙機構の変化」(『古代文化』二九の一、一九七七年)、飯沼賢司「在庁官人制成立の一視角」(『日本社会史研究』二〇、一九八〇年)、関幸彦『国衙機構の研究』(吉川弘文館、一九八四年)など。
(8) 拙稿「国書生に関する基礎的考察」(『日本律令制論集』下巻、吉川弘文館、一九九三年)。以下、別稿はこれを指す。
(9) 錦織勤a「平安末期の郡司と郷司」(『日本史研究』三四三、一九九一年)、b「中世成立期の国衙領支配と郡司」(『史学研究』二〇一、一九九三年)、c「平安末期安芸国高田郡の政治問題」(『日本歴史』五二六、一九九二年)など。
(10) 山口英男「十世紀の国郡行政機構」(『史学雑誌』一〇〇の九、一九九一年)でも同様の視点からの考察が行われている。但し、八・九世紀の郡司制度の把握や新興層の動向、譜第郡領の存続などの理解、また国衙機構の評価等では若干見解を異にする点もあり、私なりの検討を試みる次第である。
(11) 高田註(2)論文、山口註(3)・(10)論文、不破英紀「国衙官人郡司制の成立事情」(『龍谷史壇』九五、一九八九年)、平野岳美「「尾張国解文」における郡司について」(『古代王権と交流』四、名著出版、一九九六年)など。
(12) 足利健亮・金田章裕・田島公「美濃国池田郡の条里」(『史林』七〇の三、一九八七年)が紹介する長元八年十二月二十五日美濃国池田郡司五百木部惟茂解の郡判には、四度使散位五百木部宿禰、郡務使五百木部、郡司紀奉光が署名しており、その他、治暦元年（伊勢国度会郡・平九九六）の事例も複数の署名例である。

(13) 高田註(2)論文。

(14) 不破註(11)論文は行事－国司代－国目代－勾当－検校－郡老－正員郡司－擬任郡司の序列を推定するが、各名称の登場時期や地域差への顧慮が不充分であり、また実例に就いて見ると、必ずしも単純には決め難いところがあるので、支持できない。

(15) 不破註(11)論文三六頁は、後述の延喜二年官符によって中央下級官人が「国衙官人郡司」に任用されるようになったと見る。但し、三七頁で触れられているように、中央下級官人といっても、実際には肩書のみであって、在地の有力者という性格の方に注意すべきである。

(16) 賦役令蠲符条には「符雖レ未レ至、験二位記一灼然実者亦免」とあるので、甲が調絹を負担していたのは、「位記灼然」という状況でもないと判断されたためと見なされる。なお、「省符」は一応式部省符と理解したが、民部省符と解釈する余地もあると思われる（九州大学文学部・森哲也氏の私信による御教示による）。

(17) 山口英男「平安時代の国衙と在地勢力」（『国史学』一五六、一九九五年）九六頁。註(8)拙稿三〇六頁でも国衙内での争いと見たが、本章のように訂正したい。

(18) 森田註(4)、不破註(11)、山口註(10)論文など。註(8)拙稿三〇七頁～三〇八頁でもこの点に言及している。

(19) この史料解釈は山口註(10)論文六頁の指摘を参考にした。

(20) 山口註(10)論文が既にこの用語を用いている。但し、山口氏は国衙勤務者も含めて雑色人の役割を考えているが、国衙の判官代と郡務は別と見なされ、国務、郡務各々で雑色人の成立と役割を検討すべきであると思うので、本章では郡務にのみ関わる人々を雑色人郡司と呼ぶことにしたい。なお、雑色人全般の用語・語義については坂本太郎「古代における雑色人の意義について」（『日本古代史の基礎的研究』下、東京大学出版会、一九六四年）、国衙の雑色人については註(8)拙稿を参照。

(21) 泉谷註(2)論文、不破註(11)論文。

(22) 拙稿「試郡司・読奏・任郡司ノート」（高知大学人文学部人文学科『人文科学研究』五、一九九七年、本書所収）。

(23) 渡辺直彦「諸国検非違使・検非違所の研究」（『日本古代官位制度の基礎的研究』吉川弘文館、一九七二年）によると、諸国検非違使の初見は『文徳実録』斉衡二年三月乙巳条の大和国のものであり、当初畿内近国を中心に史料に現れるが、九世紀後半には東国や西国にも見えているので、国衙の治安維持機構の整備が行われていたことが知られる。

(24)　弁済使については、勝山清次「「弁済使」の成立について」(『日本史研究』一五〇・一五一、一九七五年)参照。
(25)　高田、泉谷註(2)、山口註(10)論文なども国使の役割に注目している。
(26)　高田註(2)、山口註(10)論文なども高枝を国使と見る。
(27)　大津透「摂関期の国家構造」(『古代文化』四八の二、一九九六年)三八頁でもこの点に言及されている。
(28)　坂上康俊「負名体制の成立」(『史学雑誌』九四の二、一九八五年)。
(29)　小川弘和「八～十一世紀における国郡「勘申」と土地支配体制」(『歴史』八五、一九九五年)四四頁でも同様の指摘が行われている。
(30)　国司の部内巡行の様相については、亀田隆之「古代の勧農政策とその性格」(『日本経済史大系』一、東京大学出版会、一九六五年)を参照。
(31)　東野治之「平安前期制度史小考二題」(『日本古代の法と社会』吉川弘文館、一九九五年)。
(32)　坂上註(28)論文。
(33)　『将門記』では将門が自発的にこの争いに介入したように記してあるが、九世紀末～十世紀初の法令に見えるように、郡司・百姓が王臣家等の武力を借りて、国司に対抗するという形も視野に入れてよいのではあるまいか。なお、平野註(11)論文でも、以下の私見と同様の指摘が行われている。
(34)　小川註(29)論文は、十世紀における郡司層の国衙進出による国郡行政の一体化現象とは、郡機能の強化ではなく、国衙機能の充実であったととらえており、国使－郡司による郡務執行を重視する本章においても、こうした側面が大きかったものと考える。
(35)　『左経記』万寿三年四月二十三日条(伊賀。但し、次の伊勢と同事か)、『日本紀略』万寿三年四月二十三日条(伊勢)、『御堂関白記』寛弘五年二月二十七日、長和五年八月二十五日条(尾張)、同長和元年十二月九日条(加賀)、『小右記』寛仁三年七月十四日条(丹波)などの例が存する。
(36)　この時期の国使の様相について、最近の研究として、小泉幸恵「十・十一世紀の国衙支配と勘済使」(『中世成立期の歴史像』東京堂出版、一九九三年)を参照。
(37)　郡司任用者の一覧表は私も独自のものを作成している(『古代日本における郡司制度とその実態的変遷に関する研究(平成八年度～平成九年度科学研究費補助金(基盤研究(C)研究成果報告書)』(一九九八年)「郡司表(稿)」)が、掲載の余裕がないので、ここでは現在流布しているものでは最も詳しい米田雄介「郡司一覧」(『日本史総覧』補巻中世三・近世三、新人物往来社、一九八四年)に依拠することにし、適宜知見を補うものとしたい。

(38) 竹内理三「在庁官人の武士化」(『律令制と貴族政権』二、御茶の水書房、一九五八年)でも、国衙による郡務吸収という視点からではあるが、在庁官人の出自には郡司家出身の者が多かったことが指摘されている。

(39) 拙稿「額田部氏の研究」(『国立歴史民俗博物館研究報告』八八、二〇〇一年)。

(40) 賀陽氏が譜第郡司であることは、藤井駿「加夜国造の系譜と賀陽氏について」(『岡山大学法文学部学術研究紀要』二、一九五三年)参照。

(41) 正倉院古裂銘に「 」司大領外従八位上播磨[ ]と見え、播磨直(宿禰)氏が飾磨郡の郡領であったことがわかる。但し、この史料については「 」河内介従五位上犬養宿禰古万呂」とあるのは不審で、調庸布であれば、国名は記さず、「国司介某」の如き記載が一般的である。郡司の氏姓と松嶋順正編『正倉院宝物銘文集成』(吉川弘文館、一九七八年)がこの断片を播磨国に配していることとによって、とりあえず飾磨郡と解しておく。

(42) 註(22)拙稿参照。

(43) 註(6)拙稿参照。

(44) 坂本賞三『荘園制成立と王朝国家』(塙書房、一九八五年)第三章など参照。

(45) 山中敏史『古代地方官衙遺跡の研究』(塙書房、一九九四年)。

(46) 註(22)拙稿参照。

(47) 山田渉「安芸国高田郡司とその所領寄進」(『史学雑誌』九〇の一、一九八一年)、坂上康俊「安芸国高田郡司藤原氏の所領集積と伝領」(『史学雑誌』九一の九、一九八二年)、長沢洋「高田郡司関係文書の原形と伝来についての覚書」(『広島県立文書館紀要』一、一九八九年)、PETER J. ARNESEN「The Struggle for Lordship in Late Heian Japan:The Case of Aki」(『THE JOURNAL OF JAPANESE STUDIES』Vol.10. No.1、一九八四年)、錦織註(9)a・c論文など。なお、山田氏は成孝段階での偽文書作成、錦織氏は頼方と頼如との争いでの頼方、頼成と弟との争いでの頼成による偽文書作成、特に頼成による偽文書作成を想定している。ちなみに、最近の研究として、吉村晃一「安芸国高田郡司藤原氏についての一考察」(『史学研究』二一五、一九九七年)のように、以上の偽文書論を否定する立場に立つものも存する。その他、偽文書論をさらに進めた明石一紀「安芸国高田郡司関係史料と中原氏」(『民衆史研究』五一、一九九六年）も呈されている。
(48) 松岡、鈴木註(2)論文など。
(49) 錦織註(9)a論文。
(50) 泉谷康夫「平安時代の諸国検断について」(『日本中世社会成立史の研究』高科書店、一九九二年）、註(22)拙稿参照。
(51) 八木充「国造制の構造」(『岩波講座日本歴史』二、岩波書店、一九七五年)。なお、偽文書論を否定する吉村註(47)論文も、凡直が藤原氏に改姓したと見ており、凡直氏が譜第郡領であったと考える点では一致する。
(52) その後の安芸国の動向については、近年の研究として、角重始「安芸国における荘園公領制の形成」(『日本史研究』二七五、一九八五年)、「源平争乱前夜の安芸国」(『日本歴史』五三五、一九九二年)、錦織註(9)c論文などを参照。
(53) 錦織註(9)a論文。
(54) 森田註(4)論文。吉村註(47)論文でも、十一世紀中葉の郡郷制改編により、官物請負能力が必要とされ、郡司・郷司の変化が存したことを述べられている。
(55) 高田実「平安末期「領主制」研究の一視点」(『歴史学研究』二三三、一九五九年）参照。
(56) ①に整理したように、郡司と郷司は別個の存在であると考えるが、郷司制については充分な私見を持つに至っていない。旧来の郷司の理解に立つ立場でこの時期の郡・郷の関係を説明したものとしては、坂本註(44)書一五九頁～二〇〇頁を参照。
(57) 河音能平「日本霊異記から今昔物語へ」(『日本古典文学大系月報』(日本霊異記)、一九六七年)。
(58) 坂本太郎「郡司の非律令的性質」(『歴史地理』五三の一、一九二九年)、宮城栄昌「郡の成立並に郡司対農民関係の強化」(『史潮』六の二、一九三六年）など。
(59) 北山茂夫「大宝二年の筑前国戸籍残簡について」(『歴史学研究』七の二、一九三七年)。
(60) 米田雄介『郡司の研究』(法政大学出版局、一九七六年)、大町健『日本古代の国家と在地首長制』(校倉書房、一九八六年）など参照。
(61) 石母田正『日本の古代国家』(岩波書店、一九七一年）第四章など。
(62) 田村憲美「十一・十二世紀大和国における国衙領支配と興福寺」(『古文書研究』一九、一九八二年)、関幸彦「「在国司職」成立の諸前提」(『国衙機構の研究』吉川弘文館、一九八四年)、中込律子「王朝国家期における国衙国内支配の構造と特質」(『学習院史学』二三、一九八五年）など。なお、梅村喬「在地所司について」（『古代文化』四八の一、一九九六年）に「在地所司」の用例が集められているが、「在地郡司」についての言及は殆ど行われていない。

（63）大津透「万葉人の歴史空間」（『律令国家支配構造の研究』岩波書店、一九九三年）。

（64）今谷明「鎌倉・室町幕府と国郡の機構」（『日本の社会史』三、岩波書店、一九八七年）が大まかな概観を行っているので、とりあえずそれを参照していただきたい。

（65）その他、下向井龍彦「国衙と武士」（『岩波講座日本通史』六、岩波書店、一九九五年）が整理している武士の成立過程の中での郡司や国郡機構のあり方を考えるという視角も考慮せねばならない。

第二章　九世紀の郡司とその動向

はじめに

私は先に「律令国家における郡司任用方法とその変遷」(『弘前大学国史研究』一〇一、一九九六年、本書所収。以下、前稿はこれを指す)なる論考において、八世紀〜九世紀前半の郡司任用の法令を分析し、律令制下における郡領任用は、大宝令施行の当初から一貫して譜第を基準とする国擬者選定を行ってきたこと、副申制などによる競合者の捻出(天平七年格)と実質のある式部省銓擬の模索(天平二十一年勅、延暦十七年の譜第之選停止など)の中から、国擬者の資質を国家の期待する郡領像に近づけることが試みられ、その資質の確立をふまえて、最終的に弘仁二年譜第之選復活・同三年国擬一本化・同十三年三年間の試用制による譜第を基準とする律令国家の郡司任用方法が一応完成に到ることなどを指摘した。また従来譜第郡領氏族に対抗する新興層の台頭を示すとされてきた労効郡司の出現に関しては、労効者・芸業者の多くは主政帳クラスの者であり、郡司としての一定の勤務の後に郡領・郡領氏族に昇任する例と考えられるので、全くの新興層とは言い難い旨を述べている。

弘仁年間以降、郡司任用方法を変更する法令は見えないし、十世紀以降の儀式書等においても弘仁年間に完成した方式が踏襲されているので、九世紀中葉以降も譜第を基準とする任用方法がとられたと考えられる。[1] 事実、郡司表を瞥見すると、九世紀以降も譜第郡領氏族が存続している例は多いと言うことができる。[2]

では、このように譜第任用や譜第郡領が存続し、新興層の著しい台頭を見出し難いとすると、九世紀中葉以降の郡司には何の変化もなかったのであろうか。郡司のあり方で言えば、九世紀の擬任郡司制、[3] 十世紀の雑色人郡司（「国衙官人郡司」）、十一世紀の一員郡司制と、九世紀以降は郡司の存在形態に大きな変容があり、中世的な郡司に移行していくという流れがある。[4] 儀式書等の郡司任用方法に基本的な変更がないことはまちがいないが、郡司制度に変質が見られるのも否定できない事柄である。

前稿でも触れたように、郡司制度の変遷を探るには、郡司自身の変質や郡司をとりまく環境の変化、地方支配のあり方についての国家の方策などを勘案することが必要であると考えている。十世紀以降の郡司制度に関しては別稿で述べたので、[5] 本章では九世紀における郡司の諸様相を検討し、八世紀以来の郡司のあり方との相違や十世紀以降の変遷の背景となる状況を整理したいと思う。譜第郡領自体は存続しているのであるから、その郡支配の実態はどうであったか、郡領氏族の動向は如何であったか、また国家は郡司制度をどのように位置づけていたのかなどに留意しながら考察を試み、九世紀の郡司についての私見を呈することにしたい。[6]

一　擬任郡司制の展開

九世紀の郡司の存在形態を特徴づけるのは、擬任郡司の広範な展開である。前稿でも触れたように、擬任郡司自体は『三代格』巻七延暦十六年十一月二十七日官符所引神亀五年四月二十三日格には見えており、おそらく大宝令制当初から郡務を円滑に継続するために、正式に郡司に就任する前の擬任郡司でも郡務を執行し得る（国擬者として国司による一定の資格審査を経ているためであろう）とした制度が存したものと考えられる。天平五年二月三十日勘造の『出雲国風土記』にも意宇郡擬主政無位出雲臣、神門郡擬少領外大初位下刑部臣が登場し、彼らは天平六年度出雲国計会帳の「擬郡司帳一巻」（『大日本古文書』一―五九八）のような書類に掲載され、国擬者として中央に申送→式部省銓擬を経て、正員郡司に任用されるという過程の途上にある存在であったと見なされる。したがって当初の擬任郡司は各ポストに一名しか生じ得ず、正員郡司就任（ほぼまちがいなく正員郡司になる）までの過渡的存在という性格が強く、短期のうちに解消されるべきものであったのである。(7)なお、まだ正式採用されている訳ではないので、選叙令郡司条の郡領の初叙規定＝大領―外従八位上、少領―外従八位下に合致しない例が見られるのも当然のことであった。(8)

一方、九世紀の擬任郡司は、大領、擬大領（複数の場合あり）、副擬大領（複数の場合あり）のように、正員郡司と並んで擬任郡司も存在し、郡司の数が増加すること、数年に亘り擬任郡司に留まる者がいることの二点において、八世紀とは様相を大きく異にすると言われる。(9)そこには擬任郡司の存在形態や郡司制度のあり方の変容が予想され、九世紀の郡司の動向として、まず擬任郡司の問題を取り上げねばならない所以がある。以下では、九世紀の特色を有する擬任郡司制の成立、擬任郡司の役割などを検討し、九世紀の郡司制度について考究する糸口としたい。

1　九世紀擬任郡司制の成立

九世紀の擬任郡司の特色のうち、短期間で擬任の状態が解消されず、数年に亘って擬任郡司として勤務する形は、次の史料が端緒となって生じたものであると考えられる。

a『三代格』巻七弘仁十三年十二月十八日太政官奏

郡司初擬三年後乃預二銓例一事。右中納言従三位兼行春宮大夫左衛門督陸奥出羽按察使良峯朝臣安世解偁、謹案二太政官去弘仁三年八月五日符一偁、「自レ今以後、銓二擬郡司一、一依二国定一。若選非二其人一、政績無レ験、則署帳之官咸解二見任一、永不二叙用一、以懲二将来一」者。知レ人之難、古人猶病、吏非二其人一、何無二謬挙一。若拠二行此格一、自陥二刑罰一、若懼レ罪不レ選、徒失二人功一。望請、先申二初擬一、歴二試雑務一、待レ可二底績一、銓擬言上、仍於二所司一計二会功過一、始預二見任一。然則国宰免二濫選之責一、郡司絶二僥倖之望一。但先尽二譜第一、後及二芸業一、依二　前詔一者。政無二膠柱一、事有二沿革一、観物裁成、守株不レ可。臣等商量、所レ申合レ宜、伏聴二　天裁一。謹以申聞。謹奏。

聞。

「はじめに」で触れたように、弘仁二年譜第之選復活・弘仁三年国擬一本化により、郡司銓擬の責任は国司に一任されることになり、不適格者を選定した場合には国司が厳しく処罰されるものと規定された。したがって国司は郡司銓擬に慎重にならざるを得ず、aでは三年間の試用期間を設定し、その間に適不の判断を行うとしたのである。ところで、aによると、三年間の試用は「国宰免二濫選之責一、郡司絶二僥倖之望一」との効用を期待してのものであったとあるが、その主目的は前者、即ち国司の郡司銓擬の便宜にあったことは明白であろう。国司の郡司銓擬の様子については、「選非二其人一、政績無レ験」者を選ぶ場合があると記されており、また適格者を選定する自信がないために、「懼レ罪不レ選、徒失二人功一」と、人事が壅滞する事態も生じていたようである。では、何故国司の郡司銓擬に不手際が目立っていたのであろうか。郡領銓擬の基準については「先尽二譜第一、後及二芸業一」という明確な原則が立てられていたので、迷う余地は少なかった筈である。とすると、譜第者の中で優劣がつけ難い者がいるなど、国擬者を一名に絞ることが困難な状況が存したのであろうか。この点は九世紀の擬任郡司のもう一つの特色である、各ポストに複数の擬任郡司が存在するという点とも関わるのではないかと考えられ、次にその面からの検討を行いたい。

弘仁年間における律令国家の郡司任用方法の一応の到達の時期以後で、各ポストに複数の擬任郡司が存在したり、同ポストに正員郡司が任用されているのに、擬任郡司も存在するという状況、即ち八世紀の擬任郡司のあり方とは異なる擬任郡司が登場するのは、郡司表によると、弘仁九年三月十日近江国愛智郡の郡判（『平安遺文』四四号（以下、平四四のように略す）。大領外正八位上依知秦公名守、擬大領外正八位上勲八等依知秦公豊上）を初例とし、九世紀代では三九例が知られる(10)（山城国葛野・紀伊・宇治郡、大和国添下・平群・城上郡、河内国河内郡、摂津国百済郡、近江国滋賀・愛智・坂田郡、越中国礪波郡、丹波国桑田郡、紀伊国名草・在田郡）。大領と擬大領、擬大領と副擬大領の併存のような形で、九世紀中葉頃までには一ポストに複数の人員が配せられる様子が窺われ、さらに九世紀後半になると、二名以上の擬大領等の存在など、十世紀の雑色人郡司の段階で見られる同一名称の擬任郡司が同一ポストに複数存在するという形態が出現するという傾向が読み取れるようである。

では、何故正員郡司が存するのに、擬任郡司を置いたり、擬任郡司に加えて副擬郡司がいるという状態が生じるのであろうか。この点は弘仁年間に定まった律令国家の郡司任用方法やその補完としてのaなどからは、直接には想定することができない。

b『三代格』巻七延暦十七年二月十五日官符

応レ禁二断副擬郡司一事。右被二大納言従三位神王宣一偁、奉レ勅、郡司之員明具二令条一、而諸国司等一員有レ闕、便擬二数人一、正員之外更置二副擬一、無レ益二公務一、已潤二私門一、浸二漁百姓一莫レ過二斯甚一。自レ今以後、簡下堪二時務一者上、擬二用闕処一、正任之外不レ得二復副一。

c『三代格』巻七大同元年十月十二日官符

聴二陸奥・出羽両国正員之外擬任郡司・軍毅一事。右中納言征夷大将軍従三位兼行中衛大将陸奥出羽按察使陸奥守勲二等坂上大宿禰田村麻呂起請偁、郡司之任職員有レ限、而辺要之事頗異二中国一。望請、擬二任幹了勇敢之人一、宜

レ為二防守・警備之儲一者。右大臣宣、奉レ勅、依レ請。

やや時期を遡るが、b・cには正員郡司とは別に擬任郡司や副擬郡司を必要とする状況が記されている。前稿では、bを天平七年格による副申制の行方を示すものであり、八世紀における副擬郡司の実例を掲げるとともに、副擬郡司を置く根拠としては副申制の実施以外には考え難い旨を述べた。またcはbの発令にもかかわらず、正員郡司とは別に擬任郡司を必要とする状況が記されており、副擬郡司や正員郡司以外に擬任郡司を置くことが容易にはなくならなかった状態を窺わせるのである。つまり八世紀以来、国司には副擬郡司や正員郡司以外の擬任郡司を必要とする状況があり、これがaの前後にも継承され、各ポストに複数の擬任郡司が置かれるという状態になったと考えられる。

以上、a〜cにより、九世紀の特色を持つ擬任郡司の出現に関わる事情を見た。では、国司が複数の擬任郡司を必要とした状況とは何であろうか。まずaや前稿でも言及した八世紀末の神火事件に窺われるように、優劣のつけ難い譜第郡領氏族の候補者が複数存し、国司としての判断に迷う場合が考えられよう。八世紀の副擬郡司の事例では、摂津国東生郡の擬少領無位日下部忌寸人綱と副擬少領無位日下部忌寸諸前の場合（『大日本古文書』五—七〇二）は、ともに有位者（無位は出仕していることを示す）[11]、東生郡の郡領氏族吉士集団の一員で、「譜第」の点でも遜色なかったと思われ、このような郡領候補者が存したことは、確かに複数の擬任郡司出現の背景となる事柄である[12]。しかし、cによると、複数の（擬任）郡司は国司側の必要性によって置かれているのであるから、国司側の事情を検討せねばならないであろう。

そのような視点に立つ時、aに示された国司の地方行政上の責任強化、そして八世紀後半から散見し始める、郡司に対する地方行政上の責務規定の整備に注目したい。

d『続紀』勝宝四年十一月己酉条

勅。諸国司等欠二失官物一、雖二依レ法処分一、而至二於郡司一未二嘗科断一。自レ今已後、郡司亦解二見任一、依レ法科レ罪、雖レ有二重大譜第一、不レ得レ任二用子孫一。

e『続紀』宝亀十年八月庚申条

勅。牧宰之輩、就レ使入レ京、或無二返抄一、独帰二任所一、或称二身病一、延二日京下一、而求下預二考例一、兼得中公廨上。又奸民規避、拙吏忘レ催、公用之日、還費二正税一。於レ理商量、甚乖二治道一。若有二此類一、莫レ預二釐務一。国司奪レ料附レ帳申送、郡司解任、更用二幹了一、阿容之司、亦同二此例一。

f『続紀』延暦四年五月戊午条

勅曰、貢二進調庸一、具着二法式一。而遠江国所レ進調庸、濫穢不レ堪二官用一。凡頃年之間、諸国貢物、麁悪多不レ中レ用、准二量其状一、依レ法可レ坐。自レ今以後、有二如レ此類一、専当国司解二却見任一、永不二任用一、自余官司、節級科レ罪。其郡司者加二決罰一以解二見任一、兼断二譜第一。

d・fに関しては、前稿でも郡領の行政能力と徴税の確保のための方策として言及している。dによると、官物欠失について郡司の科断規定がなかったことが知られ、以後郡司にも地方行政上の責務を問うようになったことがわかる。こうした地方行政における郡司の責務強化は、『続紀』景雲元年四月癸卯条（勧農）、延暦三年十一月庚子条（国司の公廨田以外の営田行為）、同四年七月丁巳条（官物犯用）、『延暦交替式』延暦十四年七月二十七日官符所引宝亀四年閏十一月二十三日官符（雑米未進）やeなどにも窺うことができ、『続紀』延暦五年六月己未朔条には「撫二育百姓一、糺二察部内一、国郡官司同二職掌一也、然則国郡功過共所二預知一」とあって、国郡司の任務の一体化が強調されているのである。[13]

ちなみに、d・fでは郡司に対する決罰や解任、そして譜第の断絶が主たる措置になっているが、神火事件をめぐる方策の場合、当初は解却や譜第断絶であった（『寧楽遺文』所収宝亀四年二月十四日官符の武蔵国入間郡の例、『続紀』宝亀四年八月庚午条、『三代格』巻十九宝亀十年十月十六日官符など）ものが、後には填納の責務を主とする形に変わっており（『続紀』延暦五年六月己未朔条、同五年八月甲子条）、あくまでも地方行政上の役割と責任を完遂させる方向、即ち地方行政の上に果す郡司の役割をより重視する形に進んでいると考えられる。そこで、九世紀の擬任郡司制の展開の様子やその背景を知るために、九世紀の郡司にはどのような役割が期待されていたのかの検討に進むことにしたい。その考察の中で、国司が複数の擬任郡司を必要とする状況を明らかにできるのではないかと思われる。

2　郡司の役割

ここでは主に法令類により九世紀の郡司の役割を整理し、擬任郡司制展開の事由を考える手がかりとしたい。その前にまず律令に描かれた郡司や八世紀の法令について瞥見しておくと、前稿で整理したように、律令における郡司は勧農の実施と部内の取締り、それらに基づく税収の安定の実現を期待される存在であり（職員令大郡条、戸令国守巡行条、考課令考郡司条など）、八世紀の巡察使などによる巡察事項にも同様の留意点が窺われる（『三代格』巻七養老三年七月十九日「按察使訪察事条事」、延暦五年四月十九日官奏、大同四年九月二十七日官符、『続紀』和銅五年五月甲申条、天平三年十一月癸酉条など）。つまり郡司の役割はあくまでも郡務遂行、郡治の範囲で問われるべきものであったのである。

では、これに対して九世紀の郡司の役割は如何であろうか。正員郡司に代わって擬任郡司の姿が目立つとされる九世紀であるが、一方で正員あるいは権任などの郡司の増員が行われている例が存することにまず注目したい。員数増加の理由を検討することで、九世紀の郡司の役割を考える糸口を得ることができるのではないかと期待される。

g『続後紀』承和元年十一月己巳条

佐渡国言、国例、毎㆑郡々司一人、専㆓当貢賦㆒、冬中勘備、夏月上道。而或遭㆓風波㆒、留㆓連海上㆒、或供㆓相撲節㆒、不レ得二早帰一。此際無二人充用一、郡政擁滞。請下正員外毎レ郡置二権任員一、支中配雑務上。

h『三代実録』仁和二年十二月二十八日条

令三讃岐国、諸郡大少領主政主帳、正員之外、毎レ色各任二権員一人一。

g・hは佐渡国と讃岐国、時代も九世紀中葉と後半であり、地域も時期も異なるが、正員郡司以外の存在を必要とする状況にあったことが知られる。hでは明記されていないが、gによると、その理由は各郡の郡司のうち一人は貢賦の専当となり、租税徴収や綱領としての上京の任務があり、長期間郡務から離れるので、「郡政擁滞」となるという状況が存し、その欠を補い、「支二配雑務一」するために、正員郡司以外に権任郡司の増員が必要であるというのである。ここでは貢賦の任務がかなり重要なものであり、他の郡務の壅滞を引き起こす程、集中する必要があったことが窺われる。以上は権任郡司の増員であるが、九世紀後半には正員郡司の増員例も散見しているので、それらを整理すると、表19の通りである。

表19のうち、まず郡の分割や管郷数の増加によって郡の等級変更があったものに関しては、「而未レ置二此職一、已違二令条一」（阿波国名東・名西郡）であるから、律令の規定からは郡司の増員は当然の措置であって、「郡務難レ済」（伊予国宇和郡）に陥る危険も存したためである。ところが、表19によると、こうした郡の等級変化を伴わない正員郡司の増加例が散見することには注目したい。[14] その理由として掲げられているのは、「備二進調庸一、出二挙官稲一、郡司少レ員、済レ事乏レ之」（備前国磐梨郡）、「弁二済雑務一、動致二緩怠一」・「郷戸雖レ少部内曠遠、出納・収納往還多レ劇、而郡司員少、動致二闕怠一」（伊予国喜多郡・新居郡）というもので、また同国内の同規模の郡で既に増員が行われている例を示して、「調庸租税各有二其数一、与二御野・磐梨郡一賦税殆益」（備前国赤坂郡）、「人数共同、輸貢之物亦無二増減一」・「輸二貢調庸一、多倍二彼（久米・桑村）郡一」（伊予国久米郡・喜多郡）と主張する場合もある。即ち、郡司の員数が少なく、特に徴税・貢

表19　正員郡司の増員例

国名	郡名	管郷等級	年 月 日	内　　容
播磨	賀茂	9 中	天平1・4・2	主政・主帳各1人を加える　×
上総	海上	8 中	弘仁12・8・3	主政1員を加置　×
武蔵	那珂	4 下	承和10・5・8	もと小郡→下郡として1員（少領ヵ）加置　○
石見	美濃	8 中		鹿足郡を分出→下郡として3員とする（もと4員）　×
	鹿足	3 小		小郡として2員とする　○
讃岐	大内	4 下		もと小郡→下郡として領1員加置　○
大隅	桑原	8 中	承和13・4・19	主政1員を置く　×
紀伊	在田	5 下	承和15・5・15	戸口増益・課丁多数により上郡とする
安芸	佐伯	12上	貞観2・10・3	主政1員を始置
美作	久米	7 下	貞観4・3・16	主政1員を始置　×
安芸	安芸	11中	貞観4・7・27	主政1員を始置　×
安芸	佐伯	12上	貞観5・6・21	主政・主帳各1員を加置
阿波	勝浦	4 下	貞観6・4・10	少領1員を加置　○（8世紀は領1人で小郡）
讃岐	三野	7 下	貞観7・5・25	主政1員を置く　×
伊予	浮穴	4 下	貞観8・10・23	少領1員を置く　○？
阿波	名方	10中	貞観8・11・25	主政・主帳各1員を加置
美作	苫東	9 中	貞観9・8・14	分割に伴い各々大領1員（苫東）、少領1員（苫西）を加置　○
	苫西	7 下		#貞観11・7・27；職分田給付
伊予	宇和	4 下	貞観16・閏4・19	もと小郡→下郡として大・少領を置く　○
讃岐	那珂	11中	元慶4・3・26（以前）＊	10郷→11郷、主政1・主帳1→主政帳各1員増員　×
	山田			主政帳各2員あり
備前	磐梨	6 下	元慶4・11・5（以前）＊	主政1員加置　×
	御野	6 下		主政1員を置く　×
伊予	久米	5 下	元慶5・10・9（以前）＊	管郷3だが、大・少領を置く　×
	桑村	3 小		大・少領あり　×
備前	赤坂	6 下	元慶5・11・3＊	主政1員増置　×
伊予	喜多	3 小	元慶8・10・17＊	少領を置く　×
	新居	6 下	仁和2・10・23＊	主政1員を始置　×
阿波	名東	6 下	昌泰1・7・17＊	寛平8・9・5分割、名東郡の主帳1員を省き、名西郡に置く　○
	名西	4 下		

(註)・管郷・等級は『和名抄』による。貞観8年の名方郡は推定である。
・年月日の項の＊は『三代格』、無印は当該国史が出典。
・内容の項の○・×は、郡の等級変更を伴うものに○、伴わないと思われるものに×を付けた。

調の業務に支障が多いというのである。この徴税面での郡司の役割については、先述の権任郡司設置要求においても看取できるところであり、こうした理由によって正員あるいは権任の郡司増員が認められるということは、貢賦に関わる役割が郡司の果すべき任務として重視されていたためではあるまいか。

ちなみに、『続後紀』承和六年三月丙申条には「停下給二内外権任郡司一職田上云々」とあり、以後権任郡司の増置申請例が少ないのは、正員郡司と権任郡司の待遇差により、正員郡司増置の方が主要な申請となったためではないかと見ておきたい。また前項では九世紀後半に擬任郡司制のより一層の展開が見られることを述べたが、職分田の給付のない権任郡司は、待遇としては擬任郡司と変わらないので、擬任郡司が増加したとも憶測される。[15]

さて、こうした立場に立って、九世紀の法令類に見える郡司の役割を整理すると、[16]（イ）綱領郡司・租税の担い手、（ロ）国司の下僚化、（ハ）官物の補塡、（ニ）その他の国務への関与となり、これらのうちでは（イ）の徴税関係のものが圧倒的に多い。延喜民部下式には「凡諸国春米運レ京者、（中略）若有二未進一者、准レ数奪二専当郡司職田直一。若不レ足者、亦没二国司公廨一」、「凡有二雑交易未進一者、准二雑米未進例一、奪二郡司職田直一。若不レ足者、亦没二国司公廨一」とあり、郡司の責務は重大であったようである。[17]

ところで、令制本来のあり方は、国司が貢調使として綱領郡司を率いて入京し、貢調使は物実の勘納と公文の勘会に立ち会い、任務遂行の証しとしての返抄を受納するところまで行わねばならず、中央派遣官たる国司が貢調使としての責務を果すべきであった筈である。また八世紀の正税帳に見える国司の部内巡行の項目の「調庸検校」などから考えて、国内の徴税も国司の任務であったと思われる。『三代格』巻七寛平二年六月十九日官符に「凡調庸雑物者、国宰任レ色徴備、郡司依レ数受用」とあるのは、そうした本来の姿を記したものと考えられるのである。しかし、同巻八承和十年三月十五日官符「応レ令三主計寮下二知諸国調庸幷副物・封家未進数一事」によると、貢調使たる国司は入京しておらず、専ら綱領郡司が以上のような任務を遂行しており、受納した返抄の管理や勘会の実務も本来四度使の随員であった雑掌に委ねられていたことがわかる。つまり九世紀には国司は入京せず、徴税関係の任務は綱領や雑掌などが全面的に負う業務となっていたのである[18]。この徴税面での郡司の役割は、九世紀の郡司のあり方を特徴づけるものであり、以下その様相を検討していきたい。なお、その他（ロ）〜（ニ）の点も国務に対する郡司の比重が増すことを示していよう[19]。

では、郡司はどのような形で租税徴収や綱領郡司としての役割を果していたのであろうか。八世紀の擬任郡司の由来、九世紀の擬任郡司の郡判への署名のあり方から見て、郡務遂行上は正員郡司も擬任郡司も特に区別はないようであるから、郡司の役割を考える上では両者を一括して検討してよいと思われるので、以下ではそのような形で考察を加える。

まず法令類に散見する綱領郡司のあり方を見てみたい。綱領郡司の任命は国司によって行われたものと考えられ、その相替は国司の指示・許可によって可能であったこと（『三代格』巻七延暦十五年六月八日官符）、また国司が「撰二定其人一、差二充調庸租税等預一。或為二旧年調庸綱領一、未レ究二預事一、或為二当時租税専当一、多有レ所レ負」（巻七寛平五年十一月二十一日官符）、「凡諸国例分二配郡司一充二租税調庸専当一、駈二役土浪一差二進官雑物綱丁一」（巻十九寛平七年九月二十七日官符）、「或令レ兼二擬郡司職一、或差二仰厨家綱丁一」（平一八四）などとあることによって裏付けられる。この綱領郡司は『三代格』巻七延暦十六年十一月二十七日官符「停二止転擬郡司向レ京事一」の「新擬少領依レ期貢上、転擬大領留レ国預レ務」やgなどによって、各郡から郡司一名が上京するものであったことがわかる。それ故、長期間に亘る上京・滞京は郡務遂行上の影響も大きかったと記される所以である。そして、綱領郡司の役割が毎年交替するものであったことは、次の史料に窺われる。

i『続後紀』承和六年閏正月丙午条

上野国言、前年綱領郡司等、称㆘塡㆓調庸欠㆒、并減㆗直物㆖、借㆓取諸司・諸家出挙銭㆒、其手実云、附㆓来年使㆒、将㆓報上㆒。而不㆑令㆓後年綱領知㆒㆑情、而封家・諸司等便割㆓調物㆒、先補㆓銭代㆒、廻㆑利為㆑本、動成㆓数倍㆒、年中所㆑報、殆及㆓万貫㆒、官物未進、莫㆑不㆑由㆑此。望請、下㆓知諸家㆒以除㆓此煩㆒者。仰㆓下諸司・諸家・七道諸国㆒禁㆓制之㆒。

iの「前年綱領郡司」・「後年綱領」や「旧年調庸綱領」（先掲寛平五年官符）などの語に徴して、綱領郡司が毎年交替することはまちがいなく、それ故に自己の責務をきちんと果す必要があったと考えられる。

次に徴税面におけるもう一つの役割、国内で租税徴収に携わる租税専当郡司のあり方を検討する。まず正倉院に残存する調庸布の墨書銘の中には次のような記載を持つものがある。(20)

土左国吾川郡桑原郷戸主日奉部夜恵調絁壱匹長六丈広一尺九寸　天平勝宝七歳十月主当国司史生大初位上田辺史祖父
郡司擬少領無位秦勝国方

これは調庸徴収の専当郡司名を記したもので、賦役令調皆随近条「凡調皆随㆑近合成。絹・絁・布両頭及糸・綿嚢、具注㆓国郡里戸主姓名年月日㆒、各以㆓国印㆒々㆑之」には見えない事項であるが、管見の限りでは天平十四年のものが知られており（調庸関係銘文一一二）、また天平六年度出雲国計会帳には「進上主当調庸国郡司歴名事」・「主当調庸国司并郡司帳一紙」（『大日本古文書』一―五九七）が見えているので、八世紀中葉には存したと考えてまちがいないであろう。専当郡司名を記入することで、徴税の責任者を明らかにするとともに、麁悪などに対処する上で意味があったと思われ、(21)九世紀代の墨書銘も存するし、また賦役令集解穴記・朱説など九世紀の明法家の説には「国郡司不㆑注㆓姓名㆒。但今行事別也」・「今行事、注㆓国郡司㆒者、非㆓令心㆒耳」とあり、九世紀の郡司の役割としても存続していた責務であったと見なされる。

このように調庸徴収を実現し、専当郡司としての責務を果し得た場合は問題ない。では、租税徴収が実現しない場合の郡司の役割は如何であろうか。必ずしも専当郡司のみの行為ではないが、そうした際の郡司の行動としては、八世紀末の備前国津高郡の例や九世紀の近江国愛智郡大国郷売券の場合が注目される。いずれも既に史料の検討は様々な形で試みられているので、(22)ここでは留意点のみを摘記する。まずこれらの土地売却はいずれも租税負担を理由に行われたものである。その売却先については、当初は郡領一族と目される者など在地の有力者に売却される例も存する(『大日本古文書』六―五七七、五九二～五九五、平一五・一六・二二・四四・四七・四四三・六五・八七・八八・八九・一一四・一一六・一二〇・四九〇一・一四七・一五一・一五九など)が、彼らも租税負担を理由として土地を売却し、結局のところ、津高郡の場合は唐招提寺、大国郷は東大寺僧安宝と、部外者に土地集積が行われている。(23)したがって郡司の租税徴収の姿勢としては、たとえ部外者が土地を入手したとしても、その土地買得者から徴税を実現できればよいというもので、郡民を庇護する等の、租税負担者の動向には関知しないという方針を窺うことができよう。(24)

なお、租税専当の郡司は、「旧年調庸綱領」と「当年租税専当」の対比から見て(後掲史料k)、綱領郡司同様、毎年交替する任務であったことがわかる。大国郷売券の場合、郡判であって、専当郡司の署名ではないが、『平安遺文』八七号と八八号、一四七号と一四九号などのように、近接する二ヶ年で郡司のメンバーが変動していることが知られ、当然専当郡司も交替したことが窺われるのである。

さて、以上では租税徴収や綱領郡司の役割に従事する郡司のあり方を概観した。その執務形態の特色として、毎年交替の任務であるという点がある。毎年交替ということになると、例えばｉに描かれているように、自己の責任の完遂のみを考えて、後々のことを顧慮しない行動をとる場合があると想像されるが、ｉのような行為をとらざるを得ないところに、九世紀の郡司が直面する問題が存した。周知のように、八世紀後半から顕在化する調庸の麁悪・違期・

未進は、九世紀に益々深刻になっていく。(25) 麁悪・違期・未進といった徴税関係の処罰を回避するために郡司がとった行動には、i以外の方法も存した。綱領郡司の場合、まず途中で責務が果せないことが予見できれば、国司に相替を申請したり（巻八承和八年十月七日官符）、路次に逗留して違期の勘責を免れようとする（『三代格』巻七延暦十五年六月八日官符）などの手段である。麁悪・違期の郡司に対しては、承和十四年以前に決杖八〇の原則が存していた（巻八承和十四年十月十四日官符、貞観十三年八月十日官符）。いよいよ入京すると、通常は民部省に出頭し、到着期日のチェックを受けた後に大蔵省での物実納入という手順をとるのであるが、民部省出頭の時点で違期の判定を受けるので、民部省への参着を省いて直接大蔵省へ行くという方法もとられたという（巻八承和十一年十一月十五日官符）。民部省は違期を厳しく取締まろうとしており、さらに大蔵省にも違期をチェックさせようとして、民部省の報告を太政官経由で大蔵省に伝達し、民部省のチェック結果の権威づけを試みている。しかし、郡司の中には違期等の決罰を畏れて、参省せずに国に逃げ帰る者もおり、国司に処罰を命じてもなかなか実現しなかったというのは（巻十二承和十一年七月二十六日官符）、本来貢調使を勤めるべきであった国司こそが麁悪・違期・未進などを回避し難いことを充分に認識していたためであろう。

さて、綱領郡司の任務は物実を諸司・諸家に納入し、返抄を受納した上で、その返抄を雑掌に渡して抄帳勘会を行わせる（巻八承和十年三月十五日官符、巻十七同十一年閏七月七日官符）という一連の国務の流れの中に位置づけられている。納入手続が完了するまでは在京して貢納物を守護せねばならず（『三代実録』元慶七年十一月二日条）、また違期や未進の判定には猶予期間があるので、一定期間内に返抄を受け取る必要がある（『三代格』巻七寛平二年六月十九日官符）という制約も存した。こうした任務の重さが、上述のような、任務完遂（あるいは忌避）のためには様々な手段を講じるという郡司の行動につながっていくのではあるまいか。またこのようにある程度の間滞京するので、その期間中には綱領郡司のみの責任に帰せない出来事も起こった。納入先の諸司・諸家側からの不法行為である。中央官司が斗斛をごまかし、調庸物の詐取を行い、郡司はそれを眼前にしていながら訴えることができず、任務遂行不可能・逃逋に陥る(巻十四斉衡二年十一月十五日官符)、未進等の増大に対して、王臣家の徴物使が入京してきた貢調郡司や雑掌から未進分を強引に取り立てるので、当年分の納入ができなくなる(『三代実録』元慶五年十二月七日条、『三代格』巻十九寛平三年五月二十九日官符)といった事例が存した。

以上を要するに、綱領郡司の任務遂行には様々な阻害要因があったということであり、この点は租税専当の郡司についても同様である。『三代格』巻十四寛平六年二月二十三日官符「応下准二耕田数一班二挙正税一幷有二対捍一輩即科中其罪上事」には、

方今良田多帰二富豪之門一、出挙徒給二貧弊之民一、収納難レ済、官物自失。因レ斯承前国吏等准二量田疇之数一、班二挙買耕之人一、而或諸司官人雑任幷良家子弟・内外散位以下及諸院諸宮王臣勢家人等、多接二部内一、領二作田地一、至三于班二挙正税一、偏恃二官位及本主一、対二捍国司一、曾無二承引一。

とあり、部外者への土地流失と彼らの対捍により国郡司の租税徴収の任務に大きな支障が生じることになるのである。さらに巻二十昌泰四年閏六月二十五日官符「応レ科下罪居二住部内一六衛府舎人等対二捍国司一不上レ進二官物一事」に窺われるような、部内の人々も王臣家などの中央の権威を借りて国郡司に対捍するという事態も存したが、この王臣家人化の問題は後述することにしたい。

以上のような綱領郡司、租税専当の郡司のおかれた環境では、こうした任務は毎年交替にしないと、任務遂行が無理であることが予想されよう。周知の通り、九世紀代には国司の受領化が進行し、受領国司は自己の責務完遂のために配下となる郡司などの吏僚を組織する必要があった[26]。したがって上記のような九世紀の郡司の任務遂行のあり方か

ら見て、国司が多数の郡司を必要とする条件（郡司の「使い捨て」とも言えよう）が存しており、これが九世紀の擬任郡司制展開の一つの理由であったと考えられる。

一方、郡司の側からいえば、例えば越中国礪波郡の例では擬大領、擬少領が同姓の利波臣で占められている場合があり（平二〇四、貞観四年八月一日、大領利波臣氏良・擬大領利波臣安直）、三等以上親の同姓者併用を禁じられていた郡領（『三代格』巻七弘仁五年三月二十九日官符所引天平七年五月二十一日格）を同族で独占することも可能であった。また擬任郡司には職分田給付はないが、郡務執行上の役割は正員郡司と同じであるから、先述のような、徴税の執行に伴う土地集積（後には破綻して、部外者への売却に帰着しているが）なども行うことができ、郡司の地位は地域支配の上で重要であったと思われる。そして、譜第郡領氏族にとっては、譜第継続のためには正員郡司になる必要があり、aによって三年間の試用期間、擬任郡司の段階を経なければならなかったのであるから、擬任郡司制を受容せざるを得なかったのである。『越中石黒系図』によると、上掲の利波臣氏良と安直（真）は父子であり、譜第相承のためには正員郡司就任予定者が一緒に郡司の役割を果していることは都合がよかったと考えられる。そのためには郡司としての負担に耐え得る条件を保持せねばならない訳であるが、その様相については後述することにし、ここでは郡司側にも擬任郡司制を受け入れる理由が存したことを強調しておきたい。

3　正員郡司と擬任郡司

前項では九世紀の郡司の役割について、徴税面を中心に整理した。『平安遺文』一八四号昌泰三年四月二十七日太政官符写の「而国司背二符旨一、或令レ兼二擬郡司職一、或差二仰厨家綱丁一」を、租税専当と綱領という郡司の二つの徴税上の役割への差発を述べたものだと理解できるとすれば、前項でも触れたように、郡司としての役割という点では、正員郡司と擬任郡司に差違はないことになる。では、正員郡司と擬任郡司には全く相違がなかったのであろうか。ここではこの問題を検討し、擬任郡司制の展開を考える手がかりとしたい。

j『三代格』巻七寛平二年六月十九日官符

応下立二程限一解中任不レ受二返抄一貢調郡司上事。右得二讃岐国解一偁、（中略・交替式、仁和四年七月二十三日官符）爰知、国司有二調庸未進一者、拘留之責新制重存。凡調庸雑物者、国宰任レ色徴備、郡司依レ数受用、非レ有二奸犯一、無レ可二欠失一。今朝章已為二国司一特施二新符一、何於二郡領一専忘二旧制一。但前式直称二解任一、不レ立二程限一、若不二延廻一恐渉二苛酷一。望請、調綱所レ領調庸雑物至二于申参之月一、一物以上不レ進二去年返抄一者、依レ式解任、都不二寛宥一。擬任郡司・無職之徒随二未進数一計レ贓科レ罪。其未進者並備償如レ常。即解任之由、科罪之法、同附二朝集使一言上。謹請二官裁一者。左大臣宣、奉　レ勅、依レ請。諸国准レ此。

k『三代格』巻七寛平五年十一月二十一日官符

応レ停三止諸国擬任郡司遷二拝他色一事。右得二近江国解一偁、郡中百姓雖レ有二其数一、堪二郡司一者不レ過二一両一、仍撰二定其人一、差二充調庸租税等預一。或為二旧年調庸綱領一、未レ究二預事一、或為二当時租税専当一、多有レ所レ負。而称レ任二諸国之吏一、号レ拝二親王家司一、不レ勤二公事一、専利二私門一。非三唯規二避一身之宿債一、抑亦騒二動部内之百姓一。若不レ立二新制一則弥紊二風教一。望請、擬任郡司停下止任二内外官一并補中家令已下職上。謹請二　官裁一者。右大臣宣、奉　レ勅、依レ請。自レ今以後、擬任郡司隠二匿其職一、被二拝除一者、随二国司請一即従二解却一。諸国准レ此。

l『三代格』巻七寛平六年十一月十一日官符

応レ解二却郡司所レ帯左右近衛・門部・兵衛等一事。右百里之任衆務所レ繫、而或郡司偏称二宿衛一、有レ妨二公事一。准二之政途一、理不レ可レ然。中納言兼右近衛大将従三位春宮大夫藤原朝臣時平宣、奉　レ勅、宜下不レ論二異能・無才一、且解却且言上。但擬用之輩、随二国司申一登時解退、曾不二停滞一。適令三分憂之吏頗得二施治之便一。

まずjは一定期間内に返抄を入手できなかった、即ち任務を果せなかった綱領郡司に対する処罰を定めたものである。jによると、このような場合、正員郡司は解任、擬任郡司・無職之徒は計贓科罪と規定されている(27)。当然の事柄ではあるが、試用期間中の擬任郡司は正式な郡司の地位を得ていないので、解任すべき官職を有していない。したがってこのような正員郡司の解任を基本とする処罰方式においては、解任＝官職に就いていることを前提とした科罪とは別な方法がとられねばならなかったのである。このことは擬任郡司が正員郡司とは異なる存在であったことを改めて認識させる材料であり、また同じ様に郡務に従事していたとしても、律令官制上の扱いは全く別であったことを示しているものと言えよう。

次にkには擬任郡司で貢調綱領や租税専当に任じられた者が任務を完遂しないまま、諸国司や親王家司になったと称して、郡司の任務を忌避するという問題が指摘されており、擬任郡司の他色遷拝を禁じたものである。これによると、擬任郡司はかなり自由に他色遷拝を行い得たことがわかるが、擬任郡司が途中で郡務遂行を放棄し、租税未進を残して任務を離れるのは由々しき事態であった。そこで、kではこのような擬任郡司の他色遷拝に対しては、国司の請求によって遷拝した官職を解却し、擬任郡司としての任務を果させることにしている。

lにもこれと同様な状況が描かれており、lは正員郡司や擬任郡司で近衛などのトネリを兼帯し、宿衛と称して、公事、おそらくkと同じ様に租税徴収の業務を執行しない、あるいは忌避する郡司の出現を問題にしたものである。前項末尾で触れた昌泰四年官符に見える播磨国の例から考えて、トネリ等を帯することによって、本府宿衛を口実とし、あるいは本府の権威を借りて租税徴収に対捍する動きが可能であったと思われるから、lもやはり大きな問題となる。lでは正員郡司は衛府側が解却し、太政官に言上するものとし、擬任郡司については国司の申請によって即時解退すると記されており、jと同じく、正員郡司と擬任郡司の扱いに差違が存したことが看取できる。

k・lに関しては郡司の転身のあり方を示すものとして興味深いが、前項末尾でも述べたように、その点は後に検討することにして、今、擬任郡司の存在形態の特色について言えば、いずれの場合も国司の申請が大きな鍵になっている点に注目したい。lでは正員郡司は衛府側の解却という先方の意向が尊重されるのに対して、擬任郡司の場合は国司の意向がまず第一の強制力であった。即ち、国司への従属度が高いのであり、官人としての不安定な身分の裏返しとして、国司の意向に左右される面が大きかったとまとめることができよう。以上のような擬任郡司の特色により、前項末尾で整理したような国司側、そして不本意ではあるが、郡司側の受容の意図があって、正員郡司とは異なる官人制上の扱いを有する擬任郡司制が展開することになったのであった。

以上、本節では擬任郡司制の成立事情や九世紀の郡司の役割、また正員郡司と擬任郡司の相違点などを検討し、九世紀の郡司制度のあり方を考究した。では、郡司はどのようにして九世紀に展開する郡司制度に対処したのであろうか。その耐久あるいは転身の様子、また前稿で保留した新興層台頭の有無と譜第郡司層との関係如何などについて、節を改めて考察を加えることにしたい。

二　富豪層の動向

ここでは擬任郡司制展開期の富豪層の動静を見ることで、新興層の郡司への登用の有無を検討し、合せて富豪郡司の負担能力、徴税請負能力を確認することで、九世紀の郡司制度に耐久し得た郡司のあり方を明らかにしたいと思う。今、「富豪郡司」という言葉を用いたが、周知の通り、富豪層の定義にはいくつかの考え方があり、特に郡司を富豪層に含めるべきか否かに関しては議論がある。(28) そこで、富豪層の動向の検討に入る前に、私なりに富豪層の存在形態を規定しておきたい。

1　富豪の概観

まず「富家」・「富人」・「富贍」など、用例としての「富豪」に類する語は八世紀初から存しており（戸令応分条、賦役令義倉条集解古記も参照）、この富豪は「宜下国郡司等、募二豪富家一、置二米路側一、任其売買上。一年之内、売レ米一百斛以上者、以レ名奏聞」（『続紀』和銅六年三月壬午条）によると、郡司よりも下の存在であったと見なされる。八世紀初の史料によると、郡司以外にも、郡司とともに挙聞されたり、その行為を非難される「百姓」が散見しており（『続紀』文武二年七月乙丑条（「民間」とある）、和銅二年十月丙申条、同五年五月甲申条、宝字六年二月辛酉条、『三代格』巻七養老三年七月十九日太政官論奏、天平十六年十月十四日勅など）、彼らの行動は以下に整理する富豪と相通じる面があるので、これらを富豪の一つの実態と見ることができると思われる。

今、史料に見える富豪の活動の様相をまとめると、膨大な稲穀保有（『続紀』和銅六年三月壬午条、宝亀四年三月己丑条、延暦八年四月辛酉（辛卯カ）条など）とそれを支える魚酒饗応（再生産のための投資）などによる農業経営（『三代格』巻十九延暦九年四月十六日官符、『後紀』弘仁二年五月甲寅条）、そして単に稲穀を保有するだけでなく、出挙による致富活動の展開（『三代格』巻十四勝宝三年九月四日官符、『後紀』大同元年正月甲午条、五月己巳条、弘仁三年五月辛酉条など）などがまず注目される。これらのうち、出挙活動に関連しては、返済不能者の宅地を質として取り上げるとあり（勝宝三年官符など）、その他、『続紀』延暦十年五月戊子条には「王臣家・国郡司及殷富百姓等、或以二下田一相二易上田一、或以レ便相二換不便一」と、上田の集積を行ったことも知られ、富豪が田地集積（より条件のよい）に努めたことが窺われる。(29) さらに『三代実録』貞観十五年十二月十七日条では死亡者の口分田、『三代格』巻十四寛平六年二月二十三日官符では一般の百姓の沽却口分田が富豪に集積されたことが見えており、同様の状況は三善清行の意見封事十二箇条にも大きな問題として取り上げられている（第三条）。

そして、農業経営面以外での活動としては、膨大な銭貨の貯蓄が知られ（『三代格』巻十九延暦十九年二月四日官符、貞観九年五月十日官符）、これらの銭は献物叙位などにも用いられたようである（延暦十九年官符）が、その他、麦の買占め（巻十九弘仁十年六月二日官符所引大同三年七月十三日騰勅符）、陸奥国での馬の購入や大宰府における唐人との交易（『後紀』弘仁六年三月辛卯条、『三代格』巻十九貞観三年三月二十五日官符、延喜三年八月一日官符）などから考えて、交易活動にも利用されたことが推測される。また『三代格』巻十八昌泰二年九月十九日官符では、富豪が駄運に従事したことが記されており、流通面などの幅広い範囲に活動が及んでいることが看取されよう。この他に富豪の武力保持（『続紀』宝亀十一年三月辛巳条、『三代格』巻十八天長三年十一月三日官符など）、山野占有の活動（巻十六延暦十七年十二月八日官符、『後紀』延暦十八年十一月甲寅条、『続後紀』承和八年二月乙卯条など）も知られる。

以上は時代や地域を無視して富豪の活動を概観したが、次に富豪の活動地域と年代を整理する（出典は＊は『三代格』、その他は当該国史または『類聚国史』。括弧は参考事例）。

畿内…勝宝三年九月四日（＊）、延暦二年十二月六日、同九年四月十六日（＊）、同二十二年六月四日、大同三年七月十三日（＊）、弘仁十年二月二十日、同十二年五月二十七日（＊）、天長十年五月二十六日、承和五年四月二日、同七年二月十一日（＊）、貞観十年六月二十八日（＊、承和十二年六月二十三日、斉衡二年八月二十六日）、同十二年五月二十六日

畿内の近国

伊勢…宝字六年二月十二日（百姓）、弘仁三年五月四日
尾張・参河…延暦八年四月十九日
近江…宝字六年二月十二日（百姓）
美濃…延暦八年四月十九日、（承和七年四月二十三日）、斉衡二年正月二十八日（＊）、寛平七年九月二十七日（＊）
播磨…昌泰四年閏六月二十五日（＊）
紀伊…寛平六年二月二十三日（＊）
坂東…霊亀元年五月三十日、延暦九年十月二十一日、元慶八年八月四日、昌泰二年九月十九日（＊）
陸奥・出羽…天長七年四月二十九日（＊）
出雲…延暦十九年三月一日
大宰府…弘仁十三年三月二十六日（＊）、天長三年十一月三日（＊）、（承和九年八月二十九日・中井王）、貞観十五年十二月十七日、延喜三年八月一日（＊）

以上の整理によると、法令類でその行動が記される富豪の活動は畿内とその周辺のものが圧倒的に多いことがわかる。勿論、畿外にも富豪の活動が見えているが、例えば『三代格』巻十九貞観九年五月十日官符で銭貨貯蓄を禁止されたのは、畿内と伊賀・近江・若狭・丹波・紀伊を除く「畿外諸国富豪之輩」であったように、畿内とその周辺は一体の地域として理解してよいであろう。史料の年代の点でも、畿内とその周辺には富豪の活動が早くから見られるのに対して、畿外はどちらかといえば、九世紀後半の事例が多いという特色が看取できる。

こうした富豪の活動の地域性や年代の相違の理由は、九世紀の郡司のあり方をさらに検討した上で考察することにし、最後に富豪の階層性の問題に言及しておきたい。富豪層と称される人々がどのような社会的位置づけの中にあっ

たかがわかるのは、『三代実録』元慶八年八月四日条の「富豪浪人」、『三代格』巻七斉衡二年正月二十八日官符「応下択二諸郡司中恪勤者一、令上興二治恵奈郡一事」の「郡司之中富豪恪勤者」の二例だけであり、殆どの場合は百姓クラスとしか判断できず、また王臣家人や中央官人を指す用例も存する（『政事要略』巻六十七天暦二年三月十五日官符「諸司史生豪富之輩」、『三代格』巻十九延暦十八年三月九日官符「所司豪民」など）ので、一つの階層に限定することは難しいと言わねばならない。

今、戸田芳実氏[30]が富豪の中心的存在としての「富豪浪人」の概念を呈した元慶八年条を見ても、「浪人」の実態は延暦十六年四月二十九日官符の「秩満解任之人、王臣子孫之輩」とあまり変わらず、「前司子弟」などを含むものであった。また「前司子弟不レ順二国政一、富豪浪人乖二吏所一レ行、至三于勘二納官物一、対二捍国宰一、陵二冤郡司一、租税多逋、調庸闕貢、職此之由」という行動は、九世紀後半以降に大きな問題となる王臣家人等の国郡司への対捍と同様のものであると位置づけることができる。例えば前節で引用した『三代格』巻十四寛平六年二月二十三日官符「応下准二耕田数一班二挙正税一并有二対捍一輩即科中其罪上事」の「方今良田多帰二富豪之門一」の「富豪」には、「諸司官人雑任并良家子弟・内外散位以下及諸院諸宮王臣勢家人等、多接二部内一領二作田地一」する者が含まれていた。彼らへの対抗策として、「京戸子弟及浪人者、依二寛平三年九月十一日格一、勒還二本郷一」とあるので、本貫地を勝手に離れているという点では、彼らも「浪人」であった訳である。したがって「浪人」にも様々な内容があるのであって、富豪はその財力と経営方法の特色に由来する命名であるから、「浪人」や郡司なども含む広い階層にわたるものであり、共通した行動を富豪層ととらえるべきものと考えられるので、富豪の階層性については一概にはまとめ難いというのがここでの結論である。

但し、本章で問題にしている郡司のあり方との関係でいえば、上掲の「郡司之中富豪恪勤者」や『扶桑略記』寛平八年条所引善家秘記に描かれた「時有二賀夜郡人賀陽良藤者一、頗有二貨殖一、以レ銭為二備前少目一。（中略）良藤兄大領豊仲、弟統領豊蔭、吉備津彦神宮禰宜豊恒、及良藤男左兵衛志忠貞等、皆豪富之人也」という備中国賀陽郡の郡領賀陽氏一族の富豪ぶりなどに留意して、郡司も富豪層に含めて考察すべきであるという立場を強調しておきたい。

2　律令国家の富豪対策

では、律令国家は彼ら富豪をどのように位置づけようとしたのか。また国家の把握に対して、富豪側ではどのような行動をとったのか。こうした国家と富豪との関係を考えることにより、富豪層の位置づけが明確になると思われるので、以下、九世紀を中心にこの作業を行うことにしたい(31)。

m『三代格』巻十四承和七年二月十一日官符

応二且実録且班給一王臣幷富豪百姓稲穀事。右検二案内一、太政官承和五年四月二日下二大和国符一偁、「太政官弘仁十年二月廿日騰　勅符偁、『頻年不レ稔、百姓飢饉、倉廩空尽、無二物賑贍一、不レ預二周給一、恐忘二廉恥一。宜下遣二使者一、実二録富豪之財一、借二貸困窮之徒一、秋収之時依レ数俾上レ報』者。右大臣宣、奉　レ勅、量レ宜制レ権、随レ時施レ化、皇王令範、古今嘉猷。宜下因二循故実一詳令二実録一、析二此有余一補中彼不足上者。宜下不レ論二王臣・百姓一皆悉令レ貸秋収俾上レ報」者。今被二大納言正三位兼行右近衛大将源朝臣常宣一偁、奉　レ勅、播殖有レ時、宜仰二於国司一、因二循旧例一不レ論二王臣・百姓一、令二且実録且班給一、来月卅日以前言二上実録班給之状一。但其代者秋収之後、依レ数返給。四畿内亦准レ此者。時臨二東作一不レ得二延怠一。

九世紀の富豪対策の中で目立つものとして、mの飢饉などの際に貧民賑恤のために富豪の財産を実録して借貸を行わせるという方式が掲げられる。この方式は九世紀初〜後半に散見しており（『類聚国史』巻八十四・百七十三延暦二十二年六月癸未条、弘仁十年二月戊辰条、『三代格』巻十七弘仁十二年五月二十七日官符、『続後紀』天長十年五月壬子条、承和五年四月己丑条、『三代実録』貞観十二年五月二十六日条)、その実施地域は大和国を始めとする畿内であり、前項で整理したように、富豪の活動が最も顕著な地域に対する施策である点は興味深い。方法としては、中央から使者を派遣して、富豪の貯蓄を実録する。それを貧民に借貸し、秋の収穫時にまず借貸分を返却させる。もし凶作の年であるならば、返却不能分を正税で代替返却し、後に貧民から徴収するというもので（延暦二十二年条「収納之時、先俾レ報之。若遭二凶年一、有二未納一者、賜以二正税一、後徴二負人一」）、「然則富者無二失レ財之憂一、貧者有二全レ命之歓一」（弘仁十年条）と自画自賛される政策であった。

　では、こうした方策はどのようなところから案出されたのであろうか。まず富豪の財力を利用する方式は、既に八世紀にも存していた。前項で触れた和銅六年条に見える運脚の帰路の飢窮を救う方法、『続紀』宝亀四年三月己丑条の米価高騰による百姓の飢急を救済するために、「如百姓之間、准二賤時価一、出二糶私稲一、満二一万束一者、不レ論二有位・白丁一、叙二位一階一、毎レ加二五千束一、進二一階一叙。但五位已上不レ在二此限一」という法令などがその事例である。宝亀四年条には「富豪」の文字はないが、諸国に賤時価で正税穀を売るべきことを命じた部分に、「国郡司及殷有百姓、並不レ得レ糶」と記されており、私稲を一万束（以上）有する「百姓」はやはり富豪と考えるべきであるので、これも富豪に対する政策の一つと理解しておきたい。これらのうち、宝亀四年条では協力に応じて授位を行う旨が示されており、『三代格』巻十七弘仁十三年三月二十六日官符「応下輸二私資物一養二飢百姓一者賜二出身一叙中位階上事」、天長七年四月二十九日官符「応下養二活疫病百姓一者預二出身一叙中位階上事」などでも同様に授位に与らせるとしている。

　一方、和銅六年条の方はそのような規定は見られず（「以レ名奏聞」とあるが、その後の措置は不明である）、このように反対給付を伴わない方策として、所謂征夷三十八年戦争の際に出された『続紀』延暦九年十月癸丑条、同十年三月丁丑条の甲製造命令や『三代格』巻十八天長三年十一月三日官符「応下廃二兵士一置中選士・衛卒上事」の大宰府管内における選士への登用などが存する。また『類聚国史』巻百九十延暦十九年三月己亥朔条には、出雲国で俘囚田の佃作を「富民」に行わせようとした措置が知られ、その割り当ては「乗田一町」を単位としたものであるが、それ以上の給付等の有無は不明である。これは『三代格』巻十五弘仁十四年二月二十一日太政官奏の公営田制導入の際の「択二村里幹了者一、各為二正長一、量二其所一レ堪、令レ預二一町以上一」、元慶五年二月八日官符の元慶官田設置時の「択二取力田之輩一、差為二正長一令レ預二其事一」などと相通じる点があり、富豪の卓越した農業経営を利用したものであったと考えられる。

以上の瞥見によると、富豪の財力を利用する方策は八世紀から存したこと、その方式として叙位などの反対給付を伴う場合とそうでない場合があったことがわかる。これらのうち、mは反対給付を伴わない場合の方式の一つであることになる。そして、富豪の財物を実録した上で行うというmのやり方は、甲製造を命じた延暦九年条の「検二録財堪レ造レ甲者一、副二其所一レ蓄物数及郷里姓名一、限二今年内一、令二以申訖一。又応レ造之数、各令二親申一」を継承するものであろう。延暦九年条もまた反対給付を伴わない施策であったが、この戦時特別法的方策が契機となって、富豪の財物を検録するという富豪の経営内部にまで介入する方式が生み出されたと考えられるのである。

ところで、以上の方策では国家はあくまで富豪の財力を利用しようとしているだけで、授位等が行われる場合があるものの、富豪を国家の官職に起用して把握し、役割分担させようとする姿勢は見られない。そこで、本題である富豪と郡司の関係としては、次のn・oの事例に着目される。

n『続後紀』承和七年四月戊辰条

太政官奏、去承和五年十一月二日美濃国言、管恵奈郡無二人任使一、郡司暗拙。是以、大井駅家、人馬共疲、官舎顛仆。因レ茲、坂本駅子悉逃、諸使擁塞。国司遣二席田郡人国造真祖父一、令レ加二教喩一。於レ是、逃民更帰、連レ蹤不レ絶、遂率二妻子一、各有二本土一。夫見レ善不レ褒、何以責成。望請、停二史生一員一、特置二駅吏一、預二于把笏一、令レ得二威勢一、至レ得二其人一、為二終身任一、其公廨者給二史生料一。勅、減二省官員一、頗非二穏便一。宜下史生数猶従二旧例一、真祖父一身特聴中任用上。従レ此而後、不レ得二更補一。其俸料者、分二折公廨一、給二史生半分一、事力・公廨田不レ在二給限一。

o『三代格』巻七斉衡二年正月二十八日官符

応下択二諸郡司中恪勤者一令上レ興二治恵奈郡一事。右得二美濃国解一偁、恵奈郡坂本駅与二信濃国阿智駅一相去七十四里、雲山畳重、路遠坂高、戴レ星早発犯レ夜遅到、一駅之程猶倍二数駅一。々子負レ荷常困二運送一、寒節之中道死者衆、朝廷悲レ之、殊降二恩貸一、永免二件駅子租調一。又去承和十一年挙レ郡給二三年之復一。頻雖レ施二無レ限之恩一、徒費二公家一、曾無レ所レ息。前任良宰雖レ展二治方一、猶難二興復一、況後任愚吏更施二何術一。今検二彼郡課丁一惣二百九十六人也、就レ中二百十五人為二駅子一、八十一人輸二調庸一、比二之諸郡一、衰弊尤甚。望請、択二諸郡司之中富豪恪勤者一、募以二五位一、期二三年内一令レ治二件郡一。謹請二　官裁一者。右大臣宣、奉　レ勅、依レ請。与奪之事、一准二去天長元年八月廿日格一。

nには美濃国恵奈郡において「郡司暗拙」により大井・坂本駅が荒廃した際に、国司が「遣二席田郡人国造真祖父一、令レ加二教喩一、於レ是、逃民更帰」という方法で駅家を興復した様子が記されている。ここに登場する国造真祖父に関して言えば、席田郡は元来新羅人・加羅人を集住させて建郡した郡で、渡来系の人々が郡領になっている（『続紀』霊亀元年七月丙午条、宝字二年十月丁卯条）から、国造真祖父は席田郡の譜第郡領氏族出身者ではないようである。しかし、前稿でも述べたように、国造姓であることや美濃国の他の郡には国造姓の郡領がいること（方県郡＝席田郡と近接）などから考えて、全くの新興層と言う訳ではなく、郡領層の出身者と見なすのが相応しいであろう。[32]

この坂本駅の興復については、oによると、「択二諸郡司之中富豪恪勤者一」とあって、郡治には結局のところ、郡司の中の富豪者を登用していることが知られる。nでは国造真祖父が一代限り、史生の半分の公廨を俸料として支給される（事力・公廨田はなし）駅吏に任用され、駅家の維持に与っているようであるが、oの施策に鑑みて、やはり真祖父も郡領出身者と考えてみたい。つまりこの事例では富豪が郡司に登用されるのではなく、あくまで郡司階級の中の富豪者から郡司への起用が行われているのである。したがって先に富豪の階層性について触れたように、富豪層の台頭が即譜第郡司の没落につながるのではなく、譜第郡司の中にも富豪と称される人々が存したのであって、富豪の台頭と譜第郡司の変質とは一応別問題であったと考えたい。

以上の坂本駅の興復の例では、郡司階級の中の富豪者は国家に協力を期待される存在であり、oでは国司により郡治に起用されたようであるが、これら郡司クラスの富豪者の事例は畿外のものばかりであるので、彼らの様相については次項でまとめることにしたい[33]。ここでは論をmを中心とする九世紀の富豪層に戻し、畿内の富豪層に対する施策の問題点、富豪層の反応を整理しておく。畿内の賑恤のために借貸された富豪の蓄財は、決して単に貯蓄されていたものではなく、本来は出挙などに運用し、より大きな蓄財を実現すべきものであった[34]。ところが、それは国家によって強制的借貸に利用され、借貸した分が元通りに手元に戻って来ればまだよいが、実際には貧窮した人々には返済能力がなく、不登の状態もすぐには回復しないので、『類聚国史』巻八十三弘仁十一年四月庚辰条「去年借貸貧民逋負未報者亦免レ之」と、弘仁十年のこの政策に基づく借貸の返済免除措置がとられることもあった。また天長十年の例では、「先来所レ行、吏非二其人一、只事二借用一、無レ意二返給一」という問題点が指摘されており、借貸を担当する使者や国司は返却のめんどうまでをも見ようとする意志はなく、借貸に出したままになる場合も多かったことが窺われる。そして、mでは中央からの使者派遣による財物実録→借貸方式を改めて、国司が、しかも実録と借貸を同時並行で実施するようにし、迅速な対応を図ろうとしている。貧窮者救済という点ではこの方式は有効であるが、富豪の負担能力についての充分な調査のないままの借貸実施は、国司の恣意的収奪をも可能にするものであり、富豪層の反発を増大する危険性があったことには留意しておきたい(35)。

では、富豪層はどのような行動に出たのであろうか。またそれは国家の地方支配にとってどのような課題を呈することになるのであろうか。これらの問題に関しては、九世紀後半の様相として次節で取り上げることにし、その前に同時期の富豪・郡司の他のあり方を求めて、主に畿外の郡司の様相を探る作業に進みたい。

3 郡司の褒挙

畿内を中心とする富豪層に対する強制的借貸への協力の方策とその問題点が現れる中、一方で郡司が部内の調庸を代納する行為が散見することが注意される。ここでは調庸代納等による郡司の褒挙例を手がかりに、この時期の郡司のあり方を探ることにしたい(36)。

p 『続後紀』承和七年二月壬申条

相模国大住郡大領外従七位上壬生直広主、代㆓窮民㆒輸㆓私稲一万六千束㆒、戸口増益五千三百五十人。褒㆓此善状㆒、仮㆓外従五位下㆒。

q 『続後紀』承和八年八月辛丑条

仮㆓河内国讃良郡大領従七位下茨田勝男泉外従五位下㆒、以㆓国司裒挙㆒也。復仮㆓相模国高座郡大領外従六位下勲八等壬生直黒成外従五位下㆒、代㆓貧民㆒塡㆓進調布三百六十端二丈八尺・庸布三百四十五端二丈八尺・正税一万一千一百七十二束二把㆒、給㆓飢民稲五千五百四束㆒、戸口増益三千一百八十六人、就㆑中不課二千九百四十七人・課二百三十九人。仍裒㆓其身㆒。

r『続後紀』承和十四年五月丙戌条（参考）

授二白丁膳臣立岡正七位上一。立岡、若狭国百姓也。代二窮民一輸二塩五斛・庸米百五十二斛、准稲四千六百八束一。

s『三代実録』仁和元年閏三月十九日条

下総国海上郡大領外正六位上海上国造他田日奉直春岳、借二外従五位下一。以下代二百姓一済中調庸上也。

t『三代実録』仁和二年十二月十八日条

越中国新川郡擬大領正七位上伊弥頭臣貞益、以二私物一助二官用一、代レ民済レ公。仍授二借外従五位下一。

まず私物を提供して窮民を救済する行為は、本節で検討を加えた富豪の行為の中にも見られ、また八〜九世紀の実例を整理すると、表20のようになる。表20によると、郡領、主政帳などの郡司クラスの者、俘囚・夷、力田者と、様々な人々が窮民救済に関与していることがわかる。但し、こうした行為は、資養人数が一郡全体に及ぶような大規模なものである例は少なく、一定人数の窮民に対する対症療法的な救済になっているのが特色である。一方、ここで取り上げようとする調庸代納とはp〜tのような行為を言い、rを除くと、いずれも郡領、しかもその氏姓から見て譜第郡領と推定される人物ばかりの活動である。そして、調庸納入という郡務そのものに関わる行動である点が注目され、九世紀の郡司のあり方を考える手がかりになると位置づけることができよう。地域としては、東国や北陸道など、先に述べた富豪の活動があまり顕著ではない地帯を中心としており、富豪層と対照される動向として評価したい。また報賞方法は借五位授与であり(37)、五位授与は八世紀の献物叙位以来地方豪族が国家に協力する見返りとしてその獲得を切望したものであったから(38)、調庸代納行為もその延長上に存するものと思われる。

　但し、八世紀では国分寺、東大寺、西大寺等の造営事業や征夷の軍粮など国家的課題に対するものが献物叙位の中心であったのに比して、九世紀に入ると、窮民救済や調庸代納、あるいは力田的行為が主となるのは、各々の時期の

表20　社会的救済行為の事例

年月日	国名	郡名	地位	人名	内容
和銅7・11・4	大倭	添下		大倭忌寸果安	病飢人を私粮により看養
天平6・6・14	大倭	葛下	白丁	花口宮麻呂	私稲により貧乏救養
神護2・6・13	丹波			家部人足	私物により飢民57人資養
景雲2・5・28	信濃	水内		倉橋部広人	私稲6万束で百姓の負担を償う
宝亀2・3・4	遠江	磐田	主帳	若湯坐部龍麻呂	私物により窮民20人以上を養う
		蓁原	主帳	赤染造長浜	
		城飼	主帳	玉作部広公	
			主帳	檜前舎人部諸国	
	讃岐	三野		丸部臣豊抹	
宝亀11・7・22	伊予	越智		越智直静養女	私物により窮弊百姓158人を資養
延暦3・10・21	越後	蒲原		三宅連笠雄麻呂	稲10万束を蓄え、寒者に衣、飢者には食を与える等の施を行う
延暦5・10・21	常陸	信太	大領	物部志太連大成	私物を以て百姓の急を周す
延暦9・12・19	常陸	信太	大領	物部志太連大成	居官不怠・頗著功績あるいは以私物賑恤所部
		新治	大領	新治直大直	
	播磨	明石	大領	葛江我孫馬養	
	下総	猿島	主帳	孔王部山麻呂	
延暦24・7・20	常陸			生部連広成	私物を以て貧民を救う
天長5・閏3・10	豊前		俘囚	吉弥侯部衣良由	百姓360人に酒食を輸す
	豊後		俘囚	吉弥侯部良佐閇	稲964束を輸し、百姓327人を資す
天長10・2・20	筑後		夷第五等	都和利別公阿比登	私稲を輸し、弊民を資す
天長10・3・9	肥後	葦北	少領	他田継道	私物を輸し、飢民を済す
			白丁	真髪部福益	
承和7・3・12	陸奥	宮城	権大領	物部已波美	私稲1万1千束を輸し、公民を賑す
嘉祥3・7・9	伊予		力田	物部連道吉	私産を傾け窮民を賑贍す
			力田	鴨部首福主	

＊出典はすべて当該国史。

特色を反映したものと言えよう。『三代格』巻六天長二年七月八日官符「応レ賜下借二叙五位一郡領位禄上事」によると、借五位設定の理由として、

郡領者今之県令也、親レ民行レ化、実在二斯人一。時澆俗薄、称レ格者希。伏望、善政為三国司所二挙申一者、借二授栄級一、令レ足二自展一、然後考レ績依レ実与奪。

とあり、調庸納入は郡司の当然の義務であった筈であるが、それが実現困難な状況と郡務励行のための報償のあり方との折衷によって生まれたものではないかと考えられる。ちなみに、前節第二項で触れた承和六年条で権任郡司の職分田給付は停止されているが、『続後紀』承和十五年二月壬子条に「陸奥国磐瀬郡権大領外従七位上丈部宗成等特給二職田一、以二視レ民有レ方公勤匪一レ懈也」とあるのは、やはり郡務励行を奨励するための措置であったと思われる。

ところで、調庸代納は郡司にとってどれ程の負担であったのだろうか。郡司の財力を示す例として、次の史料が参考になる。

u『続紀』宝字五年二月戊午条

越前国加賀郡少領道公勝石、出二挙私稲六万束一。以二其違勅一、没二利稲三万束一。

v『三代実録』仁和元年十二月二十九日条

尾張国春部郡大領外正六位上尾張宿禰弟広男安文・安郷二人、始レ自二中男一迄二于不課一、惣二計課役一、進二調庸物一。安文年十六、調絹十疋七尺五寸・庸米十二斛一斗五升・中男作物油二升八合・徭分商布百五十二段。安郷年十五、調・徭分同レ之。先レ是、弟広申請、自為二郡領一卅二余年于茲一矣、僅有二二男一、曾無二一芸一、編戸之民無二地息一レ肩、骨肉之情不レ勝レ収レ涙。望請、在前進納、特免二後役一、　詔許レ之。

w『三代格』巻八承和八年五月七日官符

応レ捴二収百姓二人身分調庸一事。壬生吉志継成、年十九、調庸料布卅端二丈一尺・中男作物紙八十張。壬生吉志真成、年十三、調庸料布卅端二丈一尺・中男作物紙百六十張。並男衾郡榎津郷戸主外従八位上壬生吉志福正之男。右得二武蔵国解一偁、男衾郡司解偁、福正解状偁、己身雖レ免二課役一、而位蔭不レ得レ伝レ子。方今年齢衰老、命臨二冥途一。今有二二男一、皆無二一才一。定知調庸之民不レ免二負担一、為レ父之道不レ能レ無レ慈。望請、件継成等各身調庸始レ自二中男一至二于不課一、計レ年捴進免二将来賦一者。郡司覆勘所レ申有レ道、仍申送者。国検二郡解一、雖レ云レ無レ例、於レ公有レ益、謹請二官裁一者。右大臣宣、依レ請。但徭依レ例行レ之。

wの壬生吉志福正は『続後紀』承和十二年三月己巳条に前大領と見えるので、vと同様の郡領クラスの人々の行為としてここに掲げた。まずuは八世紀の事例であるが、私稲六万束の保有はp・qの如き正税一万束以上の代納が決して過重な負担ではなかったことを窺わせる。ちなみに、同じく八世紀の献物叙位の場合では、郡領クラスの人々が万束単位の稲を西大寺や各国の国分寺などに献上する例が見られる。九世紀においても、wの壬生吉志福正は承和十二年条で、

武蔵国言、国分寺七層塔一基、以二去承和二年一、為二神火所レ焼、于レ今未二構立一也。前男衾郡大領外従八位上壬生吉志福正申云、奉二為聖朝一欲レ造二彼塔一。望請言上、殊蒙二処分一者。依レ請許レ之。

と、国分寺七層塔の再建を申し出ており、郡領層が充分な財力を有していたと考えることができよう。v・wの子息の一生分の調庸等の一括納入は、額としてはp〜rに及ばないが、こうした負担が決して無理なものではなく、やはり郡司の負担能力が並々ならぬものであったことを窺わせる例として評価しておきたい。

以上、九世紀においても郡司は調庸代納に耐え得る財力を有していたのではないかと推定した。では、郡司は何故調庸代納という行為に出たのであろうか。第一節第二項でも見たように、こうした郡司の代納行為は九世紀の擬任郡

司制の展開と国司受領化の中で郡司が徴税請負人化したことと関連がある。本項で取り上げた郡司は地域的には辺境や東国の例が多く、これらの地域では譜第郡司の勢威が大きく、郡司は徴税請負人の役割を充分に受けとめ、調庸代納によってむしろその勢威を経済的側面からも郡全体に及ぼすことが可能になったと理解することができる。したがって調庸代納による褒挙に与る郡司は、むしろ譜第郡司としての勢力を保ち、国務遂行の上でも重要な位置を占め、また郡民に対しては経済的な面でその支配を強化するという効果があったと考えられる。前節で触れた、所負によって土地を売却する郡司や税支払い不能の郡民の土地が郡外の者に売却されるのを黙認する（黙認せざるを得ない）郡司は、畿内とその近国に多かったのではないかと思われ、前項で見たように、この地域では富豪層の活動も盛んであった。その中では郡司自らが富豪層の一員として行動することができたし、また富豪層に対抗して自己の権威を保つにはそうせねばならなかったのである。彼らに対して、国家はその私財を把握して強制的に協力させる方策をとるしかなかった。その一方で、本項で検討したように、国家の負担を受けとめ、郡司として君臨し続けようとして郡司たちもいたことに留意しておきたいのである(39)。

本節では、まず富豪層の動向を整理して、富豪層が郡司に登用されて、新興郡領といったものが生まれるのではなく、国家の富豪対策はその財力に期待するが、彼らを郡司として登用しようとするものではなかったことを明らかにした。富豪郡司が郡務を担おうとする例はあるが、それは基本的に譜第郡領であり、所謂新興層の台頭による郡司制度の変質は想定し難いのである。そして、畿内、近国は別として、東国や辺境には徴税請負人化した郡司の任務に耐え得るだけの財力を有する譜第郡司が存し、国家は借五位制などによって彼らに依存した地方支配を保持しようとしたのであったと見ることができる。

しかし、こうした譜第郡司とて無限大の負担に耐え得るものではない。本節第三項で見た調庸代納行為は九世紀末までの事例が存するが、やはりその頃には代納に協力していた郡司の分布地域でも、地方支配の根幹をゆるがす事件が起きている。そこで、次に富豪層の動向とも合せて、九世紀後半の郡司をめぐる問題の検討に進むことにしたい。

三　国司襲撃事件と郡司の転身

ここでは九世紀後半に散見する国司襲撃事件と郡司の王臣家人化という二つの問題を手がかりに、この時期の郡司の存在形態や郡司制度の行方を探ることにする。国司襲撃事件は単に国司と郡司の対立だけでなく、国司受領化の進む中での受領国司と任用国司の対立に起因するもの、王臣家人の在地進出に伴う国司との対立によるものなど様々な類型が存し、国司受領化の過程や王臣家人との関係も考慮に入れる必要があるが、本節ではとりあえず郡司に関わる事件を中心に考察を加える(40)。それらの事件は、前節で触れた調庸代納等、国務運営に協力する郡司が存在したと推定される地域でも起きており、国司に対する積極的な反発を示すものである。そこで、その様相や原因を検討することを通じて、この時期の郡司が抱えていた問題を明らかにすることが可能になるのではないかと期待される。

一方、郡司の王臣家人化は、国司襲撃事件の一類型である王臣家人の在地進出、在地の人々の王臣家人化→彼らと国司の対立とも関連する問題であるが、郡司を忌避して王臣家人となることは、国務運営への協力を放棄する行為であり、郡司層の国家からの離脱にもつながる。これは郡司の存在形態の変容に関わる問題であり、その原因や郡司の転身のあり方を考察することで、郡司制度の展開の方向を検討したいと思う。

1　国司襲撃事件と郡司

郡司が国司の指示・命令に従わなかった事例は、既に八世紀から見えている。例えば、『後紀』延暦十八年五月己巳条には、当時しばしば規制が加えられていた養鷹に関連して、[41]

尾張国海部郡主政外従八位上刑部粳虫言、権掾阿保朝臣広成不レ憚二朝制一、擅養二鷹・鷂一、遂令三当郡少領尾張宿禰宮守、六斎之日、猟二於寺林一。因奪レ鷹奏進。勅、須下有二違犯一、先言中其状上、而凌二慢国吏一、輙奪二其鷹一。宜三特決杖解二却其任一。

という事件が記されているが、この場合、少領は国司の指示に従っており、制止という実力行使に出た主政だけが、中央政府の判断で国吏凌慢の罪で決杖の上、解却されたとあるので、郡司の個別的な行為であったに留まる。ちなみに、『日本霊異記』中巻第二十七話には、尾張国守稚桜部某が中島郡大領尾張宿禰久玖利が着用していた衣を奪ったところ、大領やその父母は国司の行為を黙認するのみであったが、力女である妻は国府に乗り込んで実力で取り戻したという話が見えており、尾張氏一族は国司に従順であったようである。

このような個別的な反抗は八世紀以来存したのであるが、ここでは郡司などが組織的な武力によって国司を排除しようとする国司襲撃事件に着目し、九世紀後半の郡司の置かれていた状況を考える手がかりとしたい。まず郡司の関与がわかる国司襲撃事件の例を掲げる。

x－1『三代実録』元慶八年六月二十三日条

遣下二式部大丞正六位上坂上宿禰茂樹・勘解由主典従七位下凡直康躬等於石見国一、推中訴訟事上。下二知彼国司一偁、介外従五位下忍海山下連氏則等、去六月六日解偁、「管邇摩郡大領外従八位上伊福部真人安道率二部内百姓一、来囲二権守従五位下上毛野朝臣氏永一、為二政乖レ法、仍奪二取印匙一、以授二傍吏一。守氏永以レ剣撃二傷氏則妻下野屎子一」者。又守氏永同月十五日奏状偁、「傍吏発二賊兵一、擬レ殺二氏永一。即令三凶賊奪二取印匙・鈴等一、以レ杖撃二氏永一、打二杭地上一、張二着手足一、鑠二籠倉裏一」者。今如二奏解状一、事緒各異、実情不レ同。非レ遣二朝使一、何決二涇渭一。仍為レ推二問其由一、差二遣茂樹等一。国宜三承知聴二使処分一。

x－2『三代実録』仁和二年五月十二日条

先レ是、石見国邇摩郡大領外正八位上伊福部安道・那賀郡大領外正六位下久米岑雄等、発二百姓二百十七人一、帯二兵仗一、囲二守従五位下上毛野朝臣氏永一、奪二取印匙・駅鈴等一、授二傍吏一。　詔遣下二式部大丞正六位上坂上大宿禰茂樹一、推中問事由上。刑部省断云、安道応二官当解任、徒二年、贖銅十斤一。岑雄応二贖銅九斤一。自余百余人節級処レ罪。延暦寺僧一道、右京人正六位上藤原朝臣豊基戸口俗名数直、与二安道一同謀、還俗当二徒一年一。又守氏永為二安道等所レ囲之時、逃二隠於介外従五位下忍海山下氏則館一、夜聞三外有二数十人声一、氏永意以為、賊欲レ被レ害、介氏則即同謀也。由レ是、以レ剣殴二傷氏則妻下野屎子及従女大田部西子一、即奪二取屎子所レ着之大衣一領一、自被逃去。刑部省断云、依レ律、所レ犯当二近流一。身帯二従五位下一、請減一等、徒三年、以二従五位下一当二徒二年一、余徒一年、以二六位以下一当二徒一年一、仍即解二見任職事一。又氏永殴二傷氏則妻一之後、逃走隠二山中一、掾従七位下大野朝臣安雄率二郡司・百姓卅七人一、捉二獲氏永一、打二縛其身一、籠二閉倉中一。刑部省断云、安雄応二官当解任徒一年一。所レ率郡司・百姓、節級処断。去年十月四日刑部省断文進二太政官一、十二月廿七日外記覆勘作二論奏一請二公卿署一。而正三位行中納言兼民部卿陸奥出羽按察使在原朝臣行平所レ執状四条、参議右大弁従四位上兼行勘解由長官文章博士橘朝臣広相所レ執状七条、並別奏、不レ肯レ連レ名。其所レ執状、事多不レ載。二卿別執遂不レ省、至レ是加レ署、即日奏聞。　詔曰、宜レ依二省断一。

x―3『三代実録』仁和三年五月十九日条

石見国司言上、犯罪人前掾正六位上大野朝臣安雄脱レ禁逃亡。元慶八年推訴使式部大丞正六位上坂上大宿禰茂樹禁二固安雄一、付二国司一訖。今依二国司解状一、下二符山陽道諸国一捜索焉。

y―1『文徳実録』天安元年六月庚寅条

大宰府飛駅言上、対馬島上県郡擬主帳卜部川知麻呂・下県郡擬大領直浦主等率二党類三百許人一、囲二守正七位下立野正岑館一、行レ火射二殺正岑幷従者十人・防人六人一。

y―2『文徳実録』天安元年七月辛亥条

下二制大宰府一、免下宥対馬島賊類被レ劫入二賊党一、及獄中死亡実無レ罪者妻子上。

y―3『文徳実録』天安二年閏二月庚申条

対馬島百姓殺二守正七位下立野連正岑一幷焼二官舎・民宅一者等下二刑官一而鞫二讞其罪一也。

y―4『三代実録』天安二年十二月八日条

太政官論奏曰、対馬島下県郡擬大領外少初位下直氏成・上県郡擬少領無位直仁徳等率二部内百姓首・従十七人一、発レ兵射二殺守正七位下立野連正岑及従者榎本成岑等一。氏成等罪皆当レ斬。詔減二死一等一、処二之遠流一。須三去十月十日以前依レ式奏讞一、而奉レ葬二文徳天皇一、未レ満二廿日一、亦皇太子未二即位一、故延而行レ之。非レ緩也。

以上の二例に基づいて、郡司による国司襲撃事件の様相を整理することから始めたい。まず郡司の参加状況である。石見の場合は当初邇摩郡司だけであったかのような情報が流れていた（x―1）が、調査したところ、邇摩・那賀両郡の郡司が関与していたことが判明しており（x―2）、両事件とも一郡の郡司のみが蜂起したものではなく、国内の複数の郡の郡司が参加しているのが特色となる。対馬は二郡で構成されているので、すべての郡司が参加したことになるが、石見の場合は那賀郡が国府所在郡で、邇摩郡も近接する郡であるから、国司の政務のあり方を周知している者たちの行動であったと見ることができるのではあるまいか。こうした国内の複数の郡司の参加という特色は、長良川の水利をめぐる美濃国の郡司と尾張国との対立である広野河事件（『三代実録』貞観八年七月九日・二十日・二十六日条、美濃国各務・厚見郡の郡司）、紀伊国造と国司の対立の際の国造側の「党与人」の存在（『続後紀』嘉祥二年閏十二月庚午条）などにも窺うことができ[42]、国あるいは国司との対決姿勢をとる際には通有の方法であったと考えることができよう。その他、『三代実録』貞観八年七月十五日条に見える肥前国の郡司と新羅人の通謀による対馬島襲撃計画でも、基肄郡擬大領山春永・藤津郡領葛津貞津・高来郡擬大領大刀主・彼杵郡人永岡藤津・基肄郡人川辺豊穂らが参加しており、複数の郡の郡司が参画する結合形態の一例と見なされる。

次に郡司の引率する武力の性格について述べる。xでは「率二部内百姓一」（1）、「発二百姓二百十七人一、帯二兵仗一」（2）、yでは「率二党類三百許人一」（1）、「率二部内百姓首・従十七人一、発レ兵」（4）と記されており、その他、広野河事件の場合は「率二兵衆歩騎七百余人一」・「率二人夫数百人一」・「引二百余騎一」、紀伊国造事件では「高継（国造）幷党与人等」などと描写されている。こうした郡司の引率する武力のあり方に関しては、郡司－百姓といった単純な関係ではなく、「部内百姓首・従十七人」－「党類三百許人」（y－4、1）、「党与人等」のように、郡司と結託して、武力徴発の中心となる者がいたことに留意しなければならない。党与人の具体的地位は不明であるが、上述の肥前国の事例では、郡領以外の者で通謀に参画した人物が知られ、彼らは郡領に次ぐ存在として、「党」の結束への参加や発兵に関する協力を期待されたものと推定される[43]。

そして、徴発した部内百姓の有した兵仗や騎馬編成の由来である。x－2によると、郡司は百姓二百十七人を徴発し、兵仗を帯させたとあり、兵仗は郡司が準備したもののように読める。軍防令従軍甲仗条には「其国郡器仗、毎レ年録レ帳、附二朝集使一、申二兵部一、勘校訖、二月卅日以前録進」とあり、天平六年度出雲国計会帳の「兵器帳」・「官器仗帳」・「伯姓器仗帳」（『大日本古文書』一―六〇一・五九八）、『政事要略』巻五十七交替雑事・雑公文の「国器仗帳」・「郡司器仗帳」（朝集公文）などはその関係文書のあり方を示すものであろう。つまり郡司も公的に兵仗を管理する立場にあったのであり、x―2の兵仗は郡司が管理していた兵仗を利用したのではないかとも推定される。但し、郡司の武力はこうした公的な兵仗管理のみに依存したものではない。かつて評司の武力のあり方を検討した際に述べたように、警察・治安活動、大規模な軍事行動への参加、騎兵の保持・牧の管理や田猟（戦闘訓練の意味も持つ）など、律令制下においても郡司が武力を保持していたことは認めてよいと思われる。(44) したがって国司襲撃事件に見える兵仗や騎兵は、郡司がある程度自前の武力として用意したものであって、上述の党的結合と合せて、郡司の勢威の一端を窺わせるものと評価することができるのである。

一方で、国司襲撃事件は郡司のみによって行われたのではないことにも留意せねばならない。xでは介・掾が郡司に加担しているようであり、yの場合には延暦寺僧一道（本貫は平安京の右京）が郡司と同謀したと見えている。(45) その他、先述の紀伊国造事件でも、掾は守の行為に批判的であり、国造側を支持しているようであるから、任用国司と国造の結託が想定できよう。この時期の国司と郡司は対立する側面だけではなく、共謀して課丁二一八人を隠したり（『三代実録』貞観三年七月十四日条）、郡司の故殺人を審理しなかったり（元慶七年十月二十五日条。大神宮司の行為であるが、神郡行政を握っているので、国司と同じ位置づけと見なされる）と、地方行政に携わる者として密接な関係を有する国司と郡司が結託するという場面も存した。そして、受領国司である守（・介）とその他の任用国司との間には国司受領化の中で様々な区別が生じつつあったことは既に指摘されている通りであり、任用国司が郡司と結託して国守襲撃に参画しているのは故あることであったと考えられる。(46)

また受領支配に抵抗しようとしたのは任用国司だけではない。yの延暦寺僧の加担例の他、『三代実録』元慶三年九月四日条「解二却左近衛府近衛品治継名・香山宗守・紀家雄・貞根常雄等十六人一。以レ陵二轢丹波守正五位下橘朝臣良基一也」というのも、中央の者が国司襲撃事件に参加した事例である。以上のような郡司以外の参加者の様相については、元慶七年の筑後守都御酉殺害事件が最も詳しい事例なので、郡司は参加していないが、参加者を整理して掲げておく(『三代実録』元慶七年七月十九日条、仁和元年十二月二十三日条)。

掾従八位上藤原朝臣近成(謀首)
前掾正六位上藤原朝臣武岡(率数十人)
少目従七位上建部公貞道(同謀、無加功)
左京人大宅朝臣宗永(同謀、無加功)、大宅朝臣近直(率数十人)
蔭子無位在原朝臣連枝(同謀、無加功)、正六位上清原真人利蔭(同謀不行)、無位藤原朝臣宗扶(同謀不行)
蔭孫大初位下大秦宿禰宗吉(同謀、無加功)
前医師少初位上日下部広君(同謀不行)
白丁八多朝臣久吉岑(同謀不行)

以上、郡司の武力のあり方と国司襲撃事件に参加した人々の様相を見た。では、何故国司襲撃事件が起きたのであろうか。郡司の参加が不明なものも含めて、国司襲撃事件の中で具体的な理由が記されているのはxだけである。x—1には「為二政乖一レ法、仍奪二取印匙一、以授二傍吏一」とあり、国守の不正な政治が原因とされている。しばしば言及する紀伊国造事件では、百姓の逮捕、「国造者非二国司解却之色一」という国造の解替を企図したことなど、明らかに守伴龍男の強引な措置に原因があったようであり(『続後紀』嘉祥二年閏十二月庚午条)、このあたりに「為二政乖一レ法」という評価が生まれる素地が所在しそうである。この伴龍男に関しては、その後の越後守時代にも官物犯用を太政官に訴えた国書生を殺害するという事件が知られており（『三代実録』貞観元年十二月二十七日条）、延喜十四年四月二十八日三善清行の意見十二箇条（『本朝文粋』巻二）第八条「請レ停下止依二諸国少吏幷百姓告言・訴訟一差中遣朝使上事」にも「任用之吏或結二私怨一以誣二告官長一、所部之民或矯二王事一以愁二訴国宰一、或陳下犯二用官物一之状上、或訴二政理違レ法之由一」と見えているので、やはり不正な政務運営が主因であったと考えるべきであろうか。

越後守伴龍男の場合は官物犯用の事実が存したようであるが、意見十二箇条の書きぶりではこうした理由には誣告の事例が多いと述べたそうであり、国司襲撃事件の原因も別の角度から検討することが必要ではないかと思う。そのような観点から、まず受領支配の進展に抵抗しようとして参加した任用国司や在地に進出してきた王臣家人の立場に留意してみたい。これらの人々が参加した事件として、先述の筑後守都御酉殺害の背景を探ると、次の点に注目される。都御酉は元慶四年頃に筑後守に就任したものと思われる（『三代実録』元慶三年正月七日条までは守として紀令影が見える）が、着任早々から国政に尽力していることがわかる。まず美濃国・豊後国例に倣って、報符を待たずに校・班田に着手する方式を申請し、三十余年ぶりの班田を実施しようとした（同四年三月十六日条）。また「筑後国例」として「不レ論二前司・浪人一、准二営田数一班二給正税一」という方式が記されており（同五年三月十四日条肥前国司解）、これも彼の政策か彼の代にも堅持されていたものかであると見ておきたい。前者は「輸貢之民曾無二口分一、免課之門徒有二田疇一、調庸交闕、人数減損」という問題の打開を企図したものであるが、当時口分田は多くは富豪層や王臣家の手に帰し、彼らが正税出挙に抵抗していたのは周知の通りである（前掲の寛平六年二月二十三日官符、意見十二箇条第三条など）。そうした所有関係を否定して班田を行おうとするのは、前司・浪人などを含む彼らにとっては許し難いことであり、後者の方策も受け入れることができないものであった。受領支配のあり方は後考を期したいと思うが、都御酉殺害事件の参加者と合せて、御酉が受領として法規に則した支配を推進しようとすればする程、国内に存した様々な勢力の反発を被り、それがこの国司襲撃事件の原因であったと考えられるのである。

次に郡司の参加に関わる原因として、次のような状況に注意しておきたい。

z－1『続後紀』承和九年八月庚寅条

大宰府言、豊後国言、前介正六位上中井王私宅在二日田郡一、及私営田在二諸郡一、任レ意打二損郡司・百姓一。因レ茲吏民騒動、未レ遑レ安レ心。又本自浮二宕筑後・肥後等国一、威二陵百姓一、妨レ農奪レ業、為レ蠧良深。中井尚欲下入部徴二旧年未進一、兼徴中私物上。而調庸未進之代、便上二私物一、倍二取其利一。望請、准二拠延暦十六年四月廿九日格旨一、令レ還二本土一。太政官処分、罪会二去七月十四日恩赦一。宜三身還二本郷一。

z－2『三代格』巻七元慶三年九月四日官符

応レ停三止任用之吏忩決二郡司及書生・国掌等一事。右得二豊後守従五位下藤原朝臣智泉解状一偁、凡一国興廃唯繫二官長一、庶務理乱非レ由二佐職一。又郡司之罪、法立二科条一、有下降二考第一且没中職田上、事不レ獲レ已、為レ加二見決一、其尤重者至二于解却一。而任用之吏不二必其人一、寄二事於公一、報レ怨在レ私、或信二僕従之言一枉二決郡司一、或逆二官長之意一強罪二書生一。因レ茲、堪レ事之人皆恥二出仕一、無頼之輩僅以従レ職。仮令循良之宰有レ施二政術一、郡司既非二其人一、無レ所二弁済一。況亦吏民不レ和、部内騒動、不レ改二旧轍一、何期二新治一。望請、任用之官不レ聴二見決一。若有二雑任致レ怠必可二見決一者、官長者判二過状一而後行レ之。然則　朝威弥厳、出仕自衆。謹請二　官裁一者。大納言正三位兼行右近衛大将陸奥出羽按察使源朝臣多宣、奉　レ勅、依レ請。但五位介不レ在二此限一。然与奪之官、職務稍重、莫レ令三雑任以致二不遜一。立為二恒例一。諸国准レ此。

第一節で述べたように、九世紀の郡司の役割として徴税は重要な位置を占めていた。z－1の中井王は前司であるが、任中の未進を郡司等から取り立てようとしており（「欲ㆍ入部徴ㆍ旧年未進ㆍ」）、当時郡司が置かれていた状況が窺えよう。即ち、郡司は国司から厳しく徴税の責任を問われていたのであり、時には暴力によって強要されることもあったと推定される。またz－2は内容としては任用国司の行為を非難したものであるが、紀伊国造事件の際の国守伴龍男の行動を考慮すると、受領国司にもこのような行為があったことが想定できるのではあるまいか。このような状況が郡司が国司襲撃事件において「為ㆍ政乖ㆍ法」として国司排除に出る直接の原因であったと考えられるのである。

以上、不充分ながら国司襲撃事件の諸様相と郡司の関与のあり方、また郡司等が蜂起した理由などを検討した。この国司襲撃事件は武力による国司との対決であり、いわば直接行動に出たものであった。一方、本節冒頭で触れたように、九世紀後半の郡司の行動としては、もう一つの抵抗方法が存した。郡司の忌避と王臣家人化であり、第二節第二項で保留した富豪層の抵抗の様子や本項で触れた王臣家人の地方進出のあり方とも合せて、項を改めてその概要を整理し、郡司制度の行方を考察する手がかりとしたい。

2　郡司忌避と王臣家人化

九世紀後半の郡司をめぐる問題として、郡司忌避、即ち郡司そのものの任務を放棄するという事態が見られ、z－2にも述べられているように、郡司の欠損は国務運営に大きな支障を来たす事柄であった。また郡司側にとっては、郡司忌避は郡司という伝統的な権威を捨てて、新たな転身の道を模索することを意味し、郡司の行方を窺う上でも重要な事象であると考えられる。以下、郡司忌避の原因や郡司の転身の方向を整理することにする。

郡司忌避の原因として、まず九世紀の郡司の役割のうちで重要な位置を占める徴税請負の負担に耐え切れなくなり、郡司としての任務を完遂できない、あるいは遂行を放棄するという事態が生じていることに注目したい。そのような状況を導き出した背景としては、第一節第二項末尾で触れた寛平六年二月二十三日官符、昌泰四年閏六月二十五日官符に見られるような、富豪や王臣家人化した部内の人々が租税負担を拒否し、国郡司に対捍するという動向が存した。第二節第二項で整理したように、九世紀前半までの富豪はその私財を国家に利用されるのみであったが、九世紀後半になると、

此国百姓過半是六衛府舎人、初府牒出レ国以後、偏称二宿衛一不レ備二課役一、領二作田疇一不レ受二正税一、無道為レ宗、対二捍国郡一、或所レ作田稲苅二収私宅一之後、毎二其倉屋一争懸二牓札一、称二本府之物一、号二勢家之稲一。或事不レ獲レ已、収納使等認徴之時、不レ弁二是非一、捕以凌轢、動招二群党一、恣作二濫悪一。於レ是租税専当・調綱郡司、憚二彼威猛一、不レ納二物実一、僅責二契状一、空立二里倉一。因レ茲調庸過レ期未レ進、正税違レ法返挙。（『三代格』巻二十昌泰四年閏六月二十五日官符）

諸国奸濫百姓為レ遁二課役一、動赴二京師一、好属二豪家一、或以二田地一詐称二寄進一、或以二舎宅一巧号二売与一、遂請レ使取レ牒加レ封立レ牓。国吏雖レ知二矯飾之計一、而憚二権貴之勢一、鉗レ口巻レ舌不二敢禁制一。因レ茲出挙之日託二事権門一不レ請二正税一、収納之時蓄二穀私宅一不レ運二官倉一、賦税難レ済莫レ不レ由レ斯。（巻十九延喜二年三月十三日官符）

などと描かれるように、王臣家と結託して私財を守る方策に出ている。その前段階には「頃年王臣諸家各出二家印一称レ有二負物一、競封二郡司及富豪宅一取二其所レ蓄之稲一」（同貞観十年六月二十八日官符中の承和十二年六月二十三日官符所引摂津国解）といった王臣家との接触があった訳であるが、これも王臣家を利用した国司の徴税に対する対抗手段と解することができれば、上記のような状況はかなり早くから進行していたと考えることも可能である。

では、このような情勢の中で、徴税の任務を果せない郡司はどのような行動をとったのであろうか。まず綱領の官物奸犯である。その行為は次のように描かれている。

α『三代格』巻十九寛平三年九月十一日官符

応レ禁三断諸国綱領奸二犯所レ領官物一事。右左大臣宣、奉 レ勅、監臨犯レ物、罪科非レ軽、事明二法条一、人亦忌憚。如レ聞、比年諸国綱領各為二奸犯一、或贖レ労出身、空帰二国郡一、或買レ宅定レ居、便留二京都一。其所二充用一、皆是官物、国用之乏職此之由。宜下二知諸国一厳加中検察上。若有二斯類一捉レ身言上、処二之重科一、断二彼奸徒一。

β『三代格』巻八寛平八年閏正月一日官符

応下令三先進二門文一検中納調庸幷例進雑物上事。右得二讃岐国解一偁、検二案内一、調庸幷例進雑物、依二倉庫令一、国明注二載進物色数一、附二綱丁等一各送二所司一。此号二門文一。須下任二門文一全進納上。而頃年綱丁等不レ出二門文一、私作二自解一折二留物数一進二納所司一、々々不レ知二其奸一、随レ進偏放二日収一。其所二折留一皆充二私用一、或望二官職一充二贖労之料一、或偸二買雑物一求二貿易之利一。綱丁之奸触レ類多端。望請、仰二検納所司一将レ絶二綱丁奸一。但有下称二非常漂失一之類上、令レ進二公験一、随レ状被レ定者。遣唐大使中納言従三位兼行左大弁春宮権大夫侍従菅原朝臣道真宣、依レ請。諸国准レ此。

第一節第二項で見たように、この時期は貢調使が上京せず、貢調の任務が綱領郡司に委ねられているところから、門文とは別な自解を作成した上で、中央官司に納入する際に物実の折留を行い、奸犯した官物を自己の用途に使用するのであった（β）。その使途としては、贖労による官職獲得（α・β）、在京用の住宅の購入（α）、あるいは雑物を購入して貿易の利を得る（β）といった事柄が指摘されている。これらのうち、贖労→出身→官職獲得は、kの他色遷拝の足がかりとなるものであった筈で、kでは諸国之吏、親王家司が他色の例として示されており、これが郡司が転身を図ろうとしていた一つの方向であろう。

ところで、kには彼らが転身を企図する理由として、「或為二旧年調庸綱領一、未レ究二預事一、或為二当時租税専当一、多有レ所レ負」という状況、即ち郡司としての徴税の任務遂行に耐え切れないという様子が描かれている。先述のように、八世紀末〜九世紀に顕著になった麁悪・違期・未進の中で、iの如く、郡司は王臣家に借財してまで任務を果そうとしたが、α・βでは、いずれにしても任務完遂が実現しないのであれば、官物を奸犯して、自己の転身を選ぶ方途に出たものと解されるのである。こうした郡司の転身方向としては、在地において王臣家人化するという事例も知られる。

γ『三代格』巻十九寛平七年九月二十七日官符

応㆘禁㆔断郡司・百姓私物仮称㆓宮家物㆒并科㆗責不㆑受㆓正税㆒不㆑輸㆓田租㆒之輩㆖事。右得㆓美濃国解㆒偁、凡諸国例分㆓配郡司㆒充㆓租税調庸専当㆒、駈㆓役土浪㆒差㆓進官雑物綱丁㆒。若有㆑損㆓失官物㆒、取㆓預人私物㆒、塡㆓納其欠負㆒。而此国人心多㆑巧只事㆓奸欺㆒、至㆔于欠㆓失官物㆒、国司没㆓其私物㆒、臨㆑欲㆑運㆓納官倉㆒、忽就㆓宮家㆒仮為㆓寄進㆒、請㆓其家牒㆒送㆓於当国㆒、或云㆓是家之出挙物㆒、或云㆓寄進借物之代㆒、或時懸㆑札、或時打㆑杭。如㆑此違濫不㆑可㆓勝計㆒。国司詳知㆑非㆓家物㆒、為㆑恐㆓権勢㆒撃㆑目閉㆑口。是故官物已致㆓未進㆒、国宰罹㆓其負累㆒、国之難㆑治莫㆑大㆓於斯㆒焉。望請、元来無㆑由㆑称㆓其家物㆒者、雖㆑有㆓家牒㆒不㆓更許容㆒。然則部内粛清官物全納。謹請㆓　官裁㆒者。大納言正三位兼行左近衛大将皇太子傅民部卿陸奥出羽按察使源朝臣能有宣、奉　㆑勅、依㆑請。又如㆑聞、諸司雑任以上、王臣僕従之中、居㆓住部内㆒業同㆓編戸之輩㆒、或仮㆓威本主㆒、或寄㆓事本司㆒、春給㆓正税㆒則乍㆑置㆓官倉㆒渉㆑月不㆑受、秋徴㆓田租㆒亦争運㆓獲稲㆒過㆑期無㆑輸。如㆑此之類、不㆑論㆓土浪㆒任㆑理勘責、不㆑得㆓許容㆒。若遂不㆑順㆓国郡之教喩㆒、事須㆘具録㆓其本司・本主㆒急以言上㆖。随㆑事科㆑罪、国司忍而不㆑言、同加㆓重責㆒。諸国准㆑此。

γによると、郡司らは王臣家の権威を借りて責務追求を免れようとしたのであり、α・βとは別の対処の仕方を示すとともに、在地において王臣家人化していく郡司の姿を読み取ることができる。

そして、こうした国司に対する対捍の行き着くところは、郡司への就任そのものに対する抵抗であった。

δ昌泰三年四月二十七日太政官符写（『平安遺文』一八四号）[47]

太政官符　尾張国。応レ免レ差二他役一熱田神社祝荒田井高神戸尾張広宗并神戸百姓等事。右得二神祇官解一偁、彼社解偁、謹案二太政官弘仁二年九月廿三日・同三年五月三日両度下レ国符一偁、神戸百姓等永停二止公役一、専勤二神事一者。然至二祝部等一、不レ可レ差二他役一。而国司背二符旨一、或令レ兼二擬郡司職一、或差二仰厨家綱丁一。因レ茲不レ撰二致斎一交レ役、触二穢悪処一。若不レ申二此由一、恐致二祟咎一。望請、被レ言二上此由一、重下二符国宰一、被レ免二他役一、将レ勤二神事一者。官依二解状一、謹請二官裁一者。右大臣宣、宜下仰二国宰一、莫上レ令二更然一者。国宜承知、依レ宣行レ之。符到奉行。

δによると、在地の有力者を郡司に登用しようとする国司の行為と、それに抵抗し、郡司への就任を忌避する動向が知られる。また1のトネリ兼帯と郡司の職務拒否も、先掲の昌泰四年官符によると、トネリでありながら在地に居住し、国郡司に対捍する人々が描かれているので、他色遷拝や王臣家人化と同様、郡司が国司に抗する一つの手段であったのである。これがさらに進めば、δや昌泰四年官符のような、国司への対捍となり、郡司忌避につながっていくと考えられる。なお、彼らは国家に対する郡司としての奉仕を拒否する一方で、先述の寛平六年二月二十三日官符に国司の賦課に抵抗する「諸司官人雑任并良家子弟・内外散位以下及諸院諸宮王臣勢家人等」として、国務への対捍を図っている。ここには『三代格』巻七元慶七年十二月二十五日官符に郡司職相譲によって増加したと描かれている外散位(48)や先述の王臣家人化した人々の行為も含まれており、郡司就任忌避や王臣家人化と国司への対捍はセットとして理解しなければならない。

次に郡司忌避のもう一つの理由に触れておきたい。それは前掲のz－2に見えるような事態である。同様の動向は既に次の史料にも描かれている。

ε『三代格』巻七貞観十年六月二十八日官符

一応レ贖二郡司罪一事。右撰格所起請偁、太政官天長三年五月三日下二河内国一符偁、別当正三位行中納言兼右近衛大将春宮大夫良峯朝臣安世奏状偁、前年之間、水旱相仍、百姓凋瘁或合レ門流移、或絶レ戸死亡、風俗由レ厥長衰、郡吏以レ之逃散。所以頃年以二諸司主典一任二用郡司一、至レ有二闕怠一、必加二刑罰一。雖下各拠二時格一以望中爵級上、而不レ忍二彼恥一、遂致二逃遁一。凡決二罰郡司一、法家不レ聴、格式無レ有。伏請、主典以上被レ補二郡司一、若有二罪過一、依レ法令レ贖。然則不レ去二其職一、必致二経遠之図一。但自余郡司不レ改二前例一者。中納言従三位兼行左兵衛督清原真人夏野宣、奉レ勅、依レ奏者。如レ今此格只下二一国一、未レ施二諸国一。伏望、下二知五畿内及七道諸国一、令レ知二　鴻恩一者。中納言兼左近衛大将従三位藤原朝臣基経宣、奉　レ勅、依レ請。

これらによると、国司の決罰を受けた郡司はそれを恥として出仕をやめてしまうという状況が指摘されており、z－2では決罰を恥とも思わないような「無頼之輩」だけが郡司として残り、郡治が不充分となって、国司の国務遂行も円滑に行かないという問題が生じていることがわかる。決罰理由としては、z－2に見える任用国司等の恣意・報復によるものだけでなく、εに記されているような、郡司としての職務に関わる事柄、調庸未進の責務を始めとする様々な郡務上の出来事も想定されよう[49]。

以上のように、在地支配者としての誇りを傷つけられた郡司達は、前項で見た国司襲撃事件のような形で国司に報復を図るか、あるいは郡司忌避→王臣家人化という形で国司に対捍するという方法を求めたのである。また先述のように、徴税責任の面で王臣家からの誅求を受けていた郡司は、王臣家に対抗するために、別の王臣家の権威を借りて自らが王臣家人化するか、あるいは国衙への転身を模索し、国司の権威を後ろ楯とする方向を目指すことも考えられる[50]。

したがって九世紀後半の郡司が置かれていた状況は、郡司忌避、王臣家人化、あるいは国衙への転身と、いずれにしても郡司制度の危機を招くものであったと言わねばならない。そして、z－2にも記されているように、このような状況は郡司の徴税活動などに大きく依存している国務運営に当然支障をきたすのであった。

むすび

本章では九世紀の郡司のあり方をいくつかの側面から検討した。各節の結論はくり返さないが、別稿で述べた十世紀以降の郡司制度との関係で[51]、最後に九世紀の郡司制度の展開が呈した課題に触れることにしたい。十世紀への課題としては、まず郡司忌避の状況を打開し、郡司のなり手を確保して、郡司制度の運用を再建することが掲げられる。そのためには郡司の責務の緩和や国司による郡務へのバックアップなど、郡司の郡務遂行を支援する体制が必要であり、またそれに関連して、国司そのものの国務機構を整備することも課題であった。これらがどのように解決されていくかについては、十世紀の雑色人郡司の検討など、別稿での考察に譲ることにしたい。

なお、郡司制度の危機とも関係する王臣家の在地進出のあり方は、今後さらに考究を加えるべき課題である。八世紀には田庄や初期荘園の経営など、王臣家も郡司に依存し、共存関係にあったことは既に明らかにされている[52]。では、九世紀になって、郡司制度など在来の国家組織を崩してまで王臣家が在地進出を図ったのは何故か。郡司の支配低下による徴税等の不足、あるいは王臣家自身の機構整備等々が想定されるが、これらの点の解明を求めて、さらに考察を試みることにし、ひとまず擱筆することにしたい。

註

（1）儀式書等の郡司任用方法については、拙稿「試郡司・読奏・任郡司ノート」（『高知大学人文学部人文学科人文科学研究』五、一九九七年、本書所収）を参照。

（2）山口英男「地方豪族と郡司制」（『古代史研究の最前線』一、雄山閣出版、一九八六年）。なお、郡司表については、とりあえず米田雄介「郡司一覧」（『日本史総覧』補巻中世三・近世三、新人物往来社、一九八四年）を参照。また拙稿『古代日本における郡司制度とその実態的変遷に関する研究（平成八年度〜平成九年度科学研究費補助金（基盤研究（C）研究成果報告書）』（一九九八年）の「郡司表（稿）」も参照されたい。

（3）米田雄介『郡司の研究』（法政大学出版局、一九七六年）第四章、平野博之「平安初期における国司郡司の関係について」（『史淵』七二、一九五七年）など。なお、八世紀の擬任郡司のあり方については、須原祥二「八世紀の郡司制度と在地」（『史学雑誌』一〇五の七、一九九六年）も参照。

（4）高田実「中世初期の国衙機構と郡司層」（『東京教育大学文学部紀要』六六、一九六八年）、泉谷康夫「平安時代における郡司制度の変遷」（『日本古代学論集』一九七九年）など。

（5）拙稿「雑色人郡司と十世紀以降の郡司制度」（『弘前大学国史研究』一〇五・一〇六、一九九八・九九年、本書所収）。

（6）坂上康俊「負名体制の成立」（『史学雑誌』九四の二、一九八五年）は、九世紀の郡司について、籍帳支配の崩壊と郡司との関係、富豪浪人と郡司との関係、郡司の徴税請負人化という三点から検討を加え、優れた展望を示している。本章でも坂上氏の見解を参考にさせていただく部分が多いが、本章は前稿での郡司任用制度の理解をもとに私なりに九世紀の郡司のあり方を整理しようとするものであり、譜第郡領の存続と郡司制度の変遷との関係をいかに説明するかという点では、坂上氏と立脚点を異にするところもある。

（7）天平十年度周防国正税帳に十月二十一日付で長門国豊浦郡擬大領正八位下と見える額田部直広麻呂（『大日本古文書』二─一三三）が、『続紀』天平十二年九月戊申条では少領・外正八位上として現れること、景雲三年九月十一日香山薬師寺鎮三綱牒（『大日本古文書』五─七〇二）の摂津国東生郡の郡判に擬少領無位日下部忌寸人綱・副擬少領無位日下部忌寸諸前の二人が見える例については、前稿で述べたように、天平七年格による副申制が有効な期間であったと考えられるので、八世紀の擬任郡司の存在形態の基本に反する事例ではないと評価したい。

（8）以上の擬任郡司のあり方については、米田註（3）書第四章も参照。なお、同書二五〇頁では、擬大領は少領から転任したものであって、必ず外従八位下以上の位階を有することが指摘されている。

(9)　米田註(3)書第四章。

(10)　なお、主政帳は大郡・上郡では各ポストに複数の正員が規定されているので、同ポストにおける複数の擬任郡司等の存在例とはいえないかもしれないが、三九例の中には主政帳の場合の三例（越中国礪波郡、紀伊国名草郡）を含んでいる。

(11)　白丁と無位の相違については、吉村武彦「官位相当制と無位」（『歴史学研究月報』二三六、一九七九年）参照。

(12)　米田註(3)書二六一頁は、史料bについて、在地において新興層の側から郡司に補充されるものがいたことを示すと見る。また二六五頁では、郡司の定員では処理し得ない事態に対処するためという点に擬任郡司制の展開の第一の理由を見出しているが、第二の理由として新興層の要求を重視する点は、郡領任用における新興層の台頭はあまり多くなかったと見る前稿の立場とは理解を異にする。なお、須原註(3)論文九七頁～九八頁は、『続紀』勝宝元年二月壬戌条（天平二十一年格）によって譜第重大家はたとえ僅かの期間でも郡領職に就く実績が必要となり、郡領職を短期間で回転させたので、八世紀後半に擬任郡司が増大したと見ている。

(13)　山口英男「郡領の銓擬とその変遷」（『日本律令制論集』下、吉川弘文館、一九九三年）。

(14)　関口明「律令郡制再編の意義」（『日本古代史論考』吉川弘文館、一九八〇年）でも郡司増員の例が整理されており、伊予国については海賊取締り策の一環として、武装化した富豪層・郡司層の取り込みという軍事的理由を掲げられているが、郡の等級変更を伴っていないことについては特に言及されていない。なお、佐藤宗諄「律令的地方支配機構の変質」（『平安前期政治史序説』東京大学出版会、一九七七年）でもこの時期の郡司増員に注目され、徴税請負人としての郡司の役割の重要視に関係するものであることが指摘されており、本章の視点と共通するところがあるが、詳しい論述は行われていない。

(15)　史料hの讃岐国の申請は、表19にあるように、讃岐国では既にいくつかの郡で正員郡司の増員が行われていたので、なお不足する人員を確保するために、正員郡司よりは待遇が劣るが、擬任郡司よりは安定していると思われる権任郡司（但し、その制度は不明の点が多い。『三代格』巻七天長二年八月十四日官符によると、大宰府では府書生を兼ねる権任郡司に「継譜之慶」、即ち譜第獲得を認めていたことがわかる）設置の導入を図ったものと思われる。

(16)　（イ）延暦十五年六月八日官符、十六年十一月二十七日官符、天長二年十月二十日官符、承和元年十一月己巳条（g）、六年閏正月丙午条（i）、八年十月七日官符、十年三月十五日官符、十一年七月二十六日官符、十一年閏七月七日官符、十一年十一月十五日官符、十二年六月二十三日官符（貞観十年六月二十八日官符所引）、十四年十月十四日官符、嘉祥二年九月三日官符、三年四月辛未条、四年正月十六日官符、斉衡二年十一月十五日官符、貞観二年四月十九日官符、四年九月二十二日官符、七年八月一日官符、十二年十二月二十五日官符、十三年八月十日官符、十五年九月二十三日官符、十八年十一月九日条、元慶五年十二月七日条、七年十一月二日条、八年十月三日条、寛平二年六月十九日官符（j）、三年五月二十九日官符、三年九月十一日官符、五年十一月二十一日官符（k）、六年七月十六日官符、七年九月二十七日官符、八年閏正月一日官符、昌泰元年六月十六日官符、三年四月二十七日官符写（δ）、四年閏六月二十五日官符、延喜二年四月十一日官符、四年七月十一日官符、（ロ）天長三年五月三日官符（貞観十年六月二十八日官符所引）、貞観三年七月十四日条、四年十二月五日官符、元慶三年九月四日官符（z－2）、（ハ）大同二年十二月二十九日官符、弘仁三年八月十六日官符、四年九月二十三日官符、七年九月丁亥条、十年五月二十一日官符、承和八年十月十九日官符・十二年十月二十二日官符（『貞観交替式』）、（ニ）承和五年三月二十三日官符、貞観四年十二月五日官符、十三年六月十三日官符、元慶四年三月十六日条、六年九月二十七日官符、仁和元年七月十九日条、寛平四年某月二十二日官符（『政事要略』）、六年九月五日条（『扶桑略記』）、昌泰元年六月十六日官符（出典を記したもの以外は、当該国史〔あるいは『類聚国史』〕、『三代格』が出典史料である）。

(17) 雑米未進に関しては、佐藤信「雑米未進にみる律令財政の変質」（『日本古代の宮都と木簡』吉川弘文館、一九九七年）参照。

(18) 以上の過程については、北條秀樹「文書行政より見たる国司受領化」（『史学雑誌』八四の六、一九七五年）を参照。なお、雑掌の変化に関しては、拙稿「国書生に関する基礎的考察」（『日本律令制論集』下、吉川弘文館、一九九三年）も参照されたい。

(19) こうした郡司のあり方の変化については、山口註(13)論文などを参照。

(20) 松嶋順正編『正倉院宝物銘文集成』（吉川弘文館、一九七八年）調庸関係銘文一〇三。

(21) 八世紀後半から顕在化する麁悪・違期・未進については、長山泰孝「調庸違反と対国司策」（『律令負担体系の研究』塙書房、一九七六年）を参照。

(22) 津高郡の例については、原秀三郎「荘園形成過程の一齣」（『静岡大学文理学部人文論叢』一八、一九六七年）を参照。大国郷売券に関しては、近年の研究として、小口雅史「九世紀における墾田・村落の史的展開」（『弘前大学国史研究』八一、一九八六年）の整理を参照されたい。

(23) 津高郡関係の文書は宝亀五～八年のものであるが、『三代格』巻二延暦二十三年正月二十二日官符「応ㇾ令ㆍ招提寺為ㆍ例講律ㆍ事」によると、唐招提寺は宝亀八年七月二十六日官符によって備前国の田地十三町が寺田として認められたとあり、津高郡における土地集積行為もあるいはこの田地と関連するものであった可能性もある。

(24)『日本霊異記』下巻第二十六話には讃岐国美貴郡大領小屋県主宮手の妻田中真人広虫女の出挙経営の様子が記されており、「債人洽取、不レ為二甘心一、多人方愁、棄レ家逃亡、跉二跰他国一、無レ逾二此甚一」という有様であったという。

(25)長山註(21)論文など。

(26)北條註(18)論文、泉谷康夫「受領国司と任用国司」(『日本歴史』三一六、一九七四年)など。

(27)「無職之徒」は註(5)拙稿で述べた雑色人郡司に相当する存在であると考えられる。雑色人郡司は『三代格』巻二十延喜二年四月十一日官符で制度的に確立するが、既に貞観年間以来の諸国例の中で成立していたとあるので、ここの「無職之徒」はそうした国例の存在を裏付けるものであったと位置づけられよう。

(28)戸田芳実「平安初期の国衙と富豪層」(『日本領主制成立史の研究』岩波書店、一九六七年)は富豪浪人を富豪層の典型と考え、納税請負などによって既存の国家秩序の中にくい込み、古代から中世への変革を齎した存在と位置づける。一方、森田悌「平安初期における国家と人民」(『平安初期国家の研究』現代創造社、一九七〇年)、坂口勉「「富豪層」について」(『歴史学研究』二七六、一九六三年)などでは、郡司も富豪層に含まれるのであって、富豪層は国家から独立した存在ではなく、郡司などの既存の秩序に包摂されていたと見ている。

(29)なお、以上のような農業経営の卓越さを評価されてか、『類聚国史』巻百九十延暦十九年三月己亥朔条によると、「富民」に乗田の佃作を請け負わせる例もある(出雲国)。

(30)戸田註(28)論文。

(31)栄原永遠男「律令国家の経済構造」(『講座日本歴史』一、東京大学出版会、一九八四年)は、租税外収入として民間私富の導入を掲げているが、これは献物叙位などを内容とするものであり、以下で述べる富豪への強制的借貸の指示などは別の行為と考えられる。なお、畿内の諸司官人・雑任を中心とする富豪層の動向と国家の対応については、市大樹「九世紀畿内地域の富豪層と院宮王臣家・諸司」(『ヒストリア』一六三、一九九九年)を参照。

(32)戸田芳実「中世文化形成の前提」(註(28)書)三四七頁は、旧国造層と位置づける。

(33)史料oの郡治への起用については、五位への昇叙という報賞があるが、例えば『続紀』天平十九年十一月己卯条の国分寺造営に貢献した郡司に対して「子孫無レ絶任二郡領司一」と保障したことに比べて、協力する郡司へのメリットがいかほどのものであったか疑問も残る。なお、『三代実録』貞観四年五月二十三日条では土岐・恵奈両郡に復一年（「百姓弊亡特甚」）、同五年六月二十一日条にも両郡に復一年を給付しており、坂本駅の興復は容易ではなかったと推定される。

(34) 戸田芳実「律令制下の「宅」の変動」（『日本領主制成立史の研究』岩波書店、一九六七年）一〇九頁に既にこの視角が示されている。なお、西別府元日「平安初期の政治基調について」（『史学研究』一三七、一九七七年）は、富豪穀借貸政策について、国司が勧農を名目とした一国内の富の実検と富豪の財を国衙財政の中に編入し、一体化していく法的な根拠を獲得したものと位置づけ、弘仁十年以降、私出挙禁止令が出されなかったのは、国司による富豪穀の国衙財政へのとり込みの活発化と、富豪自身も国衙財政の中に自己の穀稲を混入させることによって、経営の拡大を図ったと述べている。但し、この見解の後半部分については、九世紀後半の国郡司への対捍や以下に述べる史料mの問題点から考えて、支持し難いと思う。

(35) 『続紀』延暦九年十月癸丑条の征夷への従軍を忌避する坂東の「富饒之輩」や『三代格』巻十七延暦十四年閏七月十五日勅の財物代輸によって雑徭への徴発を免れようとする「富強之家」などの姿は、九世紀後半に顕著になる富豪の課役忌避の先蹤となる行為と位置づけることができよう。

(36) 吉田晶「八・九世紀における私出挙について」（『律令国家の基礎構造』吉川弘文館、一九六〇年）、戸田註(28)論文では、代納が私出挙に他ならないことを指摘されている。

(37) 借五位授与については、鈴木鋭彦「郡司の五位借授について」（『愛知学院大学論叢』三、一九五六年）、加藤順一「郡司を対象とする借位について」（『名古屋明徳短期大学紀要』一二、一九九七年）などを参照。

(38) 献物叙位については、平野博之「八世紀における郡司土豪の墾田所有」（『九州史学』五、一九五七年）、野村忠夫「献物叙位をめぐる若干の問題」（『日本古代の社会と経済』下、吉川弘文館、一九七八年）などを参照。

(39) 前稿で触れたように、畿内においても九世紀以降譜第郡司が存続した郡は意外に多い。これは拙稿「額田部氏の研究」（『国立歴史民俗博物館研究報告』八八、二〇〇一年）で指摘した、中央官人と在地豪族の二面性を持つ畿内郡司の特性を保持するのに成功した事例であったと考えたい。

(40) 高田実「郡司の反乱」（『古代の日本』四、角川書店、一九七〇年）、米田雄介「九～十一世紀における郡司・百姓の抵抗」（註(3)書所収）など。

(41) 弓野正武「古代養鷹史の一側面」（『律令制と古代社会』東京堂出版、一九八四年）。

(42) 紀伊国造事件については、亀田隆之「九世紀地方政治の一考察」(『日本古代の国家と宗教』下、吉川弘文館、一九八〇年) を参照。

(43) 『三代格』巻十八昌泰二年九月十九日官符の「僦馬之党」は「坂東諸国富豪之輩」が結党したものであり、類似の結合形態と考えられる。

(44) 拙稿「評制下の国造に関する一考察」(『日本歴史』四六〇、一九八六年、本書所収)。

(45) 鈴木景二「都鄙間交通と在地秩序」(『日本史研究』三七九、一九九四年) は、官大寺の僧と在地との「交通」に言及しており、この一道もその一例に加えることができると思う。

(46) 北條註(18)論文、泉谷註(26)論文など。

(47) 西宮秀紀「『熱田神宮古文書』に関する基礎的考察」(『奈良古代史論集』一、一九八五年) の校訂による。

(48) 拙稿「外散位に関する諸問題」(『古代国家の歴史と伝承』吉川弘文館、一九九二年)。

(49) 山口註(13)論文一一九頁〜一二〇頁は、「古代の郡司制は、このの5九世紀後期から十世紀にかけて大きく変貌する。その本質は、在地支配層を媒介とした国郡行政の一体化、国郡の同一機構化と評価される。そこに至る間には、郡司職務の分掌化と、広範な在地支配層の登用という、擬任郡司制によって導入された業務処理方式の展開が見られる。また、在地支配層の在地社会に対する影響力は、擬任郡司制下における郡司職務への従事を通じて安定・拡大し、彼らの政治的立場は在地に対しても、国司に対しても徐々に強化されたであろう。これに対応して、彼らの担い得る行政機能の拡大が促された。要するに、十世紀に至る変化の方向は、擬任郡司制の展開のひとつの必然として理解できるのである。」と述べるが、郡司忌避や王臣家人化の動向が充分に視野に入っておらず、もう一段階の変化を考慮する必要があると思われる。

(50) 註(18)・(48)拙稿を参照。

(51) 註(5)拙稿。

(52) 拙稿「長屋王家木簡と田庄の経営」(『古代中世史料学研究』上巻、吉川弘文館、一九九八年) も参照されたい。

あとがき

本書は前著『古代日本の対外認識と通交』（吉川弘文館、一九九八年）に続く私の第二冊目の論文集である。但し、「序にかえて」でも記したように、本書に関わる研究課題に着手したのは、修士論文、さらに遡って卒業論文作成時以来のことであり、私の本来の研究の軸はこちらに存するといって過言ではない。

私は一九七六年に大学に入学したが、入学当初は漠然と言語学など語学系の学問をやりたいと考えており、駒場の東京大学教養学部一年生の時は、当時教養学部にいらっしゃった笹山晴生先生の「唐大和上東征伝」の少人数ゼミに一回顔を出しただけで、授業時間が第三外国語と重なるために、第二回目から退去するほどであった。しかし、数理的素養を必要とする言語学は自分の資質に合わないのではないかと悩み、一年生の後半には従前から興味の深かった日本史の分野への軌道修正を図った次第である。

その際、中央公論社の『日本の歴史』、その他の文庫・新書本などを読んだ中で、特に古代史に引かれるところがあり、図書館でも何冊かの講座ものや個人論文集に接した。理解の度合いは別にして、故井上光貞氏や直木孝次郎氏など、戦後の第一世代の研究者が高めていた古代国家成立過程の研究を面白いと感じ、『古事記』『日本書紀』にも触れるようになった。また岩波書店の日本思想大系『律令』が刊行されたのがちょうどこの年の年末であり、古代史を勉強する道しるべとして、大変有難かった。

こうした関心からこの分野に足を踏み入れたため、本郷の文学部に進学してからも、律令国家確立過程以前の時期に興味を抱いていたが、この頃笹山先生が文学部の専任に移られ、ここで漸く『続日本紀』のゼミに参加することができ、八世紀以降への目を開いていただくこともできた。ただ、卒論では屯倉制を中心とする地方支配の問題を扱い、これはその内容の未熟さゆえに、いまだ発表できないでいる。

前著の「あとがき」でも書いたように、この時期、同学の方々は多士済々であったが、卒論では奈良時代を中心に律令国家の制度と実態の理解をまとめ、修論で平安時代に踏み込むという傾向があったように思う。私の場合、修論では八世紀以降のあり方にも目配りしたとはいうものの、漸く七世紀末まで到達したのであり、本書の第二・三部の諸論考の執筆によって、やっと人並みになった訳である。笹山先生には卒論以来、大学院、日本学術振興会特別研究員として在籍中一貫して指導教官をお願いし、ご指導いただいたが、本書が一定の基準にかなっているかどうか、審査を待つ気持ちである。

ちなみに、本書では「大化前代」という言葉は、引用的文章以外では、用いないように心がけたつもりである。「序にかえて」でも述べたように、律令制地方支配成立以前の制度については今後の検討課題とせねばならないが、本書第一部第一章や拙著『「白村江」以後』(講談社、一九九八年)で概括的見通しを呈したように、律令国家の出発点としての「大化改新」という評価は充分に揺らいでいると思われ、「大化」の段階に画期を求める「大化前代」という用語はそろそろ封印してはどうかと見るからである。またそれ以後の時期区分に関しても、本書で示した九世紀初の郡司任用制度の完成(第二部第一章)や国造の消滅(第一部第三章)などは、吉田孝「律令国家の諸段階」(『律令国家と古代の社会』岩波書店、一九八三年)の見解を支持する事柄ではないかと考える。とすると、七世紀末〜九世紀初を律令国家の確立・定着、九世紀後半〜十世紀後半を律令国家の動揺(第三部第二章)、十世紀末〜十一世紀前半を律令国家の新たな支配体制の形成(第三部第一章)と解してはどうであろうか。勿論、これは郡司制度を中心とした地方支配のあり方という本書の一つの見通しであり、右掲の課題とともに、今後多方面からの研鑽に努めた上で、さらに検討を進める必要があると考えている。

本書出版の契機は、一九九九年二月初に吉川弘文館編集部から、笹山先生のお口添えで地方支配と長屋王家木簡関係の論文をまとめて『日本古代行政機構の研究』のような形で論文集にしてはどうかという話があるが、というお手紙をいただいたことにある。ちょうど第三部の論考が活字になりつつあったので、私としては郡司制度で一つのまとまりをつくり、長屋王家木簡関係は別途考えたい旨をご返事したところ、この出版事情が厳しい中、計二冊の論文集を刊行していただくことになった。郡司制度に関しては、第三部に九世紀の郡司についての新稿を加えて、七世紀後半の評制から一応十二世紀の郡司制までを視野に入れた形で、本書を上梓することができた。出版にあたっての笹山先生のご配慮、編集部の方々のご尽力には心からお礼を申し上げたい。

なお、私事で恐縮ではあるが、やはり前著と同様、妻明子をはじめとする家族への謝意を末尾に添えさせていただきたい。

一九九九年十二月

森　公　章

古代郡司制度の研究（オンデマンド版）

2019年9月1日　発行

著　者　森《もり》　公章《きみゆき》

発行者　吉川道郎

発行所　株式会社 吉川弘文館
〒113-0033 東京都文京区本郷7丁目2番8号
TEL 03(3813)9151(代表)
URL http://www.yoshikawa-k.co.jp/

印刷・製本　株式会社 デジタルパブリッシングサービス
URL http://www.d-pub.co.jp/

森　公章（1958～）
ISBN978-4-642-72346-6

著者略歴

一九五八年　岡山県生れ
一九八八年　東京大学大学院人文科学研究科博士課程単位取得退学
奈良国立文化財研究所平城宮跡発掘調査部主任研究官を経て
現在　高知大学人文学部助教授・博士（文学）

〔主要著書・論文〕
『古代日本の対外認識と通交』（一九九八年、吉川弘文館）
『「白村江」以後』（一九九八年、講談社）
「国書生に関する基礎的考察」（『日本律令制論集』下巻所収、一九九三年、吉川弘文館）
「長屋王邸の住人と家政運営」（『平城京　長屋王邸宅』所収、一九九六年、吉川弘文館）

古代郡司制度の研究

二〇〇〇年（平成十二）二月二十日　第一刷発行

著者　森《もり》公《きみ》章《ゆき》

発行者　林　英　男

発行所　株式会社　吉川弘文館
郵便番号一一三―〇〇三三
東京都文京区本郷七丁目二番八号
電話〇三―三八一三―九一五一〈代〉
振替口座〇〇一〇〇―五―二四四番

印刷＝藤原印刷・製本＝誠製本

索　　引

＊人名・史料については，当該頁にしか出てこないものは，
煩雑になるので省略した．

I　事　　項

あ　行

か　行

さ　行

た　行

な　行

は　行

ま　行

や　行

ら　行

わ　行

II 人　　名

あ　行

か　行

さ　行

た　行

な　行

は　行

ま　行

や　行

わ　行

III　史　料　名

あ　行

IV　研究者名

あ　行

か　行

さ　行

た　行

な　行

は　行

ま　行

や　行

わ　行